梅新林　俞樟华◎编著

华东师范大学出版社

华东师范大学出版社六点分社　策划

纪念辛亥革命 100 周年

前　言

1911年,以辛亥革命爆发与中华民国建立为标志,结束了延续两千多年的封建君主制度,开启了中国历史新纪元,具有划时代意义。在经历整整一个世纪的风雨沧桑之后,我们谨以编撰和出版《辛亥日志》一书的方式,激情回望百年之前的灿烂星空,以此作为对辛亥革命100周年的特殊纪念。

《辛亥日志》为海内外第一部以日志体形式全面系统记录1911年发生的重要历史事实的文献性、工具性与学术性著作。本书截取历史上发生辛亥革命的辛亥之年为特定研究时段,始于公元1911年元旦,终于辛亥年除夕——相对于阳历而言,往后延伸至公元1912年2月17日;相对于阴历而言,往前延伸至庚戌年十二月初一日,如此则无论以阳历还是阴历计算,都可构成年份的完整性。然后以日志体的著述体例,逐日记录辛亥年所发生的重要历史事件,包括政治、经济、军事、外交、学术、教育、社团、党派、报刊等各个重要方面的活动和事件,根据历史事实与研究需要,同时适当兼采外国的相关历史事件,分正文条目和按语两部分。按语主要记录历史文献原件、交代事件原委、补充背景材料、介绍人物事迹、评价历史事件的得失和价值等。

百年以来,有关辛亥革命的研究论著可谓多矣。《辛亥日志》基于自己独特的学术定位而力图体现以下多方面的学术价值。

一、通过走进"历史场景"而还原历史

"历史场景"是一个经过历史艺术化和艺术历史化了的合成性概

念。"场景"本是指电影、戏剧中的各种场面,由人物活动和背景等构成,同时也泛指生活中特定的情景。一部精彩的电影或戏剧必须有赖于诸多特定的精彩场景的有机组合与演绎。换言之,诸多特定的精彩场景的有机组合与演绎,则是决定一部电影或戏剧的精彩与否的关键要素。历史,从某种意义上说,就是一个为诸多历史人物尽情挥洒的大舞台,无论如何精彩的"历史剧",也同样都是一个个具体可感的历史场景的有机组合与演绎。因而扎实的历史研究,应该首先通过走进"历史场景"而进行历史还原。

近代史研究著名学者刘志琴教授在《近代中国社会文化变迁录》(浙江人民出版社1998年版)代序《青史有待垦天荒》中曾提出"借助编年,走进历史场景"的学术理念。同样,日志体在类型归属上也是编年体的一种,但由于日志体的时间节点已从"年"延伸至"月"而重心落在"日"上,所以在史学功能上较之一般的编年体,更能充分展现历史本身的立体性、动态性、丰富性、复杂性与曲折性,也更能通过走进"历史场景"实现还原历史的学术宗旨。《辛亥日志》旨在充分注重发挥日志体的固有特长,以时间为经,以事件为纬,逐日重点记录以孙中山为代表的革命党人领导辛亥革命从酝酿、爆发,到成功推翻帝制、建立中华民国以及清王朝逐渐走向灭亡的历史进程,同时又广泛涉及与此相关的政治、经济、军事、外交、学术、教育、社团、党派、报刊等各个不同层面,以及具有一定典型意义的社会生活的崭新变化,在新旧交替、中外交流的时空坐标中全方位展现和还原辛亥之年的历史场景。

诚然,以日志体还原历史场景,首先应关注时间维度。《辛亥日志》将所收集的诸多为一般史学著作所忽略的史料,按年、月、日三级时间序列著录,若同日中有诸多重要事件发生,则一并予以著录,所以常常在同一日中,相关重要历史事件相继发生,交互影响。另一方面,历史场景也是一种空间呈现,包括特定事件在特定空间、同一事件在不同空间、不同事件在同一空间的不同呈现方式。因此,通过走进"历史场景"而还原历史,并非单纯的时间延续与空间拓展,而是时空维度两相交融的立体呈现与演绎。以1912年元旦(宣统三年十一月十三日)为案例,此日的重大历史事件毫无疑问是孙中山在南京总统府宣誓就任中华民国临时大总统,发布《临时大总统就职宣言》和《告全国同胞书》,以及各省代表上印绶,大总统盖印,各省代表致词,海陆军代表致颂词。与此相关的重要事件是北洋军将领冯国璋、段祺瑞、姜桂题、张勋、张怀芝、曹锟、王占元、陈光远、李纯、王怀庆、张作霖等15人发布联名通电,欲誓死拥护君主立宪,反对共和政体;中华民国湖北军政府黎元洪为通告阳夏清军违约进攻致南京临时政府并各省都督电;袁世凯内阁南北议和全权代表唐绍仪电袁世凯,请允将国会改在上海开会,因未得袁应允,即发电辞职。地方政府方面的重要活动有浙江省临时省议会成立,当即制定和颁布《浙江军政府临时约法》;江苏都督程德全因病不能视事举庄蕴宽代理都督;湘西军政府成立,推周瑞龙为军政长。至于报刊出版及公益事业则有:陆费逵、戴克敦、陈协恭、沈知方等在上海创办中华书局;雷鸣远在天津意租界小马路(今民权路)创办《益世》(周刊);黄世仲等人在上海《申报》刊登倡议,提议为史坚如烈士造铜像、建纪念堂,并封墓树碑;《民国报》发表《北美合众国宣告檄文》;山东全省红十字会改称中国红十字会山东分会。此外,还有叶圣陶是日日记曰:"今日为吾国改用阳历之第一日,而吾之日记,亦于今日始改用阳历矣。"(《叶圣陶集》第19卷),如此等等。在此,我们自然首先聚焦于孙中山宣誓就任中华民国临时大总统,但又不仅仅局限于此,而是由南京延伸到北京、武汉、上海以及其他各地地方政府,由政治延伸到军事、文化、新闻、报刊等各个方面,让读者回归于1912年元旦之日的具体历史场景,在深切体验历史的立体性、动态性、丰富性、复杂性与曲折性中逐步接近于对历史本身的还原。

二、通过剖析"历史缩影"而重述历史

在人类历史长河中,一年之间无疑仅是短暂的一瞬。然而历史

的价值高低并非由时段的长短所决定的。事实上,在人类漫长的历史进程中,总会在一些关键时刻出现光彩夺目、激动人心的辉煌一幕,可以称之为"巅峰时刻"。奥地利著名作家茨威格在所著《人类群星闪耀时——岁月中的决定时刻》一书(张伟译,北京出版社 2005 年版)的《前言》中这样写道:

> 尽管歌德虔诚地将历史称为"上帝的神奇作坊",但在这个作坊里仍然有许许多多平淡无奇、微不足道的小事,而那些崇高而难忘的时刻都属凤毛麟角。历史仿佛是一位编年史家,漠然而执著地使一段又一段史实彼此相连,就像把一个又一个环扣串联成千年悠久的长链,因为一切激动人心的事物都需要准备,一切重要的事件都要有个过程。一位天才的出现,需要一个国家的决决百万之众;千百万无谓流过的时光之后,真正的历史上的关键时刻才会出现。
>
> 世界上一旦有一个重大的时刻出现了,便能决定几十年甚至上百年的进程,就像大气层的电流都聚到了避雷针的尖端,那些不可胜数的事件全都凑到最短的时间内发作。这些从容不迫按照先后顺序发生或者同时发生的事件被压缩为一个时刻,这个时刻决定了一切,一个是或者不是,一个太早或者太迟,都成了几百代人无可挽回的一个关头,它决定着个人、民族甚至全人类的命运。

这里所说的"崇高而难忘的时刻"、"关键时刻"、"重大的时刻",都是意指人类历史上那些光彩夺目、激动人心的辉煌一幕,那些迥然有别于平淡无奇、微不足道的"巅峰时刻"。作为开辟中国历史新纪元的 1911 年的辛亥革命,就是这样一个决定中国乃至世界历史进程的"巅峰时刻"。

辛亥革命之以"辛亥"命名,便赋予了辛亥之年非同寻常的意义,这是一个除旧布新、新旧交替的特殊年份,是广义的辛亥革命史——19 世纪末迄至辛亥年成功推翻满清统治在中国出现的连场革命运动乃至整个近代史的一个"历史缩影",具有以小见大、以微见著的典范意义。《辛亥日志》正是基于这一历史认知,在通过走进"历史场景"而还原历史的基础上,进而通过剖析"历史缩影"而重述历史。彼此的辩证关系是,历史还原的过程,实质上也是一个历史重构的过程,因为任何历史还原的努力,都不可能真正复原已经消逝的原生态的历史本身,而只能在充分激活"历史记忆"的过程中努力重建接近于原生态历史本身的历史文本,由此逐步臻于历史与逻辑的辩证统一。具体说来,通过剖析"历史缩影"而重述历史,首先要充分凸显辛亥革命的主流或者说主线,其中最为重要的是如何把握通过剖析"历史缩影"而重述历史的关键节点。概而言之,在辛亥年的"历史缩影"中,又有四大关键节点的起承转合,也可以说四个"巅峰时刻"相互衔接与推进:一是黄花岗起义,二是保路运动,三是武昌起义,四是中华民国成立。其中黄花岗起义是序幕,保路运动是导火线,武昌起义是高潮,中华民国成立是结局。《辛亥日志》通过剖析"历史缩影"而重述历史,正是围绕这四大关键节点或者说四个"巅峰时刻"而依次展开的。

与此同时,《辛亥日志》同样充分关注历史主流或者说主线之外的多元生态,力图全方位地呈现历史本身的立体性、动态性、丰富性、复杂性与曲折性。即以作为辛亥革命对象、处于风雨飘摇中的清政府而论,也同样体现了历史性变革与共时性互动的历史趋势。比如1月5日,批准游美肄业馆改名为清华学堂,此为清华大学之前身;1月25日,颁布《新刑律总则》,此系中国历史上第一部专门刑法典;1月28日,颁布宣统三年预算案,此系是中国历史上的第一部预算案;3月2日,颁布《户籍法》8章184条,此系中国历史上第一部《户籍法》;4月3日至28日,主持召开"万国鼠疫研究会",此系由中国政府主持召开的第一次世界学术大会;4月29日,全国各省教育总会联合会在上海江苏教育总会召开第一次会议,讨论有关实施军国民教育、统一国语方法、推行义务教育、改良小学教育等方案;5月31日,批准设立中央教育会,颁布中央教育会章程;10月30日,诏开党禁,释放戊戌政变获咎及先后犯政治革命嫌疑者;11月1日,任命袁世凯为内阁总理,此系清政府第一个由汉人出任总理的责任内阁……以上种种,足以表明社会变革已经成为时代新潮,顺之者昌,逆之者亡,谁也无法阻挡。至于其他各个领域、各个层面的变革更是不胜枚举。由此带给当时社会的冲击波以及对后世的深远影响,进而增加了辛亥年作为开辟中国历史新纪元的"巅峰时刻"的价值含量,1912年3月5日刊发于《时报》的《新陈代谢》一文,曾对辛亥革命带来的新旧对比作了这样总结性的概括:"共和政体成,专制政体灭;中华民国成,清朝灭;总统成,皇帝灭;新内阁成,旧内阁灭;新官制成,旧官制灭;新教育兴,旧教育灭;枪炮兴,弓矢灭;新礼服兴,翎顶礼服灭;剪发兴,辫子灭;盘云髻兴,堕马髻灭;爱国帽兴,瓜皮帽灭;爱华兜兴,女兜灭;天足兴,纤足灭;放足鞋兴,菱鞋灭;阳历兴,阴历灭;鞠躬礼兴,拜跪礼灭;卡片兴,大名剌灭;马路兴,城垣卷栅灭;律师兴,讼师灭;枪毙兴,斩绞灭;舞台名词兴,茶园名词灭;旅馆名词兴,客栈名词灭。"这说明变革已经涉及政治、经济、军事、教育、服饰、历法、礼仪、法律、旅居等各个方面。因此,通过剖析辛亥之年"历史缩影"而重述历史,既是围绕辛亥革命主线四大关键节点的整体性、立体式、全方位的衔接与推进,又是主流与多元、上层与民间、显性与隐性、量变与质变、偶然与必然的交响与统一。

三、通过重塑"历史群像"而缅怀历史

伟大的历史往往是由伟大人物主导下的伟大事件的激情演绎,尤其是在创造人类历史文化辉煌成果的"巅峰时刻"更是如此。马克思曾借用爱尔维修所言:"每一个社会都需要有自己的伟大人物,如果没有这样的人物,它就会创造出这样的人物来。"(《马克思恩格斯选集》第1卷,第450页)恩格斯则称西方文艺复兴时期是一个需要巨人并创造了巨人的时代,他在评价"文艺复兴"在历史上的进步作用时这样写道:"这是一次人类从来没有经历过的最伟大的、进步的变革,是

一个需要巨人而且产生了巨人——在思维能力、热情和性格方面,在多才多艺和学识渊博方面的巨人的时代。"(《马克思恩格斯选集》第3卷,第445页)诚然,当我们聚焦于这些伟大人物与伟大事件之际,切不可忽略汇聚在伟大人物周围的英雄群体,以及凸显伟大人物以及英雄群体的历史丰碑。伟大人物之于伟大时代,本是一个相互创造的双向过程,此即所谓英雄造时势,时势造英雄也,此其一;其二,这一双向过程则是在领袖人物统率下的一种群体行为,而且领袖人物与英雄群体同样也是一个相互创造的双向过程;其三,这一双向过程需要在领袖人物与英雄群体主导下的人民群众的广泛参与,而且彼此也是一个相互创造的双向过程。历史既是英雄创造的,也是人民创造的。如果说人民是塑铸英雄"历史群像"的丰碑,那么,英雄便是塑铸于人民丰碑上的"历史群像",彼此相互依存,不可分离。

辛亥之年,风云际会,人才辈出,灿若星河!首先最值得重塑的"历史群像"并借以抒发我们的缅怀之情的是革命党人群体。其中又因彼此处于不同时期、发挥不同作用而形成不同的亚群体。一是拉开辛亥革命序幕的黄花岗起义群体,相对比较单纯;二是点燃辛亥革命导火线的保路运动群体,相对比较复杂,是革命党人与包括立宪派在内的社会各界的广泛组合;三是将辛亥革命推向高潮的武昌起义群体,其主体是湖北革命团体文学社与共进会成员。以上三大群体在彼此分合中一同汇合成为辛亥革命的巨大洪流。1912年元旦,孙中山在南京总统府宣誓就任中华民国临时大总统。1月3日,中华民国南京临时政府正式成立,任命黄兴为陆军总长,蒋作宾为次长;黄钟英为海军总长,汤芗铭为次长;王宠惠为外交总长,魏宸组为次长;程德全为内务总长,居正为次长;伍廷芳为司法总长,吕志伊为次长;陈锦涛为财政总长,王鸿猷为次长;蔡元培为教育总长,景耀月为次长;张謇为实业总长,马君武为次长;汤寿潜为交通总长,于右任为次长。同时成立临时参议院,举林森、王正廷为正副议长。各省代表会议又选举黎元洪为中华民国临时副总统。临时议长赵士北主持会议,与会者有张蔚森、马步云、赵世钰、袁希洛、许冠尧、王竹怀、林森、王有兰、俞应麓、黄群、潘祖彝、邓宪甫、马君武、章勤士、邹代藩、廖名搢、刘揆一、马伯援、杨时杰、胡瑛、居正、周代本、吴景濂、谷钟秀、李鐅、谢鸿焘、景耀月、吕志伊、张一鹏、段宇清等(刘星楠《辛亥各省代表会日志》,《辛亥革命回忆录》第六集)。这份任命和与会名单已基本汇集了革命党人的精英,也可以视之为辛亥革命或中华民国的"群英谱"。

《辛亥日志》通过重塑"历史群像"而缅怀历史的主体对象,就是这些作为发动辛亥革命主角的革命党人,他们以孙中山为旗帜,从四面八方汇入革命行列,进行了艰苦卓绝的斗争,有的甚至献出了自己的生命,永远值得后人缅怀与纪念。而通过重塑"历史群像"而缅怀历史的主要方式,就是借助日志的体例优势,在历史还原与重述中各归其位,不管他们当时出于何种类型,怀有何种动机,也不管他们后来走上了何种道路,都应在重塑"历史群像"获得应有的地位和尊敬。

然而,辛亥革命的伟大历史并不仅仅是由革命党人独自创造的,通过重塑"历史群像"而缅怀历史,固然应以领导辛亥革命的旗帜孙中山以及汇聚于孙中山旗帜下的革命党人为主体,但同时必须由此延伸于政界、商界、军界、学界、报界、侨界等各个不同层面,最终完成对于辛亥之年这一"巅峰时刻"整体"历史群像"的重塑。比如商界群体,由于过去长期处于社会的边缘,力量薄弱,影响甚微,但至辛亥革命时期,情况发生了重大变化,尤其在商业发达的南方地区,这一群体得以快速成长为一个具有广泛影响力的新兴社会群体,在参与辛亥革命、推翻满清政府中发挥了极为重要的作用。其中上海商界群体表现最为突出,兹以10月10日"武昌起义"为界,发生于此前的重大事件有:3月11日,中国保界会上海分会在上海张园集会,到会者约千人。会议公推豆米业资本家、沪南商会委员、同盟会员叶惠钧为临时议长。12日,上海商界成立武装商团。13日,上海商界沈缦云、王一亭、虞洽卿、胡寄梅、周豹元、叶惠钧、顾馨一、袁恒之等联合发表致南北商团启事。当日召开大会,到会者千数百人。4月9日,全国商团联合会在上海新舞台开会欢迎新会友,选举李平书为会长,沈缦云、叶惠钧为副会长,虞洽卿为名誉副会长。会后公布简章,规定商团须由各省商会发起,全国凡人烟稠密、商业荟萃之区均应组织商团;上海设总事务所,各省设事务所,各府厅州县等设分事务所。全国商团联合会的成立,不仅有力促进了上海以及全国各地商团及其武装的快速发展,同时也"标志着中国资本家阶级政治觉悟和阶级觉悟的提高,表明这个阶级已经不满足于从事一般的政治活动,正在准备以武装力量保卫阶级利益和民族利益"(杨天石《1911年的拒英、拒法、拒俄运动》,《中国社会科学院研究生院学报》1991年第5期)。而在10月10日"武昌起义"之后,上海商界群体更是与同盟会一道直接发起和组织了上海起义:10月24日,陈其美与宋教仁、沈缦云、范鸿仙、叶惠钧、叶楚伧、蔡元培等在《民立报》馆开会,决定准备上海起义事宜,议决以联络商团、沟通士绅为起义的工作重点。沈缦云代表同盟会与上海商团公会会长李平书长谈,说服李平书放弃君主立宪的主张,率领上海的绅商们转向革命。11月1日,上海各商团在南市九亩地举行检阅典礼,推举李显谟(英石)担任上海商团总司令,指挥上海起义。是日夜,陈其美同李平书、钮永建、叶惠钧等人集议决定"上海先动,苏杭应之"的行动方案。11月3日下午,陈其美率商团进攻沪南清军上海制造局,制造局总办张士珩、管带苏文斌乘夜出逃。……由此可见,上海商团之于上海起义的成功,的确起到了决定性的作用。所以,通过重塑"历史群像"而缅怀历史,显然不能忘记这一商界群体的历史功绩。

再如报界群体,与辛亥革命以及各项社会变革互动更为密切,影响更为巨大。辛亥年新创办的报刊杂志主要有:《常报》在常州创刊,《云南政治公报》创刊,《震旦日报》在广州创刊,《国学丛刊》双月刊在北京创刊,《人权报》在广州创刊,《粤路丛报》在广州创刊,《中国青年粹》创刊,《暾社学谈》在陕西西安创刊,《法政杂志》由上海法政杂志社创刊,《新佛教》创刊,《法政浅说报》创刊,《梧江日报》在广西梧州创刊,《梦花杂志》在南京创刊,《湖南通俗报》创刊,《启民爱国报》在上海创刊,《爱国报》在山东青岛创刊,《法学会杂志》由北京法学会创刊,《医学新报》在上海创刊,

《天民报》在广州创刊,《时事新报星期画报》在上海创刊,《时事新报月刊》在上海创刊,《社会星》在上海创刊,《锐进学报》在上海创刊,《新中华报》创刊,《醒报》在天津创刊,《国光新闻》创刊,《武风鼓歙》创刊,上海《申报》副刊《自由谈》创刊,《中州日报》在河南开封创刊,《新民日报》在江苏常州创刊,《武风鼓吹》(又名《尚武会旬报》)创刊,《京报》在北京创刊,《近事画报》在上海创刊,《警报》在上海创刊,《新事报》创刊,《国民晚报》在上海创刊,《湘省大汉报》创刊,《国民军事报》在上海创刊,《国民日报》在上海创刊,《黄汉新闻》在湖南长沙创刊,《改良婚嫁会月报》在广东番禺创刊,《新职羡报》在辛亥武昌起义时创刊,《滨江画报》在哈尔滨创刊,《大汉报晚报》在上海创刊,《新汉报》在上海创刊,《新世界》创刊,《新汉民报》创刊,《快报》在上海创刊,《机关急报》在上海创刊,《大汉报》在上海创刊,《大风晚报》(原名《大风》)在上海创刊,《大汉公报》在上海创刊。概而言之,一是以政论为主体,内容丰富;二是以上海为中心,遍布全国;三是配合革命活动,导向鲜明;四是推动社会变革,与时俱进。因此,这一报人群体在"历史群像"的重塑中也应占据重要地位。

至于海外与国内辛亥革命以及社会变革的遥相呼应,则以华侨与留学生群体出力最多,贡献最著。孙中山先生曾题写"华侨为革命之母",因为华侨始终是辛亥革命最坚定的支持者,他们支持孙中山建立革命组织,制造革命舆论,宣传革命思想,建立革命武装。具体而言,一是为辛亥革命运动提供了重要的海外基地;二是为辛亥革命运动捐助了大量经费;三是在辛亥革命运动中涌现出了大批革命志士。再如海外留学生群体,孙中山曾这样高度评价他们在辛亥革命中所起的作用:"本党以前在日本组织同盟会,所得不过一万多学生。他们回国后到各省去宣传,所以辛亥武昌起义登高一呼,全国响应,不到半年就收全国统一的大效果。"诚如丁石孙在《辛亥革命与中国近代留学生》一文中强调指出:"从1895年广州起义到1911年辛亥革命成功,一大批思想先进的留学生紧紧追随孙中山和其他革命者,为反帝、反封建奔走呼号。黄花岗起义七十二名烈士中,就有八名留学人员。辛亥革命期间,留学生、特别是留日学生积极投入于这场推翻帝制的伟大斗争,他们组织革命组织和爱国团体,宣传革命思想,宣传建立资产阶级民主政体的方案,回国发动革命斗争,举行武装起义,为辛亥革命的成功做出了巨大的贡献。"(《在欧美同学会纪念辛亥革命90周年座谈会上的讲话》,载《人民日报海外版》2001年10月10日)

通过重塑"历史群像"而缅怀历史,还要借助日志体充分关注和展示"历史群像"不断分化组合的历史进程与多元生态。比如就政界而言,呈现为清政府、革命派、立宪派三足鼎立之势。在清政府、革命派的两相对垒中,立宪派先是站在清政府的立场,而与革命派对立。但在路矿主权得失及其经济利益的争执上,尤其是在保路运动中因遭清政府残酷镇压而与之关系迅速恶化,于是立宪派转而附从革命,一同走上联合反清之路。武昌起义成功之后,革命派与立宪派又重新从联合走向分裂,尤其在南北议和过程中,立宪派旗帜鲜明地站到袁世凯一边,为孙中山的被迫退让、袁世凯最终如愿攫取中华民国总统之位发挥了关键性的作用(参见林增平《评辛亥革命时期的立宪派》,载1981年10月5日《人民日报》)。对于立宪派群体"历史群像"的重塑,同样需要基于实事求是精神而回归历史本位,这正如在革命派内部也免不了出现一些变节、转向、动摇分子,而在清政府中也有一些力求变革之士一样。历史本然就是如此,无需虚情矫饰,也无需人为贬抑。总之,凡是有助于社会变革与进步者,都一样值得重塑,值得缅怀。

四、通过总结"历史经验"而反思历史

历史是一种经验,一种教训,也是一种智慧。历史既不可预演,也不可重演,所以历史可能相似而永远不会重复,这是历史的内在魅力所在。因为历史可能相似,所以后人可以通过对先前发生的历史经验和教训的总结与反思,从人类逐步累积而成并具有某种普适性

的历史智慧中获得有益的借鉴与启示；然而又因为历史永远不会重复，所以这种借鉴与启示具有某种先天的局限，切不可无限放大，更不能寻求普遍适用。

百年以来，对辛亥革命历史经验和教训的总结与反思，始终以辛亥革命的性质、成功与失败及其原因的探讨为核心问题。周恩来《在辛亥革命五十周年纪念大会上的讲话》指出："辛亥革命，是中国资产阶级领导的一次旧式的民主革命。这次革命是不彻底的，它没有完成反对帝国主义和反对封建主义的革命任务。我国民主革命的历史，说明了在帝国主义时代，没有无产阶级的领导，资产阶级民主革命是不能取得彻底胜利的，资产阶级共和国的方案在中国是行不通的。"（载1961年10月10日《人民日报》）这一观点代表了中国共产党以及大陆主流学界对辛亥革命性质、成功与失败以及何以成功与失败的问题的回答，而与台湾官方与学者的主流观点迥然不同。当然，从海内外学界主要观点的演进来看，日益呈现为多元化态势。尤其到了百年之后的今天，学界自然可以更从容、更客观的态度来重新审视和解读这一核心问题。比如郭世佑在新近发表的《辛亥祭——辛亥革命的历史结局及其实质》一文中主张从革命的具体目标与实际效果为依据，重新把握辛亥革命的性质或实质，与其说辛亥革命主要是阶级利益与阶级关系的变动，还不如说是国内民族关系与国家政治体制的重大变动，是国内民族革命与政治革命的结合。关于辛亥革命的成功与失败及其原因的探讨，郭文提出了"破坏"—"建设"的两点论：就"破坏"的情况而言，反满的民族主义任务可谓大功告成。在同盟会的三民主义纲领中，革命志士宣传得最多也最无歧义的无疑是其中的民族主义，即革命排满。随着清帝宣告退位，清朝的历史命运由此终结。若以反满为中心的民族主义而言，辛亥革命无疑是成功了，革命先驱们大致完成了国内民族革命的任务。而就"建设"的层面而论，民权主义的任务虽然不是那么十分令人满意，但还不能说革命只意味着失败。革命固然应该为建设者开辟道路，但任何革命都不可能取代建设本身。在革命的武力与民主素养均未完全到位时所发生的辛亥革命尽管不曾为建设者彻底摧毁中国专制主义的社会土壤,但它毕竟给建设者提供了一个可以大胆尝试的民权政治舞台,对于一个拥有两千余年君主专制传统的国家和人民来说,这本身就是一个不可多得的胜利。既然民权政治的诸多条件尚未具备,不应苛求和指望当时的革命者除了誓死捍卫《军政府宣言》的原则外,还能做更多的事情。至于这场革命的价值和意义,恰恰需要为数更多的建设者用劳动和智慧去证实和充实。这是因为,尽管后来发生的事情不可能改变以往发生的事情,但是,"已经发生之事的意义在一定程度上取决于将要发生之事的结果"。关于导致这一结果的原因,该文主要从政党政治与革命党人本身加以探讨,一是在政党政治的舞台上,常见旧官与新贵互争权力,党同伐异,旧式朋党之风依然盛行,新生的民主制度也不尽健全,《临时约法》没有规定行政机关抗衡立法机关的权力和程序(如解散议会的权力和程序),这种偏向于扩大立法机关权力的做法,不合乎西方民主政治中三权分立制度所蕴含的制衡原则,不利于政治对抗的合法化,给专制独裁者与帝制复辟势力提供了可乘之机。二是无论就武力反满而言,还是就创建民国而论,革命党人的主观条件并不理想。如果说在完成反满任务的层面上,革命党人的主观条件不够成熟但客观条件已相对成熟,那么,欲期在一个有着两千余年君主专制基础的国度里创建优质高效的民国大厦,快速完成政治革命的任务,主观条件与客观条件都并不成熟。三是孙中山等多数革命者原来以为,只要推翻了满人的朝廷,建立以汉人为主的国家政权,只要推翻了君主制,中国就能走向富强,因而向国人抛出种种承诺。无论是广大民众,还是革命者自身,都对新生的民国怀有不切实际的期望。期望越高,失望也就越多(载日本孙文研究会编:《辛亥革命的多元构造——辛亥革命90周年国际学术讨论会》,孙中山纪念会研究丛书Ⅳ,汲古书院,2003年版)。诸如此类的分析与见解,多能拓展学界的新视野,引发学者的新思考,然后一同提升有关辛亥革命学术反思与研究的整体水平。

《辛亥日志》鉴于百年以来有关辛亥革命历史经验和教训的总结

与反思的成果与不足,在通过总结"历史经验"而反思历史的过程中,力求借助日志体的叙述功能,让历史本身透过现象而本质、形态而规律、偶然而必然,昭示各种历史经验和教训,尽可能地避免过度化或不到位的两种倾向与局限。有鉴于此,《辛亥日志》尽管主要从革命党人的视角展开有关辛亥革命历史经验和教训的总结与反思,由此我们发现无论从个体还是群体的角度来看,在革命党内部的确存在着种种致命的缺陷。革命党人基于排满反清的政治目标,在极短的时间内迅速将来自不同阶层、代表不同利益群体的社会各界汇聚在一起,这一政治大杂烩的负面作用显而易见。即使在革命党人的高层,也是矛盾不断,倾轧不已。从广州起义失败,到武昌起义后汉阳保卫战的失利,固然主要是因为敌强我弱,但也和革命党内部号令不一、黄兴指挥不动有关。革命尚未成功,革命党内部的争权夺利已经开始。另一方面,章炳麟反对孙中山,直至公开决裂,也对革命事业造成重大损失。1912年元旦,孙中山在南京总统府宣誓就任中华民国临时大总统。3日,章炳麟就脱离同盟会,在上海另组中华民国联合会。5日,上海女子参政同志会主持人林宗素专程至南京谒见中华民国临时大总统孙中山,面交该会会章,要求承认女子完全参政权。蒙孙中山面谕:国会成立,女子有完全参政权(《公电·南京电》,载1912年1月8日《民立报》)。但章炳麟等却对孙中山接见林宗素面谕"国会成立,女子有完全参政"借题发挥、反复辩难,孙中山为了革命内部的团结,被迫让步,表示与林宗素会见"不过是个人闲谈"。还有南京临时政府成立、安排部长等官员时,参与武昌起义的领导人大多没有得到重用,得到合理安排,这也是一个重大失误。再就孙中山本人领袖素养而论,在政治品格与政治远见上的确卓然而立,无与伦比,但在政治谋略与手腕方面的欠缺,却成为其政治生涯的致命弱项。而就清政府一方观之,不仅没有认真吸取戊戌变法的深刻教训,而且面对势不可挡的时代变革新潮,未能作出及时的回应。比如1月17日,宪政编查馆奏定修正之逐年筹备宪政事宜清单,清单规定:宣统二年厘定内阁官制,颁布新刑律;宣统三年颁布内阁官制,设内阁；宣统四年颁布宪法、皇室大典，颁布议院法，举行下议院议员选举，确定预算、决算，实行新刑律、民律、商律、刑事民葬诉讼律；宣统五年开设议院；等等，皆与社会期待相距甚远，结果致使朝野矛盾日益尖锐，乃至一发而不可收。与此同时，清政府还有诸多政策失误，比如铁路收回国有的错误决策，成为革命爆发的导火线。清政府草率而仓促提出此项国策，既没有经过充分论证，也没有考虑到执行的困难和阻力，更没有准备切实可行的预案。出了问题之后，不仅没有主动及时进行对话沟通，而是粗暴地采取武力镇压，结果激发了大规模的民变。而后到了无法收拾之时，朝廷又手足无措，派不出善理危机之人，想不出善理危机之策，最后便把责任全部归之于始作俑者盛宣怀。这项错误决策的实施与连锁反应，竟然导致清政府最终走向灭亡，这是为其所始料未及的。如此以不断换位与异位的视角加以观察和思考，便能超越站在革命党人的单一立场，而更全面也更客观地展示有关辛亥革命历史经验和教训的总结与反思的成果。

五、通过分享"历史遗产"而续写历史

辛亥革命是中国现代历史的开端，是中华民族的共同精神遗产。纪念辛亥革命100周年为海峡两岸隔海对话提供了难得的"历史机遇"，有助于彼此在新的历史起点上以史为机、以史为鉴，弘扬光荣传统，重绘辉煌历史，努力推动和实现中华民族的伟大复兴。因此，通过分享"历史遗产"而续写历史，正是我们编撰《辛亥日志》的学术宗旨之所在，也是所有从事辛亥革命研究的现实意义之所在。然而，在经历百年历史沧桑尤其是六十年的历史分隔之后，海峡两岸对于辛亥革命意义的认知互有异同，在由历史通向现实与未来的时间坐标上呈逐步分化趋势，这是需要加以认真辨析的。

一是通过分享"历史遗产"续写历史，需要辨析彼此对辛亥革命历史意义认知的异同。对于孙中山领导的辛亥革命终结中国封建君主制度，开启中国历史新纪元的历史功绩的共同肯定，在台湾地区突

出表现为尊孙中山先生为"国父",重在凸显其中华民国的政治统绪与"三民主义"的思想统绪;大陆则尊称孙中山先生为"中国民主革命的伟大先行者",一直高度肯定中山先生的历史地位,重在凸显中共1949年之民主革命与中山先生毕生未完成的革命事业的延续性,重在凸显孙中山有关"统一中国"、"振兴中华"的思想。此外,台湾地区有"国父纪念馆",中山楼,中山堂,中山史迹纪念馆以及中山路、中山医院、中山学校等。大陆则有南京中山陵以及中山路、中山街、中山公园等,每年"十一"国庆节,还在天安门广场上悬挂中山先生巨幅画像。由此可见,在海峡两岸——无论是官方还是民间,都已牢固确立了辛亥革命领袖孙中山的崇高地位,但彼此又有不同的定位与解读。

二是通过分享"历史遗产"续写历史,需要辨析彼此对辛亥革命现实意义认知的异同。值此辛亥革命100周年之际,海峡两岸以及全球华人正在筹划和举办隆重的纪念活动。大陆相继在辛亥起义及与中山先生革命事业有关的武汉、南京与广州等地大兴土木,修缮胜地,先后召开海峡两岸学术研讨会,共同研究辛亥革命和孙中山思想,筹划出版系列学术著作,拍摄历史电影及电视剧,还率先倡议海峡两岸联合举办辛亥革命百年纪念活动。在台湾地区,纪念辛亥革命百年的相关活动也正在有序展开,许多学者纷纷表达了对两岸共同举办辛亥百年纪念活动的衷心期待,认为这既是两岸关系的起点,也是未来发展的一种指针。

三是通过分享"历史遗产"续写历史,需要辨析彼此对辛亥革命未来意义认知的异同。对于中华民族的未来发展而言,纪念辛亥革命,莫过于国家统一、民族复兴以及华人共荣历史使命之重要。孙中山在1894年创立"兴中会"时就提出了"振兴中华"的鲜明口号,后又在《建国方略》自序中期盼:"万众一心,急起直追,以我五千年文明优秀之民族,应世界之潮流,而建设一政治最修明、人民最安乐之国家。"而在《临时大总统宣言书》中,孙中山则特别强调了国家统一的重要性:"统一是中国全体国民的希望。能够统一,全国人民便享福,不能统一，便要受害。国家一天不统一，就不能说革命成功。""振兴中华、统一中国"作为孙中山思想和精神的核心，彼此相辅相成，缺一不可，同时也是维护和保障全球华人共荣的根基所在。然而，在从现实走向未来的进程中，台湾地区正在而且将会延续分割"振兴中华、统一中国"的核心精神，即只承认前者而回绝后者。因此，通过回溯辛亥革命的"原典"精神，不仅具有警示现实，而且具有启思未来的重要意义。

毋庸置疑，在海峡两岸及全球华人之间，无论过去、现在还是将来都不可能对辛亥革命及其精神与意义达成完全的共识，彼此都有各自不同的"辛亥革命"，但毕竟都共享着辛亥革命的历史遗产，都拥有对辛亥革命的共同记忆和历史共鸣，这是彼此的最大公约数。诚如2010年12月16日台湾地区《旺报》在召开"2010海峡两岸中山论坛"之际刊登的一篇社论中所指出的："孙中山先生的思想遗产与奋斗目标是海峡两岸中国人所同分享、共追求的。60年来，即使民进党执政，也不敢对中山先生加以践踏、排斥。当前两岸已经有了不少共识，我们要继续共同奋斗，以最大的善意、诚意与耐心来化异求同，让两岸'命运共同体'更紧密、更进步。""革命尚未成功，同志仍需努力"。今天，当我们共同面对如何分享辛亥革命的"历史遗产"而续写历史的理性思考，最关键的即在于如何让海峡两岸携手全球华人共同继承和弘扬"中山精神"，为实现国家统一、民族复兴以及华人共荣的神圣使命续写新的历史辉煌。

上述由编撰《辛亥日志》所引发的几点思考和感想，同时蕴含着我们对于纪念辛亥革命100周年以及辛亥革命研究的价值期待。我们之所以选择日志体而编撰《辛亥日志》，一是缘于我们拥有主编《中国学术编年》的经历；二是缘于既有辛亥革命研究中尚无同类著作问世；三是缘于日志体具有不同于其他著述体例的优势与特点。推而广之，假如以此辛亥年为始点而依次向前延伸，借助日志体的独特优势而展开历史还原与重构，那么就可为当今相关的历史研究注入新的学术资源,拓展新的学术空间,呈现新的学术景观。当然,以辩证的眼光来看,日志体须按年、月、日的时间轴线展开著述构架,以正文条目与编者按语的相互配合展开历史叙述,毕竟有诸多局限,至少不能如独立著作那样自由挥洒,此即得失相生、长短互见之谓也。由于研究对象史料繁富,著述时间比较仓促,门外窥堂,偏失固多,祈请方家不吝指教。

梅新林　俞樟华
2011年5月于浙江师范大学
江南文化研究中心

目 录

前言 …………………………………………………………… (1)

1911年1月（宣统二年十二月初一日至宣统三年正月初二日）…(1)
1911年2月（宣统三年正月初三日至正月三十日）……………… (18)
1911年3月（宣统三年二月初一日至三月初二日）……………… (31)
1911年4月（宣统三年三月初三日至四月初二日）……………… (44)
1911年5月（宣统三年四月初三日至五月初四日）……………… (60)
1911年6月（宣统三年五月初五日至六月初五日）……………… (86)
1911年7月（宣统三年六月初六日至闰六月初六日）…………… (110)
1911年8月（宣统三年闰六月初七日至七月初八日）…………… (125)
1911年9月（宣统三年七月初九日至八月初九日）……………… (139)
1911年10月（宣统三年八月初十日至九月初十日）…………… (162)
1911年11月（宣统三年九月十一日至十月初十日）…………… (218)
1911年12月（宣统三年十月十一日至十一月十二日）………… (269)
1912年1月（宣统三年十一月十三日至十二月十三日）………… (309)
1912年2月（宣统三年十二月十四日至十二月三十日）………… (346)

参考文献 ……………………………………………………… (374)

1911年1月

1日(宣统二年十二月初一日)

江苏苏州马车夫抗捐,一律罢工。

上海劝捐在马路上添装地龙头,以便一旦发生火灾可以及时救火。

上海《申报》发表《东三省各界人民代表董之威等上监国摄政王请愿即开国会书》、《资政院议员邵羲提议修改城镇乡地方自治章程法案》。

按:1908年8月,清廷在立宪派的要求下,颁布了《钦定宪法大纲》、《议院法选举法要领》和《议院未开以前逐年筹备事宜清单》,拟在九年以后召开国会,颁布宪法。宣统元年九月,各省咨议局同时开幕,立宪派决定以咨议局为阵地,发起国会请愿运动。同年底,江苏咨议局议长张謇召集16省咨议局代表在上海开会,决定组成赴京请愿代表团。是年十二月初六日"请愿国会代表团"33人向都察院呈递请愿书,要求一年内即开国会,遭到清政府的拒绝。第一次请愿运动失败后,接着又先后发生了第二次、第三次、第四次请愿运动。在各方面压力下,清政府被迫允许缩短"预备立宪"的期限,将九年改为五年,在国会召开前两年先成立新内阁,同时下令遣散各地请愿代表,各地请愿活动被迫停止。

黄兴在新加坡芙蓉筹款会议上发表演说,到会者30余人。

2日(宣统二年十二月初二日)

因在沈阳发现鼠疫病人,由省城警务局、卫生院共同禀请成立奉天省城防疫事务所。到1月12日初步组成,所址设于小西边门外,为省城独立的防疫机关。下设稽核部、医务部、埋葬部、检诊部、隔离部、消毒部、药料部、捕鼠部、微生物试验部等部门。

按：曹廷杰《防疫刍言及例言序》曰："宣统二年岁次庚戌九月下旬，黑龙江省西北满洲里地方发现疫症，病毙人口。旋由铁道线延及哈尔滨、长春、奉天等处，侵入直隶、山东各界，旁及江省之呼兰、海伦、绥化，吉省之新城、农安、双城、宾州、阿城、长春、五常、榆树、磐石、吉林各府厅州县。报章所登东三省疫毙人数，自去岁九月至今年二月（指宣统三年二月）底止，约计报知及隐匿者已达五六万口之谱。……其直接间接遭受损失者，第就目下（宣统二年二月底——编者）约之，已不下五万金。"（《清史编年》第12卷）焦润明《1910—1911年的东北大鼠疫及朝野应对措施》（《近代史研究》2006年第3期）说："1910—1911年发生在中国东北的鼠疫，给中国北方人民的生命财产造成了巨大灾难。面对灾难，清政府及各地方当局、士绅已充分认识到'防则生不防则死'的道理，积极采取各种防疫应对措施，包括从中央到地方组建各级防疫组织，颁布各种防疫法规，推行火葬，制定严格的疫情报告制度和查验隔离制度，加强与世界各国的防疫合作，召开国际防疫研究会等。舆论界也积极进行防疫宣传，民间人士还积极筹措防疫款项。这些应对措施在很大程度上有效地避免了鼠疫灾难的进一步蔓延。"

吉林双城鼠疫大流行，有商人官老祉在哈尔滨染病回家，当夜死亡，不到3天全家4口人皆染病死去。由此从城区蔓延四乡，双城全境皆成疫区。

奉天、直隶、四川等省学生散发传单，停学罢课，要求速开国会。清廷命学部、各省督抚严行禁止，谕各省晓谕学堂，禁学生干豫政治，聚众要求，违者重治。

邮传部奏准，各省官电于宣统三年正月初一日一律由部接受。

给事中陈庆桂奏，阳春改隶阳江，窒碍孔多，以地势言之，则接壤之地仅十之一，以民情言之，则两处之民，素积不平。请饬督臣派员查核，仍隶肇府，以期相安。下会议政务处议（《宣统政纪实录》卷四五）。

黄兴偕邓泽如等抵达新加坡吉隆坡筹款。

3日(宣统二年十二月初三日)

英国派兵侵占云南西北边境要地片马。

按：片马镇是中国云南省怒江傈僳族自治州泸水县下属的一个镇,位于高黎贡山西坡,西、南、北三面与缅甸克钦邦接壤,东与鲁掌镇相连。"片马"一词来自景颇语,意为"木材堆积的地方"。清朝末年,英国同清政府驻英公使薛福成于1894年签订《中英续议滇缅界务商务条款》,1897年又再次签订《中英滇缅界务商务条续议附款》,规定中国和缅甸以高黎贡山分水岭为界,并据此认为片马应当归属英属缅甸,但是由于两个条约关于片马地区的内容相互矛盾,于是产生了边界纠纷。1900年2月3日,英军千余人试图占领片马,但是遭到当地土司守备左孝臣的抵抗,左孝臣战死,是为"片马事件"的开始。事件发生后,腾越总兵张松林派部往援,英军撤回缅甸。1905年3月7日,英国驻腾越领事列敦与中方代表腾越关道石鸿韶会勘两地边界,列敦表示承认片马地区中国主权,但提出以1500银元"永租"之,遭到石的拒绝。1910年底,英国派出一支2000人的部队进攻片马。次年1月4日,英军占领片马,但是遭到登埂土司派驻当地的头人勒墨夺扒等人的反抗。直到辛亥革命后的1913年,英军方遭到中华民国正规军的抵抗。此后,英国在片马设立官吏进行实际管理,但中国政府一直未予承认。1941年,英国于中国对日抗战陷入困难时期,以关闭滇缅公路为威胁,与中国政府签订了边界换文,将对片马的占领合法化。但是具体界限尚未勘定时,太平洋战争爆发,日军占领缅甸,并入侵云南西部,片马也被占领。1944年5月17日,中国军队收复片马,但在英方压力下,不久又退出。1948年缅甸独立后接管片马。1960年1月28日中、缅在北京签订《中缅边界协定》,中国方面放弃对猛卯三角地的主权,换取缅甸政府同意将片马、古浪、岗房地区划归中国。6月4日缅方正式将片古岗地区归还中国。

上海《申报》发表《湖北教育代表杨霆垣等陈请资政院修正教育会章程书》。

《大江白话报》改名《大江报》继续出版。胡雨村任总经理,聘詹大悲、何海鸣为正副主笔。

孙中山抵达法国巴黎筹款。

黄兴抵达怡保,与侨领郑螺生相晤于决醒园。应李源水、李孝章等宴请,并发表演说。

4日(宣统二年十二月初四日)

资政院发布《禁烟章程修正案》。

5日(宣统二年十二月初五日)

学部核准游美肄业馆改名为清华学堂。

按:先是十一月,游美学务处呈文学部、外务部,谓游美肄业馆原为选取留美学生于未赴美国之前学习而设,现招生渐多,该馆学生已不限于留美一途,拟改为学堂名称,以期名实相符。至是,学部予以核准。宣统三年三月,外务部、学部正式奏准改名。

俄人操纵的哈尔滨市公议会借防疫为名,残酷迫害中国工人。三千余名中国工人离哈尔滨过江逃往呼兰,烧毁呼兰府衙门。

6日(宣统二年十二月初六日)

署邮传部尚书唐绍怡"因病"辞职,允之,以右侍郎盛宣怀为邮传部尚书。

广州将军兼署两广总督增祺奏,南洋侨民子弟就学维艰,拟援照江宁暨南学堂办法,就粤省特设专校,俾内渡求学愈形便利,且益坚其归依祖国之忱。朝廷著张鸣岐体察情形,妥筹办理。

7日(宣统二年十二月初七日)

同盟会员温朝钟于四川黔江起义,一度攻占黔江县城,旋退湖北咸丰,败,温朝钟死难。

察哈尔右翼四旗蒙古灾,清廷发帑银一万两赈之。
江苏教育总会陈请资政院修改小学章程草案。
孙中山抵达英国伦敦筹款。
上海商店因求减房租停市。

8日(宣统二年十二月初八日)

孙中山自巴黎赴比利时筹款。

自东三省请愿国会代表送回原籍后,天津学界,仍纷纷开会,直隶总督派员驰往解散。温世霖创议联合全国学界,罢学要求。直督乃饬巡警道拿办,并电请惩儆。

粤汉铁路湖南株(洲)昭(山)段通车。

9日(宣统二年十二月初九日)

从直隶总督陈夔龙奏,谕将请愿国会之温世霖发往新疆,交地方官严加管束。至次年辛亥革命爆发后,于九月由陈夔龙奏请释回。

志锐请变通销除旗档旧制。

黄兴返回新加坡,英属各埠筹款任务告成。

按:黄兴是晚致函邓泽如,其曰:"此次巨款之集,虽由谭、王、郑、黄、陆、朱、郭诸君及各同志之热心国事而来,实由我兄一人至诚所感。黄帝有灵,锡以哲嗣,其报不爽!弟虽不言因果,而天理自在,孰不信之?弟等惟有奋励厥志,慎小其心,力求有成,勉尽公义,更有所以酬知己,则私心方安耳。"(《黄兴年谱长编》引)

10日(宣统二年十二月初十日)

资政院通过赦免国事犯奏稿,请朝廷赦免康有为、梁启超等戊戌案之"国事犯",兼及革命党人。未获允。第一届资政院会议闭会。

同盟会福建支部的重要言论机关报《建言报》在福州创刊,张冠瀛(海珊)为总编辑。不久,张去厦门办报,由刘通继任总编辑。林斯琛、黄光弼等任编辑。

《盛京时报》发表《奉天临时防疫所办事规则》、《长春防疫会之禁令》。

11日(宣统二年十二月十一日)

东三省总督锡良上奏军机处,为防范鼠疫,要求"于火车经过大站添设病院、检疫所,凡乘火车由哈赴长由长赴奉之商民,节节截留,一体送所查验,过七日后方准放行,染疫者即送病院医治"(《奏报发疫情形并请拨大连关税电》(宣统二年十二月十一日),《东三省疫事报告书》上册,"奏章",第1页)。

清廷命广州将军增祺来京陛见,以广副都统孚琦兼署广州将军。

黄兴致函暹罗(泰国)同志,揭露清廷罪恶,促汇发难经费。

按:函中有云:"中山先生特召集内地各部代表南来,相与确定计划,急起实行,破釜沉舟,拚此一举。预算发难费用十万金,向南洋、欧、美各分会筹措。前月中山先生已启程西去。今英属之地,得邓泽如兄等起而提倡,已大有眉目。汉民兄则由安南而至贵埠,望各同志尽情商榷,竭力捐助,少毁其家,以纾国难,则大款易集,而大业亦可成矣。顾内地同志既破其家,又牺牲其身者,所在多有。海外同志为地所限,不能亲入身冒其锋,今能掷金钱以偿其热血,亦义之至正。诸君慷慨豪侠,多不让人,弟知必有以集巨资以成斯举者。……其一切详情,汉民兄当为面陈。乞各同志赞成,于各尽力捐助外,将储款尽数提出,以助公用,俾能多得一分之财,即能多得一分之预备。"(《黄兴年谱长编》引)

12日(宣统二年十二月十二日)

《盛京时报》发表《奉天防疫规则》。

清廷命四川总督赵尔巽来京陛见,以布政使王人文暂护四川总督。

四川、湖北宜昌间民众拆毁川汉路局,焚毁教堂。

黄兴自新加坡乘日本邮船回香港。

13日(宣统二年十二月十三日)

以东三省鼠疫流行,清廷命于山海关一带设局严防。又准拨银十五万两于东三省添设医院、检疫所。

清廷重申烟禁,地方官仍前粉饰者罪之,并命民政、度支二部考核。

清廷派锡良、陈夔龙、张人骏、瑞澂参订外省官制。

14日(宣统二年十二月十四日)

奉天防疫总局成立。该局附属于奉天行省公署,由民政司、交涉司联合办公,下设医务科、文牍科、报告科、调查科、会计科、庶务科等科。省内各厅、县署也相继设立防疫所、检疫所、隔离所等临时防疫机构630余处。

为防止鼠疫扩散,停售京奉火车二三等车票。

为防止鼠疫扩散,经交涉,日本控制的南满铁路本日停驶。

准江苏裁并同城州县筹设审判厅。

15日(宣统二年十二月十五日)

为防止鼠疫扩散,陆军部派军队驻扎山海关,阻止入关客货。

清廷裁并江苏州县,设审判厅。江宁以江宁并入上元,苏州以长洲、元和并入吴,江都并入甘泉,昭文并入常熟,新阳并入昆山,震泽并入吴江,娄并入华亭,阳湖并入武进,金匮并入无锡,荆溪并入宜兴。

学部改订留日监督处章程。

湖北文学社在黄土坡招鹤酒楼召开常会,会议决定由湘籍志士章裕昆打入马队八标发展社员,文学社社员陡增。

由前刑部侍郎、出使美秘墨古大臣伍廷芳发起,上海各界在张园举行规模空前的剪辫大会。

按:《大公报》报道:"赴会者车水马龙,络绎不绝,午后聚集已逾二万余人。"

16日(宣统二年十二月十六日)

以东三省鼠疫蔓延,从陈夔龙奏,奉天至山海关火车只开头等客车,其余客车暂停开行,并分段查验。越日又命奉省例进贡品缓。

添派云贵总督李经义参订外省官制。

上海《申报》发表《学部新定管理日本游学生监督处章程》。

17日(宣统二年十二月十七日)

正式成立长春防疫局。

宪政编查馆奏定修正之逐年筹备宪政事宜清单。其清单规定:

宣统二年厘定内阁官制,颁布新刑律;宣统三年颁布内阁官制,设内阁;宣统四年颁布宪法、皇室大典,颁布议院法,举行下议院议员选举,确定预算、决算,实行新刑律、民律、商律、刑事民事诉讼律;宣统五年开设议院。

按:兹将筹备事宜按年摘要如下:宣统二年:厘定内阁官制、厘定弼德院官制、颁布新刑律、续办地方自治、续办各级审判厅、续筹八旗生计;宣统三年:颁布内阁官制设立内阁、颁布弼德院官制设立弼德院、颁布实行内外官制、颁布施行各项官规、颁布会计法、厘定国家税地方税各项章程、厘定皇室经费、颁布行政审判院法设立行政审判院、颁布审计院法、颁布民律商律刑事民事诉讼律、颁布户籍法、汇报各省户口总数、续办地方自治、续办各级审判厅、续办八旗生计;宣统四年:宣布宪法、宣布皇室大典、颁布议院法、颁布上下议院议员选举法、举行上下议院议员选举、确定预算决算、设立审计院、实行新刑律民律商律刑事民事诉讼律、续办地方自治、直省府厅州县城治各级审判厅一律成立、续办八旗生计等(《东方杂志》第八卷第一号《中国大事记》,1911年)。

广州将军兼两广总督增祺奏请将香洲定为无税口岸,以兴商业。经税务处议允行。

裁吉林水师营官丁。

上海《申报》发表《直隶绅士梁建章陈请资政院核议全国移民实边办法建议案》。

18日(宣统二年十二月十八日)

黄兴抵达香港,主持筹备广州起义。旋设统筹部于跑马地鹅井35号,黄兴为部长,赵声副之。部下设调度、交通、储备、编制等课,胡汉民、陈炯明、胡毅生、姚雨平等为课长。后谭人凤、宋教仁亦来参加起义。

按:是日午后,黄兴抵港,与赵声等会晤,将此次在南洋筹款苦状及爱国侨商"毁家纾难之义举,尽情宣告,无不奋励激发,勇气百倍"。"乃组织统筹部分职任事,众举黄兴为统筹部部长,赵声为副。内分课:曰调度课,掌运动新旧军人之事,举姚雨平为课长;曰交通课,掌江浙皖鄂湘桂闽滇各路交通之事,举赵声为课长;曰储备课,掌购运器械之事,举胡毅(生)为课长;曰编制课,掌草定规则之事,举陈炯明为课长;曰秘书课,掌一切文件之事,举胡汉民为课长;曰出纳课,掌出纳财政之事,举李海云为课长;曰调查课,掌伺察敌情之事,举罗炽扬为课长;曰总务课,掌其他一切杂务,举洪承点为课长。其余各同志,各以所能分属于各课,共同努力"(《黄世仲年谱长编》)。

度支部裁宝泉局,停铸制钱。

四川"匪"踞黔江县为乱,清军击却之,复其城。

19日(宣统二年十二月十九日)

为防止鼠疫扩散,经交涉,俄国控制的东清铁路,其二三等车本日停票,其头等车采取检疫办法。

考察宪政大臣李家驹进日本租税制度考、会计制度考。

孙中山抵达美国纽约筹款。

20日(宣统二年十二月二十日)

陆军部将驿传事宜,移交邮传部接办。

为防止鼠疫扩散,邮传部电令停止由奉天至山海关的头等车。

黑龙江省全省防疫会成立,由民政司督办一切,统辖各项防疫机关。下设防疫卫生队、调查团、诊治处、检疫所、传染病院、疑似病院、隔离所、掩埋队等。同时在各府厅州县设立相应的防疫机构。

孙中山赴美国西部筹款。

上海《国粹学报》停刊,共出82期。

按:《国粹学报》是研究国学的学术性刊物,亦是革命学术团体"国学保存会"的机关刊物。1905年2月23日在上海创刊。编辑者有邓实、章炳麟、刘师培、陈去病、黄节、黄侃、田北潮、马叙伦、罗振玉等。由邓实任总纂。停刊之后,改名《古学汇刊》,另行出版。

21日(宣统二年十二月二十一日)

谕命外务部、民政部、邮传部切实稽查鼠疫情形,天津一带如有传染,即将京津火车停止,免致蔓延。

署西北路道于驷兴因办防疫不力被革职,由郭宗熙总办哈尔滨防疫,并兼署西北路道。

汉口英巡捕踢死人力车夫吴一狗,引起人力车夫义愤。

按:汉口人力车工人吴一狗拖车至英租界大汉舞台,遇英巡捕房印度巡捕,吴问其是否要车,印度巡捕以警棍敲车把,吴以为对方要乘车,即放下车把请其上车,不意车轮误触印度巡捕脚部。印度巡捕竟一棍将吴一狗打倒,随后用靴连踢吴数脚,致吴当场毙命。路旁有4人见此惨状,甚鸣不平,印度巡捕又将此4人拘送巡捕房关押。巡捕房将吴尸体抬到后城马路给人认领,一时前来围观者成百上千,愈聚愈众,大为不平,尤其是人力车工无不义愤(《武汉市志》)。

上海《申报》发表《资政院结社集会律修正案理由书》。

谭明卿、张九皋创办《皖江日报》。曾几度停刊,1946年底终刊。

22日(宣统二年十二月二十二日)

陈昭常奏设责任内阁。

汉口租界人力车夫罢工、抗议,英兵开枪镇压。

按:武汉1000多名人力车工在华景街鸣锣集合,涌至英巡捕房要求惩办杀害吴一狗的凶手,抚恤死者家属。码头工人群起响应,在英巡捕用警棍驱赶工人时向巡捕房扔石头。英领事馆领事法磊斯悍然调遣600余武装水兵上岸,向人群开枪射击,当场打死7人,伤14人(其中重伤死于医院3人)。此刻,清政府夏口厅官员王木斋闻讯领兵前来镇压,遭群众反击,王腿部被乱石击伤。湖广总督瑞澂派镇统张彪领兵5 000余人,渡江到汉口帮助英兵驱赶群众。许多工人持扁担、木棍和石头进行还击,终因不敌士兵武器而退,当晚散去(《武汉市志》)。

23日(宣统二年十二月二十三日)

武汉上万工人、小职员自发集会,声讨英人罪行。

按:清军头领张彪在镇压时,却在人群中说"吴一狗死于鼠疫",被英兵打死的是"痞徒"、"乱民"。他"劝导"工人们"镇静"以待,不能到租界教堂"闹事",更不能打杀洋人。这时,清官吏还向英方赔礼道歉,并遵从英领事照会"严拿为首滋事之人"。印度巡捕和枪杀中国同胞的英水兵得以逍遥法外,死伤工人家属未得抚恤,30名工人遭到逮捕(《武汉市志》)。

哈尔滨滨江厅分防同知章绍洙因"防疫不力"被撤职,吉林民政司札委留吉补用同知、长春开埠局坐办林世瀚(林筱亭)代理。

四川"匪首"温朝钟窜入湖北咸丰县境,擒斩之(《清史稿·宣统皇帝本纪》)。

孙中山赴旧金山筹款。

24日(宣统二年十二月二十四日)

沈家本、俞廉三进呈《大清刑事诉讼律草案》。

按:修订法律馆聘请日本法学家岗田朝太郎起草《大清刑事诉讼律草案》。

清廷颁布《法院书记官考试任用章程》,规定法院书记官非经考试不得任用。

25日(宣统二年十二月二十五日)

颁布《新刑律总则》及暂行章程。

按:是为中国第一部专门刑法典。

派贝子衔镇国将军载振充头等专使,赴英国贺明年五月之英王加冕。

礼部左参议曹广权曾奏请编制"国乐",礼部"奉旨允准"。

上海《申报》发表《浙抚增韫奏中等工业学堂开办情形折》和《又奏创办高等医学堂折》。

26日(宣统二年十二月二十六日)

吉林全省防疫总局成立,启用关防。下设诊疫所、检疫所、隔离所、庇寒所、掩埋场等14个所。

学部奏拟改订筹备教育事宜,奏改订劝学所章程。

学部奏报第二次教育统计年表,学校数47995所,学生数1300739人。

湖广总督瑞澂奏"患病日深",请开缺,不允。

清廷免除陕西咸宁等六十四府厅州县光绪三十三年逋赋,并广有仓钱粮草束。

山东省城高等审判厅、地方审判厅、初级审判厅和济南商埠初级审判厅成立。30日起接受诉讼。行政、司法两权分离,地方行政官不再审理民刑案件。

上海《申报》发表《宪政编查馆奏遵拟修正逐年筹备事宜开单呈览折》。

27日(宣统二年十二月二十七日)

《刑事诉讼律草案》和《民事诉讼律草案》编成。

按:这两个草案未及审议颁行,清朝即已灭亡。

资政院上议决统一国库章程。

《开封简报》创刊。

28日(宣统二年十二月二十八日)

北京成立京师防疫局。

按:该局成立后立即着手研究商讨全国性的防疫措施问题,如集议验疫消毒办法,聘请在京各国医生为名誉顾问等,开展了实质性的防疫工作(《北京防疫汇纪》,宣统三年正月二十一日《申报》)。

颁布宣统三年预算案,此为中国首次试办预算。

按:清廷原计划于1916年确定预算决算。由于各地清理财政与《财政说明书》的编纂完成及宪政的提前,1910年11月,清廷决定将实行预算的时间提前。1911年度支部奏定《试办全国预算简明章程》、《试办特别预算暂行章程》、《宣统三年预算案实行简章》等,试办宣统三年(1911)预算。清廷试办之宣统三年预算案的发表,是中国历史上的第一部预算案。这部预算案对于中国建设宪政国家具有划时代的意义。自此开始,中国由皇家度支的封建专政体制,步入了公共预算的民主宪政体制。

清廷以法部左侍郎绍昌为法部尚书。

云南咨议局致电全国报馆:"英人派兵据我片马,势将北进,扼蜀、藏咽喉,窥长江流域,大局危甚。拟先文明对待,不卖英货,请转各商协力进行。"(1911年2月4日《民立报》)同时,又上书云贵总督李经羲,要求他一面与政府协力争议,一面在腾越、思茅等地编练重兵,以备不时之用(1911年3月3日《申报》)。

29日(宣统二年十二月二十九日)

颁布《钦定报律》38章,另有四个附件。规定:报纸创办实行注册加保证金制,实行市前检查制;禁止登诋毁宫廷、政体、扰乱治安的言论;禁止刊未经发布的谕旨、奏章;在国外出版者违反上述规定由海关没收销毁。

按:《钦定报律》是在1908年颁布的《大清报律》的基础上修改而成的。全文如下:

第一条 凡开设报馆发行报纸者,应由发行人开具左列各款于发行二十日前呈由该管官署申报民政部或本省督抚咨部存案。

一、名称;二、体例;三、发行时期;四、发行人、编辑人及印刷人之姓名履历及住址;五、发行所及印刷所之名称及地址。

第二条 凡本国人民年满二十岁以上无左列情事者,得充报纸发行人、编辑人、印刷人。

一、精神病者;二、褫夺公权或现在停止公权者。

第三条 编辑人印刷人不得以一人兼充。

第四条 发行人应于呈报时分别附缴保押费如左:一、每月发行四回以上者银三百元;一、每月发行三回以下者银一百五十元;在京师省会及商埠以外地方发行者前项工保押费得酌量情形减少三分之一及至三分之二;其宣讲及白话报专以开通民智为目的经官鉴定者得全免保押费;若专载学术艺事章程图表及物价报告者,毋庸附缴保押费。

第五条 第一条所列各款呈报后如有更易,应于二十日内重行呈告。发行人有更易时,在未经呈报更易以前,以假定发行人之名义行之。

第六条 每号报纸应载明发行人、编辑人及印刷人之姓名及住址。

第七条 每号报纸应于发行日递送该管官署及本省督抚或民政部各一分存查。

第八条 报纸登载错误若本人或关系人请求更正或将更正辩驳书请求登载者,应即于次回或第三回发行之报纸更正或将更正书辩驳书照登。更正或登载更正书辩驳书字形大小及次序先后须与记载错误原文相同。更正书辩驳书字数逾原文二倍者,得计所逾字数照该报登载告白定例收费,若更正辩驳词意有背法律或不署姓名及住址者,毋庸登载。

第九条　登载错误事项由他报抄袭而来者,虽无本人或关系人之请求,若见该报更正或登载更正书辩驳书,应即于次回或第三回发行之报纸,分别照办,但不得收费。

第十条　左列各款报纸不得登载:一、冒渎乘舆之语;二、淆乱政体之语;三、妨害治安之语;四、败坏风俗之语。

第十一条　损害他人名誉之语,报纸不得登载,但专为公益,不涉阴私者,不在此限。

第十二条　外交陆海军事件及其他政务经该管官署禁止登载者,报纸不得登载。

第十三条　诉讼或会议事件,按照法令禁止旁听者,报纸不得登载。

第十四条　在外国发行之报纸,有登载第十条所列各款者,不得在中国发卖或散布。

第十五条　论说译著系该报纸有注明不许转登字样者,他报不得抄袭。

第十六条　不照第一条、第五条第一项呈报发行报纸者,处该发行人以五十元以下五元以上之罚金;呈报不实者,处该发行人以一百元以下十元以上之罚金。

第十七条　不具第二条所定资格充发行人、编辑人或印刷人者,处该发行人五十元以下五元以上之罚金,其编辑人、印刷人诈称者罚同。

第十八条　违第四条第一项者,以未经呈报论。

第十九条　第四条第四项所指各报,其登载有出于范围以外者,处编辑人以五十元以下五元以上之罚金。

第二十条　违第六条、第七条者,处该发行人以三十元以下三元以上之罚金。

第二十一条　违第一条、第八条第一项、第二项或第九条者,处该编辑人以三十元以下三元以上之罚金。遇有前项情形若所登载系属私事者,须被害人告诉乃论其罪。

第二十二条　违第十条登载第一第二款者,处该发行人、编辑人、印刷人以二年以下二月以上之监禁,并科二百元以下二十元以上之罚金,其印刷人实不知情者,免其处罚。

第二十三条　违第十条登载第三、第四款者,处该发行人、编辑人以二百元以下二十元以上之罚金。

第二十四条　违第十一条者,处该编辑人以二百元以下二十元以上之罚金。遇有前项情形,须被害人告诉乃论其罪。本条第一项之罪,若编辑人系受人嘱托者,该嘱托人罚与编辑人同。其有贿赂情事者,得按贿赂之数,各处十倍以下之罚金。若十倍之数不满二百元,仍处二百元以下之罚金,并将贿赂没收。

第二十五条　违第十二条、第十三条者,处该编辑人以二百元以下二十元以上之罚金。

第二十六条　违第十四条者,处该发卖人、散布人以二百元以下二十元以上之罚金,并将报纸没收。

第二十七条　违第十五条者,处该编辑人以三十元以下三元以上之罚金。遇有前项情形,须被害人告诉乃论其罪。

第二十八条　犯第十六条第一项之罪者,至呈报之日止,该管官署得以命令禁止发行。

第二十九条　犯第十八条之罪者,至缴足保押费之日止,该管官署得以命令禁止发行。

第三十条　犯第二十二条之罪者,审判衙门得以判决永远禁止发行。

第三十一条　犯第二十三条之罪者,审判衙门得按其情节以判决停止发行。前项停止发行日报以七日为率,其他各报每月发行四回以上者,以四期为率,三回以下者,以三期为率。

第三十二条　呈报后延不发行或发行后至应行发行之期中止逾二月者,若不声明原由,作为自行停办。

第三十三条　犯本律各条之罪,所有讼费、罚金及应行没收之款,自判决确定之日起,逾十日不缴者,将保押费抵充,不足,仍行追缴。保押费已被抵充者,该发行人应于接到通知后十日以内将保押费如数补足,违者至补足之日止,该管官署得以命令禁止发行。

第三十四条　永远禁止发行或自行停办者,得将保押费领还,注销存案。

第三十五条　凡于报纸内撰登论说记事填注名号者,其责任与编辑人同。

第三十六条　假定发行人之责任与发行人同。

第三十七条　刑律自首减轻,再犯加重,数罪俱发从重之规定,于犯本律各条之罪者不适用之。

第三十八条　关于本律之公诉期限以六个月为断。

附录

第一条　本律自颁行文到日起一律施行。

第二条　关于本律之诉讼由审判衙门按照法院编制法及其他法令审理。

第三条　本律施行以后所有光绪三十四年二月十二日颁行之报律即行作废。

第四条　在本律施行以前发行之报纸所缴保押费数,与本律规定不符者,应于本律施行后三个月以内按照本律更正。(《东方杂志》第八卷第一号《中国大事记》,1911年)

以山东烟台鼠疫甚盛,从孙宝琦奏,命驻山东之第五镇禁阻登州、莱州等府与内地之往来。

清廷裁甘肃兰州道,置劝业道。

30日(宣统三年正月初一日)

湖北革命团体文学社在武昌黄鹤楼召开正式成立大会,遥戴孙中山为总理,以同盟会"驱除鞑虏,恢复中华,建立民国,平均地权"十六字纲领为纲领。湘籍志士三十二标代表单道康、炮队八标代表李慕尧、四十一标代表廖湘芸及蒋翊武、詹大悲、刘复基、孙长福、章裕昆、邹毓琳等人皆参加。会上推举蒋翊武为正社长,参谋部长刘复基,参议员王华国、杨载雄,侦探科唐鼎甲,联络科王守愚、李擎甫,调查科龚霞初、陈磊,总务部长张延辅,庶务罗良骏、唐义支,文书部长詹大悲,评议部长刘尧澂,书记蔡大辅,会计王守愚。

按:湖北文学社由振武学社改组而成。1910年12月,同盟会员蒋翊武、刘尧澂、詹大悲及章裕昆、张难先等人商定,以振武学社已为清吏侦知,遂改名文学社,推詹大悲起草简章。1911年1月30日,借新年团拜名义,在黄鹤楼风度楼召开大会,正式成立文学社。蒋翊武任社长,詹大悲任文书部长,刘尧澂任评议部长,后又举王宪章为副社长,张延辅为总务部长。

设总机关于武昌小朝街,汉口、汉阳设多处分机关,为隐藏起见,其简章仅言"联合同志研究文学",而实际宗旨是"推翻清朝专制,反对康、梁保皇政策,拥护孙文革命主张"。文学社成立后,以《大江报》为宣传阵地,在新军中大力发展社员,将校研究团、益智社、神州学社全体加入。其后又设立阳夏支部,拥有社员四、五千人,以新军为主,商学两界亦有人参加。1911年夏开始与湖北另一重要革命团体共进会协商联合,同年10月10日共同发动了武昌起义。1912年解散。《辛亥武昌首义人物传》列文学社成员69人,其中湖南人有蒋翊武(澧州人)、唐牺之(慈利人)、杨王鹏(湘乡人)、李抱良(平江人)、何海鸣(衡阳人)、杨载雄(澧州人)、廖湘芸(安化人)、钟畤(湘乡人)、章裕昆(宁乡人)、李达五(慈利人)、汤瀚(大庸人)、方震东(兴宁人)、龚葆棠(湘阴人)等13人;湖北人有王守愚(京山人)、蔡大辅(京山人)、潘康时(黄陂人)、宛思演(黄梅人)、詹大悲(蕲春人)、方维(随县人)、王文锦(东湖人)、邱文彬(襄阳人)、阚龙(沔阳人)、刘仲升(襄阳人)、黄震中(通山人)、黄家麟(汉川人)、张鹏程(恩施人)、李济臣(恩施人)、陈佐黄(黄冈人)、彭纪麟(随县人)、王耀东(竹山人)、刘九穗(应城人)、江光国(汉川人)、熊伟(麻城人)、陈磊(黄冈人)、何献(罗田人)、万鸿喈(黄冈人)、张敦民(恩施人)、何廷彪(建始人)、李宣伽(钟祥人)、吴百川(黄安人)、徐玉麟(竹山人)、沈春岩(石首人)、张融(沔阳人)、张卿云(汉川人)、陈桂山(沔阳人)、方镇藩(蕲春人)、徐寿林(江陵人)、李诚(汉川人)、张皇炎(沔阳人)、路之炳(沔阳人)、尹奎元(应城人)、彭国瑞(黄陂人)、李新亚(黄陂人)、张鹏飞(东湖人)、张大鹏(荆门人)、胡光瑞(孝感人)、陈振华(沔阳人)、李长荣(襄阳人)等45人。

以山海关外防疫,天寒道阻,清廷谕陈夔龙、锡良安置各省工作人。

31日(宣统三年正月初二日)

试署西南路道李澍恩因办防疫不力被清廷革职,以孟宪彝署西南路道。

广西南宁府营兵谋叛。

孙中山抵达旧金山筹款。

1911年2月

1日(宣统三年正月初三日)

福建德化县城地震,墙左右斜一尺多,摇而不倒,人立足不定,顷刻渐止,尚无塌屋。

2日(宣统三年正月初四日)

上海《申报》发表《汉口罢市风潮始末记》和《考察日本宪政大臣李家驹奏皇室财政宜谋独立等片》。

3日(宣统三年正月初五日)

《笑林报》在上海重新出版。

按:《笑林报》于1901年3月创刊。1910年末曾一度停刊,本年又恢复出版。

上海《申报》发表《李家驹奏考察日本财政编译成书呈览折》。

4日(宣统三年正月初六日)

外务部为英兵占据片马事电催出使英国大臣刘玉麟速与英政府交涉。

按:《东方杂志》第八卷第一号《中国大事记》载:中英滇缅界务交涉,日久未见解决。去年秋间,英议派兵驻片马,冀以兵力定界。云贵总督李经义曾屡电外务部,请向驻京英使诘阻。部中照会英使该使,复词不认事遂搁置。李总督复电催外务部,一面阻止用兵,一面迅请复勘。英使皆置之不理。至十二月中旬,英军竟由密之那府分两路前进,有兵二千人,马二千五百匹,工程辎重各队皆具。声言高黎贡山以西为彼国领土,并令派赖茨竹片马各彝寨迎降。于片马遍筑地营地道,为久远计。又在浪速一带,恣意侵掠。迤西道耿葆煋闻耗,急电李总督告警。李总督当与驻滇英领事交涉,请速撤退兵队。英领事复谓英兵现驻地方,皆属英国版图,并未过界,何能退去云云。李总督遂电奏请派兵巡边。又请饬部严重交涉,要求退兵而后妥议。朝意虑生冲突,电令慎重勿启衅端。旋由外务部据情向英使交涉。英使亦谓片马系英属。外务部与之辩论数次,未得要领,乃电交驻英公使刘玉麟向英政府直接交涉。

孙中山启程赴温哥华筹款。

黄兴电邀谭人凤至香港,共商联络中部各省策应广州起义。

按:曹亚伯曰:"举义总计划,既在会师长江,并专设交通课以主任其事,则第一着江、浙、皖、湘、鄂等处不可不筹设机关,联络军人,以备响应。辛亥年一月六日,谭人凤至统筹部,亦以此意与赵、黄诸人言,曰:'南京之事,向谋之矣。若两湖居中原中枢,得之可以震动全国,控制虏廷;不得则广东虽为我有,仍不能有为,愿加以注意,俾收响应之效。'黄、赵即询以办法。谭曰:'今居正、孙武二人,日夕为武昌谋,惟缺于资,不能设立机关,以张大其势力;湖南同志甚多,以缺于资,不能为进行之部署。诚能予金以分给两湖同志,则机关一立,势力集中,广东一动,彼即响应,中原计日可定也。'黄、赵等诺之。七日,即以二千金予谭。谭乘轮北行,自上海而武昌而长沙,以六百金予居正,二百金予孙武,俾设机关于汉口租界地,竟为九月武汉起义之导线。湖南适谢价僧、刘承烈自日本归,道其事于同志,同志闻之,极为热烈。谭即以余款交由曾伯兴、谢价僧等,部署一切。事毕,至上海,二月中旬矣。"(《武昌革命真史》前编)

《大公报》分9次连续刊登《防疫新法报告书》,较为详尽地介绍防疫内容和防疫方法。

5日(宣统三年正月初七日)

谭人凤离开香港,赴湘鄂进行革命活动。

冯煦奏察勘徐州、淮州灾状。

《申报》发表《北京鼠疫记》。

王国维跋马元调刻沈括撰《梦溪笔谈》。

6日(宣统三年正月初八日)

孙中山由美国西雅图转赴温哥华,即开始发动洪门,筹集经费,共筹得七万余港元。

上海《申报》发表"隆裕皇太后深悯疫症发生,拨发内帑十万两以济要用。闻两贝勒亦捐六万两"消息。

《大公报》发表《本埠防疫事汇志》。

江西九江发生5级地震,房屋器皿均震倒。

7日(宣统三年正月初九日)

外交部拟订华洋典质章程。

云南绅商在咨议局开会,议决成立中国保界会。

按: 该会决定:第一,联合全国各报馆、各宣讲所,分别著论演说,号召人民起而斗争;联合各省志士仁人,上书外务部,请与英人严正交涉,并以此案发交海牙和平会裁判。第二,在买卖货物、乘载轮船、雇作佣工等方面对英国进行限制,同时奖励并补助自设工厂和轮船公司。宣言要求全国及海外华人在各自驻地普遍设立保界会,并特别声明:"我国现值积弱,只宜用文明之抵制,不可为野蛮之举动。"(《云南保界会之宣言书》,1911年3月7日、8日《帝国日报》)云南咨议局的呼吁,迅速得到各省咨议局的响应。贵州咨议局复电称:"英据片马,先以不买英货抵制,各界协议,表同情,并电政府力拒。"陕西咨议局复电称:"非人自为兵,无以救亡",建议以3月9日为期,联络各省咨议局同时致电资政院,奏请就地开办团练(见1911年3月13日《帝国日报》)。

8日(宣统三年正月初十日)

清廷免江苏长洲等四十厅州县田地银粮。

北洋验疫医官王传钧、海涛在《大公报》发表《鼠疫病因防法论》。

上海协和丝厂工人罢工。

《国风日报》在北京创刊。

上海《申报》发表《宁苏审判各厅规定办法》和沈同芳《女校宜提

倡改良服饰议》。

任天知率进化团在南京升平戏园演出,首演剧目《血蓑衣》,第2、3日演《东亚风云》,第4、5日演《新茶花》,在南京共演3个月。

9日(宣统三年正月十一日)

清廷赈江苏高邮、宝应、清河、安东、山阳、阜宁等县水灾。

丁福保在《盛京时报》发表《鼠疫病因疗法论》。

《盛京时报》发表《徐大令在北路调查防疫之近闻》。

《常报》在常州创刊,主笔周淦生。

10日(宣统三年正月十二日)

《大公报》发表《北京颁布防疫罚章》。

上海《申报》发表《东省防疫记》。

11日(宣统三年正月十三日)

黄玉阶等在台湾发起第一次断发大会。

云南商会集会,决定抵制英货。

《云南政治公报》创刊。

上海《申报》发表《北京防疫记》。

12日(宣统三年正月十四日)

清廷设立北部防疫分局。

度支部议准粤省各项赌博于三月初一日一律施禁。

上海《申报》发表《吉林地方团体联合会宣言书》和《北方防疫汇纪》、《学部改订劝学所章程》。

13日(宣统三年正月十五日)

度支部上全国预算章程。

按:《东方杂志》第八卷第一号《中国大事记》载:本日,度支部奏试办全国预算,拟定暂行章程,并主管各衙门事项。折中约举办法三端:一为规定行政之统系,一为暂分国家岁入地方岁入,一为正册外另造附册。又奏陈维持预算实行办法折亦列举四端:一各省预算册内出入各数,仍应严行查核;一各省预算款项,宜通筹盈虚,慎重出纳;一宣统三年预算,臣部与各省商定增减之款,不得翻异;一嗣后各省追加之案,应令先筹的款,当奉谕,照所议行。

《夏报》在汉口创刊,创办人高汉声,编辑人彭义民。

孙中山出席温哥华华侨欢迎会,发表演说。认为"今满洲政府之对于施行宪政,开设国会,无一毫之诚意",不过是"以愚蒙人民为政治之秘诀"(《民立报》1911年3月25日)。

14日(宣统三年正月十六日)

《大公报》发表《天津卫生局劝种避瘟浆告示》。

《盛京时报》发表《奉天省城防疫事物所修改八关检疫分所暂行规则》。

原广澳铁路商人梁云逵、谢诗屏、唐曜初、唐宗伟等人上书清政府邮传部,要求自筹资金承建广澳铁路,请清政府尽快答复。

15日(宣统三年正月十七日)

御史胡思敬劾宪政编查馆,言新官不可滥设,旧官不可尽裁;起草应用正人,颁行当采众议。清廷下其章于政务处。

上海《申报》发表《东三省将开防疫赈捐》消息。

《盛京时报》发表《临时疫病院章程》。

16日(宣统三年正月十八日)

驻京俄使照会外务部要求六款。

按:《东方杂志》第八卷第一号《中国大事记》载:俄国驻华公使廓索维慈给清政府外务部发来长篇照会,强指中国办理对俄交涉事宜没有遵守1881年条约,并有对条约解释错误之处,以此为借口,要求中国政府对下述六个问题立即明确表态:"第一,一千八百八十一年条约,以各项国际协约,除华俄交界五十俄里外,并未限制俄政府在中俄交界贸易纳税之自由。凡在两国陆路边界五十俄里内,中俄两国彼此运出输入物品,一概无税。第二,俄人在中国境内有领事裁判权。故吏治裁判交涉,专属于俄员。若遇民事讼事,如华俄人之交涉,须由中俄会审解决。第三,蒙古及中国长城之外,以及天山左右,俄人有权自由往来居留,及贸易货品,一概无税。亦不得以专利或禁止限制其通商自由。第四,俄政府除已设之领事外,有权在科布多哈密古城设立领事。虽云此权须经中政府认可,惟现在各该城华俄商人,每有与讼之事,显然不能不实行此权。第五,凡设领事之处,中国地方官声明承认遇有华俄争辩之事,不得推辞与俄员公同裁判。第六,蒙古及长城以外各城,俄政府有权设领事署,即库里得日楚古查克库伦乌里雅苏台喀什噶尔、乌鲁木齐、科布多、哈密古城,以及张家口等处,俄人有权置地建筑。为此俄政府特照会中政府。若不承认以上六款,或一款不欲,即可谓之中国不欲遵守前约,敦固善邻。如此俄政府即可自由进行,以便申明条约权限。"

"俄使既照会外务部,又通告各国驻京公使,谓俄国因与中国改订伊犁商约,自去夏迄今兹,屡次照会,竟无正式答复,不能再忍,故有此严重之交涉。又谓俄国此次举动,一无侵占土地之意,将来事势如何,当视中国之状态以为衡。设中国无满意之承认,则俄国之兵队,即将调赴华界云云。外务部旋照复俄使,亦分六款。"

广州将军增祺等奏,筹备粤防生计,酌议变通办法。清廷下所司知之。

《盛京时报》分三次发表《奉天防疫事务所规定隔离所章程》。

上海《申报》发表《学部检定初级师范学堂中学堂教员章程》。

17日(宣统三年正月十九日)

廓索维慈来到外务部,借口东三省的瘟疫在向俄境蔓延,要求允许俄国在中国境内建立军事"观察岗位",并声称他得到各国公使的支持。

《盛京时报》发表《临时病院成立》消息。

18日(宣统三年正月二十日)

《盛京时报》发表《防疫会之纪事》。

《大公报》发表《吉省检疫所留验章程》。

19日(宣统三年正月二十一日)

清廷调志锐为伊犁将军,广福为杭州将军。

中国女子禁烟会在天津官立第一蒙养院举行成立大会。顺直禁烟会会长张伯苓到会讲话,并选举会长。

《盛京时报》发表《商会收取防疫经费》、《火葬场工程告竣》消息和《长春中日隔断交通之章程》及《东三省之悲观》社论。

上海《申报》发表《学部改订中学堂文实两科课程及每星期授课时刻表》。

20日(宣统三年正月二十二日)

清廷向俄国驻华使馆发出答复照会。照会针对俄国所提"六条",逐项引证原约相应条款,声明中国对条约所载俄国在华各项特权一律承认,但俄国如欲在科布多、古城、哈密3处设领,也应按约行事,即同时议定俄商在新疆、蒙古贸易的税则;对于沙俄节外生枝提出的取消垄断暨禁令限制的要求,照会并未提及。

谕民政部、东三省、直隶、山东各省督抚赶速扑灭时疫。

按:《东方杂志》第八卷第一号《中国大事记》载:此次鼠疫发现于东三省,蔓延于关内直隶、山东两省。先后传染,日毙多人,朝廷为之恻然。迭经严饬民政部暨各该省督抚,设法消弭,至是哈尔滨等处成效渐著。故又谕令赶速清理,务期早日扑灭。综计此次鼠疫发现以来,吾国所损失者,盖有四端:以疫而死者约一万九千余人,是人口上之损失。以疫而断交通,致京奉铁路亏耗五六百万,是商业上之损失。以疫而设防范,如东三省报告防疫经费,共计四百余万。京津两处,已用五六十万,是财政上之损失。以疫而受邻国之诘责,甚且被其侵压,是政权上之损失。至鼠疫之影响所及于各方面者,亦有三端:吾国葬礼,凤以入土为重,此次东三省以疫死者众,特从权用火葬。上年十二月二十九日,东三省总督锡良致电吉林巡抚陈昭常、黑龙江巡抚周树模,略谓准外务部勘电开,据哈埠伍医官等电禀,该处抛弃未葬之柩,罗列二千具之多。材木脆薄,恶气熏蒸,非掘坑汇集火葬,流毒不可胜言。现于六里外择地掘大坑十处,雇役百二十名,以天寒地冻,兼用机器炸药,工作一旬,仅成四处。请速核准照办等语。疫气蔓延,死亡枕藉,仅事掩埋,决不足消灭余毒,况现在疫气并未见减。日毙百数十人,势不能不从速设法,斟酌再四,恐非从权暂准火葬,殊别无应急之法。并希迅饬地方官剀切晓谕,免滋谣惑等因。……是影响于风俗上者。德国太子前拟游历辽东各国,嗣以吾国东北部患疫,故至印度后即折回。所有中国、日本、暹罗之游,概作罢论。是影响于外交上者。民政部前以鼠疫为吾国医学所未究,特商政府,由外部通电各国,请各派疫科专门医士到东,研究治法,协助中国,并定期开一大会,以研究所得,宣布世界,其经费悉由我担任。现德、美、英、奥、法、俄、日诸国,已派医士前来。是影响于学术上者。鼠疫之影响如此,而吾国因鼠疫所受之损失如彼,则鼠疫之势力,不其伟乎?兹为汇记于此,亦历史上一大故实也。

21日(宣统三年正月二十三日)

因鼠疫流行,交通阻断,吉林省提学司通令全省各学堂延期开学。

留德学会致电京沪各报,声称:"俄以兵要约、掠地、侵权,时势危急,各国亦不直俄,望速筹救亡,并迫求政府力抗。"(《柏林华学生公电》,1911年2月22日《时报》)

22日(宣统三年正月二十四日)

江苏无锡县立初等工业学堂(无锡市第一中学前身)创办。

邮传部奏撤销铁路局局长梁士诒差使并裁局所。

按:《东方杂志》第八卷第一号《中国大事记》载:邮传部之铁路局,人言啧啧。上年资政院决议,以其与该部内所设之路政司为骈指,应即裁撤,以省经费。时适御史赵熙参奏该部侍郎沈云沛,并铁路局局长梁士诒。奉旨交盛宣怀查办。厥后监国摄政王复面谕该部各堂官,整顿部务,并将应裁各员,实行淘汰。至是盛尚书等始于复奏查明官办铁路被参各款折内,附片奏请将梁士诒撤销铁路局局长差使,及交通银行帮理兼差。并请裁撤图书通译局,及交通研究所。奉旨均着依议。原奏未经官报登出,但闻废去员司共百三十人,年约节费三十余万,而铁路局则尚未裁也。

《盛京时报》发表《会奏核拟防疫员医恤典银电》。

上海《申报》发表《法部拟定民事讼费暂行章程》。

23日（宣统三年正月二十五日）

同盟会会员谭人凤受黄兴之托赴武汉，与革命党人居正、孙武、杨时杰、查光佛等会晤，动员所属共进会加入中部同盟会，并以800银元交居正、孙武二人作为活动经费。居正等受命，乃设置机关三处，以汉口法租界长清里88号为总机关，武昌胭脂山某号为分机关，武昌黄土坡某酒馆为军界招待所。

《盛京时报》发表《商铺之荒闭者累累》、《大豆价涨》等消息。

上海《申报》发表《条陈整理大清银行办法》。

24日（宣统三年正月二十六日）

清廷除非刑。凡遣、流以下罪，毋用刑讯。法部奏上已革绥远城将军贻榖罪论死。诏改戍新疆效力赎罪。

江苏华亭县千蒲镇、新桥镇商人抗捐，举行罢市，捣毁新桥自治局。

上海《申报》发表《法部拟定刑事讼费暂行章程》。

25日（宣统三年正月二十七日）

农工商部奏派员随同兵舰巡历南洋各埠。

在日本的豫晋秦陇协会于中国留学生会馆集会，筹议拒俄行动办法。

《瀛洲日报》停刊。

按：是报1910年10月3日创刊于潮州。

上海《申报》发表《钦定报律》和《度支部酌拟试办全国预算暂行章程》。

26日（宣统三年正月二十八日）

留日中国国民会成立。东京中国留学生遍发传单，召开全体大会，到会者一千二百余人。会议决议在一星期内成立救亡机关，向内地及欧美南洋华侨发送警告书及电报,同时成立国民军,请驻日公使汪大燮代电政府,要求拒俄。

《盛京时报》发表《鼠疫关系医学之进步》。

吉林双城府防疫所成立。

27日(宣统三年正月二十九日)

中国留日学生总会召开临时各省职员会。会后,以留东全体学生名义向上海《民立报》及21省咨议局发电:"俄侵伊犁,英占片马,法强索滇矿,若稍退步,全国沦亡。政府无望,已集全力,捐现金两万余,设立救国机关。"电报要求各省咨议局,"开临时会,组织国民军,以救灭亡"(1911年3月1日《民立报》)。

上海《申报》发表《整顿山西省北盐务办法》和《民政部拟订京师防疫局章程》。

28日(宣统三年正月三十日)

度支部议奏向各国银行借款并仿办赈捐片。

清廷命周树模会勘中俄边界。

上海《申报》发表《国会同志会请各团体电约各议长入都定计书》,谓孙洪伊以咨议局联合会名义,邀请各省议长入京共商国是办法。邀请书略云,此次集会的目的,一是破政府轻视国民之习见,二是动外人尊我国民之观念,三是充吾民最后自立之方针。

是月春,同盟会员田桐、井勿幕在北京创办《国光新闻》,反对清廷伪立宪,鼓吹"中央革命"。

是月,福州警醒社创刊《民心》,编辑人林刚。

是月,《震旦日报》在广州创刊。原为石室天主教神甫巍甫昌茂独资创办,其目的为宣传教义和传播西方文化。

是月,《国学丛刊》双月刊在北京创刊,由王国维、罗振玉编辑。内容分经、史、小学、地理、金石、文学、目录、杂识等八类。王国维为《国学丛刊》作《序》,提出"学无新旧、无中西、无有用无用"之说。

按：王国维在《国学丛刊序》中提出了"学术三无"说的观点,并作了详细阐述,其曰："学之义不明于天下久矣。今之言学者,有新旧之争,有中西之争,有有用之学与无用之学之争。余正告天下曰:学无新旧也,无中西也,无有用无用也。凡立此名者,均不学之徒。即学焉,而未尝知学者也。学之义广矣。古人所谓学,兼知行言之。今专以知言,则学有三大类:曰科学也,史学也,文学也。凡记述事物,而求其原因,定其理法者,谓之科学;求事物变迁之迹,而明其因果者,谓之史学;至出入二者间,而兼有玩物适情之效者,谓之文学。然各科学,有各科学之沿革。而史学又有史学之科学(如刘知几《史通》之类)。若夫文学,则有文学之学(如《文心雕龙》之类)焉,有文学之史(如各史文苑传)焉。而科学、史学之杰作,亦即文学之杰作。故三者非斠然有疆界,而学术之蕃变,书籍之浩瀚,得以此三者括之焉。凡事物必尽其真,而道理必求其是,此科学之所有事也。而欲求知识之真与道理之是者,不可不知事物道理之所以存在之由,与其变迁之故,此史学之所有事也。若夫知识、道理之不能表以议论,而但可表以情感者,与夫不能求诸实地,而但可求诸想象者,此则文学之所有事。古今东西之为学,均不能出此三者。惟一国之民,性质有所毗,境遇有所限,故或长于此学而短于彼学。承学之子,资力有偏颇,岁月有涯涘,故不能不主此学,而从彼学。且于一学之中,又择其一部而从事焉。此不独治一学当如是,自学问之性质言之,亦固宜然。然为一学,无不有待于一切他学,亦无不有造于一切他学。故是丹而非素,主入而奴出,昔之学者或有之,今日之真知学、真为学者,可信其无是也。夫然,故吾所谓学无新旧,无中西,无有用、无用之说,可得而详焉。何以言学无新旧也?夫天下之事物,自科学上观之,与自史学上观之,其立论各不同。自科学上观之,则事物必尽其真,而道理必求其是。凡吾智之不能通而吾心之所不能安者,虽圣贤言之有所不信焉。虽圣贤行之有所不慊焉。何则?圣贤所以别真伪也,真伪非由圣贤出也。所以明是非也,是非非由圣贤立也。自史学上观之,则不独事理之真与是者,足资研究而已,即今日所视为不真之学说,不是之制度风俗,必有所以成立之由,与其所以适于一时之故。其因存于邃古,而其果及于方来,故材料之足资参考者,虽至纤悉,不敢弃焉。故物理学之历史,谬说居其半焉。哲学之历史,空想居其半焉。制度、风俗之历史,弁髦居其半焉。而史学家弗弃也。此二学之异也。然治科学者,必有待于史学上之材料。而治史学者,亦不可无科学上之知识。今之君子,非一切蔑古,即一切尚古。蔑古者,出于科学上之见地,而不知有史学。尚古者,出于史学上之见地,而不知有科学。即为调停之说者,亦未能知取舍之所以然,此所以有古今新旧之说也。何以言学无中西也?世界学问,不出科学、史学、文学。故中国之学,西国类皆有之。西国之学,我国亦类皆有之。所异者,广狭、疏密耳。即从俗说而姑存中学、西学之名,则夫虑西学之盛之妨中学,与虑中学之盛之妨西学者,均不根之说也。中国今日,实无学之患,而非中学、西学偏重之患。京师号学问渊薮,而通达诚笃之旧学家,屈十指以计之,不能满也。其治西学者,不过为羔雁禽犊之资,其能贯串精博,终身以之如旧学家者,更难举其一二。风会否寒,习尚荒落,非一日矣。余谓中、西二学,盛则俱盛,衰则俱衰。风气既开,互相推助。且居今日之世,讲今日之学,未有西学不兴,而中学能兴者;亦未有中学不兴,而西学能兴者。特余所谓中学,非世之君子所谓中学;所谓西学,非今日学校所授之西学而已。治《毛诗》、《尔雅》者,不能不通天文博物诸学;而治博物学者,苟质以《诗》、《骚》草木之名状而不知焉,则于此学固未为善。必如西人之推算日食,证梁虞剧、唐一行之说,以明《竹书纪年》之非伪,由《大唐西域记》以发见释迦之支墓,斯为得矣。故一学既兴,他学自从之,此由学问之事,本无中、西,彼鳃鳃焉虑二者之不能并立者,真不知世间有学问事者矣。顾新旧、中西之争,世之通人率知其不然,惟有用、无用之论,则比前二说为有力。余谓凡学皆无用也,皆有用也。欧洲近世农、工、商业之进步,固由于物理、化学之兴。然物理、化学高深普遍之部,与蒸气、电信有何关系乎?动植物之学,所关于树艺、畜牧者几何?天文之学所关于航海、授时者几何?心理社会之学,其得应用于政治、教育者亦尠。以科学而犹若是,而况于史学、文学乎?然自他面言之,则一切艺术,悉由一切学问出。古人所谓不学无术,非虚语也。夫天下之事物,非由全不足以知曲,非致曲不足以知全。虽一物之解释,一事之决断,非深知宇宙人生之真相者,不能为也。而欲知宇宙、人生者,虽宇宙中之一现象,历史上之一事实,亦未始无所贡献。故深湛幽渺之思,学者有所不避焉;迂远繁琐之讥,学者有所不辞焉。事物无大小,无远近,苟思之得其真,纪之得其实,极其会归,皆有裨于人。类之生存福祉,己不竟其绪,他人当能竟之;今不获其用,后世当能用之,此非苟且玩愒之徒所与知也。学问之所以为古今、中西所崇敬者,实由于此。凡生民之先觉,政治教育之指导,利用厚生之渊源,胥由此出,非徒一国之名誉与光辉而已。

世之君子可谓知有用之用,而不知无用之用者矣。以上三说,其理至浅,其事至明,此在他国所不必言,而世之君子犹或疑之,不意至今日而犹使余为此哓哓也。适同人将刊行《国学杂志》,敢以此言序其端。此志之刊,虽以中学为主,然不敢蹈世人之争论,此则同人所自信,而亦不能不自白于天下者也。"(《观堂别集》卷四)

1911年3月

1日(宣统三年二月初一日)

清廷予故大学士、前湖南巡抚王文韶于湖南省城建祠。冯煦请濬灉河。

直隶总督奏直省防疫情形。

改吉林双城府防疫所为双城府防疫局。

按：城区设防疫分所4处，男疑难病院1处，留养所10处，旅行留验所2处，男隔离所5处，女隔离所2处；北门外设防疫分局1处，男女隔离所各1处，诊疫所1处，养病所1处；乡区设防疫分局2处，防疫分所4处，留验卡19处，隔离养病所16处，留养庇寒所22处，诊疫养病所3处。松花江防疫总检疫所设于城西板子房，下设办事机构；松花江防疫检验分所设于双口面，下有救急队、巡江兵等。在府治境内设8处分卡。

吉林巡抚陈昭常电告外务部：日本领事宣称，因"日韩合并"，侨居吉林省珲春一带的朝鲜人，遇有词讼，应由日本领事审判。

江苏南汇、川沙两县农民反对筹办自治等新政，打毁绅董房屋，焚毁学堂。

上海《申报》发表《北方防疫汇纪》。

《盛京时报》发表《绅商组织添设防疫所》消息。

《人权报》在广州创刊，主笔劳纬孟、陈耿夫、黄浩公、黄霄九、李孟哲。

2日(宣统三年二月初二日)

民政部奏京师防疫情形。又奏请裁并同城州县。

民政部奏陈《户籍法》8章184条,此为中国第一部《户籍法》。

按：清政府在考察欧美各国之后,认识到"宪政之进行无不以户籍为依据,而户籍法编订又必由民法与习俗而成"(公安部户政管理局编《清末至中华民国户籍管理法规》,"民政部编订户籍法奏折",第3页,群众出版社1996年版),在参考东西各国之良规的基础上制定了中国历史上第一部《户籍法》单行法规。

《盛京时报》发表《论东三省防疫费款急须官民募捐》。

3日(宣统三年二月初三日)

清廷谕所司防疫,毋藉端骚扰,并命民政部、步军统领衙门、顺天府以保卫民生之意谕人民。

上海同济大学学生朱家骅等发起组织敢死团。

按：该团以朱家骅为团长,团址设于上海张静江的通义银行内。它得到了同盟会员陈其美、戴季陶、于右任、宋教仁、范光启等人的积极支持。

《盛京时报》发表《绅商组织防疫所》消息。

上海《申报》发表《世界女子协会职名章程》。

俄阿穆尔总督关达基来哈尔滨,与霍尔瓦特铁路局长、马里诺夫斯基医务总监等就"防鼠疫"问题进行会谈。

4日(宣统三年二月初四日)

慈禧太后的总管大太监李莲英病逝。

5日(宣统三年二月初五日)

留日各省同乡会约80名代表集会,在熊越山主持下达成"武力救国"的一致意见。会议决定不用"国民军"名义,而称中国国民会,推举同盟会员李肇甫、傅梦豪、陈策、袁麟阁4人为章程起草员。

同盟会员林演存、刘其超、唐群英、朱光凤4人发起召开留日女界全体大会,到会者百余人。会议选举唐群英为会长。

云南留日学生、同盟会云南分会会长杨大铸及会员王九龄自日本到达上海,至《民立报》社晤宋教仁。旋即发布《通告书》,力陈保卫片马的重要性。

《盛京时报》发表《慨助商务防务会费》、《于防疫事宜之踊跃》消息。

《粤路丛报》在广州创刊。主编沈文尉。

6日(宣统三年二月初六日)

四川德格、春科、高日三土司改设流官,置边北道,登科府,德化、白玉二州,石渠、同普二县。清廷定应遣新疆军台人犯改发巴、藏。

黄兴与赵声、胡汉民联名致函孙中山,报告广州起义计划。

按：函曰："现时力针,一依在庇原议,惟选锋人数增多,长短器亦拟增原数两倍有奇；独运动旧营方法稍异,其费约略减。以故预算之额约要十二万数千,预备费当至少有正额四分之一,则总额为十四五万余。……选锋不专取一处人才,故最多至二百人,为(胡)毅生之路。此外或百余人,或六七十人。总数则八百余人。……现拟购驳货五百十枝,而辅以长短杂货,此项预算数要四万几。惟购器之路甚难。……财政而外,此为最紧要之问题矣。……扬子江流域,议于沪汉设立两机关。沪则以郑赞臣主之,联络徽宁浙三省,现已开办,以徽为最有势力。汉欲请居正主之,联络湘鄂两省,已派有人去。……刻以经济不足,不能推及长江以北,至为恨事。"(《黄兴年谱长编》引)

上海《申报》发表《法政科进士刘冕执上度支部整顿大清银行推行币制条陈详注》。

7日(宣统三年二月初七日)

清廷免云南昆明等三州县被灾田地条粮银米。

《盛京时报》发表《论卫生行政之亟宜扩张》社论。

《盛京时报》发表《商会设立防疫卫生宣讲所》、《添设隔离所预防疫气蔓延》消息。

8日(宣统三年二月初八日)

清廷免浙江仁和等三十州县,杭、严二卫,衢、严二所荒地钱粮漕米。

黑龙江民政使赵渊开缺并交部严议。

上海协和丝厂女工因厂方减发工资,举行罢工。

国民会全体职员集会,通过《留日中国国民会草纲》,确定该会宗旨为以提倡国民军为主,并研究政治、教育、实业。同时决定各省于12日前推举代表2人组成演说团,共为五团,分往21省演说,宣传救亡。

上海《申报》发表《民政部奏遵章调查第二次人户总数折》。

9日(宣统三年二月初九日)

英国军队侵占片马。

清廷颁布陆军部暂行官制。以陆军大臣荫昌补授陆军正都统,副大臣寿勋补授副都统;颁布海军部暂行官制。以海军大臣贝勒载洵补授海军正都统,副大臣谭学衡补授副都统。

马良、王河屏等人响应云南咨议局的号召,发起组织中国保界会上海分会。

10日(宣统三年二月初十日)

吉林双城府全境疫势凶猛,城区日死38人,乡区日死127人,共165人。

《中国青年粹》创刊,由日本东京中国青年学粹社编辑,成都粹记书庄发行,上海民立报馆代售。

叶圣陶是日日记论清廷电与江督,令其禁止各报馆载中英、中俄交涉事;又电与留日公使,令其禁止留学生集会议国事及提倡国民军事。

按:记曰:"阅报见有京电与江督,令其禁止各报馆载中英、中俄交涉事;又有电与留日公使,令其禁止留学生集会议国事及提倡国民军事。呜呼,堪叹夫。如吾等者,居此似乎稍安之地,边虞之危难实不得知,全赖有报纸为之探听,为之警醒,使吾人得有以为之备,有以为之挽回。今乃若此,奈何奈何。彼之意必且以为边虞我之边虞,何关尔等事。哭!哭!!政府靠不住矣。留东学生热衷而奔走民事,宜赞助之,今乃非唯不赞助而禁止之。夫禁止出于他国人之口,可也,乃出之于己乎?是真不以此国为国,而竟视若敝屣矣。哭!哭!!"(《叶圣陶集》第19卷)

11日(宣统三年二月十一日)

上海《申报》发表《北京同志会布告全国同胞书》,抗议沙俄欲以兵力威胁我国一事。

国会请愿同志会发表长篇文章,指责俄人之阴险狡诈和清政府的畏葸无能,要求各方人士联电政府力争(1911年11月12日《神州日报》)。

中国保界会上海分会在上海张园集会,到会者约千人。会议公推豆米业资本家、沪南商会委员、同盟会员叶惠钧为临时议长,同盟会员朱少屏、王九龄、沈缦云和女医生张竹君等相继发表演说。会后,马良再次发表公告,宣布改名为国界调查会。

12日(宣统三年二月十二日)

上海商界成立武装商团。

黑龙江哈尔滨市公议会举行第二届(1911—1914年)议员选举。

江苏地方自治局订立开展户口调查的五条办法。

按:户口调查的五条办法为:一、调查员必须首先广泛张贴布告,明白宣示不准派捐、抽丁、需索;二、敦请德高望重者至各地巡回演说,杜绝各种谣言;三、选择性情平和、举止谨慎者担任调查员;四、慎选乡董,调查时要事先联络好当地人,不可贸然前往;五、地方官应勤加抽查督察,使造谣生事者和办事员不能胡作为为(《江苏辛亥革命研究》第二章,第105页)。

13日(宣统三年二月十三日)

宗人府奏宗室觉罗犯禁烟条例改折圈禁期限并违警折罚日数。

中国国民会以留日全体学生名义公布《中国危亡警告书》,陈述俄、英、法侵略中国的严重局势,说明治标之法是要求政府严拒俄人之请,治本之法是联合各省速创国民军,本中之本是革政治、励教育、兴实业。

上海商界沈缦云、王一亭、虞洽卿、胡寄梅、周豹元、叶惠钧、顾馨一、袁恒之等联合发表致南北商团启事。当日召开大会,到会者千数百人。

按:沈缦云提议,组织全国商团联合会,俟各处商团成立,再行组织义勇队,以达"人自为兵"之目的。宋教仁在会上阐述片马事件及《伊犁条约》修约诸问题的由来,认为"小至关乎一地,大之关乎全国,亡灭瓜分之祸,悉系此焉"(《记全国商团联合会》,1911年3月13日《神州日报》)。会后,即以南市毛家弄商团公会为全国商团事务所,一面分函各省商团,一面接受工商各界报名。至3月19日,工商、学、绅各界报名者达二百余人。

14日(宣统三年二月十四日)

俄国政府代表廓索维慈来到清朝外务部,当面向外务部尚书邹嘉来、左侍郎胡惟德递交一个新照会。邹嘉来、胡惟德当场阅读俄国照会,随后与廓索维慈进行驳辩。

清廷命李家驹撰拟讲义轮班进呈。

黄兴致函邓泽如,催速筹款,并述赴义决心。

汪翔在《盛京时报》发表《满洲鼠疫谈》。

上海《申报》发表《学部奏拟地方学务章程施行细则折》。

15日(宣统三年二月十五日)

沙俄代理外交大臣涅拉托夫透风给德国驻俄大使,俄国将要占领新疆伊犁。

英国将其驻新疆喀什噶尔领事馆升格为总领事馆,马继业成为英国驻喀什噶尔总领事馆的首任总领事。

按:贾建飞《马继业与辛亥革命前后英国在新疆势力的发展》(《中国边疆史地研究》2002年第1期)说:"英国驻喀什噶尔领事馆的建立不仅是英国进一步加强对新疆渗透的表现,而且也是英俄在新疆进行竞争的产物。它的建立意味着英国有了与俄国在新疆进行扩张、维护英国利益的最重要的在当时也是唯一的一个据点。从领事馆建立到1948年领事馆撤销的几十年中,英国通过驻喀什噶尔领事馆积极地推行对新疆的渗透扩张政策,干涉新疆内政,挑拨新疆地方政府与中央政府的统属关系,是20世纪前期新疆局势混乱的一个重要根源。"

湖北文学社在武昌举行代表会议,蒋翊武主席并报告会务,推举王宪章为副会长,章裕昆负责运输马队,并议决该社章程。

《暾社学谈》在陕西西安创刊。

上海《申报》发表《直隶总督陈夔龙奏筹办防疫情形折》。

16日(宣统三年二月十六日)

法部奏提前筹办审判厅,并拟筹备事宜。

按:《东方杂志》第八卷第二号《中国大事记》载:筹备清单列下:宣统三年:续办各级审判厅、调查全国应设各级审判厅管辖区域、拟订司法区域分划暂行章程施行细则、调查各直省应设地方监狱处所、筹设临时法官养成所并附设监狱专修科、拟订提司办事划一章程、拟订各级审判检察厅办事章程、奏请颁布承发吏职务章程、拟订法院书记官职务章程、拟订法官升转简补章程、拟订法官俸级章程、拟订法院书记官升转补缺章程、拟订法院书记官体给章程、拟订庭丁职务章程、拟订监狱官制及分课章程并监狱中医官教师职务规则、改订法官惩戒法、拟订司法汇报规程、拟订审判厅金钱物品保管章程、改订不动产登记法、拟订诉讼监狱各项书式及文件保存规则、拟订司法警察服务须知、拟订律师注册章程;宣统四年:续办各级审判厅、筹建城治各级审判厅署、筹建各级地方监狱、拟订法官考绩章程及调查概目、拟订审判厅会计处务章程、拟订监狱官吏任用补缺章程、拟订监狱法施行细则、拟订监狱看守考试任用章程、拟订监狱官吏俸给章程、拟订巡视监狱章程、拟订监狱官吏惩戒章程、拟订监狱会计处务规程、拟订非讼事件程序法、拟订监狱作业章程、拟订感化院法并施行细则、拟订精神病人监督法并施行细则、筹设各处感化院、拟订地方分厅暂行章程、拟订法官第二次考试章程施行细则、全国城治审判厅一律成立、全国地方监狱一律成立。

17日(宣统三年二月十七日)

清廷裁驻藏帮办大臣,设左右参赞。

俄国马尔迪诺夫中将抵哈尔滨,就任外阿穆尔军区司令。

上海商余学会通告招收16岁以上青年进行兵学、徒手、器械、枪操等各种训练,培养商战人才,建立商团基础。

上海《申报》发表《旅沪宁波同乡会暂定章程》。

叶圣陶是日日记论俄国将与我宣明交战事。

按:记曰:"报纸屡载有俄国将与我宣明交战之电,滇省英兵又步步进来,我国虽有兵,而枪弹统计只可足一句钟之用,奈何!政府只知和平了结,不知彼之如此正以太和平之故。如云不战亦亡,战而败亦亡,则宁作背城之一战,以冀其胜也。况我辈数千年神明裔胄,岂一旦而遽灭迹乎?我同胞中必有所谓英雄在焉。"(《叶圣陶集》第19卷)

18日(宣统三年二月十八日)

外务部照会俄国公使,答应将科布多设领与议订税则两事分开办理,科布多立即设领,税则日后另议,又声明俄商在关外天山南北两路各处贸易,可与华商平等看待,不加限制。

清廷颁浙江惠兴女学堂"贞心毅力"匾额。

上海《申报》发表《直隶总督陈夔龙奏胪陈第五届筹备宪政情形折》。

19日(宣统三年二月十九日)

两广总督张鸣岐奏,湖南衡、永、宝三府,间食粤盐,请划作粤盐引地,由粤商认款报效。清廷下督办盐政大臣查核具奏。

国民禁烟会公举代表入京,请废中英鸦片条约。

按:《东方杂志》第八卷第二号《中国大事记》载:盖英朝野对于禁烟之意见,颇不一致。政府为印度财计,不愿遽禁鸦片出口。民间则多注重人道主义,以鸦片流毒我国为大耻,要求速禁。其国中设有禁烟联合会。近举代表六人,进谒首相,而递一请愿书。书中主旨,在于速还我国禁烟主权。辞极恳切,并将书稿刊送下议院各议员。下院全体凡六百七十人,而复书赞成者,竟有四百一人之多。该会又广劝各地人士上书政府,请速禁止印度鸦片输入中国。故国内各地上书者,共千余处。其自各属地上书者尤夥。印度人民鼓吹禁烟,亦复不遗余力。议决案之达于英首相者,计一千一百通,可谓盛矣。去年吾国北方人士,曾有国民禁烟会之设立,美人丁义华赞助甚为周至。其进行方策,具详前记。至是该会感于英人要求禁烟之诚,益用自勉。本日特在天津开会,公举代表二人入京,谒外务部堂官及驻京英使,请废中英鸦片条约。即速禁止输入。外务部颇以为然。英使初尚托词印度人民虑妨生计,不愿遽禁,禁之必遭反抗。代表等乃请以禁烟主权还我,我既禁止输入,印人自不再种。英政府既未颁禁令,即印人无由反抗。英使始首肯,且谓力所能逮,靡不赞助云。

中国国民会全体职员开会。决议:(1)募集自由捐;(2)根据金额数量,组织演说团赴各省演讲;(3)派代表赴东三省、云南、上海三外;(4)在上海创办日报,作为总机关,联络各省咨议局及公共团体,力图救亡。

孙中山自温哥华启程,前往美国东部,沿途在加拿大全境各埠巡回筹款。

按:孙中山的加拿大之行,共筹集七万余港元,占全球各地华侨为广州起义捐款的第一位。同时,温哥华、域多利两埠于五月分别成立了同盟会。

黄兴与赵声、胡汉民联名函复冯自由,谢其力筹巨款。

20日(宣统三年二月二十日)

两广总督张鸣岐奏,连州匪乱平靖,请将查户酿事署连州知州谈国政等,分别惩处。如所请行(《宣统政纪实录》卷四九)。

外务部上勋章赠赏章程。命度支部右侍郎陈邦瑞、学部右侍郎李家驹、民政部左参议汪荣宝协纂宪法。

清廷以诚勋为广州将军,溥颋为热河都统。以贝子溥伦为农工商部尚书,世续为资政院总裁,李家驹副之,刘若曾为修订法律大臣。

福建咨议局在得到山西、江西等省咨议局的支持后,致电清政府军机处,要求召开资政院临时大会,以民气为外交后盾。

英国政府允撤片马驻兵。

清廷裁撤各省土药统税局。

直隶水产学堂在天津成立,孙凤藻任监督。

直隶高等商业学堂在天津成立。

21日(宣统三年二月二十一日)

《盛京时报》发表《吏部议奏防疫恤典拟请改照殁于王事定例办理折》。

22日(宣统三年二月二十二日)

清廷命广州将军增祺留京当差,以热河都统诚勋为广州将军。以溥伦为农工商部尚书,原农工商部尚书溥颋授热河都统。以大学士世续充资政院总裁,侍郎李家驹充副总裁。

清廷撤销溥伦、沈家本的资政院正副总裁职务。

按:资政院在京议员联名上书总裁溥伦,认为"修订中俄商约一事,实关系西北大局",要求溥伦根据院章,奏请召开临时会议,但溥伦置之不答(《资政临时会小产》,1911年3月21日《民立报》)。议员们赴溥伦住宅求见,溥伦又闭门不纳。尽管如此,清政府仍然认为溥伦等压制议员不力而将其撤职。

福建商务总会召开特别大会,议决仿照上海办法,筹办福州商团公会,规定每一商号至少须出一人入会操练。

23日(宣统三年二月二十三日)

清廷禁洋商运盐入口。改设英属槟榔屿正领事馆。

《大公报》发表《防疫会纪事》。

24日(宣统三年二月二十四日)

廓索维慈又一次照会清朝外务部,进一步威胁清廷。

清廷谕京外各衙门维持预算。

中日借款订立合同。

按:邮传部尚书盛宣怀主借用外债,因整理铁路等用,决借日金一千万元。于本日代表政府,与横滨正金银行在北京公司订立合同(《东方杂志》第八卷第二号《中国大事记》,1911年)。

《盛京时报》发表《防疫之善后》社论。

25日(宣统三年二月二十五日)

《法政杂志》由上海法政杂志社创刊。张元济、林长民等发起,陶保霖任主编。

上海商务印书馆出版《东方杂志》第八卷第一号,发表杜亚泉《政党论》和《中国文字之将来》、张其勤《西藏宗教源流考》等文,以及《东三省防疫之景况》等消息。

26日(宣统三年二月二十六日)

驻京俄使以第二次照会中国政府仍无满意之答复,已电请该国政府宣示办法。

福建闽县城镇自治联合会提议市区组织商团,近郊组织体操会,乡村组织农团。

27日(宣统三年二月二十七日)

外务部照复俄国使馆,明确保证:"中国政府于正月十八日(2月16日)来照所开各节,并无异议。"全部承认沙俄的6项特权(《照录第四次致俄廊使照会》,宣统三年二月二十七日)。

28日(宣统三年二月二十八日)

浙江铁路股东会在杭州西湖昭庆寺召开第六届年会。

上海《申报》发表《国会请愿同志会请各团体电约各议长入京定计书》。

叶圣陶是日日记感慨"何外患日逼而优游嬉戏者之纷纷也"。

按:记曰:"胡先生说:'春秋时最耻城下之盟,即兵临城下,必抵死以守,可想见当时民气之为如何矣!'今之民气不知何往矣,何外患日逼而优游嬉戏者之纷纷也?呜呼,其或积习由渐而致然欤耶,抑君主以天下为私产而致然欤?虽然,而今而后,君主虽以天下为私产,我却不得不认之为全国人之公产。既为全国人之公产,我有一份在焉;既有一份,能不起而保守之。且非特此也,苟其不能保守,丧产之外,尚且灭我种绝我子孙,则心虽有情意

者,能不亦惊心勉奋,起而保守之。起乎,起乎,中国人其起乎!四万万民气,足哈倒全世界也。"(《叶圣陶集》第19卷)

29日(宣统三年二月二十九日)

《盛京时报》发表《鼠疫之影响于商业》。

30日(宣统三年三月初一日)

清廷调云南提法使秦树声为广东提学使,以广东提学使沈曾桐为云南提法使。

两广总督张鸣岐出告示正式禁赌,是日省城的番摊馆、山票、铺票公司一律关门,民众庆祝巡游。

31日(宣统三年三月初二日)

清廷以刘锐恒为云南提督。裁稽察守卫处,置管理前锋、护军等营事务处,三旗护军仍隶内务府。

陆军部奏,东三省测量局员焦滇贿卖秘密地图,诛之。

由陈作新策划,刘文锦出面,在长沙天心阁召开有各标营代表72人参加的军事会议,准备响应广州起义。同盟会总部派谭人凤参加会议。

全体留日学生通过《民立报》向21省咨议局发出通电,慷慨激昂地宣布:"俄侵伊犁,英占片马,法强索滇矿,若稍退步,全国沦亡。政府无望,已集全力捐现金,设立救国机关。"请求各咨议局速"开临时会,组织国民军以救灭亡"(《民立报》1911年3月31日载)。

按:林志友《论清末新政与辛亥革命的爆发》(《信阳师范学院学报》2004年第2期)说:"清末咨议局的设立,为新式资产阶级绅商提供了建言议政的机会和孔道,为民族资产阶级进一步争取政治权力提供了有利条件。辛亥革命爆发前,资产阶级的政治代表(主要是立宪派)正是以咨议局为阵地,激烈地抨击封建专制制度,积极地参与地方政务。更重要的是,资产阶级立宪派人得以利用这个合法机构,逐渐形成有组织的政治力量,组织了全国性的立宪团体——各省咨议局联合会,并且以此为核心,发动了大规模的拒债保路运动、抵制外货运动和请愿立宪运动。这些活动既有利于资产阶级民主参与意识的普及和提高,也推动了清末民主宪政改革的进程。以孙中山为首的反清志士则为了杜绝君主制的存在而频频向专制王朝发起了武装进攻,试图通过暴力来完成近代政治革命的历史使命。这是清朝统治集团始料不及而又无法改变的政治发展趋势。"

是春,河南同盟会总分会的机关报《国是日报》在开封创刊,由同盟会员杜潜等创办,刘积学任主编。

是月,《新佛教》创刊,宋波白衣寺新佛教社出版。

1911年4月

1日（宣统三年三月初三日）

清廷裁奉天承德、锦二县。

叶圣陶是日日记论抨击内廷连日演剧。

按：记曰："见报纸载，内廷连日演剧。且所造舞台，费几巨万。际此民穷国穷之时，乃销金钱于最不应用之地，直将歌舞送河山，可杀！"（《叶圣陶集》第19卷）

2日（宣统三年三月初四日）

度支部奏议复湖广总督电奏另借款项清偿旧欠。

按：《东方杂志》第八卷第三号《中国大事记》载：湖广总督瑞澂，以湖北度支公所接善后各局账簿，前总督张之洞任内，因练兵及筹备各项要政，积欠华洋各款二百四十余万两。每月筹本筹利，实甚为难。且事关交涉，稍一不慎，贻害无穷。拟请向英、法、德三国银行借二百万两，分十年还清。年息七厘，并无折扣。惟须用汉口盐厘作抵。业经该省咨议局议决，电奏。奉旨交度支部速议具奏。本日度支部复奏，奉旨依议。惟奏折尚未宣布。

吉林巡抚下令，吉林双城行人车辆一概不准南下，无疫情地方的行人车辆亦不准进入双城，以防止鼠疫蔓延。

清廷裁四川川北、重庆二镇总兵官。

留德同学会致电《民立报》："当局昏庸误国，俄约失败，祸迫势危，望鼓民亟谋除去国蠹，促开国会，设责任内阁，切筹善后，以救危亡。"（1911年4月2日《民立报》）

3日(宣统三年三月初五日)

中国医学博士伍连德代表中国参加有俄、美、日、德、法、英、奥、意、荷、印等国家参加的国际防鼠疫病研究大会。

按:本月3日至28日,在沈阳惠工公司陈列室召开"万国鼠疫研究会"。此次大会由英、日、俄、德、法、美、比、意、奥等国代表参加。该会由清政府倡议召开,由中国人作为大会主席。这是近代以来在中国本土举办的第一次真正意义上的世界学术大会,表达晚清政府为抗击鼠疫主动向世界各国医学界学习求教的意愿(《万国鼠疫研究会开会督帅演词》,宣统三年三月初七日《盛京时报》第2版)。

又按:先是,东三省总督以东三省鼠疫蔓延,奏请设立防疫研究会,知照各国公使,转请各国政府,遴派医员来奉,研究传疫之由,并筹议一切办法。奉旨允准。旋外务部以各国所派之医员,先后抵奉,定期开会。奏请派外务部右丞施肇基莅会招待。至是,开会于奉天省城,以惠工公司之陈列室为会场。我国及英、美、俄、法、德、奥、义、荷、日、印十国特派医员均与。摄政王电谕略谓,各国政府派医莅会,欣慰良深。本监国摄政王于此次疫事,极为注意。既经各医学专家到会研究学理,暨一切防疗之法,必能多所发明,为将来减除疫患。实世界仁慈之事,为民生无量之幸福。嗣经会中将研究所得,编纂成书,呈送政府。于月杪闭会。(《东方杂志》第八卷第三号《中国大事记》,1911年)

清廷颁尽忠节、习礼节、尚武勇、崇信义、尚朴素、敦廉耻六条训谕军人。

按:训谕六条,交陆军部颁发全国各军队,并述列圣谟烈诰诫军人交相策励。其训谕大纲:(一)崇信义;(二)尚朴素;(三)敦廉耻;(四)尽忠节;(五)习礼节;(六)尚武勇(《东方杂志》第八卷第三号《中国大事记》,1911年)。

江苏咨议局议长、副议长及常驻议员全体辞职,109名议员亦相继辞职,以抗议江苏都督擅自将咨议局提交的预算案呈送资政院核办,舆论哗然。

4日(宣统三年三月初六日)

东三省测绘局正监测官焦滇以盗卖军用地图正法。

按：《东方杂志》第八卷第三号《中国大事记》载：焦滇，山西人。光绪三十一年八月考选，派往日本，入振武学校。以日女为妻。卒业改送测量学校。卒业回国，赴奉天供职测绘局。盗卖东省军用地图于某国，以私函误投，为人告发。经军法会议研讯，证据确凿。东省大吏咨部接复，就地正法。

上海《申报》发表嘉言的《论吾国教育亟宜提倡尚武精神》。

5日（宣统三年三月初七日）

东三省总督锡良奏准丈放洮辽站荒8.3万余垧（自辽源州东北的阎家崴子北至郭尔罗斯旗界），共设14屯。荒价分为上中下三等，以五成上交清政府，达尔汉王和多罗郡兰各得二成五，6年升科。

大理院奏请筹设大理院分院。

按：大理院奏：各省高等审判厅成立，亟应将大理院分院事宜，提前筹设。拟请于甘肃省设一分院，而以陕西、新疆属之。四川省设一分院，而以驻藏大臣辖境属之。此外云、贵合设一分院，两广合设一分院，仍就总督辖境，以为管辖，俟司法区域另行划分之后，再行随时酌量变更。至分院官制编制法，除由本院选任外，系由高等审判厅兼任，……以上各节，事关官制，请饬下宪政编查馆照章核议。其分院应办事宜，俟拟定后，会商法部办理。得旨：著宪政编查馆核议具奏（《宣统政纪实录》卷五〇）。

6日（宣统三年三月初八日）

清廷准筹赈大臣盛宣怀奏奖报效灾赈巨款之刘承干等以卿衔实官有差。

按：《东方杂志》第八卷第三号《中国大事记》载：先是，盛宣怀以奉命筹办赈务，请将捐务变通推广，凡报效一万两以上及五千两以上者，均得援例从优奏奖。并声明必须仰邀俞允，一经交议，部臣即未便照准。应肯特沛恩施等因。奏奉照准。至是，以刘承干等十一员各报效赈捐，均在一万两五千两以上。援案拟奖以四品卿衔及道府郎中员外主事同知运判各实官。奏肯特旨准予奖励。奉旨著照所请。嗣后报效赈款之官绅，均由盛宣怀拟奖具奏请旨。

中国国民会发布《留日中国国民会临时哀告内外同胞意见书》，详述成立经过及与使署交涉情形，批驳对该会的种种谣诼和误解。

同日,又发布经修订的《中国国民会章程》。

7日(宣统三年三月初九日)

清廷赏陆军各镇统制官何宗莲、马龙标、吴凤岭、张永成、张彪、徐绍桢、孙道仁、张绍曾、吕木元、孟思恩远等副都统衔,赏各协统领官李奎元、王占元、鲍贵卿、卢永样、陈光远、李纯、许崇智、黎元洪、田小玉、吴介璋、杨善德、蓝天蔚等协都统衔。

上海福建学生会急电福州《建言报》,声称各国在巴黎密议瓜分中国,要求故乡父老"速办民团,图死抗"。

《盛京时报》发表《奏核给防疫员医恤银电》。

叶圣陶是日日记论各国在法京已密议妥实行瓜分中国。

按:记曰:"阅报纸,见各国在法京已密议妥实行瓜分中国。诸同学皆有不豫之色,相与促膝聚谈,论以后之究竟,都一语三叹也。金轶韦面尤不乐,屡发长叹而唤奈何,有心人也。归家心中不快甚,乃作五律两首,曰《感愤》。余以为让人分,不如我中国人自分,十八行省十八小国也,更举一总统以统各小国,则中国成合众国矣。夫今日之百事无成者,政府之腐败也。今虽有责任内阁、预备立宪等云云,要皆画虎不成类狗者也。今我民为之主,则国之强与灭,我民之休戚系焉,举一事,行一政,肯草草乎?且外人所惧者,唯我民。今危急存亡之关头,而仍令今日之政府出与对待,适足以送却中国,故不得不构民立之政府与之对待。苟有侵占,我中国民唯有死力以拼之,则必可挽回。若弗自为改革,则荒谬之政府依然,便立宪,便责任内阁,外人即不瓜分我乎?至于不用外货等,虽亦有所补救,而其实末之末也。中国民,中国民,存亡关头,非改革不可。虽然,民识未高,亦可哭。"(《叶圣陶集》第19卷)

8日(宣统三年三月初十日)

同盟会革命军统筹部在香港召开会议,制订广州起义作战计划,预定4月13日发难。众举黄兴为部长,赵声为副部长。陈炯明召集东江同志马育航、钟秀南、陈演生、陈达生、陈耀寰、陈小岳、陈协群、马醒南、陈汝英、马永平、陈其尤、吴道周、林斗文、陈竞杰、陈潮等百余人,到广州组织选锋队,准备起义。

按:邹鲁记曰:"各种准备已妥,乃于纪年前一年三月十日开发难会议于统筹部,议决十路进攻。黄兴率南洋及闽省同志百人,攻两广总督署。赵声率苏皖同志百人,攻水师行台。徐维扬、莫纪彭率北江同志百人,攻督练公所。陈炯明、胡毅率民军及东江同志百余人,防截旗满界,及占领归德门、大北门两城楼。黄侠义、梁起率东莞同志百人,攻警察署、广中协署,兼守大南门。姚雨平率百人,占领飞来庙,攻小北门,延燕塘新军入城。李文甫率五十人攻旗界石马槽军械局。张酿村率五十人,占龙王庙。洪承点率五十人,破西槐二巷炮营。罗仲霍率五十人,破坏电信局。另派放火委员,入旗界租房九处,以备临时放火,以扰敌军。"(邹鲁《中国国民党史稿》第三篇甲第22章)

又按:曹亚伯曰:"辛亥三月十日,开发难会议于总机关部,列席者数十人。议决十路进攻计划如下:一、黄兴率南洋及闽省同志百人攻总督署。二、赵声率苏、皖同志百人攻水师行台。三、徐维扬、莫纪彭率北江同志百人攻督练公所。四、陈炯明。胡毅(生)率民军及东江同志百余人防截旗满界,及占领归德、大北两城楼。五、黄侠毅、梁起率东莞同志百人攻警察署、广中协署,兼守大南门。六、姚雨平率所部百人占领飞来庙,攻小北门,延新军入。七、李文甫率五十人攻旗界石马槽军械局。八、张六村率五十人占龙王庙。九、洪承点率五十人破西槐二巷炮营。十、罗仲霍率五十人破坏电信局。此外,加设放火委员,入旗界租屋九处,以备临时放火,扰其军心。其总司令则为赵声,副之者黄兴。"(《武昌革命真史》前编)

同盟会员温生才击毙广州将军孚琦后被捕,15日遇难。

按:因发生孚琦被毙事件,清军加强戒备,使广州起义未能如期举行。《清史稿·孚琦传》曰:"孚琦,字朴孙,西林觉罗氏,隶满洲正蓝旗。以工部笔帖式充军机章京,累官郎中。三迁至内阁学士。光绪二十八年,授刑部右侍郎。三十二年,出为广州副都统。……宣统二年,再摄将军篆。明年春,赴城东燕塘勘旗地,兼阅试演军用飞机。有温生才者,隶革命党,事暗杀。会日将暮,伏道左,俟其至,轰击之,送殒命。生才被执,论弃市。事闻,上悯恻,谥恪愍,命凤山代之。"

吉林濬图们江航路通于海。

上海《申报》发表《学部奏拟将各部设立之学堂毕业考试权限画

一折》。

9日（宣统三年三月十一日）

清廷命出使意国大臣吴宗濂充专使，贺意大利立国庆典。

全国商团联合会在上海新舞台开会欢迎新会友，选举李平书为会长，沈缦云、叶惠钧为副会长，虞洽卿为名誉副会长，名誉正会长暂缺。会后公布简章，规定商团须由各省商会发起，全国凡人烟稠密、商业荟萃之区均应组织商团；上海设总事务所，各省设事务所，各府厅州县等设分事务所。

按：杨天石《1911年的拒英、拒法、拒俄运动》(《中国社会科学院研究生院学报》1991年第5期)说："全国商团联合会的成立标志着中国资本家阶级政治觉悟和阶级觉悟的提高，表明这个阶级已经不满足于从事一般的政治活动，正在准备以武装力量保卫阶级利益和民族利益。"

外务部奏准游美肄业馆改名为清华学堂。命订立章程，先行开学。

10日（宣统三年三月十二日）

清廷命张鸣岐等，将已获凶犯温生才，切实研讯。有无党与及受人指使情事，务得实情，严行惩办。

清廷以署两广总督张鸣岐兼署广州将军，调镶红镇满洲副都统文泰为广州副都统。

吉林俄文学校毕业吴晋康获准在黑龙江省呼兰县城设立俄文学社。

11日（宣统三年三月十三日）

黑龙江哈尔滨第二届市公议会议员举行第一次会议。

12日（宣统三年三月十四日）

清廷以萨镇冰为海军副都统。赵尔丰奏平三岩野番，改孔撒、麻书两土司，设流官。

清廷以唐景崇署理禁烟大臣。

13日(宣统三年三月十五日)

清廷准宪政编查馆奏裁各省调查局变通调查办法。

按:《东方杂志》第八卷第三号《中国大事记》载:宪政编查馆以光绪三十三年九月奏明奉旨每省设立调查局,分法制统计两科。嗣据资政院议决宣统三年预算,议裁调查局,惟调查事宜,为宪政要端,断难中辍。拟将调查局内法制事宜,并归各该督抚会议厅参事科办理。统计尤关紧要,在各督抚衙门,设立专处,以汇核全省统计,定为常设机关。似此变通办理,庶宪政财政,两有裨益。具奏,奉旨依议。

湖北联络员刘复基与共进会会员杨玉如等在龚霞初寓所商量联络之策,但由于两团体意见分歧太大,未取得圆满结果。

14日(宣统三年三月十六日)

安徽高等巡警学堂学员因与审判厅厅长辩驳法律各执一是,两不相让,以致殴斗,互受微伤。后巡抚朱家宝以咆哮公堂,殴打法官等罪名,将巡警学员7名钉镣收禁于模范监狱,引起全省人士公愤,省咨议局开临时会议,全省学会亦共同开会,各学堂一律停课,共议对策。

清廷实授张鸣岐为两广总督。

15日(宣统三年三月十七日)

度支部尚书载泽与英、美、德、法四国银行团订立一千万镑的币制改革和东三省实业振兴借款契约。名为"大清整顿币制及实业五厘递还金镑借款",借期25年,以东三省烟酒税、出产税、销场税和各省新加盐价收入作为借款头次抵押。

《民立报》发表题为《告哀篇》的社论,其中宣称:"政府不可与共利害,则人民不得不图自奋。""政府自卫计则不恤乎卖人民,人民自卫计亦可悻于离政府,故今后人民与政府无俱存之理,亦无俱尽之理。"

孙中山在美国发行中华民国金币债票。

16日（宣统三年三月十八日）

清廷赏伊犁将军志锐尚书衔,伊犁地方文武各官受节制。免浙江仁和等三十七州县并卫所田塘宣统二年银粮。

从邮传部奏,于上海吴淞创办商船学校。

17日（宣统三年三月十九日）

山东济南共合医道学堂改为山东基督教共合大学医科,是日举行成立仪式,山东巡抚孙宝琦带领军政官员应邀参加,并赠白银1000两。该校时为全国四大医学堂之一。

因京师疫气已靖,撤销京师防疫局。

18日（宣统三年三月二十日）

清廷以江、皖、豫灾,命冯煦会三省督抚筹春赈。

隆裕太后和宣统皇帝在西苑海宴堂接见各国使臣夫人。

19日（宣统三年三月二十一日）

孙中山由加拿大抵达纽约。通过当地致公堂和同盟会组织募款。

和(荷)兰开禁烟会于海牙,清廷命出使德国大臣梁诚往与会。

20日（宣统三年三月二十二日）

锡良以疾免,清廷调赵尔巽为东三省总督,授钦差大臣,兼管三省将军事。

禁烟大臣奏《续拟严定禁烟查验章程》十条,成为调验官员是否吸食鸦片的主要依据。

按:《东方杂志》第八卷第三号《中国大事记》载:禁烟大臣等以宣统二年十二月初一日面奉谕旨,一品大员以上,其吸烟与否,难逃朝廷洞鉴;其二品以下各员,如有册结不符及曾报实已断净者,著禁烟王大臣,一律切实调验。续拟严定禁烟查验章程十条。

上海《申报》发表《新内阁官制草案》。

21日（宣统三年三月二十三日）

俄国前国会议长古契科夫视察远东到哈尔滨，在哈尔滨商务俱乐部宣扬所谓"俄国在满洲政策的强硬方针"。

清廷命赵尔丰署四川总督，王人文为川滇边务大臣。予哀毁殉亲前浙江巡抚聂缉椝孝行宣付使馆。

22日（宣统三年三月二十四日）

四川布政使王人文著开缺，赏给侍郎衔，充督办川滇边务大臣。周儒臣任四川布政使。

张元济赴海天村番菜馆参加商务印书馆股东年会。选举新一届董事高梦旦、鲍咸昌、高凤池、印有模、张元济、夏瑞芳、郑孝胥7人；查账员为张桂华、张国杰。

上海《申报》发表《上海少年会章程》。

23日（宣统三年三月二十五日）

黄兴自香港潜入广州，在广州市小东营5号建立起义总指挥部。

按：广州起义原计划以赵声任总指挥，黄兴副之。因赵在粤久，不便公开活动，黄兴遂先赴广州代行职权，总持一切。是日晨起，作绝笔书寄孙中山、冯自由云："弟兴以事冗迫，未获详书以告，其大概与展兄无异。今夜拟入，成败既非所逆睹，惟望公珍卫，成则速回，败亦谋后起。弟本不材，于此次预备多有未周，厥咎殊深。奈事皆决议而行，非一人所能专断，幸各人挟有决死之志，或能补救亦未可知。绝笔上言。"（《黄兴年谱长编》）因一批军火未能按期运到，遂决定延期一天发动，并电报通知香港于二十七日（辛亥三月廿九日）举事。香港方面接到这电报时，已是二十六日晚十时。当时，赵声和三百人及二百多枝枪尚在香港，遂决定一部分人乘二十七日早船（只有一艘）赴广州，而大部分人分乘夜船（共有五艘）走。同时拍电通知黄兴，延期至二十八日（辛亥三月三十日）发动，并由谭人凤赶赴广州，亲向黄兴说明一切情形。

华商创立大同学校于日本横滨,清廷颁"育才广学"匾额。

留日学生总会、留日学生国民会在东京再次召开大会。

按：会议作出11项决议,其主要者为:(1)清政府禁止国民会,当以不纳税相抗;(2)发动中国劳动者反抗政府;(3)不言满汉二字,以免侵犯满汉一致之权利;(4)再次派遣代表归国,联络各省咨议局,协力工作;(5)向世界各国华商团体募集国民会之基本金(日本外务省档案《清国留学生大会》,明治44年(1911)4月23日)。

朱伯为等在上海西园开会,组织中国学界联合会。到会者七百余人,沈缦云代表全国商团联合会致词。

《通州师范校友会杂志》创刊,通州师范校友会学艺部编辑。

24日(宣统三年三月二十六日)

东三省疫患肃清,宣布中外。

吴适率福建连江光复会(原名"广福会")会员21人自马尾出发,途经香港赴广州参加起义。

25日(宣统三年三月二十七日)

礼部议请将汉儒赵岐、元儒刘因从祀孔庙,奉旨依议。

上海《申报》发表《海军部会奏遵拟海军部暂行官制折》和《学部会奏议复法律大臣奏法律学堂乙班学员改官办法折》。

26日(宣统三年三月二十八日)

长白府由试办改为署理,设治委员田岁谷任长白府知府。

自日本归国的留东国民会代表傅梦豪、黄嘉梁等在上海举行招待会,上海知识界及商界代表沈敦和、王一亭、沈缦云、杨千里、陈其美、包天笑、朱少屏等二十余人出席。

浙江嘉善大批乡民入城,围困自治公所、禁烟局和各学堂,城中绅士逃闭一空,经官兵弹压农民退去。

27日（宣统三年三月二十九日）

谭人凤中午到广州，欲劝黄兴推迟发动起义，黄兴未听。

按：谭人凤在其《自传》说："余（谭自称）登时起程（由香港赴广州），次日（二十七日）日中到，比（我）不知黄（兴）住所，走访竟存（炯明）。竟存仓皇告余曰：'不得了！（胡）毅生、（姚）雨平均无备，余亦仅有七八十人，克强（黄兴）人数不满百，刻将出发，奈何。'余谓：'何不谏阻？'渠云：'已极力阻之矣，其如不听何！'余即请饬人送去，则克强装束已妥，正在分发枪弹。请休息片刻接谈，不听。再据各情形劝阻之，克强顿足曰：'老先生毋乱军心！我不击人，人将击我矣。'余见其状类狂痫，乃谓林君时爽曰：'各方面均无备，香港同志与器械尚未来，何所持而出此？'林曰：'先生知一未知二，现有防兵两营表同情，一切可不靠矣。'余曰：'防营可恃乎？'林谓已接洽两次，决无虞。"

广州起义爆发。黄兴、朱执信亲率"先锋"（敢死队）进攻两广总督署，总督张鸣岐逃走。起义遭到清军镇压，旋失败。

按：根据曹亚伯、邹鲁等的记述，黄兴所率八百人，原定分十路进攻的计划，临时改变为四路进攻：（一）黄兴攻总督署；（二）姚雨平攻小北门，占飞来庙，并延防营新军入城响应；（三）陈炯明攻巡警教练所；（四）胡毅生以二十余人守大南门。结果，只有黄兴一路发难，其余三路没有发动，起义因此失败。黄兴之子黄一欧《黄花岗起义亲历记》说："这次广州起义，临时由原定的十路改为四路进攻，结果姚雨平在枪支短缺的情况下故意要枪500枝，存心刁难先君，起义发动后又藏着不敢出来；陈炯明担任攻巡警教练所，胡毅生负责守大南门，他们都于起义前逃出了广州城。先君当时不知道会发生这种情况，带了几十个人直攻督署，孤军冒险前进，最后招致失败，牺牲惨重，丛葬于黄花岗的革命先烈，有姓名可考的就有72人（据近人考证，已有80余人）。"（《辛亥革命亲历记》）

又按：据时在广州新军任管带的革命党人应德明回忆，"三月二十九日起义失败后，清军戒备森严，下令闭城三日，搜查革命党人。凡属没有辫子的、穿黄军衣的以及来路不明白的人，一律格杀勿论，制台衙门前伏尸累累，被杀的人约有二、三百人之多。所谓七十二烈士者，是有根据可查的烈士，其余殉难的人无可稽考，约在二倍以上"。此外新军各营中以革命党人名义被杀的人数约等于黄花岗的烈士数，"死于非命，惨不忍言"。"其处死之法是用七寸长钉,对准头脑,一钉致命,随即用蒲包一裹,弃尸海中,残酷形状,令人酸鼻。"(《黄花岗起义前后杂忆》,《辛亥革命回忆录》二,中华书局1962年版)

又按:黄兴自己回忆说:"广州之役,本拟正月起事,因布置未妥,延至三月。张鸣岐捕拿甚严,广州军队林立。兄弟即发命令,召集同志,分为四部,定于廿九日起事。时同志多有主张稍缓者,兄弟则主急进。至期,三部同意,一部不从。遂以一部攻军装局,一部堵截旗兵,一部由兄弟领攻制台衙门,各执手枪炸弹,与卫队激战,毙卫队数十人。时张鸣岐已早侦知,逾垣出矣。兄弟即入衙内搜索,不料各部未发。将出该衙门,而李准卫队已至西辕门。时有同志某君近向该卫队晓以大义,兄弟侦该队兵士有跪地谋(瞄)枪准者,即呼某君留意,并手招之。而该兵士枪适发,兄弟两指头应弹而落,并伤一腿,而某君亦已应声死矣。兄弟遂徐出作街市之战,直至双门底遇巡防营一队。该管(营)先已运动成熟,兄弟稍未注意,同志某君见势非援我,即开枪与敌。时所存唯十余人,兄弟犹以误为,便撞开某店门入,仍掩门静听。该士兵相语云:'我们本往护提督衙门,不意途遇革党。'始知非我同志。时甚愤激,亦不暇择,因于门内开枪,击毙士兵十余人,该队亦退,未几,该店主回,问余何至此状。我答以因革党起事,逃避于此,并非行窃者流。该店主亦甚好,与以衣帽。其小主人亦告余城门洞开,并无一守城兵,遂因此出城。而此役最强健之同志,死难甚多,即所谓黄花岗七十二烈士是也。"(《黄兴年谱长编》)

又按:赵春晨、孙颖《论辛亥革命时期的三次广州起义》(《学术研究》2004年第8期)说:"1911年黄花岗起义是辛亥革命时期革命党人历次起义中最重要、影响最大的一次,其意义也更为重大。这次起义直接地推动了全国革命高潮的到来,为此后不久爆发的武昌起义的胜利及推翻帝制、建立民国开辟了道路。孙中山说:'是役也,集各省革命党之精英,与彼虏为最后之一搏。事虽不成,而黄花岗七十二烈士轰轰烈烈之概已震动全球,而国内革命之时势实以之造成矣。'又说:'是役也,碧血横飞,浩气四塞,草木为之含悲,风云因而变色。全国久蛰之人心,乃大兴奋,怨愤所积,如怒涛排壑,不可遏抑,不半载而武昌之大革命以成,则斯役之价值,直可惊天地、泣鬼神,与武昌革命之役并寿。'这些评价完全符合实际,毫不过分。应当说,若没有黄花岗起义的惨烈失败,就很难有武昌起义的迅速胜利,辛亥年间在中国大地上发生的这两次大的武装起义,前后相互辉映,同为中国近代革命史上的两座丰碑。另外,这次起义中革命党人所表现出的高尚情操和革命英雄主义的气概,也永远激励着后人。"

广州起义失败,陈炯明避居香港九龙城南。暗杀团决议在粤行刺张鸣岐和李准。林冠戎自请为执行员,并易名"冠慈",以免伤其母心。陈炯明介绍陈敬岳为执行员,马育航、钟秀南担任运输炸弹。后有潘赋西、刘镜源亦愿担任执行。林冠慈、陈敬岳、潘赋西、刘镜源分四路守候,观察张鸣岐、李准的行动,伺机行事。

吴玉章是晚乘夜班船由香港赶赴广州参加起义。于船上草拟檄文。

汪大燮奏请皇上出洋游学。

28日(宣统三年三月三十日)

孙中山在芝加哥听到广州起义失败消息,即加紧筹款,以接济善后,随拟在芝加哥成立革命公司,以万股计,每股售美金二百元,许诺民国成立后,股票倍价收回。怎奈认股者少,只好作罢。

邮传部奏设商船学校。

江苏各界160个团体250余名代表在上海成立预算维持会,公推吴怀疚为主席,上书资政院、度支部、内阁、督抚,并致电咨议局联合会,建议预算照原案公布,否则解散议会,重新选举。至七月初,江苏督抚被迫公布宁属预算。咨议局获得胜利。

张伯苓当选天津基督教育会董事长。

吴玉章拂晓抵达广州,因城门已闭,无法进城。旋知起义失败,遂返回香港。

广东顺德、南海两县会党起兵响应广州起义。

29日(宣统三年四月初一日)

宪政馆拟进行政司法审判划分权限暂行章程,奉旨依议。

全国各省教育总会联合会在上海江苏教育总会召开第一次会议,讨论有关实施军国民教育、统一国语方法、推行义务教育、改良小学教育等方案。到会者有江苏、湖南、浙江、河南、奉天、直隶、江西、山东、湖北、福建、广东、广西、安徽等13省代表。会议决定：请停止毕业奖励案，内容包括：实官奖励立即停止；废进士、举人、优、拔、岁贡、廪、增、附生等名称；大学堂毕业称学士，其他各学堂毕业均称毕业生，并另颁学位章程（朱有瓛《中国近代学制史料》第二辑上册）。

清廷电寄张鸣岐，命搜捕广州起义余党。

按："电奏悉。广东省城，猝有匪徒多人，袭击督署，殊堪诧异。经该督会同李准督饬防营，分投扼守围捕，擒毙多名，未致蔓延，办理尚称迅速。所有文武各员，著照所请，免其置议。张鸣岐事前已有防范，临时布置亦尚周妥，所请严议之处，著一并宽免。广东为沿海重要地方，屡有乱党勾结滋事，实属不成事体，倘不严加防缉，诚恐酿成大变，不可收拾。著张鸣岐认真督饬文武，搜捕余党，从严惩治，勿任漏网，以靖匪氛而保治安。嗣后尤须意防维，切实清查，毋稍松懈。仍将办理情形，随时电奏。此次阵亡各兵弁，并著查明奏请优恤。"（《宣统政纪实录》卷五一）

俄国陆军大臣苏科林罗夫视察辽东。

《民立报》打破清朝当局的新闻封锁，在要闻版头条位置上登出该报记者从南方发回的七条专电，向上海及全国人民报告广州起义这一重大事件。

按：1936年，毛泽东在陕北的窑洞里与美国记者埃德加·斯诺谈话时，还忆及此事。他说："在长沙，我第一次看到报纸——《民立报》，那是一份民族革命的报纸，刊载着一个名叫黄兴的湖南人领导的广州反清起义和七十二烈士殉难消息。我深受这篇报道的感动，发现《民立报》充满了激动人心的材料。这份报纸是于右任主编的，他后来成为国民党的一个有名的领导人。"

黄兴由徐宗汉护送至香港养伤。以左手扼笔，向海外同志作广州起义报告书。旋入雅丽氏医院割治断指。

按：报告书曰："良友尽死，弟独归来，何面目见公等？惟此次之失败至此者，弟不能不举毅生、雨平二人之罪。毅生所主张用头发公司之陈镜波，据现在事实观之（昨新闻纸已载用头发运枪弹之说），陈实为大侦探。弟到省时，毅生即言：陈自云曾充李之哨弁，毅以是不敢前寄之子弹取出（共计十包），以致临时无多子弹分配；其已储于石屏书院者，又临事畏惧，云'有警查

(察)窥伺',(不)取出与姚雨平,致雨平有枪无弹,不能出队。……弟见各部如此,所谓改期者,实解散而已。弟之痛心当何如也!故弟当即愿以一死拼李准,以谢海外助款之各同胞,亦令各部即速解散,以免搜捕之祸(当即与宋、周二君商量,先将伯兄部全数返港,随即遣回籍)。一面保存已到之枪支,留与公等作后图。此即缓期之一段落也。后林时爽、喻云纪两君到弟处,云不但不能缓期,且须速发,方可自救,此巡警局早四、五日已有搜索户口之札饬,旦夕必发也(河南巡官系四川同志,报告于喻者)。弟以两兄之决心,欲集三四十人以击督署,议亦决。毅闻之,又运动林时爽兄将已到三十人遣归。喻闻之愤愤(喻是日自来搬炸弹二次)。适李文甫兄来,多方劝慰,喻尚未允。……而陈、姚偕至,云:'顺德三营之同志皆归,现泊天字码头,即可乘此机会。'(喻闻,即三跃,携弹以去;李文甫兄亦返港报告。)陈遂往与其人商定。不久,即回复,其人已决。当即电港:定期二十九。弟意此三营若能反正,不患余营不降,现有新军以助之,事必可成。即定计划与竞存兄(陈炯明)。弟即召集余人,以当督署。意欲督署一破,防巡即入,李准不难下也。孰料事竟相反,死多人以攻入督署,空洞无一人。观其情形,有如二、三日前去者。报纸所云藩司、学司适在开审查会者,皆是捏词。如两司在,必有轿及仪仗各物,今一切皆无。此中非又有一最密切之侦探报告,不能有如是之灵活。吾党头脑既多,姚又逢人运动,以巡防为最可恃,使弟部牺牲多人,姚之罪亦不少减。又可愤者:既约定时刻,陈破巡警局;毅率二十人守大南门。(毅自云:欲驳壳十余支,只给弟部六支,后毅亦不知何往。若当时自己不出,多给弟十余支,则殪贼必多,或全部击出城外,亦未可知。弟思及此,尤叹毅之无良。)姚部即不能出,则驰往新军,必可成功。何姚并此不为,徒作壁上观耶?是可忍,孰不可忍也!……呜呼!吾不为我众死友哀,吾为生友哀,吾并自哀!且寄语仲实、璧君、毅生诸人:兄等平日所不满意之人,今竟何如!毅生平日自诩一呼即至者,今竟何如!廿八晚,劳朱执信驰往该处。廿九日午后三时归来,云:'有十人来,至莲塘街头发公司。'比朱兄往视,则弟部李群带来有十人。朱兄始恍然曰:'我受其骗矣!'噫嘻!此'骗'字,朱兄言之,恐毅生此刻还不言,反为辩之,其愚有不可及者矣。弟本待死之入,此等是非本不足表白。惟此次预备时期,推弟为统筹部长,事之成败,非可逆料;而事之实际,不可有诬。以前屡次革命,伤吾党人材,未若如是之众。今若聚闽蜀之精华而歼之,弟之躬虽万剑不足以蔽其罪矣。今手足虽疮痍,大约两礼拜即可就瘥,报吾良友之仇亦近。今乞少助药费,以往(便)即往医院疗治。并乞展兄向仲实兄假三千元,为弟复仇之资。将来用去剩余,还上就是。因出血过多,头部时为昏眩,不能多书,勉以左手拈笔。"(《黄兴年谱长编》)此后,黄兴和胡汉民另有一份两人联名的报告书,内容与此有所不同。

《法政浅说报》创刊,由北京法政浅说报社出版。

留美学务处于清华园自建校舍告成,清华学堂正式开学,先后招生460人,分别编入中等科及高等科,于本日开始上课。学堂第一任总办由游美学务处总办周自齐担任,学部郎中范源廉任会办,胡敦俊任教务长。

上海书业商团成立。

30日(宣统三年四月初二日)

清廷电寄张鸣岐,命加紧搜捕广州起义余党。

按:"电奏连日会同提督李准率营警,分投捕获匪党数十名,讯据供认谋逆抗拒,已于军前正法。此股乱匪,歼灭殆尽,城内外商民,始终均未受扰,地方一律安谧等语。张鸣岐等办理此事,尚称妥速。著仍严饬各营队,尽力搜捕,从严惩办,毋留余孽。并将善后事宜,妥速办理。毋任再滋事端。"(《宣统政纪实录》卷五二)

孙中山出席芝加哥同盟会分会举行的欢迎会,演讲革命救国道理,与会者踊跃捐款。

是月,《梧江日报》在广西梧州创刊,同盟会员刘掘等主办。

是月,《梦花杂志》在南京创刊。

4、5月间,《湖南通俗报》创刊。何雨农、徐特立、杜庆湘等主办。

1911年5月

1日（宣统三年四月初三日）

吉林省城中、小学堂学生为反对列强瓜分中国，派代表上街游行，在北山举行会议，号召民众行动起来，为国而忧。

杨文鼎请缓裁湖南绿营及防军。

上海《申报》发表《学部修订存古学堂章程》。

按：存古学堂是清末为"保存国粹"而设立的学校。光绪三十一年（1905），湖广总督张之洞首先改武昌经心书院为存古学堂。1908年江苏省仿照设立。1911年清政府颁布《存古堂章程》，在学制方面另成系统。宗旨是为了培养师范学堂和中学堂的经学、国文、中国历史教员及经科、文科大学的预备生，设经学、史学、词章三门课程，分中等科（修业五年）和高级科（修业三年）。

叶圣陶是日日记论革命党人广州起义。

按：记曰："上月廿九日，广州督署突来革命党多人，或掷炸弹，或放手枪，半署被焚，总督张鸣岐匿避。旋致兵、党巷战，互有死伤。党人不幸，竟有被获者。今日见报上已杀去数十人矣。城门关闭者屡，而民间却安静如常，无所损失。至今日，所至党人捕杀几尽绝，嗟嗟。今日报上有论此事者，其文不记忆，仅记其中数语之意云：'革党者，不良政治下之产儿也。以捕杀党人为今日之务，则天下之人何往而不党人。于政治上留心经营，改换方针，于生民上注意生计，于外交上无丧国体，则党人庶可归于无有。'此言确且切，然今之政府岂其人欤？政府非其人，而外患之来，朝不待夕，所以尔尔，也应当。"（《叶圣陶集》第19卷）

2日(宣统三年四月初四日)

清廷命广西提督龙济光率兵增援广州。

按：谕军机大臣等。电寄张鸣岐等。"据电奏，粤垣匪乱渐清，省外土匪乘机蜂起，剿办尚未得手，兵力单薄，大局垂危。请饬广西提督龙济光，抽调广西防勇八营，亲自统率星夜赴援等语。又据沈秉坤电奏，情事相同。广东省城，乱事甫定，各属匪徒，又复纠合起事，该省营队不敷分布，自应厚集兵务，移缓就急。业由沈秉坤电促龙济光抽调防勇，并饬浔防督带吕春瑄，就近率带所部两营赴援。著龙济光迅选所部精锐，克期前赴粤东，有此兵力，当可暂敷调遣。著该督率营队，迅赴事机，以期早净匪氛，毋令蔓延为患。广西提督，著陆荣廷暂行兼署，并准其移驻南宁，居中兼顾。仍商同龙济光添募得力旧部，分别填防。至所称枪械缺乏，请饬两江、湖广总督，速提精利五响，每枝配码五百颗，派轮克期径解衡州，由桂派员接运一节，著张人骏、瑞澂迅即委解，毋误事机。"(《宣统政纪实录》卷五二)

福建咨议局三月提议，要求根据形势需要，提前召集第二次各省咨议局联合会。上届联合会委托担任通信联络的湖北咨议局将其提议通报各省咨议局，得到热烈响应。遂决定于五月初邀集各省咨议局所推代表齐集北京。至本日，各省多数代表陆续到京。第二届各省咨议局议员联合会遂定于本月12日在京召开。

按：耿云志《辛亥革命前夕的各省咨议局联合会》(《福建论坛》2002年第2期)说："各省咨议局联合会，其确切名称是'直省咨议局议员联合会'。各省咨议局是由民选议员组成的带有地方议会性质的地方民意机构。各省咨议局联合会是一种联络性质的组织，无常设机构，无固定领导机构，议员也不固定，每次开会由各省咨议局推派代表到京参加会议，他们多是议长、副议长和有活动能力的议员，也包括部分资政院民选议员。联合会的第一届会议于1910年8—9月在京举行，最重大的议题是请愿速开国会。1911年的第二届会议，在国内外发生一系列紧迫问题的情况下，经各省咨议局相互联络提前于5月召集。其最大议题是反对皇族内阁和广练民兵。由于联合会两次上折，毫不妥协地反对皇族内阁，使清朝廷极为恼怒，而议员们对朝廷也产生绝望心理。其广练民兵的主张反映了他们认定政府不可靠，对外、对内都有一种'紧急自卫之意'。第二届各省咨议局联合会是大多数议员及其所代表的立宪派在政治上与顽固的清朝廷开始决裂的一个征兆,是清朝统治的政治基础开始塌陷的一个标志。"

革命党人潘达微收得广州起义死难烈士遗骸72具,合葬于红花岗,后改名黄花岗,史称七十二烈士。

按:方声洞、林时爽、林觉民、喻培伦等86人在广州起义中牺牲。黄花岗起义后,同盟会会员潘达微多方设法收殓烈士遗骸72具,合葬于城东红花岗,后改黄花岗。1932年,查得此次死难烈士姓名达86人。由于习惯,人们仍称"黄花岗七十二烈士",但七十二位烈士的姓名直到民国11年(1922年)春才完全查出,乃在黄花岗上勒石记名。下面是七十二位烈士的姓名籍贯:广东人:徐佩旒、徐礼明、徐日培、徐广滔、徐临端、徐茂燎、徐松根、徐满凌、徐昭良、徐培添、徐保生、徐廉辉、徐容九、徐进照、徐褆成、徐应安、李柄辉、李晚、李文楷、李文甫、李雁南、陈春、陈潮、陈文褒、罗仲霍、罗坤、庞雄、周华、游寿、江继复、郭继枚、劳培、杜凤书、余东雄、马侣、黄鹤鸣、饶辅廷、张学铨、周增、林修明;福建人:方声洞、冯超骧、罗乃琳、卓秋元、黄忠炳、王灿登、胡应升、林觉民、林西惠、林尹民、林文、林时爽、刘六符、刘元栋、魏金龙、陈可钧、陈更新、陈与焱、陈清畴、陈发炎;广西人:韦树模、韦荣初、韦统淮、韦统铃、李德山、林盛初;四川人:秦炳、喻培伦、饶国梁;安徽人:程良、宋玉琳、石德宽。

3日(宣统三年四月初五日)

广州起义失败的消息传到湖北,共进会等革命团体于是日在武昌胭脂巷召开紧急会议,居正、刘公、孙武、焦达峰、杨时杰等出席,议定今后以两湖地区为"中国革命之主要中心",积极筹划起义。

按:焦达峰,号大麟,字掬森,又称焦煜,流亡日本改名冈头核,回国化名左耀国,湖南浏阳人。早年加入洪福会,嗣入洪江会。1907年在日本东京与张百祥等人为首组织共进会。焦达峰在长沙抢米风潮和湖南光复中都曾率会党徒众参加。长沙光复,焦达峰任都督。

从直隶总督陈夔龙请,清廷追予故广东水师提督曹克忠谥曰果肃。

江苏咨议局议长、常驻议员全体辞职。

4日(宣统三年四月初六日)

谕曰:"近来国家财政竭蹶,由于币制不一;民生困苦,由于实业不兴。朝廷洞鉴于此,不得已饬部特借英、美、德、法四国银行一千万磅,日本横滨银行一千万元,专备考定币制,振兴实业,以及推广铁路之用。该管衙门自应竭力慎节,不得移作别用。并著随时造具表册呈览,以副朝廷实事求是之意。"(《东方杂志》第八卷第四号《中国大事记》,1911年)

谕军机大臣等:"张鸣岐电奏,佛山匪退,省城人心渐定。昨因桂兵尚未到粤,当就附近乡团挑编三营。并饬驻扎肇庆之西路巡防队,就地添募一营,以备策应等语。著该衙门知道。"(《宣统政纪实录》卷五二)

清廷赏游学毕业生锺世铭、汪爔芝等法政科进士、举人,工科举人有差。

孙中山在美国接到胡汉民复电,得知黄兴等安全脱险到达香港,欣然表示:"天下事尚可为也!"(《胡汉民自传》)

乌曼斯基当选为哈尔滨市公议会第二届会长,代理会长迪诺夫斯基卸任。

上海《申报》发表《法部编订提法司办事画一章程》。

5日(宣统三年四月初七日)

外务部奏请派员赴滇勘查界务。

咨议局议员因正副议长、常驻议员全体辞职,大半主张尽行解散。

孙中山出席芝加哥同盟会分会会议,决心筹集巨款以图再举,在会上研究实行办法,决定设立"革命公司"的筹款机构,动员华侨认购股票,革命成功后加倍偿还。孙中山作有《革命公司缘起》一文。

上海《申报》发表《中日借款合同全文》。

6日(宣统三年四月初八日)

御史石长信奏铁路关系全国,亟宜核定办法,请将各省干路概归国有,枝路归民有,奉旨,该御史所奏确有见地,著邮传部按照所奏各节,妥核具奏。

按:给事中石长信奏曰:"奏为铁路亟宜明定办法,昭示来兹,免误大局而苏民困。恭折仰祈圣鉴事,窃查铁路实为交通要政,我国幅员广远,风气各殊,尤非铁路联络,不足以收行政统一之效。况值时局艰难,民生困苦,商务衰颓,凡一切军事实业财政民瘼,无一不受交通之影响。近年内外臣工,疏陈补救之策,咸以大修全国铁路为请。乃历览各省已办未办等路,或以款绌而工程停辍,或因本亏而众股观望。固因民间生计困难,集股不能踊跃,亦由各省绅耆,自私乡土,枝枝节节,未能统筹全局。长此因循,实于国利民福,大有妨碍。兹当朝廷力行宪政,注重统一,自应以铁路为当务之急,而规划线路,尤宜贯通南北,扼要以图。谨虑要端,为我皇上缕晰陈之:溯自我国兴造各省铁路,其病在事前并未谋定后动,如有一定方针,使率土有所率从,自无扰乱分歧之弊。夫铁路者,为缩地之良法,国与民所利赖。然利赖之中,有轻重缓急之分。干路枝路之别,其纵横直贯一省或数省,而远达边防者,为干路;自一府一县接上干路者,为枝路。干路互相为用,如百川之汇于江河。今为国计民生,兼筹并顾,惟有明定干路为国有,枝路为民有之一定办法,明白晓谕,使天下人民咸知国家铁路政策之所在。此后上下有所遵循,不致再如从前之群议庞杂,茫无主宰。当此时事日急,边防最为重要,国家若不赶将东西南北诸大干路迅速次第兴筑,则强邻四逼,无所措手。人民不足责,其如大局何?此中利害,间不容发。惟有仰肯乾纲独断,不再游移。在德、奥、法、日本、墨西哥诸国,其铁路均归国有,而我分枝路于民,已为优异。况干路相辅,上下相维,于理尚顺,于事稍易。此路政之大纲,亟宜明定办法者,一也。又查东南干路,以粤汉议办为最早。光绪二十六年,督办大臣会同湖广督臣等奏准借美款兴造。当时定订合同后,业已筑成粤省之佛山三水铁路一百余里。广州至英德干路,亦已购地开工。乃三十年春间,张之洞忽信王先谦等之言,不惜巨资,竟向美公司废约,坚持固执,卒至停罢而废约。后欲集鄂、湘、粤三省之力以成此路,讵料悠忽数年,粤则有款而绅士争权,办路者甚少;湘、鄂则集款无著,徒縻局费。张之洞翻然悔悟,不护前非,仍议借款筑造。乃向英、德、法三国银行,定订借款草合同,签押后正欲入告,因美国援案插入,暂缓陈奏。张之洞旋即病故,此事遂一搁至今。计自废约以来,已越七载。倘若无此翻覆,粤汉亦早已告成。亦如京汉,已届十年还本之期矣。至川汉集款皆属取诸田间,其款确有一千余万。绅士树党,各怀意见。上年始由宜昌开工至归州以东。此五百里工程,尚不及十分之二三。不知何年方能告竣。而施典章擅将川路租股之所入,倒账竟至数百万之多。此又川粤汉干路之溃败延误亟宜查办者,一也。近来云贵督臣李经义议造滇桂边路,于国防尤有关系。然不有粤汉干路,自湖南之永州与广西之全州相接,则滇桂路何能自守?考之列强造路,无不由腹地造起,以达边陲,断不能边路孤立,与腹地不相联贯。不特修养之费难筹,即防守之兵,亦难往援。是以日本欲筹造朝鲜之铁路,必先收回国中民办之铁路。今我粤汉直贯桂滇,川汉远控西藏,实为国家应有之两大干路,万一有事,缓急可恃。故无论袤延数千里之干路,断非民间零星凑集之款所能图成。即使迟以十年或二十年造成之后,而各分畛域,仅于有事之际,命令不行仍必如东西洋之议归国家收买。此干路之必归国家有者,又一也。国家成法,待民宽厚,虽当财政极困难之际,不肯加赋。四川、湖南,现因兴造铁路,创为租股名目,每亩带征,以充路款。闻两省农民,正深訾怨。偶遇荒年,追呼尤觉难堪。但路局以路亡地亡之说惊吓愚民,遂不得不从。川省民力较舒,尚能勉强担负。湘民本非饶足,若数年之间,强迫百姓出此数千巨万之重资,而路工一日不完,路利一日无著。深恐民穷财尽,欲图富强而转滋贫弱。是以干路归国有命下之日,薄海百姓,必无阻挠之处。况留民力以造枝路,其工易成,其资易集,其利易收,其土货得以畅行,亦如河南之芝麻、黄豆岁入数千万之多,民间渐滋饶富。此枝路之可归民办者,又一也。以上数端,如蒙皇上俯加采择,应即责成度支部筹集款项,并令邮传部将全国重要之区定为干线,悉归国有。其余枝路,准由各绅商集股办理。庶几缓急轻重,不为倒置。民政军政财政,从此皆可扼要以图,关系似非浅显。所有铁路亟宜明定办法各缘由。臣愚昧之见,谨具折沥陈,是否有当,伏乞皇上圣鉴。谨奏。"(《东方杂志》第八卷第四号《中国大事记》,1911年)清政府将粤汉、川汉商办铁路收归国有而引发的保路风潮,最终导致了清王朝的覆灭。

赵尔巽奏请用人行政便宜行事,清廷从之。

《启民爱国报》在上海出版。总理王河屏,主笔王南。赞助人周舜卿、沈缦云、胡藻青、雷继兴等。

上海《申报》发表《广州革命党起事记》。

7日(宣统三年四月初九日)

清廷裁山东抚、镇标营官。

由上海日报公会、嘉定旅沪同乡会、全国商团联合会、福建学生会、全国学界联合会、湖北旅沪同乡会、中国精武体操会、云贵旅沪同乡会、江西旅沪学会、四川旅沪同乡会等十团体发起召开欢迎国民会代表的大会。

孙中山赴波士顿，筹款未果。

8日(宣统三年四月初十日)

清廷诏改立责任内阁，颁内阁官制。

按：授庆亲王奕劻为内阁总理大臣，大学士那桐、徐世昌俱为协理大臣。以梁敦彦为外务大臣，善耆为民政大臣，载泽为度支大臣，唐景崇为学务大臣，荫昌为陆军大臣，载洵为海军大臣，绍昌为司法大臣，溥伦为农工商大臣，盛宣怀为邮传大臣，寿耆为理藩大臣。复命内阁总、协理大臣俱为国务大臣，内阁总理大臣、协理大臣均充宪政编查馆大臣，庆亲王奕劻仍管理外务部。置弼德院，以陆润庠为院长，荣庆副之。罢旧内阁、办理军机处及会议政务处。大学士、协办大学士仍序次于翰林院。裁内阁学士以下官。置军谘府，以贝勒载涛、毓朗俱为军谘大臣，命订府官制。赵尔巽会陈夔龙、张人骏、瑞澂、李经义与宪政编查馆大臣商订外省官制(《清史稿·宣统皇帝本纪》)。

又按："内阁官制"如下：

第一条　内阁以国务大臣组织之。

第二条　国务大臣以内阁总理大臣及左列各部之大臣为之：外务大臣、民政大臣、度支大臣、学务大臣、陆军大臣、海军大臣、司法大臣、农工商大臣、邮传大臣、理藩大臣。

第三条　国务大臣辅弼皇帝，担负责任。

第四条　内阁总理大臣一人，为国务大臣之领袖。秉承宸谟，定政治之方针，保持行政之统一。

第五条　内阁总理大臣于各部大臣之命令,或其处分,视为实有妨碍者,得暂令停止,奏请圣裁。

第六条　内阁总理大臣就所管事务,对于各省长官及藩属长官,得发训示。

第七条　内阁总理大臣就所管事务,监督指挥各省长官及各藩属长官,于其命令或处分,如有认为违背法令或逾越权限者,得暂令停止,奏请圣裁。

第八条　内阁总理大臣,依其职掌或特别之委任,得奏请颁发阁令。

第九条　内阁总理大臣得随时入对,各部大臣就所管事件,得随时会同内阁总理大臣入对,或请旨自行入对。除国务大臣外,凡例应召见人员,于国务有所陈述者,由国务大臣带领入对。其蒙特旨召见,及法令有特别规定者,不在此限。

第十条　关于国务之具奏事件,其涉各部全体者,由国务大臣会同具奏。专涉一部或数部者,由内阁总理大臣会同该部大臣具奏。除国务大臣外,凡例应奏事人员,于国务有所陈奏者,由国务大臣代递。其法令有特别规定者,不在此限。

第十一条　法律敕令及其他关于国务之谕旨,其涉各部全体者,由国务大臣会同署名。专涉一部或数部者,由内阁总理大臣会同该部大臣署名。

第十二条　左列事件应经内阁会议:(一)法律案及敕令案并官制。(二)预算案及决算案。(三)预算外之支出。(四)条约及重要交涉。(五)奏任以上各官之进退。(六)各部权限之争议。(七)特旨发交及议院移送之人民陈请事件。(八)各部重要行政事件。(九)按照法令应经阁议事件。(十)内阁总理大臣或各部大臣认为应经阁议事件。

第十三条　内阁会议,以国务大臣之同意议定之。会议以内阁总理大臣为议长。

第十四条　关系军机军令事件,除特旨交阁议外,由陆军大臣、海军大臣自行具奏。承旨办理后,报告于内阁总理大臣。

第十五条　内阁总理大臣临时遇有事故,得奏请于国务大臣内特派一人代理。

第十六条　各部大臣临时遇有事故,得奏请以他部大臣代理。

第十七条　本官制第二条所列国务大臣外,有因临时重要事件,奉特旨列入内阁者,为特任国务大臣,但不在常设之列。

第十八条　特任国务大臣,所有入对具奏署名,均以临时事件为限。仍依本官制第九条、第十条、第十一条之例,会同内阁总理大臣办理。

附则:第十九条　本官制奉旨颁布之后,如有应行变通之处,随时恭候特旨裁夺,或经内阁奏明,仍恭候特旨裁夺。(《东方杂志》第八卷第四号《中国大事记》,1911年)

再按:一九一一年五月,清政府裁撤军机处等机构,公布了新订内阁官制。载沣任命庆亲王奕劻为总理大臣,由他筹组新内阁。在总理、协理和各部尚书十三名国务大臣中,汉族官僚四名、蒙古旗人一名、满族八人,而八名满族中,皇族又占五名。这个内阁被人们讥讽为"皇族内阁"。清政府借预备立宪集权皇族的阴谋暴露无遗。立宪派分子企图从清政府手中分一点权力的愿望已成泡影。但他们仍然执迷不悟,张謇、汤寿潜等写信给载沣进行苦谏。六月咨议局联合会请督察院代递呈请亲贵不宜充任内阁总理。遭到清政府拒绝,立宪运动也宣告失败。……立宪运动的失败,使更多的人对清朝的幻想破灭,使清王朝更加孤立,加速了它的崩溃(参见乔志强《论清末立宪运动与"预备立宪"——辛亥革命前十年史札记之八》,《山西大学学报》1985年第4期)。

梁敦彦出任外务大臣,是留学生出身的外交官第一次成为外交最高主官。

吉林省城发生有史以来特大火灾。

9日(宣统三年四月十一日)

外务部奏呈续订禁烟条约。

按:外务部与英国公使订定禁烟条件并附单列下:按照三年前中英政府订定之办法,自一千九百零八年正月一号起,三年之内,如中国一方面能将土药减种减销,英国政府允将印药出口,每年续行减运一成。如是十年,至一千九百十七年止。今英国政府业经承认三年以内,中国于减种一事,立意诚笃,且成效卓著。英国政府愿于未满之七年期限内,接续施行一千九百零七年所订之办法。是以再行商定各条如下:

第一条　自一千九百十一年正月一号起,七年之内,中国每年减种,当以英国按照此次条件及附件所载每年减运之数为比例,至一千九百十七年全行禁尽。

第二条　现在中国政府对于土药,已定严行禁种禁运禁吸之宗旨,英国政府深表同情,且愿赞助。其实行赞助之法,英国政府允如不到七年,能有确实凭据,凡土药概行绝种,则印度出口运华之烟,亦同时停止。

第三条　无论何省土药已经绝种,他省土药亦禁运入,显有确据,则印药即亦不准进入该省。惟言明广州、上海二口,应为最后之结束。务须俟中国政府尽行以上办法,始可将该口禁止印药入口。

第四条　在此条件年限内,英国政府得派一员或数员,会同中国政府所派之员(如中国政府愿意委派)随时就地考查减种情形。其于此事所定减种之多少,应两面认可。在此条件年限内,当给与英员一员或数员一切利便,俾凡通商口岸以外,所有限制烟土及征税事宜,彼可调查报告。

第五条　按照一千九百零七年所订办法,英国政府应允中国派员赴印查视售卖印药。惟言明该员不得干预。今英国政府又应允所派之员,可查视印药装箱,惟仍不得干预。

第六条　中国政府应允所有中国出产之土药征收画一之税,英国政府允将现在税厘并征之额数,每百斤加至三百五十两。该项所加之税,与中国政府加征于土药上比例相同之税,同时起征。

第七条　此项条件准行后,起征所定税厘并征时,中国应将各省宪所有在广东等省近准于印药大宗贸易之各项限制,及征收各他项税捐,立即消除。烟台续增专条,现仍施行,自不应另行设立此等限制及他税捐。又言明印度生土,如厘税并征一次完清后,在所进之口岸内,全行免其输纳他项税捐。若查得以上二节中所载有不照行之处,则英国政府可将此次所订条件,或暂行停止,或即行作废。惟中国政府为禁绝吸烟及整顿稽察烟土零卖事宜,凡所已经颁布或将来颁布之法令,不得因以上条款,致其效力稍受阻抑。

第八条　英国政府实为襄助中国禁烟起见,允自一千九百十一年起,凡出口之烟,印度政府于每箱烟土,报明运赴中国,或在中国销售者,皆发给出口准单,按箱编列号数。一千九百十一年内所发该项准单,不得过三万六百张。后六年内,计至一千九百十七年止,每年递减五千一百张。凡印药出口时,报明运赴中国或在中国销售者,于其起运之前,应将该项准单,钞交中国所派之员,转呈中国政府,或转交中国海关员。英国政府应允,每箱印药,凡领有该项准单者,由印度政府所派之员粘贴印花。若中国所派之员欲在场查视,当照所请办理。中国政府应允,如此粘贴印花之印药箱只,领有出口准单者,如印花并未破坏,乃准其运入中国各口,毫无留难。

第九条　此次新定条件,日后两国彼此历经考验,若有他故,于七年限内或将该条件全行删改,或但改数款,均可随时由两国政府互相商酌办理。

第十条　此次条件,定于签押日施行。今由两国大臣各奉本国政府之命,将该条件画押盖印,以昭信守。在北京缮立汉文四分、英文四分,共八分。(《东方杂志》第八卷第四号《中国大事记》,1911年)

庆亲王奕劻、大学士那桐、徐世昌俱辞内阁总理、协理,诏不许。

重申鸦片烟禁,谕民政、度支二部,各省督抚克期禁绝。

诏定铁路国有,引发大规模保路风潮。

按：先是,给事中石长信疏论各省商民集股造路公司弊害,宜敕部臣将全国干路定为国有,自余枝路准各省绅商集股自修,上题之,下邮传部议。至是,奏言:"中国幅员广袤,边疆辽远,必有纵横四境诸大干路,方足以利行政而握中枢。从前规画未善,致路政错乱纷歧,不分枝干,不量民力,一纸呈请,辄准商办。乃数载以来,粤则收股及半,造路无多。川则倒账甚钜,参追无着。湘、鄂则开局多年,徒供坐耗。循是不已,恐旷日弥久,民累愈深,上下交受其害。应请定干路均归国有,枝路任民自为。晓谕人民,宣统三年以前各省分设公司集股商办之干路,应即由国家收回。亟图修筑,悉废以前批准之案。"故有是诏(《清史稿·宣统皇帝本纪》)。

又按：谕曰:"邮传部奏:遵议给事中石长信奏铁路亟宜明定干路支路办法一摺,所筹办法,尚属妥协。中国幅员广阔,边疆辽远,绵延数万里,程途动需数阅月之久。朝廷每念边防,辄劳宵旰,欲资控御,惟有速造铁路之一策。况宪政之咨谋,军务之征调,土产之运输,胥赖交通便利,大局始有转机。熟筹再四,国家必待有纵横四境诸大干路,方足以资行政而握中央之枢纽。从前规画未善,并无一定办法,以致全国路政错乱纷歧,不分支干,不量民力,一纸呈请,辄行批准商办。乃数年以来,粤则收股及半,造路无多。川则倒账甚巨,参追无著。湘鄂则开局多年,徒资坐耗。竭万民之膏,或以虚糜,或以侵蚀,旷时愈久,民困愈深,上下交受其害,贻误何堪设想。用特明白晓谕,昭示天下,干路均归国有,定为政策。所有宣统三年以前各省分设公司集股商办之干路,延误已久,应即由国家收回,赶紧兴筑。除支路仍准商民量力酌行外,其从前批准干路各案,一律取消。至应如何收回之详细办法,著度支部、邮传部凛遵此次,悉心筹画,迅速请旨办理。该管大臣无得依违瞻顾,一误再误。如有不顾大局,故意扰乱路政,煽惑抵抗,即照违制论,将此通谕知之。钦此!"(诵清堂主人《辛亥四川路事纪略》)

又按:《清史稿·盛宣怀传》曰:"先是给事中石长信疏论各省商民集股造路公司弊害,宜敕部臣将全国干路定为国有,其余枝路仍准各省绅商集股自修。谕交部议,宣怀复奏言:'中国幅员广袤,边疆辽远,必有纵横四境诸大干路,方足以利行政而握中枢。从前规画未善,致路政错乱分歧,不分枝干,不量民力,一纸呈请,辄准商办。乃数载以来,粤则收股及半,造路无多;川则倒账甚钜,参追无着;湘、鄂则开局多年,徒供坐耗。循是不已,恐旷日弥久,民累愈深,上下交受其害。应请定干路均归国有,枝路任民自为,晓谕人民,宣统三年以前各省分设公司集股商办之干路,应即由国家收回,亟图修筑,悉废以前批准之案,川、湘两省租股并停罢之。'于是有铁路国有之诏,并起端方充督办粤汉、川汉铁路大臣。"

又按:清廷宣布粤汉、川汉铁路干线收归国有,并痛斥川、粤、鄂商办川汉铁路之害,停止川、湖两省铁路租股,欲派端方为督办粤汉、川汉铁路大臣;邮传部咨川、湘、鄂、粤督抚通知川粤汉铁路借款合同签字,并分寄借款合同25款。因此,激起全国怒潮,川、湘、鄂、粤联合一致,破约拒款争路。

又按:《直省咨议局议员联合会呈都察院代奏请饬阁臣宣布政策文》:呈为新借巨债,关系国家存亡大计,请饬阁臣宣布政策以释群疑,而定责任,恭请据情代奏事。窃本年四月初六日奉上谕:"近来国家财政竭蹶,由于币制不一;民生困苦,由于实业不兴。朝廷洞鉴于此,不得已饬部特借英、美、德、法四国银行一千万磅,日本横滨银行一千万元,专备考定币制,振兴实业,以及推广铁路之用。该管衙门自应竭力慎节,不得移作别用。并著随时造具册呈览,以副朝廷实事求是之意。钦此!"四月二十二日钦奉谕旨:"邮传部会奏粤汉、川汉铁路,接议英、德、美、法各银行借款合同,磋商定议,缮单呈览,并请旨签字盖印一摺。著邮传部大臣签字,余依议。钦此!"恭读两次上谕,一发于内阁官制未颁以前,一发于内阁官制既颁之后。然第一次上谕署者,为军机大臣奕劻、毓朗、那桐、徐世昌,第二次上谕署名者,为奕劻、那桐、徐世昌、载泽、盛宣怀。除毓朗、盛宣怀外,后之内阁总协理大臣,即前之军机大臣。事本相承,诸臣既始终主持,自当始终担负责任,断无因军机变为内阁,责任即行中断之理。议员等对于暂行试办之内阁,曾呈请代奏,另派大臣组织。原期实臻政治之一统,责任之确定。惟暂行阁制未取消以前，国家政治上之责任，不可一日无所寄。而借债政策，关系国家存亡大计，一日无确当之解决，即国家大计，日陷于鼣尬之危境，此议员等所以仓皇呼吁，不能遽息者也。近日中国之贫窘，达于极点，借债以谋救济，诚属万不得已之举。然借债之公例，必政府与国民均有用债之能力，而后可利用之以为救时之药，否则饮鸩自毙，势必不救。埃及、波斯之覆辙，稍治历史者皆能言之。故立宪各国，慎举国债，必经国会之议决。先朝钦定资政院章程，亦以议决公债之职权，畀诸资政院。不经资政院议决而起之国债，遵先朝之法律，原应归于无效。惟合同既已签押，事实再难更变。大臣违法，属资政院弹劾之范围，议员等请姑舍法律之论争，所急求明白宣示者，为关系存亡之借债政策。此次借债政策，恭绎谕旨明定，为改定币制，振兴实业，以及推广铁路之用。改定币制，振兴实业，推广铁路，为政策之标题，决不可即认为政策之条件，在诸臣本此政策而借巨债，必先有精密之计画，断无漫无成竹，贸然一试之理。就改定币制言，此项借款，将以为购置币材之用耶？按中国人口之比例，需铸实币若干，需用币材若干，流通于中国之生银若干，银元若干，阁臣曾有详悉之调查比较乎？有详悉之调查比较，当采自由铸造之法，以实值换实值，吸收国中之银货，而以外债济其不足。今于法制则不采自由铸造，而以外债为基本，此何说也？将为大清银行准备金之用耶？大清银行之组织，纯戾于银行之原则，迩年以来，败相毕露，救正改革，实为先决之问题。而所谓准备金者，亦必有一定之成数，阁臣曾于银行改良之法，与准备金之确数，有精详之计虑乎？将为收回旧币之用耶？国中旧币之恶窳，无逾铜元之充斥，非用不加贴补，尽数收回之法，必终乱币制之统系，而麋国民之生计。阁臣于筹拟旧币办法，亦尝略陈梗概，大旨所在，不外暂准照市价行用，按年限制随时设法收回，最后之解决，归于体察事情，斟酌办理。以何方法，能使并行不害？于主币收回不累及国民，阁臣曾有确实之把握乎？则例颁布一载，施行瞬将届期，币制根本问题之待解决者，不知凡几，必计之已熟，而后敢树借债改定之政策，此不能不要求宣示者一也。振兴实业，尽人皆知为要政，此项借款条款，指定东三省工业。东三省之工业，以何者为重要？东三省重要之工业，须若干资本而后能举办，而后能推广，必有以总计而区划之。振兴实业之要件，必有赖于国民银行，银行之外必有赖于股份懋迁公司，阁臣能为有条理之布置否？实业之发达，必恃有完备之法律，以为监督保障。内地各种已举之实业，旋起旋灭，律法非不备，即用法不善，有以糜其性命,今欲移植发荣于边省,阁臣能为保障监督之实计否?此不能不要求宣示者,又一也。借债修路,阁臣既借上谕以定为一种政策,然政策云者,非仅以铁路国有一语,遂足以了之也。中国幅员之广,铁路何以必须国有?国有铁路,何以摈斥民款,而纯借外债以收回之?外债之数,能否尽举国中之干路修筑?国中之干路,应以何路为先着?路款之预算,路材之取给,路师之分配,非有成算在胸,安敢毅然取消累年之成案,夺商民已得之权利?且救中国之贫困,借债造路,自以生计之铁路为先,尤必经营铁路以外之事业,以求本息之有着。四国六百万磅之借款,指定之粤汉铁路,固可列于生计铁路之数,川汉铁路已不能纯谓之生计铁路。此外干路属于政治者较多,借日本之一千万元,未指定为何路之用。逆计大势,生产与不生产之比较,必不足以相抵。而铁路以外之实业,凋敝已极,无余沥为之分润。以外债造铁路,亦必以铁路受外债之害,路未成而本息已无所出,将何法以治之?官办铁路夙称弊薮,京奉铁路每里三万余两,沪宁铁路每里五万余两,津浦铁路尚不止此。以有穷之借款,供无穷之挥霍,将何术以弭之?此不能不要求宣示者,又一也。现时中国外债已达十万万两以上,罄全国十年之岁入,毫不用于他途,犹不足为偿还凤道之用,况本年预算政费之不足超过七千万。计臣已穷于罗掘,人民已穷于负担,重以新债骤增,诚不知所以偿还之计。不问所以偿还,而姑救目前之急,偿还期至,保不借债还债,出于附水附涂之下策乎?涂附既穷,保不乱增恶税以自绝税源,终至债权国惧抵押物之主权乎?恭读四月初六日上谕:"该管衙门自应竭力慎节,不得移作别用。并著随时造具表册呈览。"四月十九日上谕,有:"著度支部将内外各衙门,应造全国预算及借款用法各项表册,分别严催,克期办妥。一俟九月开常年会,即交该院议决,毋稍延误等因。钦此!"仰见皇上慎重借债,兢兢业业之意,朝野内外,感激莫名。然以皇上圣明,日理万几,表册繁多,断难一一稽核其真伪。审计院之设置,尚须俟诸明年。资政院之决算,亦必穷于钩考,非更筹严密监督之法,必无以副皇上实事求是之盛心。而财政顾问、币制顾问之电传,方宣播于东西之报纸。设其不谬,则内国之监督,且均无所用,驯至于受外人监督。况大宗外债骤输入于内地,银价之涨落,物值之低昂,贸易之出入,正负之差异,皆将缘而生绝大之变动。久困涸辙之社会,亦或以骤增消费,生蒸蒸蕃富之幻象。外资竭则幻象灭,反动力之发现,其困苦且百倍于旧时。前途种种之危险,消弭于未然之策,又均不能不要求其宣示者也。阁臣同列责任,为圣训之所明示,无政策而借债,是以负皇上者负国家,非阁臣之所可言。有政策即当宣布政策之所在,以定责任之所归。大计攸关,存亡一发,薄海士庶,危疑交并。拟请皇上饬内阁将关于此项政策施行之法及与此项政策相辅而行之计画,明白宣布,以释疑虑,而利推行,伏乞据情代奏。谨呈。

谕曰:"资政院奏,据议员等呈请开临时会请旨一摺,朕披览呈词,似于预算借款两事,不无疑虑。明白宣示:本年试办预算案,度支部两次奏请维持,均经严饬京外各衙门遵办。自本年起,试办全国预算,亦由该部筹有切实办法,奏准施行。朝廷主持于上,部臣复稽核于下,此预算之无可疑虑者也。至特借两款,前已降旨申明:专备改定币制,振兴实业,以及推广铁路之用。并谕令该管衙门,竭力慎节,不得移作别用,即系为预防危险起见,此借款又无可疑虑者也。以上两事,虽属重要,尚非紧急,自可于开常年会时从容详议。著度支部将内外各衙门应造全国预算及借款用法,各项表册,分别严催,克期办妥。一俟九月开常年会,即交该院议决,毋稍延误。所请开临时会之处,著无庸议。钦此!"(诵清堂主人《辛亥四川路事纪略》)

又按:住省各法团呈请督院电奏文:具公呈翰林院侍讲学士衔编修伍肇龄等,为吁恳电奏事,恭读四月十一日上谕:"各省商办干路,收回国有,定为政策。"京外股东闻命惶惑,愤激异常,函电交驰,日数十起。当即催促公司董事局先行呈恳电奏,收回成命,一面定期速开股东大会,筹议办法。二十日,即奉上谕,派端方充督办粤汉川汉铁路大臣。二十日,又奉上谕,饬川湘两省,刊刻誊黄,停止租股,并闻政府已先派员接收。朝旨日切,人心益形愤激,在省股东,乃约集各团体于五月初一日,往公司会议。人心惨痛,议论分歧,大致皆以川汉铁路纯依国家法律而成立,既无收回国有之理由,恐致酿成外有之惨祸,应即合恳督部堂据情电奏,请旨收回成命。且按照公司律,非开股东大会,不能决议。似此朝旨迫切,少数股东,谁敢承认接收,并应速恳督部堂迅予电奏,请旨饬下邮传部督办大臣,暂勿派员接收,免致激乱人心,别生枝节。俟闰六月初十日开股东特别大会,议决办法,再行请旨办理。绅等窃以干路收回,系全国铁路一大变局,即川省人民生死存废之一绝大关系,民心浮动,岌岌可危,倘不速恳维持,诚恐股东误会,人民愤激,贻误后来不浅。只得具呈公恳大公祖俯顺人心,预防隐患,迅予赏准电奏,请旨收回成命,饬下邮传部督办大臣,暂缓接收,则造福川民,保全大局,实无

涯涘。情词促迫,不胜屏营待命之至,伏乞大公祖大人察核施行。(诵清堂主人《辛亥四川路事纪略》)

又按：北京—汉口—广州为南干;北京—张家口—恰克图为北干;北京—齐齐哈尔—珲春为东干;汉口—成都为西干。

学部议准驻义公使奏请于各学堂课程内添设国语科,奉旨依议。

《时报》发表《新发起之骂人》一文。

按：文曰："(一)辫子者,最无用之物,故骂人辫子,犹骂人饭桶也;(二)辫子者,但有害而无利之物,故骂人辫子,犹骂害人精也;(三)今日国民心中,欲割辫者居多数,将来势必人尽割之而后已,故骂人辫子者,犹骂人杀胚也;(四)辫子之为物尾也,唯禽兽类皆有尾,故骂人辫子,犹骂人禽兽畜生也。"

10日(宣统三年四月十二日)

湖北文学社召开代表会议,决定在武昌小朝街85号设立起义领导机关,由刘尧澂、蔡大辅常驻办事。

清廷命川汉粤汉铁路公司暂按原计划工作,毋庸停工,以免夫役分散。

按：《东方杂志》第八卷第四号《中国大事记》载:度支部、邮传部复电致鄂督、粤督、川督、湘抚云："查川汉粤汉,皆属干路,遵旨会议收回详细办法,尚需时日,请知会该铁路公司,毋庸停工,以免夫役分散。原用员司,一概仍旧。并请迅速遴派大员,前往该公司查明。商办已成之路及已造未完之路各若干,已用股款若干,现存材料与银两各若干,迅速电复。一面册咨,以凭请旨办理。再国家收回干路,系为国计民生兼筹明定统一办法起见,将来会议详细办法,拟俟尊处查明账目,咨到公司实收实支款项,或由部拨还,悉听商民自办支路及可靠矿务,或一时尚无支路矿务可办,愿领国家公债股票,按年保息,分期归本,亦可听便。并请察酌情形,分别电复。藉资参酌,目下工程,仍责成总协理及工程司办理,俟奏派督办大臣到工,并循旧案会同督抚赶办。原有之总协理,或可酌量改为帮办以资热手。希转饬遵照。"

内阁总理大臣奕劻奏请收回成命,不准。

按：《东方杂志》第八卷第四号《中国大事记》载:十一日,奕劻奏称,内阁为立宪重要之机关,总理有辅弼行政之责任,揆之旧制,职权既异于枢垣,考之列邦,地位实居乎政府,断非衰朽,足以有为。仰肯收回成命,俾免陨越。奉谕毋庸议。即遵昨旨,到阁办事。本日复以年力已衰,才能至浅,肯另简贤能,俾终晚节。具奏固辞。奉谕所请仍毋庸议。倘数月以后,精力实有难胜,再候谕旨。协理大臣那桐、徐世昌十一日亦以孱躯衰病,才力难胜,各具奏辞。均奉谕毋庸议。

降旨召集资政院议员,本年九月初一日为资政院第二次开会之期,奉旨著仍于八月二十日召集。

吉林省图书馆提调陈祺年禀报:吉林省图书馆藏书楼、图书发行所等所有房屋以及数千卷图书全部烧毁,损失无法估算。后经与奉天省提学司磋商,奉省决定从本省图书馆藏书副本中拨出100种,支援吉林省重建图书馆。

11日(宣统三年四月十三日)

清政府命度支部发给吉林省救灾帑银四万两。

湖北文学社与共进会代表在武昌分水岭7号筹商合作,共同起义,未获结果。

《盛京时报》发表《奏黑龙江防疫会副议长染疫捐躯请给恤典折》。

傅梦豪及山东归国代表蒋洗凡邀请上海各团体及报馆记者集会,讨论成立事务所。

12日(宣统三年四月十四日)

两广总督张鸣岐奏请陛见,因两广地方重要,清廷命该督其尽心职守,认真妥慎办理,不必远来陛见。

第二届各省咨议局议员联合会正式开会,推选湖南咨议局议长谭延闿为主席,会议作出三个决定:(1)把推翻清政府作为立宪党人奋斗的近期目标;(2)组织宪友会,大办民兵;(3)以上海、汉口商团为中坚,发展自己的实力。

按:直隶、奉天、吉林、黑龙江、山东、山西、陕西、河南、安徽、江苏、浙江、江西、湖北、湖南、四川、云南、贵州、广西、福建等19个省代表共62人参加会议。会议还推选直隶咨议局副议长王振尧为副主席,推选汤化龙、方贞、谢远涵、李文熙、刘崇佑、孙洪伊、梁善济、萧湘、罗杰等9人为审查员。

中日议定抚顺、烟台煤矿细则,中国政府承认日本有开采抚顺和烟台煤矿权,日方按5%向中方纳税。

13日(宣统三年四月十五日)

清廷赠恤原广州将军、副都统孚琦。

按:谕内阁:"前据张鸣岐等电奏,兼署广州将军、副都统孚琦因公被戕,当经谕令将凶犯温生才严讯惩办,并令查明该署将军被害情形具奏。旋据电奏,温生才业经讯明正法。兹据该督等查奏该署将军被害详细情形,并代递遗折,恳恩赐恤等语。署广州将军、副都统孚琦,由笔贴式充军机章京,荐擢卿贰历任侍郎,简放广州副都统,两署将军,服官中外,克勤厥职。此次因公仓猝被害,深堪悯恻。著加恩予谥,照将军阵亡例从优议恤。任内一切处分,悉予开复。应得恤典,该衙门查例具奏。灵柩回旗时,沿途地方官妥为照料,准其入城治丧。伊子礼部候补主事嵩坤,著以员外郎补用。寻谥恪愍。"(《宣统政纪实录》卷五三)

第二届各省咨议局议员联合会举行谈话会,湖北咨议局议员胡瑞霖建议讨论推翻皇族内阁问题,经全体表决即列为议题。经讨论,多数代表倾向于专从皇族不宜充总理大臣一点上立论,并推举汤化龙负责起草上奏稿。

按:汤化龙的上奏稿经讨论修正后,呈交都察院代奏。奏稿曰:"立宪国家重内阁之组织,尤重总理大臣之任命,其最要之公例,在不令组织内阁之总理归于亲贵尊严之皇族。此非薄待皇族,谓其无组织内阁之能力,实皇族内阁与君主立宪政体有不能相容之性质,势不得不然也。"(《直省咨议局议员联合会呈都察院代奏皇族不宜充内阁总理,请另简大员组织内阁文》,见《直省咨议局议员联合会第二届报告书》第67页)

《两广官报》由广州两广总督署印行出版。周刊。广州光复后停刊。主要栏目有谕旨、论说、宪政、奏章、文牍、禁令、报告、译述、记事、时评、谈丛、小说、选报、舆论等。

14日(宣统三年四月十六日)

两广总督张鸣岐奏,粤省禁赌,遵示期限,并酌拟惩治赌博专章,请分别饬交馆、院核议遵行。

上海《申报》发表《中国国民总会草章》、《钦定内阁官制》、《内阁办事暂行章程》。

15日（宣统三年四月十七日）

湖北银行学生赴日本考察。

浙江海盐沈荡镇因巡警欺压老年人，激起众愤，警所被群众捣毁，器具杂物一空，房屋损坏。

16日（宣统三年四月十八日）

安徽请裁撤讲武堂。

湖南长沙各团体在教育总会召开全体大会，到会者一万余人，皆反对铁路国有，主张完全商办。湘路公司协赞会、湖南商务总会、湖南粤汉铁路公司、长沙筹办自治公所、劝学所、教育会职绅等致电湖南巡抚杨文鼎请代奏清廷废约自办。

上海《申报》发表《中英续订禁烟条件之全文》。

17日（宣统三年四月十九日）

资政院请预算、借款两事归院会议，诏不许。

鄂省在京官绅因铁路收归国有而严劾盛宣怀。

湖北军学、绅商召开大会，留日学生江元吉以鲜血书写"流血争路，路亡流血，路有国存，存路救国"16个大字，激励群众为争回铁路而努力。

《舆论时事报》停刊。

18日（宣统三年四月二十日）

清廷起端方以侍郎候补，充督办粤汉、川汉铁路大臣。

清廷命于本年秋季调集禁卫军及近畿各镇陆军于直隶永平府举行大操。

清廷修订后的《宗人府则例》更名为《宗室觉罗律例》，整套宗室觉罗诉讼制度初步建立。

《舆论时事报》改名为《时事新报》继续出版,汪诒年经理。

19日(宣统三年四月二十一日)

恭亲王溥伟以疾免禁烟大臣,以顺承郡王讷勒赫代之。

清廷以铁路国有,湘省群情汹惧,命该省巡抚杨文鼎严禁刊单传布,聚众演说,倘若扰害治安,准照乱党办法,格杀勿论。

赵声病逝于香港。黄兴因避追捕,未能送丧。

按:5月下旬,黄兴与胡汉民联名致书南洋各埠华侨同志,报告广州之役经过。联名报告书由胡汉民执笔,作于赵声病故后,未署日期。全文近万字,叙及统筹部分课办事之情形,破坏粤城之计划,预算并支出之大略,展缓时期之原因,选锋之召集,器械之运送接收,黄兴入省及独攻督署之情形,以后巷战及党人死事之勇烈,失败之原因与担负任务者之不力,善后事宜,等等。末称:"此次以党之全力举事,中外周知,而事机贻误,不能有成,省会既失(乐从圩未几即退),各处都不能发。虽房以党人之敢死勇战,至今犹草木皆兵,然费如许力量,得此结果,岂初念所能及耶?又况殉我仁勇俱备之同志之多耶?谋之不臧,负党负友,弟等之罪,实无可辞!惟此心益伤益愤,一息尚存,此仇必复,断不使张、李等贼安枕而卧也。"又曰:"以伯兄平日之豪雄,不获杀国仇而死,乃死于无常之剧病,可谓死非其所。彼苍无良,奸我志士不已,又夺我一大将。想公等闻之,亦将悲慨不置,若弟则更无可言矣。"(《黄兴年谱长编》)

20日(宣统三年四月二十二日)

邮传部大臣盛宣怀与英、法、德、美四国银行团在北京正式签订《湖北湖南两省境内粤汉铁路、湖北省境内川汉铁路借款合同》,合同25款,借款600万英镑,出卖两湖境内粤汉、川汉铁路修筑权,从而引发川、湘、鄂、粤四省的保路运动。

按:《清史稿·盛宣怀传》曰:"宣怀复与英、德、法、美四国结借款之约,各省闻之,群情疑惧,湘省首起抗阻,川省继之。湘抚杨文鼎、川督王人文先后上闻,诏切责之,谕:'严行禁止,倘有匪徒从中煽惑,意在作乱者,照惩治乱党例,格杀勿论。'"

中东铁路公司会办文哲里来哈尔滨。

21日（宣统三年四月二十三日）

孙中山启程赴华盛顿筹款。

庞鸿书罢,清廷以沈瑜庆为贵州巡抚。

陆军学堂学生白寿昌未经全体投票公举,以私意擅举值日长与众生发生冲突,引起全体停课,要求革白寿昌另选周番。该堂提督禀知唐总办,唐乃调炮营一队,将该堂包围,拘拿学生39名解往督练公所。

哈尔滨俄国红十字会医院在地段街头奠基开工,文哲里、关达基、古契科夫、霍尔瓦特等出席奠基仪式。

詹天佑是日日记谓自己强忍着对铁路收归国不做任何评论。

按：詹同济编译《詹天佑日记书信文章选》(第140页)所载日记曰："邮传部正在收回所有铁路(干线?)是善是恶,终将有报。我强忍着不做任何评论,而每一个人都和我一样,洞悉此事。"

22日（宣统三年四月二十四日）

命督抚晓谕人民,铁路现归官办,起降旨之日,川、湘两省租股,并停罢之。宣统三年四月以前所收者,应由邮传部、督办铁路大臣会督抚查奏。地方官敢有隐匿不报者诘治。

杨文鼎奏湘省自闻铁路干路收归国有谕旨,群情汹惧,譁噪异常,遍发传单,恐滋煽动。谕严行禁止,倘有匪徒从中煽惑,意在作乱者,照惩治乱党例,格杀勿论。

朱家宝奏江、淮交会为匪党出没之区,比岁荐饥,盗风尤炽。请援鄂、蜀惩办会匪、土匪章程,犯者以军法从事。

清廷以广东提法使俞钟颖为河南布政使,广东琼崖道王秉恩为广东提法使。

福建咨议局、教育总会、商会、实业协会等团体集会,议决用个人名义签禀呈递闽督,请求速办民团。

端方南下接收鄂、湘、粤、川四省铁路公司,刘师培充参议官,随同赴任。

23日（宣统三年四月二十五日）

邮传部奏拟广西设立官电办法，请派电政总局长周万鹏充该电局长，并赏四品卿衔，奉旨依议。

上海《申报》发表《江苏咨议局辞职议员宣告书》。

24日（宣统三年四月二十六日）

清廷任命陆征祥为赴俄修约大臣。同日，又批准外务部关于预备修改俄约的奏折，作为给陆征祥的训令。

东三省总督赵尔巽到职视事。

《爱国报》在山东青岛创刊。

福建漳厦（江东桥——嵩屿）铁路火车开始载运邮件。

按：此为福建省开辟的第一条火车邮路。

25日（宣统三年四月二十七日）

鄂、湘、川、粤四省督抚电奏，铁路干路国有，民心愤激，势颇剧烈，恳即颁示办法，迟恐生变，臣等难当其咎。清廷责成盛宣怀妥订善后办法。

26日（宣统三年四月二十八日）

清廷移税务司附属之邮政归邮传部管理。

清廷除云南昆明县官用田地额赋。

上海闸北商团成立。

27日（宣统三年四月二十九日）

清廷赈山东滕、峄二县灾。

川汉铁路公司呈四川总督请电奏收回铁路国有成命。

28日(宣统三年五月初一日)

吉林长白府拨四队工兵砍修长白至抚松道路。

邮传部正式接管邮政。

按：第一任邮政总局局长由署邮传部左侍郎、铁路总局局长李经方兼任。北京设立邮政总局，各省会设邮政管理局，各府、州、县、镇、乡分设一、二、三等邮局、支局、邮寄代办处或信柜。邮传部直接管理船、路、邮、电四政。

横滨富商张泽广、缪菊辰、邓浩辉等人发起召开在日华侨大会，邀请李肇甫、马伯援、夏重民等参加，呼吁创设国民军，并募集经费。

厦门邮政分局从海关分立，成为独立机构。

上海豆米业商团成立。

《吴门杂志》在苏州创刊。

复出昆弋安庆班在北京东安市场东庆茶园演出昆曲六出，包括《吉祥戏》、《饯别》、《踢球》、《北渡》、《打车》、《宁武关》。

29日(宣统三年五月初二日)

吕承瀚补授福建巡警道，张星炳补授福建劝业道。

中国留美学生在芝加哥召开会议，决定将原由依利诺斯大学中国学生会发起成立的军国民期成会改名为爱国会，以保全主权、联络友国为主旨。

30日(宣统三年五月初三日)

清廷命张鸣岐严饬各营，随时随地，严密查防，切实剿捕，毋得稍涉松懈。

清廷用湖南京官大理寺少卿王世祺等言，停湖南因路抽收房捐及米盐捐。

上海参药业商团成立。

31日(宣统三年五月初四日)

杨文鼎奏湖南咨议局呈湘路力能自办，不甘借债，据情代奏，严饬之。

按：《东方杂志》第八卷第五号《中国大事记》载："先是，杨文鼎以湘省奉铁路干路收归国有之旨，群情汹惧，哗噪异常，遍发传单，意在煽动，当即切诫各界绅耆，赶紧劝导，并严饬分投弹压等语电奏。奉旨著该抚严行禁止，剀切晓谕，不准刊单传布，聚众演说。倘有匪徒从中煽惑，扰害治安，意在作乱，准如所拟，照乱党办法，格杀勿论。本日奉上谕，杨文鼎奏湖南咨议局呈称湘路力能自办，不甘借债，据情代奏一折。铁路干路，收归国有，业经定为政策，明白宣示，并饬将川湘两省租股，一律停止。及将已收之股，妥筹办法。系因商办干路，徒增民累。朝廷为减轻小民担负起见，改定政策，仍不使少有亏损，在百姓当乐从之不暇，岂有反抗之理。该省咨议局不免误会。所呈各节，语多失实，迹近要挟。杨文鼎身任地方，息事安民，是其专责。既经明降谕旨，果能仰体朝廷爱民之意，晓以利害，剀切开导，群疑当不难尽释。乃于甫经决定政策，竟率行代为渎奏，殊属不合。著传旨严行申饬。昨又有旨，饬将湖南省因路抽收之米盐房各捐，概行停止。朝廷体恤民艰，无微不至。仍著该抚禀遵迭次谕旨，一面切实劝谕，一面会同妥筹办法。如有匪徒暗中鼓动，致生事端，即著从严惩办。倘再措置失宜，酿成重案，定惟该抚是问。"

学部奏设立中央教育会。

按：《东方杂志》第八卷第五号《中国大事记》载：学部奏称，窃以教育之兴废，为国家强弱所由系。教育之良否，为人民知昧所由分。惟是教育理法，极为博深。教育业务，又益繁重，决非一二执行教育之人，所能尽其义蕴。日本曾订有高等教育会议章程，汇集教育名家，开议教育事项，上自大学，下至初等小学，均可列作议案，共同讨论。文部省颇收集思广益之效。意美法良，足资采取。伏念自创兴学堂以来，分科大学及专门高等各学，中外办学衙门，虽皆竭力筹设，然以中学毕业学生尚少，并因于教育经费，一切规划，均未能骤期完备。揆诸近日情势，尚可徐为筹议，惟中学以下普及教育，与宪政尤为息息相关，在今日实有迫不及待之势。中国幅员辽阔，民生艰窘，其间土俗人情，又各自为风气。措办学务每多扞格。其普及教育之推广，维持教授管理，在在均须广集教育经验有得人员，周咨博访，始足以利推行。臣等筹思至再，惟有酌采日本高等教育会议章程，变通办理，订定中央教育会章程十四条，召集各项学务人员，在京师设立会所，由臣部监督，专议中学以下各事宜。其中难解之疑问,滞塞之情形,均可藉以沟通,取便措注。以为臣部教育行政辅助之机关。似于学务前途,不无裨益,等语。并另片奏,会员所需川资旅费,应由公家筹措。惟学部经费,艰窘异常,万难统由学部给发。其各省学务公所议长议绅等员,拟均由各该省酌给。由学部酌派人员,如在外省者,即由学部酌给。此外他项人员,概不给予。奉旨均著依议。

"中央教育会章程"如下:

第一条　学部为关于全国教育,征集意见,奏请设立中央教育会。

第二条　中央教育会设立于京师,由学务大臣监督之。

第三条　中央教育会应议事项:一、关于中小学堂教育之主旨,及关于学科程度设备管理事项。一、关于教科用图书事项。一、关于两级师范中等以下各学堂职员资格事项。一、学龄儿童就学义务及小学学费事项。一、国语调查事项。一、推广义务教育事项。一、担任维持学务经费事项。一、国家及地方补助学堂计画事项。一、学堂卫生事项。一、此外学务大臣认为必要之事,得随时提议。

第四条　会员资格及人数。一、学部丞参、及各司司长参事官、各局局长。二、学部曾派充视学人员。三、学部直辖各学堂监督。四、民政部内外厅丞及民政司司长。五、陆海军部军学司司长。六、京师督学局二人。七、各省学务公所议长或议绅,及教育总会会长、副会长,由提学使推举一人或二人。八、各省学务公所科长及省视学、由提学使遴派一人。九、各省两级师范及中学堂之监督教员,及两等小学堂长,由提学使遴派二人。十、著有学识或富于教育经验者,由学部酌派三十人。

第五条　学部大臣认有必要事项。于前条会员外,得随时派员到会与议,惟不得加入可否之数。

第六条　中央教育会应由学务大臣于会员中选派会长、副会长,奏明办理。

第七条　会长有事故时,副会长代理职务。会长、副会长共有事故时,学部于会员中指定一人代理职务。

第八条　会员任期,以二年为满。但其职务上当为会员者,不在此例。其因补阙而为会员者,任期以接续前任所余期间为断。

第九条　中央教育会规则,由学部详细订定,一律遵守。

第十条　会长依会议规则,整理议场秩序,及报告议决事项于学部大臣。

第十一条　中央教育会议决事项,由学部大臣酌核采择,分别施行。其有关于各行政衙门者,由学部咨商办理。

第十二条　中央教育会每年于暑假日开会,其会期以三十日为断。

第十三条　中央教育会办事官及书记各员,由学部酌派本部人员兼充。办事官听会长指挥,整理庶务。书记秉承办事官办理一切事宜。

第十四条　此项章程,如有应行推广增改之处,仍即随时奏明办理。

胡汉民致书孙中山、冯自由,报告黄兴近况。

按：函曰:"现时克伤大愈,愤恨张、李二贼,拟以个人对待之。弟等曾多次力阻不从,以克为此,即成亦利害不相补。况此次事后,侦探之多与港地之受影响,为向来所无(港地房屋随时被搜,华差侯兴与粤吏连,又新订提解犯人则例,每省港船开行前,皆先任侦探到船查视)。克兄大战一日,又港中失落相片六张(系巴泽宪以皮包贮之,是日将交还克,中途被差拘去,内并有《革命方略》等文件,遂悉没收,而令巴等出境)。以此数节,深为克危,然克意之难回,有同于精卫之曩日,殆非口舌所能争,亦复令人无法。"(《黄兴年谱长编》引)

是月,上海城自治公所颁布《取缔影戏场条例》七条,规定开设影院须申报领取执照,男女观众必须分座,不得有淫亵之影片放映。这是中国最早的电影放映管理条例。

1911年6月

1日（宣统三年五月初五日）

湖北文学社召开代表会议，正式决定与共进会联合，并决定设立阳夏支部，负责领导驻汉口、汉阳、河南信阳新军工作。

江亢虎首次明确打出"社会主义"的旗号。

按：江亢虎（1883—1954），原名江绍铨，别号康瓠，江西上饶人。1910年春，他以整整一年的时间游历了日本、英国、法国、德国、荷兰、比利时和沙俄等国，回国后即宣导社会主义。

丁惟汾、颜仲文等人受留日学生山东国民分会派遣，返回济南，遍谒绅学各界，鼓励成立国内的山东国民分会。

清廷裁广西绿营都司、守备以下官及马步兵。

2日（宣统三年五月初六日）

清廷派振贝子赴英国贺英皇加冕。

山东兖、沂、曹三府，济宁州灾，清廷发帑银三万两赈之。

四川咨议局以绅民自闻铁路国有之旨，函电纷驰，请缓接收，并请停刊䐀黄，呈王人文代奏。人文以闻，诏切责之，仍命迅速刊刻䐀黄，遍行晓谕，并剀切开导。

按：《东方杂志》第八卷第五号《中国大事记》载：奉上谕，王人文电奏，据四川咨议局呈称，川省绅民，自奉铁路改为国有之命，纷纷函电，请饬暂缓接收，并请缓刊䐀黄等语。览奏殊堪诧异。铁路改归国有，乃以商民集款艰难，路工无告成之望。川省较湘省为尤甚。且有亏倒巨款情事，朘削脂膏，复归中饱，殃民误国，人所共知，朝廷是以毅然收为国有，并停收租股以恤民艰。既经定为政策,决无反汗之理。该省咨议局不明此意,辄肆要求,并有缓刊腾黄之请,是必所收路款,侵蚀已久,有不可告人之处。一经宣布,此中底蕴,恐不能始终掩饰,难保该局非受经手劣绅之请托,希图蒙混,为延宕时期接续抽收之计。不然,前降谕旨指明停止租股,并饬妥筹办法,何至误为捐款,强词夺理,情伪显然。该署督目击情形,一切弊窦,应所深悉,乃竟率行代奏,殊属不合。王人文著传旨严行申饬,仍著迅速刊刻腾黄,遍行晓谕,并随时剀切开导,俾众周知。至已收租股,并著赶即查明,由度支部、邮传部督办铁路大臣会同该督妥筹切实办法,请旨办理。

宪友会在北京松筠庵召开发起会。

按：四月,咨议局召开联合会第二次常会,与会者商议组织全国性立宪派政党一事,推定黄为基、雷奋、张国溶、徐佛苏等人草拟章程、政纲,并定党名为宪友会。

3日(宣统三年五月初七日)

蔡元培有复孙毓修函,谓孙毓修所寄《西清续鉴》42册及罗振玉所著《殷商贞卜文字考》均收到,并请孙毓修代寻《博古图》一书。

4日(宣统三年五月初八日)

各省咨议局联合会孙洪伊、徐佛苏、雷奋、汤化龙、谭延闿、林长民、蒲殿俊等在北京正式成立"宪友会"。推雷奋、徐佛苏、孙洪伊为常务干事,籍忠寅、李文熙、谢远涵为候补常务干事,另有庶务文燿,文书李文熙、吴赐龄,会计李素,交际欧阳允元、陈登山,调查康士铎、何宗瀚,编辑王葆心、余绍宋。各省设支部。

按：是月十一日上海《申报》记该会成立经过情形说："咨议局联合会发起组织政党……将帝国统一会改组,推定黄为基、雷奋、张国溶、徐佛苏四君为起草员,拟定章程二十九条,政纲六条,定名为宪友会,初三日假松筠庵开发起会,……初八日开成立会,公推萧君湘、袁君金铠、康君善济、陈君登山、孙君洪伊六人为临时干事。……兹将会章中重要条件录左:第一条,本会以发展民权完成宪政为目的。第二条,本会期达前条之目的,而为一致之行动,议定条件如左:(甲)、尊重君主立宪政体;(乙)、督促联责内阁;(丙)、厘理行省政务;(丁)、开发社会经济;(戊)、讲求国民外交;(己)、提倡尚武教育。第三条，本会为资统一而谋团结之故，于京师设立总部，于各省设立支部。第四条，凡中国人有选民资格，赞成本会宗旨者，皆得为本会会员。"

清廷免珲春贫苦旗丁承领荒地价银。

5日(宣统三年五月初九日)

督办粤汉、川汉铁路大臣端方密奏，各国辛丑和约，已届十年，所有第七、第九两款，亟应乘时设法修改，以重国防。下外务部知之。

山东绅学界22人在大明湖李公祠召开谈话会，讨论成立山东国民分会。11日又在省咨议局开会，到28人。

《民立报》刊登一篇报道俄国政府阴谋继续侵华的《北京紧要通信》，《通信》末尾大声疾呼："人之谋我，祸在眉睫，我政府在迷梦，我国人其猛醒。"

6日(宣统三年五月初十日)

广东铁路股东召开会议，反对铁路国有，力争商办。

署理英国驻华公使艾伦赛为中国定借汇丰银款请电驻英大臣在股票上加盖关防一事，有致总理衙门信函。

7日(宣统三年五月十一日)

康有为应梁启超之邀，从新加坡移居日本。

清廷廷试游学毕业生进士江古怀等，叙官有差。

詹天佑担任总理的广东商办粤汉铁路公司（"粤路公司"）致电湘、鄂、川三省，表示唇齿相关，希予支持；又致电省内外股东，要求他们向政府致电力争；并公开致电四川商办川汉铁路公司，要求两公司协同抗争保路。

按：王金职《詹天佑生平事略》记载："当一九一一年革命爆发时，詹天佑在广州专力于展筑铁路。革命给他一个机会，证明他忠于职务。在革命开始阶段，广州情况异常紧张。有钱的都逃到香港去受英国旗的保护，但詹天佑坚守本职。公司人员扬言，他将离开铁路了，他的许多朋友也劝告他，不要冒着危险留在广州。他召集铁路各部门首脑，告诉他们：他将坚守职务不动,但任何人有顾虑时,可以离开,但在离开以前,必须将每件事情交代清楚,交给他或他的代表。结果无人离开,在整个革命期间,列车照常通行,铁路财产没有任何损失。另一附近的铁路,总办和各部门主要人员在情况紧张时离开,发生盗劫事件。凡是能够动的东西,都被人盗走了,而且谣传留在铁路上的人,主要是低级员工,自己也参加了盗窃。"(凌鸿勋、高宗鲁《詹天佑与中国铁路》,〔台北〕中央研究院近代史研究所1977年版)

8日(宣统三年五月十二日)

孙中山抵达美国洛杉矶筹款。

9日(宣统三年五月十三日)

粤督出示取消初十日粤路公司股东会议案。

按:《东方杂志》第八卷第五号《中国大事记》载:初十日,粤路公司以收回国有事,开股东大会。先由总协理刊定决事表五条:(甲)遵部电,换国家铁路借票,保六厘息,核定还期,准分派余利;(乙)遵部电,换领国家债票,按年保息,分期归本,历年虚糜之款,除倒账外,准不扣股本,俟得余利后,分别弥补。粤境干路,仍责成詹总理赶办;(丙)遵部电,如欲领回资本,由国家估价归还,听其禀请自造枝路及开矿实业之用;(丁)遵部电,续缴三期股款,概换国家保息债票。(戊)仍照原案力争商办。当场分派决事表,请股东将赞成何条,填注表内,投简取决,不许股东发言。股东大噪,卒重行开议研究。独照戊条决议,全主商办。有已投简之决事表,散会时亦要求销毁。十三日,张督发出告示,略谓初十日粤公司股东会议干路收归国有,经派劝业道到场监视,投简取决,原为征集股东意见,冀上不阻挠朝廷政策,下不亏损股东血本,务得确当办法,由本部堂分别奏咨定夺。讵是日散会后,叠据劝业道路公司股东纷纷来告,谓是日开议,原定表决五条,在场股东,多已书明意见投简,正待开简核验取决,因有人倡议,迫协全群反对国有,竟将已经投简之票,尽行撕毁,分电中外,恫喝抗拒,另倡立机关部,入公司办事。情同挟制,不知是何居心?此种不规则之议事,实为挠害股东权利之举动,殊堪痛恨。本部堂先已访闻,是日议案,全为黄绅景棠一人所主动,即日遍阅各报登载,大致相同。虽经询查陈劝业道,据称当场曾向黄绅严切制止,惟黄绅自任能发能收等语,粤省方在多事,适当邮传部实行收路,黄绅著明大义,自应从实际利害上详慎解决,何得任意激躁,鼓动生事,致碍政策之进行?似此嚚陵,万一酿成违旨抗拒之事,本部堂实不能为该绅任咎。初十日之议,既已不成规则,应即取消。所定下期十五日再议,应一并饬行巡警道制止。另候本部堂博采正论,另定条款,责成路公司总协理董事,召集股东,择日另开正式会议,务得真意以期解决。粤路大小股东,须知此次干路收归国有,朝旨已定为必行之政策。至股东血本,朝廷于川湘两路,殷殷垂念,一再明谕,不忍令有丝毫亏损。粤路事同一律,当可想见。今为尔股东计,各有切己利害,应从保全资本上着想,不可随同嚚张,自取损害。自经此次晓谕之后,应候本部堂办理,无论何人,不得藉端生事,至于咎戾。

载泽奏请裁撤督办盐政大臣,不准。

上海《申报》发表《宪友会章程》。

10日(宣统三年五月十四日)

四川总督就川路国有后的股份处理等事致电盛宣怀、端方两大臣。

按:护督部堂发阅盛宣怀、端方两大臣电文:川路奉命改为国有,实因民办艰难,虽竭二十年亩捐,亦不能竣事。滇藏危偪,川路不成,边防难办。川省京官甘大璋等前奏款靠租捐,专害农民小户,非数十年不能凑成一股,利永绝望,害难脱身。民尽锱铢,局用如泥沙,出入款项,均无报告。路线延长,原估额金九千余万,且现开工二百余里,九年方能完功。全路工竣,需数十年,后路未修,前路已坏,永无成期。前款不敷逐年工用,后款不敷股东付息,款尽路绝,民穷财困等语。朝旨毅然官办,一面停止田捐,上下兼顾,万无动摇。昨湘抚据咨议局公呈代奏,有旨申饬,内阁函属敞处电复,请尊处早刻誊黄,遍行晓谕,以安众心,免再要挟。至川粤汉借款,系照张文襄所定草合同,以度支部所有两湖财政作保,并无铁路作抵。借款仍六百万磅,息仍五厘,四十年期,第十年起,即可先还。此次正合同将支路删去,准归民办。宜昌至夔州六百里难工,准用美国总工程师,因其惯造山路,可望速成。合同以分咨夔州至成都,尚未借款,应俟度支部会议详细章程,再行奏定。四月十二日,度、邮两部公电,拟俟尊处查明账目,咨到公司实收支款项,或由部筹还。自造支路,或愿领公债股票,按年保息,分期归本,悉听殷商之便等语。惟由部筹还,必借洋债,必照湖北以部有之川省财政作虚抵。已成之路,必须估借,而自办支路、矿务,未必确有把握。若再放倒账,或徒滋耗费,商民必受亏损。经度支部会议规则:一、该公司股票,不分民股、商股、官股,准其更换国家铁路股票,六厘保息,须定归还年限,须准分派余利,须准大清银行、交通银行抵押。一、该公司股票,如愿换领国家保息之股票,则该公司历年虚糜之款,除倒账外,准不折扣股本。俟将来得有余利,再行分别弥补以示体恤。一、宜夔工程,既用股款,即由督办大臣会同邮传部商派总办,赶紧接办。夔州之上,工程较易,务将华工程司移前开办,以期早日相接。一、未用股款,实有若干,现存何处。已用股款,实计若干,应请尊处迅速查明电复,以凭会商内阁度支部奏请核定,明白宣布,幸勿迟延。邮传大臣宣督办大臣方初五。(诵清堂主人《辛亥四川路事纪略》)

又按:《清史稿·盛宣怀传》曰:"宣怀又会度支部奏收回办法:'请收回粤、川、湘、鄂四省公司股票,由部特出国家铁路股票换给,粤路发六成,湘、鄂照本发还,川路宜昌实用工料之款四百余万,给国家保利股票。其现存七百余万两,或仍入股,或兴实业,悉听其便。'诏饬行。四川绅民罗纶等二千四百余人,以收路国有,盛宣怀、端方会度支部奏定办法,对待川民,纯用威力,未为持平,不敢从命。人文复以闻,再切责之。赵尔丰等复奏:'川民争路激烈,请仍归商办。'不许,川乱遂成,而鄂变亦起,大势不可问矣。资政院以宣怀侵权违法,罔上欺君,涂附政策,酿成祸乱,实为误国首恶,请罪之,诏夺职,遂归。后五年,辛。"

都察院代递《直省咨议局议员联合会呈都察院代奏皇族不宜充内阁总理,请另简大员组织内阁文》,朝廷留中不发,未予置理。

渔父(宋教仁)在《民立报》发表《论今日政府之倒行逆施》。

11日(宣统三年五月十五日)

谕内阁:"张鸣岐电奏,干路收归国有,请从速决定归还股本办法等语。著度支部、邮传部、督办粤汉、川汉铁路大臣,妥速议奏。"(《宣统政纪实录》卷五四)

川路公司为呈明川路情形再致电清廷,要求宣明铁路国有的具体处理办法。

按:电文曰:窃川路自奉谕旨收归国有,京外股东,函电交驰,当经公司董事局暨近省各团股东,先后呈请代奏,暂缓接收,并以刊布誊黄,停止租股,恐民误会暴动,具呈原因。猝奉朝旨,人心浮动,吁恳皇上,宽以时日,俟股东大会正式议决,乃有正式办法。仰荷俯鉴舆情,据情代奏。乃奉读五月初六日谕旨,群情悲愤,势更岌岌。而公司捧读惶骇,尤绝对不敢承认,不能不冒死上呈。恭绎旨意,以川省集款艰难,路工无告成之望,较湘省为尤甚。查川汉铁路,延袤三千里,估款七千万。川民财力本难胜此重负,只以前数年间,强邻窥伺,横肆要求,不可终日,外务部成案,具可查考,人民知路权之不可失。光绪二十九年,经前宪台锡热心提倡,奏请自办,议定集股办法,先后经外务部、前户部、商部、邮传部复议奏明在案。川民济国家之危急,而共筹股款,商人遵国家之法律,而成立公司,深赖先朝俞允,列宪维持。数年以来,集有股款一千余万,查核属实,呈请大部给照开工。小民负担过多,集款本属艰难,然不借外债,不招洋股,不扰民间,得有此成数,实为商办铁路之冠。而川民之租股购股,踊跃无阻,亦深冀竭一省之民力,造世界之险工,为国家保全大局,使外人知中国民力未可轻量。路已开工,即有告成之日,股皆有息,仍属自有之财。故两次股东总会,全体股东对于集款方法,均无异议,且正力筹进行。此川民以艰难之款,办艰难之路,势不至路成不止之实情也。川、湘难易情形,既各不同,比较事实,自不正确。伏读谕旨,以本路有亏倒情事,遂指为股削脂膏,徒归中饱,殃民误国,人所共知,循省再四,更不知获罪之由。查存放乃商家正当行为,去年上海正元各钱庄,倒闭华洋官商款项至数百万,事出仓促,非意料所及。被倒商家,非仅川路公司一处,经手之施典章,本前宪台锡奏调委用人员,尚经详请参追,照律查办,经手不慎,各有攸归。朝廷以商民被倒,而力予维持,使人民债权,不至损失,此诚保国治民之至计。若因商家被倒,而反停止其商家,加以债务者之罪名,天下商民将无所措手足。是举天下之商号,皆视存放为致罪之门,相与囊括母财,坐待子息,市面金融将受莫大影响,恐大非朝廷保护商民之意。或者朝廷明烛万里,别有见闻,则非人民所能窥测万一。倘以被倒为股削,为中饱,即以正其殃民误国之罪,虽赴斧锧所不甘也。至缓刊誊黄之请,系初一日公司董事局各团股东会议之同意,原以各处收解租股,先后不一,不能以年度为限,所有填发收单,换给股票,归入股东总册各种手续,绝非旦夕所能蒇事。恭奉二十四日谕旨,饬将已收之款,妥筹办法。但从前已收已用股款,将来如何退还,尚未宣布。此次借款,如何抵押,将来是否仍须人民负担,亦未明白宣示。明达之士,固知朝廷必不如此失信小民,无如租股股东,大半出于编民农户,彼蚩蚩者,皆以为又成一种昭信股票之变相,万口一声,牢不可破。初见大部电文,有发领国家公债票一语,已恐有本无息。继见誊黄停止,如躅免粮赋故事,益恐本息俱无,款归无着。纷纷函电,诘问追收,是误股为捐,已成事实,并非揣测之言。故一面呈请缓刊,一面即通告清理,并分途劝导,陈说利害,所以暂定人心,即所以顾全大局。非谓不发誊黄,即可接续抽收,青天白日,安能容此鬼蜮行为?况未奉二十四日上谕以前,公司曾详请明定截止租股日期。谓公司希图朦混,延宕时期,即不能自相矛盾。谓所取路款,侵蚀已多,有不可告人之处,此中利害关系,孰有切于股东?官商交替时代,曾经邮部叠次奏派人员,逐年逐款,勾稽查算,核验股款,委无弊端,分别咨报部院,广告民间。董事局成立以后,两次股东总会,所举查账人并已逐处清厘,据实报告在案。本路股东数千万人,断无任听侵蚀之理,经手者虽不告人,亦难逃人指责。公司历年报销统计各项成绩,均已呈报邮部暨宪辕核明有案。大部有考核本路之权,督部有监督公司之责,如有侵蚀,人所共知,又岂能容忍不问?且租股向由各州县遴选本地士绅设局抽收,公司对于此项股本,亦只为间接收入。承办局绅,偶有不慎,公司详请惩办,未尝稍懈,有案可查。不肖细人,向有阴主借款,请派督办,时思取消租股,破坏公司,故不得不出此荧惑观听之言,以利用其私计。曾经邮部会同前川、鄂督宪张锡查明情形覆奏,不谓今日疑误圣聪者,仍此无据之说,此大可为人心世运叹也。咨议局为舆论代表,川路关系全省人民权利存废,照章应由局议,何事请托!现值预备立宪时代,朝廷施一政,发一令,尚无不采诸舆论,岂有事为全省权利所关,反置诸不议?况该局公呈,出自该局议员之协议,公司呈详,出自本路股东之合意,主张各异,畀限攸分,国家法律具存,人民利害所在,关系密切,自当拼死力争,何必请托他人,如寻常诉讼,必需健强之辩护?总之,自川路国有之命下,朝廷尚未筹定办法,而连日朝旨迫切,前后不符,人民惶骇,若蹈水火。大会期遥,不能议决,故有暂缓接收之请。自刊布誊黄之命下,虽已明白宣示,丝毫无损。而股东血本命根,实恐子虚乌有,情形痛切,若濒陷阱。股东过多,易酿暴动,故有缓刊誊黄之请。深荷宪台上遵朝命,下顺舆情,俯予入告,仰见安定人心,冀得从容解决之至意,事理至为明晰,川人无不感祷。恭奉五月初六日谕旨,似于川路情形,与陈请原意,有未尽邀圣明洞鉴者,强词夺理,既无有此确情,误国殃民,实难当此重咎。谨遵绎体恤民艰之旨,川民艰苦,无过于川路股本,未见朝廷宣示明白办法,川民抵死不能甘心。不得不再申前请,陈明川民并无反抗情形,川路并无朦混事end,吁恳宪台电奏,请旨饬下邮传部督办大臣,速行宣布借款合同。国有政策暨川路接收办法,俟川路股东大会议决,再行奏明,请旨办理。诚惶诚恐,昧死上闻。是否有当,理合具文详请宪台鉴核,俯予电奏,宣示只遵,为此备由呈乞照详施行。五月十五日。(诵清堂主人《辛亥四川路事纪略》)

清廷起复那桐,仍授文渊阁大学士。

上海各界4000人在张园召开大会,宣布中国国民总会成立,以沈缦云为正会长,马相伯为副会长,叶惠钧为坐办。

《法学会杂志》由北京法学会创刊。

12日(宣统三年五月十六日)

日知会总干事刘静庵在狱中被杀害。

按 刘静庵(1875—1911),名大雄,字贞一,号静庵,以号行,湖北潜江人。1903年在武昌从军,曾任武昌新军马队第11营管带黎元洪的文案,参与建立湖北第一个革命团体"科学补习所"。1906年3月组建"日知会",被推为总干事,主要以教读进步书刊和演讲授课等方式鼓动反清革命。同年10月,湘赣边境萍乡、浏阳和醴陵发生反清起义,刘静庵召集日知会干部,与孙中山派来的梁锺汉等人在汉口密谋响应,遭叛徒郭尧阶告密,与梁锺汉、朱子龙、胡瑛、李亚东、梁钟汉、张难先共9人先后遭到逮捕,是为"日知会案"。1909年被判处永远监禁。

《时报》发表《与宪友会论进行之方法》。

13日(宣统三年五月十七日)

清廷命度支部、邮传部、督办粤汉、川汉铁路大臣商定归还股本办法。

按 谕曰:"张鸣岐电奏,收回粤路,有人倡议抵抗,不用官发纸币,纷纷持票领银,牵动省垣市面。拟向外国银行订借现款五百万两,以备周转,请特予照准。业请早定归还股本办法各等语。借款周转,事关紧急,著外务部、度支部速议具奏。归还股本办法一节,仍著度支部、邮传部、督办粤汉、川汉铁路大臣妥速议奏。"(《宣统政纪实录》卷五四)

咨议局联合会致电各省咨议局等称:"片马交涉,政府主延宕、退让两说,丧权误国,请径电内阁,力争重勘。"(《片马事往来电》,1911年7月15日《民立报》)

14日(宣统三年五月十八日)

清廷命度支部、邮传部、督办粤汉、川汉铁路大臣商定商股悉领现银等办法。

邮传部奏定铁路轨制,奉旨依议。

湖北文学社、共进会在武昌长湖堤龚霞初家中召开第二次联合会议,达成联合的初步协议。参加会议的,共进会有邓玉麟、杨时杰、杨玉如、李作栋等,文学社由刘复基、王守愚代表。

进化团到江西九江,拟即开演,被警方禁阻。

徐特立与朱剑凡等进步教员组织长沙城内官立、民立各学堂师生全体罢课,共同发表宣言,抗议"铁路国有"政策。

黄世仲用笔名"世次郎"在《南越报》"谐部"发表"近事小说"《五日风声》。全文三万余字,记述黄花岗起义的全部过程,及时反映革命党人为推翻满清统治所进行的英勇斗争。小说在《南越报》上连载50多天。

15日(宣统三年五月十九日)

清廷命张鸣岐弹压倡议不用官币之徒。

按:谕曰:"度支部会奏,议准张鸣岐电奏,订借外国银行现款五百万两,周转市面一折。著即照所议行,由该部电知该督遵照办理。惟此次粤省因收回路事,突然倡议不用官发纸币,纷纷持票取银,显系不逞之徒,从中构煽,藉端滋扰。著张鸣岐严饬地方文武,随时防范,认真弹压。或有不法行为,立于拿办,倘敢纠众作乱,准如该督所请,格杀勿论。"(《宣统政纪实录》卷五四)

留日学生代表俞景朗、詹麟来、吴玉、李砥、李复真及旅沪同乡代表许开甫等回浙江,访问咨议局议长沈钧儒。是日在法学协会集会,决定组织全浙国民尚武分会,推沈钧儒起草章程。该会发起人除沈钧儒外,还有同盟会员陈训正(布雷)、许炳堃、褚辅成及地方知名人士经亨颐等。

外蒙活佛哲布尊丹巴呼图成图召集蒙古王公于库伦密议独立。

上海《申报》发表《中国国民总会宣告书》和《中国国民总会会章》。

16日(宣统三年五月二十日)

川路公司呈详本路股东不认查账,并恳电咨邮部取消原电文。

按:电文曰:"窃本路钦奉谕旨,收归国有。四月十五日,奉到宪台行知度支部、邮传部文电,十七日即奉到宪檄,分委各员前往公司按照部电所指各节,查明造报。公司以部派查报,尚须请旨办理,并非接收。绌绎文电,且有请宪台察酌情形,分别电覆,藉资参酌等语。遵即转知驻宜公司,妥为接洽。迩时股东震惧,纷来诘问,亦即据此劝告,并告以公司业经详请督部电奏,暂缓接收。一面定期召集股东大会,此时未便拒人查算。二十四日,乃奉上谕停止租股,人心益滋疑惧。五月初一日,近省各界股东在公司会议,佥以遵照商律,体察情形,非经股东大会议决,不敢承认。经董事局暨各法团叠次呈请宪台据情电奏,仰荷宪台顾全大局,俯顺人心,即予入告,群情感动,相戒静候朝命。不意初六日乃奉严谕申饬,天心未格,舆论大哗,各处人心又复异常痛激。各界股东,皆来敦促公司陈明川路情形,再请电奏。又经公司呈详宪台在案。十五日奉宪台行知(盛端)大臣歌电。十八日,又奉宪檄,发下粤汉、川汉铁路借款合同。正拟将奉到情形,详请宪台核示。而此电一传,报纸争登,各界传阅,皆谓朝旨部电,前后不符,歌电未免过于专横武断。证以借款合同,舆论因以益愤。十六日,公司致电各租局办事处,电局又以奉有邮部元电,不能绎发关于铁路之电,此种政策,更百思不得其解。而各界股东,皆以邮部以官厅命令,束尽人民自由,不独非立宪国所宜有,即在最专制国家,恐亦无此极野蛮现象。纷纷以公司日行职务迫促进行,并嘱克日谢绝查账委员,请俟股东大会后,再与邮部商议办法,此时查账未敢承认。公司以兹事体大,未能操切至此,倘使激成暴动,实难担此责成。当商董事局,定期于二十一日召集各界会议,急图安定办法。前经宪台派委查账委员,应请即行停算。且公司办事处,分驻沪、汉、宜、渝,近日飞电调取各项款目,尚未准查报齐全。电路一沮,窒碍尤多,即使勉强查算,谁敢凭空确定?并恳宪台电咨邮部,取消元电,俾便调取各处款目,赓续磋商办法。不然,迫人口答而先绝其舌,责人力行而先削其足,是恐人民不知剥肤之痛,而复进以夺命之汤,势不至酿成他变不止。所有详明本路股东,不认查账,并电咨邮部,取消元电各缘由。是否有当,理合具文详请宪台俯赐察核,批示只遵,为此备呈乞照详施行。五月二十日。"(诵清堂主人《辛亥四川路事纪略》)

资政院上修改速记学堂章程。

中国国民总会布告全国,要求各地迅速设立分会。

17日(宣统三年五月二十一日)

度支、邮传二部会奏川、粤、汉干路收回办法。请收回粤、川、湘、鄂四省公司股票,由部特出国家铁路股票换给。粤路发六成。湘、鄂路照本发还。川路宜昌实用工料之款四百余万,给国家保利股票,其现存七百余万两,或仍入股,或兴实业,悉听其便。诏端方迅往三省会各督抚照行之。

按:谕内阁:"度支部会奏,遵旨筹划川、粤、汉干路收回详细办法各折片。铁路收回国有,固可维持路政,实以体恤民艰。前经降旨停收川、湘等省各项股捐,并累次谕令将已收之款,妥筹办法。兹据奏称,请将川、粤、湘、鄂四省所抽所招之公司股票、尽数验明收回,由度支部、邮传部特出国家铁路股票,常年六厘给息。嗣后如有余利,按股分给。傥愿抽本,五年后亦可分十五年抽本。未到期者,并准将此次股票,向大清交通银行,照行规随时抵押。其不愿换国家股票者,均准分别办理,以昭平允。粤路全系商股,因路工迟滞,糜费太甚,票价不及五成,现每股从优先发还六成,其余亏耗之四成,并准格外体恤,发给国家无利股票。路成获利之日,准在本路余利项下,分十年摊偿。……筹划尚属妥协,著督办粤汉、川汉铁路大臣迅速前往,会同各该省督、抚,遵照所拟办法,将所有收款,分别查明细数,实力奉行。朝廷于此事,审慎周详,仁至义尽。经此次规定后,倘有不逞之徒,仍藉路事为名,希图煽惑,滋生事端,应由该督、抚严拿首要,尽法惩办,勿稍宽徇,以保治安。"(《宣统政纪实录》卷五四)

丁宝铨以疾免山西巡抚,由陈宝琛继任。

四川咨议局铁路公司股东会在成都发起成立四川保路同志会,

推举立宪党人蒲殿俊、罗纶、张澜主持会事,以"拒借洋款,废约保路"为宗旨。会后,罗纶、伍肇龄等2000余人至督院请愿。各州县闻风响应,纷纷成立保路分会,参加人数多达数十万。

按:黄绶《四川保路运动亲历记》说:"蒲、罗、张等立宪派人积极筹备成立保路同志会,准备走武装斗争的道路。事实证明,四川保路运动的武装斗争,直接充当了辛亥革命的先导,促进了武昌起义的成功。孙中山先生说:'若没有四川保路同志会的起义,武昌革命或者还要迟一年半载。'吴玉章同志说:'川汉铁路的集股自办,本来就是为了反对英、法帝国主义对四川的侵略,因为,他的本身,即带有民族性的政治性。'郭沫若同志说:'公平而且严格地说,辛亥革命的首功,是应当由四川人担负,是应该由川汉铁路的股东担负的,虽然他们并没有革命的意识,然而他们才是真正的社会革命的发动者,而且也是民族革命的发动者。事实是这样,并不是我们目前想有意阿谀或有意翻案。'可见辛亥革命的四川保路斗争,是中国近代史上的重大事件,她的光辉业绩,应载入史册,传之后代。"(《辛亥革命亲历记》)谭力《论立宪派和革命派在辛亥革命时期的关系》(《探索》1986年第2期)说:"在革命派积极进行反清的斗争中,立宪派领导了收回利权运动,起到了推动革命形势迅速发展的积极作用。特别是四川保路运动,在立宪派人蒲殿俊、罗纶为正副会长的'四川保路同志会'的领导下,揭露了清政府的卖国行径,领导人民进行了'破约保路'的斗争,号召人民不纳正粮,不纳捐税,使清王朝'二千数百万之岁入,顿归无着'。在经济上给清王朝以沉重打击。这场运动不仅矛头直接指向了清王朝,并且为武昌起义的爆发和胜利创造了极其有利的客观条件。这场运动主要是由立宪派组织和领导的。"

黄兴与胡汉民联名致函加拿大各埠同盟会分会,望继续筹款,支援再次起义。

18日(宣统三年五月二十二日)

孙中山抵达旧金山,命同盟会员均加入致公堂。是日,旧金山美洲同盟会总会机关报——《少年中国晨报》发表《同盟会与致公堂联合布告》。

按:布告曰:"洪门为中国提倡排满革命之元祖,而大埠致公总堂之改良新章,更与本会三民宗旨相合,原可互相提携,共图进取。惟洪门内容含有秘密性质,而本会会员尚未多入洪门者,故不免窒碍。今得孙总理驾抵金山,主张联合,而致公总堂专开特别会以招纳本会会员之未入洪门者,本会集议,全体赞成。特此布告各埠会员一体遵照,以成大群、合大力而共图光复之大业,是为厚望。天运辛亥五月二十二日。三藩市中国同盟会启。"

孙中山提议在旧金山成立洪门筹饷局,并允诺:凡认购军饷五美元以上者,发中华民国金币券之双数收据,民国成立之日,作国宝通用,兑换实银。凡认千元美金,记大功一次,民国成立之日,即有办实业优先之权。

云南咨议局议长段宇清及资政院议员李增到京出席咨议局联合会,段称:"仍恳诸公念片马非云南之片马,乃全国之片马,片马失,则云南失,云南失,则中国不保。"(《直省咨议局议员联合会报告书》第58页)

中国防疫医院在上海福开森路设立。

上海《申报》发表《中国学界联合会章程》。

19日(宣统三年五月二十三日)

清廷命于式枚总理礼学馆。

20日(宣统三年五月二十四日)

学部奏中央教育会会议规则。并另折请派翰林院修撰张謇为会长,前邮传部左参议张元济、直隶提学使傅增湘为副会长。均奉旨准行。

按:"中央教育会会议规则"如下:

第一章 开会

第一条 会员于学务大臣所定开议时日,应即按照时日齐集会所,行开会礼。

第二条 会员到会之始,须在会员簿注到。其由各省派选之会员,并将其公函文件交验。

第三条 会员座次次序如左:学部丞参、学部参事官司长局长、学部视学人员学部酌派会员、直辖各学堂监督、民政部民治司长、民政部内外厅丞、陆军部军学处处长、海军部军学司司长、各省学务公所议长议绅及教育总会会长副会长、京师督学局人员、各省学务公所科长及省视学、各省学堂监督教员堂长。

第二章　开议中止散会及展会

第四条　开议时刻。每日以早八钟为始,十二钟为止。由会长酌量应议事件,编为议事日表。

第五条　会议之时,会长遇有必要情形,得酌定时刻,中止议事。

第六条　若本日应议之事未毕,以届毕会时间,会长得宣告展会。

第七条　会长若未宣布展会,已届散会时,无论何人,即不得就议事发议。

第三章　会议及讨论

第八条　中央教育会会议,不得涉及教育范围以外之事,如有逾越范围时,学务大臣得即行禁止提议。

第九条　会议事件,须按照议事日表所定,以次议决,不得更动错乱。惟学务大臣交议事件,应先付会议。

第十条　学务大臣交议及会员提议事件,得先期开具节略,由书记员缮印交会员阅看,以备按照议事日表到会会议。

第十一条　会员欲就各项事件提议,应拟具议案,附加案语,得全体人数三分之一以上赞成,会同署名,提出于会长,再编入议事日表,交会员会议。

第十二条　讨论时,或赞成,或反对,欲发议者,应先起立,自报姓名,或号数,声请于会长,得允准而后发议。

第十三条　同时不得有二人以上之发言,其同时声请者,得由会长指定先后,以次发议。

第十四条　发言者应就本位起立,其有须特别说明者,得声请会长,待其允准而登议台发言,惟不得演说议题以外之事。

第十五条　会长如欲自行讨论者,得改就特议座,此时职务,即由副会长代理。

第十六条　发议毕时,由会长宣告讨论终局。

第十七条　会议分初读再读三读,初读时讨论议案大体,再读时逐条详议,三读时就全案确定议决。但再读三读,得因事宜省略之。

第十八条　修正案得于初读或再读提出,惟须有三人以上之赞成。

第四章　表决及审查

第十九条　会长、副会长及会员均有表决权,其不在会场者,不得加入表决。

第二十条　当表决时,会长应先将应付表决之议题宣告。

第二十一条　表决法分起立表决、投票表决两种,由会长临时定之。

第二十二条　投票表决时,分记名与不记名两种,由会长临时定之。

第二十三条　用不记名投票表决法,若检得投票总数,与当日到会人数不符时,得由会长重付表决,或改用他法表决。

第二十四条　议案有应付审查者,由会长宣告,于初读后行之。其由会员声请付审查者亦同。

第二十五条　审查员由会长临时指定。

第二十六条　审查员审查既毕,应具报告书呈交会长,由书记缮印分送,即行会议。

第五章　会场秩序

第二十七条　会员入场后非宣告散会及议事中止时,不得离座及退场。

第二十八条　会场内不得吸烟咳唾。

第二十九条　会议时不得谩词私语,并喧笑鼓掌。

第三十条　会长当整理会场秩序时,得鸣号铃,此时无论何人,均须肃静。

第三十一条　会长见为会员确有妨碍秩序时,得指名令其暂行退出。

第六章　告假

第三十二条　会员因事不能到会者,须声明事由告假。

第三十三条　会员因事告假至三日以上者,应自请他会员代表一切。议决后,即归该会员负其责任。

第三十四条　前条代表之会员,应将告假会员之委托书,呈于会长。

第三十五条　会员告假,如接续十日不能到会者,即作为辞职。

第七章　议事录及议决录

第三十六条　会场每日所议之事,应载于议事录。

第三十七条　议事录记载之事如左:一、开会闭会展会散会日时。二、开议中止展会散会时日。三、会员姓名。四、每日到会人数。五、交议提议事件。六、会议议题。七、议决事件。八、表决可否之数目。

  第三十八条　凡会员议决事件,其办法应详载于议决录。

  第三十九条　议决录所载之事件办法,应由学务大臣分别采择施行。

  第四十条　除本规则所定外,有未尽事宜,得由会长临时决定办法。
(《东方杂志》第八卷第五号《中国大事记》,1911年)

  又按：是年,清廷学部召开中央教育会议,通过《统一国语办法案》,建议在京师成立"国语调查总会",各省设立分会,进行语词、语法、音韵的调查;根据调查的结果,审定国语标准,编辑国语课本、国语辞典和方言对照表等。又提出语音以京音为主,而调整四声,不废入声;语词以官话为主,而择其正当雅训者(参见《倪海曙语文论集》)。

  哈尔滨市公议会公布《屠宰牲畜及兽医检验章程》。

  吴玉章奉命回国发动革命,行前与党人作端午节聚会。

  按：吴玉章下旬回到上海,会晤谭人凤、淡春谷等人,商议营救但懋辛、办报、运动军队、川陕联络,以武昌为中心起义等事。七月上旬离开上海去宜昌。途中会晤孙武,约定川鄂起义联络办法。七月中旬抵达宜昌,在川汉铁路职工和会党中做革命宣传和组织工作。

21日(宣统三年五月二十五日)

《医学新报》在上海创刊,由中国医学校友会出版。

  按：该刊以鼓吹学术,谋吾国医界之改革为宗旨。主要有论说、学说、监床讲义、外科学、内科学、儿科学、传染病学、诊断、药物学、组织学、生理学、分析化学、杂俎、小说、纪事等栏目。

22日(宣统三年五月二十六日)

《天民报》在广州创刊。出版仅两天,即被查封。主笔为卢谔生、郭唯灭、黄霄九、卢博浪、李孟哲、李竞生。

23日(宣统三年五月二十七日)

内阁上内阁属官官制、法制院官制,诏颁布之。置内阁承宣厅,制诰、叙官、统计、印铸四局。设阁丞、厅长、局长各官。并置内阁法制院院使。罢宪政编查馆、吏部、中书科、稽察钦奉上谕事件处、批本处,俱归其事于内阁。以缮书房改隶翰林院。

陆军部奏,简各省督练公所军事参议官。

24日(宣统三年五月二十八日)

翰林院进检讨章梫所纂《康熙政要》。

原奉天调查局总办李家鳌接任吉林西北路兵备道,监督滨江关道,兼办铁路交涉事宜。

咨议局联合会通过由湖北省咨议局副议长张国溶起草的《通告全国人民书》,全面抨击皇族内阁的内外政策。

西班牙人雷玛斯在上海虹口建筑虹口大戏院开始向民间放映电影,新兴的娱乐方式——电影开始进入我国民间。

上海《申报》发表《湖广铁路债票召募章程》。

25日(宣统三年五月二十九日)

第二届直省咨议局议员联合会会议闭会。

《时事新报星期画报》在上海创刊。

上海清真(回教)商团、韫怀业(珠玉)商团成立。

26日(宣统三年六月初一日)

清廷命资政院会内阁改订院章。

按:"改订资政院院章"如下:

第一章　总纲

第一条　资政院钦遵谕旨,以取决公论,预立上下议院基础为宗旨。

第二条　资政院总裁一人,总理全院事务,以王公大臣著有勋劳通经治体者,由特旨简充。

第三条　资政院副总裁一人,佐理全院事务,以三品以上大员著有才望学识者,由特旨简充。

第四条　资政院议员,以钦选及互选之法定之。

第五条　资政院议员,于院中应有之权,一律同等,无所轩轾。

第六条　资政院会议期,分为二种,一常年会,一临时会。常年会每年一次,会期以三个月为率。临时会无定次,会期以一个月为率。

第七条　资政院开会、闭会,均明降谕旨,刊布官报。

第八条　资政院开会之日,恭请圣驾临幸,或由特旨派遣亲贵大臣恭代行开会礼,宣读开会谕旨。

第二章　议员

第九条　资政院议员,由左列各项人员,年满三十岁以上者选充:一、宗室王工世爵;一、满汉世爵;一、外蒙藏回王公世爵;一、宗室觉罗;一、各部院衙门官四品以下七品以上者,但审判官、检察官及巡警官,不在其列;一、硕学通儒;一、纳税多额者;一、各省咨议局议员。

第十条　资政院议员定额如左:一、由宗室王公世爵充者,以十六人为定额;一、由满汉世爵充者,以十二人为定额;一、由外蒙藏回王公世爵充者,以十四人为定额;一、由宗室觉罗充者,以六人为定额;一、由各部院衙门官充者,以三十二人为定额;一、由硕学通儒充者,以十人为定额;一、由纳税多额充者,以十人为定额;一、由各省咨议局议员充者,以一百人为定额。

第十一条　资政院议员,钦选互选之别如左:一、宗室王公世爵、满汉世爵、外藩王公世爵、宗室觉罗、各部院衙门官、硕学通儒及纳税多额者,钦选;一、各省咨议局议员,互选。互选后,由该省督抚复加选定,咨送资政院。

第十二条　资政院议员钦选及互选详细办法,照另定选举章程办理。

第十三条　资政院议员,以三年为任期,任满一律改选。

第三章　职掌

第十四条　资政院应行议决事件如左:一、国家岁出入预算事件;二、国家岁出入决算事件;三、税法及公债事件;四、法律及修改法律事件,但宪法不在此限;五、其余奉特旨交议事件。

第十五条　前条所列第一至第四各款议案,应由国务大臣拟定具奏请旨,于开会时交议。但第三款及第四款所列事件,资政院亦得自行草具议案。

第十六条　资政院于第十四条所列事件议决后,由总裁、副总裁咨会国务大臣具奏,请旨裁夺。

第四章　资政院与行政衙门之关系

第十七条　资政院议决事件,若国务大臣不以为然,得声叙原委事由,咨送资政院复议。

第十八条　资政院于国务大臣咨送复议事件，若仍执前议，应由资政院总裁、副总裁及国务大臣分别具奏，各陈所见，恭候圣裁。

第十九条　资政院会议时，国务大臣得亲临会所，或派员到会，陈述所见，但不列议决之数。

第二十条　资政院于各行政衙门行政事件，如有疑问，得由总裁、副总裁咨请答复。若国务大臣认为必当秘密者，应将大致缘由声明。

第二十一条　国务大臣如有侵夺资政院权限或违背法律等事，得由总裁、副总裁据实奏陈，请旨裁夺。前项奏陈事件，非有到会议员三分之二以上之同意，不得议决。

第五章　资政院与各省咨议局之关系

第二十二条　资政院于各省政治得失、人民利益，有所咨询，得由总裁、副总裁割行该省咨议局申复，除前项咨询事件外，不得向各省咨议局行文。

第二十三条　各省咨议局与督抚异议事件，或此省与彼省之咨议局互相争议事件，除关于行政事宜，咨送内阁核办外，其余均由资政院核议。议决后由总裁、副总裁咨会国务大臣具奏，请旨裁夺。前项核议事件，关涉某省者，该省咨议局所选出之议员，不得与议。应于会议之时，退出议场。

第六章　资政院与人民之关系

第二十四条　各省人民于关系全国利害事件，有所陈请，得拟具说帖，并取具奏同乡议员保结，呈送资政院核办。

第二十五条　前条陈请事件，应先由议长交该管各股议员审查，如无违例不敬之语，方准收受。其经审查后批驳者，在本会期内不得再行投递，或另向他处投递。

第二十六条　资政院于人民陈请事件，若该管各股议员，多数认为合例可采者，得将该件提议作为议案。其关于行政事宜者，应咨送内阁核办。

第二十七条　资政院不得向人民发贴告示，或传唤人民。

第二十八条　资政院于民刑诉讼事件，概不受理。陈请事件，如有涉及诉讼者，不准收受。

第七章　会议

第二十九条　资政院会议时，以总裁为议长，副总裁为副议长。议长有事故时，由副议长代理。

第三十条　资政院当年会，自九月初一日起至十二月初一日止。其有必须接须会议之事,得延长会期一个月以内。

第三十一条　资政院于当年会期以外,遇有紧要事件,由特旨召集临时会。

第三十二条　资政院议员于召集后,应以抽签分为若干股,每股由议员互推一人为股长。

第三十三条　资政院会议,非有议员过半数到会,不得开议。

第三十四条　资政院会议,以到会议员过半数之所决为准。若可否同数,则取决于议长。

第三十五条　资政院自行提议事件,非有议员三十人以上之同意,不得作为议案。

第三十六条　资政院于预算法律及其余重要议案,应先由议长交该管各股议员调查明确,方得开议。

第三十七条　资政院会议,应由总裁、副总裁先期将议事日表通知各议员,并咨送行政衙门查照。议事日表以特旨及奏请交议事件列前,其因紧急事件,改定议事日表者,由行政衙门同意行之。

第三十八条　资政院议员,于议案有关系本身或其亲属及一切职官例应回避者,该员不得与议,应于会议之时,退出议场。

第三十九条　资政院议员,如有专折奏事之权者,于本院现行开议之事,不得陈奏。

第四十条　资政院议员,除现行犯罪外,于会期内,非得本院承诺,不得逮捕。

第四十一条　资政院议员,于本院议事范围内所发言论,不受院外之诘责。其以所发言论在外自行刊布者,如有违犯,仍照各本律办理。

第四十二条　资政院会议,不禁旁听。其有左列事由,经议员公认者,不在此限:一、行政衙门咨请禁止者;二、总裁、副总裁同意禁止者;三、议员三十人以上提议禁止者。

第四十三条　资政院议事细则,分股办事细则,及旁听规则,另行厘定。

第八章　纪律

第四十四条　资政院议场内,应分设守卫警官及巡官巡警,听候议长指挥。其员额及守卫章程,另行厘定。

第四十五条　资政院议员于会议时,有违背院章及议事规则者,议长得止其发议,违者得令退出。旁听人有不守规则者,议长得令退出。其因而紊乱议场秩序,致不能会议者,议长得令暂时停议。

第四十六条　资政院议员有屡违院章,或语言行止谬妄者,停止到会。其情节重者,除名。

第四十七条　资政院议员无故不应召集,或赴召集后无故不到会延至十日以上者,均除名。

第四十八条　资政院议员有以本院之名义干预他事者,停止到会,其情节重者,除名。

第四十九条　资政院议员停止到会,以十日为限,由总裁、副总裁同意行之。除名以到会议员三分之二以上决议行之。

第五十条　资政院议员有应行除名者,如系钦选人员,应由总裁、副总裁奏明请旨办理。

第五十一条　资政院有左列情事,得由特旨谕令停会:一、议事逾越权限者;二、所决事件违背法律者;三、所议事件与行政衙门意见不合尚待协商者;四、议员在议场有狂暴举动,议长不能处理者。停会之期,以十五日为限。

第五十二条　资政院有左列情事,得由特旨谕令解散,重行选举,于五个月以内召集开会:一、所决事件,有轻蔑朝廷情形者;二、所决事件,有妨害国家治安者;三、不遵停会之命令,或屡经停会,仍不悛改者;四、议员多数不应召集,屡经督促,仍不到会者。

第九章　秘书厅官制

第五十三条　资政院设秘书厅,掌本院文牍会计记载议事录及一切庶务。

第五十四条　资政院秘书厅设秘书长一人,由总裁、副总裁遴保相当人员,咨会内阁请旨简放。

第五十五条　资政院秘书厅设一二三等秘书官各四人,由总裁、副总裁遴员咨会内阁奏补。

第五十六条　资政院秘书厅附设图书室一所,掌收藏一切书籍之事。图书室管理员一人,即以秘书官兼充。

第五十七条　秘书厅秘书长承总裁、副总裁之命,监督本厅一切事宜。

第五十八条　秘书官承秘书长之命,分掌各科事务。

第五十九条　秘书厅分为四科如左：一、机要科；二、议事科；三、速记科；四、庶务科。

第六十条　秘书厅应设书记及速记生等员额，由秘书长酌量事务繁简，禀承总裁、副总裁酌定。

第六十一条　秘书厅办事细则，由秘书长拟订，呈候总裁、副总裁核定施行。

第十章　经费

第六十二条　资政院经费，其款目如左：一、总裁、副总裁公费；二、议员公费及旅费；三、秘书厅经费及守卫经费；四、杂费及预备费。

第六十三条　资政院经费由度支部每年归入预算，按数支拨。

附条：第一条　本章程以奏准奉旨之日起，为施行之期。

第二条　本章程未尽事宜，由总裁、副总裁会同内阁总理大臣奏明办理。(《东方杂志》第八卷第六号《中国大事记》，1911年)

清廷赈湖南武陵、龙阳、益阳三县水灾。

保定陆军军械局火药库、陆军第二镇演武厅火药库俱火。

徐赞周发起成立缅甸华侨兴商公司，后改为缅甸华侨兴商总会。

按：徐赞周(1873—1933)，原名根藤，别号益黄、市隐，福建厦门人。1908年，在缅甸加入同盟会，并与陈仲赫、陈仲灵作为筹组中国同盟会缅甸分会的发起人。辛亥武昌起义时，徐赞周任中国同盟会缅甸分会会长兼参谋部部长。

咨议局联合会上书外务部，要求将片马问题提交内阁，请另派大臣重行勘界，以固国防。

27日(宣统三年六月初二日)

罗纶对川汉、粤汉铁路四国借款合同逐条签注加以驳斥，成文后，率2400余人前往督署，呈请护督王人文代奏。王人文并专折参盛宣怀，但遭清廷严谴，并调王人文回京。

28日(宣统三年六月初三日)

上海《申报》发表《学部奏遵章酌拟中央教育会会议规则折》和《中国国民总会评议部简章》。

29日(宣统三年六月初四日)

清廷赏广东陆军混成协统领官蒋尊簋陆军协都统衔。

上海《申报》发表《上海惜阴公会简章》。

30日(宣统三年六月初五日)

谕内阁:"张鸣岐电奏,惩治赌场专章,相需甚殷。请饬从速核议颁行等语。著修订法律大臣知道。"(《宣统政纪实录》卷五五)

各省咨议局联合会发表宣言,通告全国,指出铁路国有化政策失信于国人,反对皇族内阁。

山东国民分会在省城教育总会召开成立大会,到20余人,选举张卓甫为会长,周建龙、刘东侯为副会长。该会以提倡尚武精神、协助总会实行国民应尽义务为宗旨。

全浙国民尚武分会召开成立大会,以徐班侯为会长,褚辅成为副会长;上海国民总会代表章梓、陈其美自沪莅会,以示支持。

是月,上海建立我国最早电影检查制度。

是月,《吴声》在苏州创刊。

是月,《时事新报月刊》在上海创刊,汪仲阁主持。

1911年7月

1日(宣统三年六月初六日)

山东省国民公会在济南成立。

2日(宣统三年六月初七日)

湖北总督奏襄水涨,沙洋堤工漫溃。

3日(宣统三年六月初八日)

盐政处奏拟长芦盐商滥借外债善后办法。

清廷颁布《改订资政院院章》。

4日(宣统三年六月初九日)

陆军部派军学处科长沈郁文等赴安徽校阅陆军教育。

谭人凤致电黄兴等,请汇发中部同盟会活动经费二三万元。

5日(宣统三年六月初十日)

清廷严饬各省议员,不得干预朝政。

按:《东方杂志》第八卷第六号《中国大事记》载:都察院代奏直省咨议局再请另行组织内阁呈奉旨朝廷用人不得干请……咨议局联合会以前呈留中,复具呈请都察院代奏,略称前呈未奉明旨,惴惴待罪,罔知所措,何敢再行渎请。惟议员等爱我国家,爱我皇上,惧愚忱之未至,使人民对于政府,生希望断绝之感,实非国家前途之福。不避斧钺,谨再为我皇上缕陈之:君主不担负责任,皇族不组织内阁,为君主立宪国唯一之原则。世界各国苟号称立宪,即无一不求与此原则相吻合。今中国之改设内阁,为实行宪政之机关,固天下臣民所共见,而第一次组织内阁之总理,适与立宪国之原则相违反。国外报纸,屡肆讥评。以全国政治之中枢,而受外论之抨击,已有妨于国体。犹曰外人不知内情,可以置之不论也。自先朝颁布立宪之诏,天下嗷嗷望宪政久矣。请国会之早开,以求实行宪政也。责军机之不负责任,亦以求实行宪政也。求实行宪政之心日高,希望政府之心即日炽。一睹新发布之内阁组织之总理,乃于东西各立宪国外,开一未有之创例。方疑朝廷于立宪之旨,有根本取消之意。希望之隐,变为疑阻。政府之信用一失,宪政之进行益难,未识朝廷何以处之? 内阁之责任,显于弹劾,终于惩戒。各国内阁大臣惩戒之例,若英内阁之曾受弹劾而宣死刑;意内阁之曾受弹劾而致流放。惟其绝非皇族,故于国家大本无所动。今以皇族当其冲,惩之则于亲亲之仁,不能无所顾惜;不惩则全国民之攻点。交集于君主之身,国本动摇,实为大变之所伏。此虽杞人之过虑,然既为历史之所有,不能保事实之必无。万一此种事实发生,不识朝廷何以处之? 内阁总理大臣,任命于君主以组织内阁,故责任联带,实以总理为中心。其能联带负责之原因,必在总理大臣与组织之国务大臣,为同一政治方针之党派。君主无偏无党,操黜陟之权以临之。故元首超然而大权益固。若以皇族总理组织内阁,大权之行使,欲为懿亲留余地,必生进退为难之现象。即乾纲长振,不至生此现象,而皇族悬内阁之希冀,国中党派,将有附和皇族,以为政党之中权者。皇族既涉政治,不能禁政党之附和。政党之附和,不能不生党派之竞争。及至酿成竞争,为患何堪设想。几虽不避骤动,弊实中于隐微。万一此种事实发生,未识朝廷何以处之? 四月十二日庆亲王奕劻奏肯收回成命,奉谕俟至数月以后精力实有难胜,彼时再候谕旨。恭绎圣训,亦知庆亲王内阁,原出暂时之权宜。然既开皇族内阁之端,即易启臣民之误会。第二次总理仍将为皇族之风说,渐传播于人口。虽属盲瞽之拟议,绝非朝廷之意。而以前次呈奏,未奉明谕,实为误会之大因。且既设内阁,而奏尚留中,即为内阁辅弼之无状。盖内阁责任,缘署名而生。署名,则责任在大臣,留中,则内阁大臣均处于消极之地位,而以责任纯归于皇上。既设内阁,重之以同负责任之明旨,署名与留中,断无并存之理。内阁成立以后,奏折留中者凡数见,此天下臣民所以益不信内阁,而妄测朝廷之意旨也。议员等入都以来,问诸中朝大夫,多谓皇族组织内阁,原非朝廷本意,实有不得已之苦衷。果如所言,朝廷真有不得已之苦衷,正当明布丝纶,期与臣民共见,不宜以急劳独贻君父。议员等抱于忠君爱国之隐,为披肝沥胆之词,仍请皇上明降谕旨,于皇族外另简大臣,组织责任内阁,以符君主立宪之公例,以慰臣民立宪之希望。呈乞代奏。

奉旨:黜陟百司,系君上大权,载在先朝钦定宪法大纲,并注明议员不得干预。值兹预备立宪之时,凡我君民上下,何得稍出乎大纲范围之外。乃该议员等一再陈请,议论渐近嚣张,若不亟为申明,日久恐滋流弊。朝廷用人,审时度势,一秉大公。尔臣民等均当懔遵钦定宪法大纲,不得率行干请,以符君主立宪之本旨。

修订法律大臣奏,遵议粤东禁赌条例,缮单呈览。命下内阁法制院复核具奏。

咨议局联合会再次上书反对皇族内阁。

《图画报》在上海创刊。主要栏目有:欧亚风俗、上海百怪图、新小说之描摹、旧小说之形容、游戏典、新剧画、科学画、杂俎等。

6日(宣统三年六月十一日)

四川士绅致电盛宣怀,反对借款丧权。

清廷颁布《吏部旧管事件酌量划分归并暂行章程》。

苏浙路各职员在苏路营业所召开大会,成立路界同人联合会。林康侯为正会长,傅修龄为副会长。

7日(宣统三年六月十二日)

宁波商团第一商团(江北)成立,后江东、城中、城南、西郊的二三四五商团相继成立。

浙江湖州教育会长沈谱琴与湖州府中学堂监督钱恂、商会总理姚学仁、商会协理沈晋恩、商会董事朱廷燮等联名发起,在湖州府城右文馆召开湖州尚武分会成立大会,举钱恂、沈谱琴、沈晋恩为正副会长,推选干事24人,暂借湖州商会为尚武会事务所。

按:是年5月,陈其美在上海创办"国民尚武总会",目的是为便于以合法名义进行革命活动,扩大革命宣传,组织群众操练,秘密为武装起义做准备。同时派遣同盟会会员至各地成立分会。7月初,浙江国民尚武会派吴玉到湖州,与身为湖州教育会长的沈谱琴联络,商议成立湖州尚武分会。湖州尚武分会成立后,沈谱琴遂在湖州府中学堂内成立"湖州尚武公学",聘请从日本陆军士官学校毕业归国的陈蔼士(陈其美之弟)为学科主任,聘请日籍的大喜胜长为军事教官,其他学科多半由湖州府中学堂教师兼任。开设的课程除普通科目外,有各类体操课程和步兵操典、射击、侦察、地形测绘等军事课程(参见董惠民《略论辛亥革命时期的沈谱琴》,《湖州师范学院学报》2004年第4期)。

8日(宣统三年六月十三日)

同盟会员、《新湖南》一书作者杨守仁在英国惊悉广州起义失败,愤而在利物浦投海自杀。事先,汇英币百镑与黄兴,献作革命费用。

按: 杨毓麟(1872—1911),字笃生,一号叔壬,复改号守仁,湖南省长沙县高桥人。杨毓麟是辛亥革命时期杰出的资产阶级民主革命家、宣传家。他一生追随孙中山、黄兴奔走革命,以务实、勤勉、激进而著称于世。他力主"中央革命",多次图谋打入清廷内部,实行反戈一击;积极参与响应华兴会策动的长沙起义和在上海发动的鄂、宁起义。起义失败后,他又亲制炸弹,组织暗杀团,对清廷要员实施暗杀。他还是著名的《新湖南》一书的作者,先后担任过《游学译编》、《神州日报》、《民立报》等多种报刊的总主笔或撰稿人,撰写了大量社论和时评,"皆能言人所不敢言",为辛亥革命大造舆论,宣传资产阶级民主革命思想。黄兴赞誉他"思想缜密","美材也";孙中山称许他为"蹈海以殉"、"亡身报国"的真革命党(参见饶怀民《杨毓麟与辛亥革命》,《船山学刊》2002年第3期)。

山西巡抚为谘请派员赴德国参观研究万国博览会事致山西大学堂监督胡钧照会。

《民立报》发表题为《隐尤篇》的社论。

9日(宣统三年六月十四日)

安徽发大水,无为州五里碑、九连等处圩毁坏。
《社会星》在上海创刊。
渔父(宋教仁)在《民立报》发表《希望立宪者其失望矣》。
上海《申报》发表《学部拟定小学经费暂行章程》。

10日(宣统三年六月十五日)

清廷以荣庆为弼德院院长,邹嘉来副之。陆润庠免禁烟大臣,陈宝琛免山西巡抚,以侍郎候补。伊克坦免都察院副都御史,以副都统记名。裁兼管顺天府府尹。

陈宝琛连接两道圣旨,第一道云:"山西巡抚陈宝琛著开缺,以侍郎候补,钦此。"第二道云:"监国摄政王面奉隆裕皇太后懿旨,皇帝在毓庆宫入学读书,著派大学士陆润庠、侍郎陈宝琛授皇帝读等因,钦此。"

《朔望报》创刊,宁波朔望报社出版。

11日(宣统三年六月十六日)

侍郎陈宝琛著加恩在紫禁城内骑马。

清廷以陆钟琦为山西巡抚。

上海《申报》发表《农工商部奏定公司注册试办章程十八条》。

上海水果商团成立。

12日(宣统三年六月十七日)

赵尔丰奏收巴塘得荣地方,户民请纳粮税,浪庄寺喇嘛千余人许还俗。又奏巴塘临卡石户民投诚,拨隶三坝厅管理。

13日(宣统三年六月十八日)

清廷裁并江苏靖湖厅。

上海《申报》发表《资政院改订院章清单》。

14日(宣统三年六月十九日)

伊克昭盟紥萨克固山贝子三济密都布旗灾,清廷发帑银一万两赈之。

外蒙古杭达多尔济亲王率"代表团"赴俄彼得堡,要求"俄国保护",俄皇将他们当做宫廷贵客招待,其在彼得堡之一切费用,皆由皇帝之私库支取。

川汉铁路公司宜昌分公司四万余工人奋起斗争,反对铁路收归国有。

俄人班克拉托夫企图乘自行车作环球旅行,由哈尔滨出发。

15日(宣统三年六月二十日)

礼部议复编制国乐办法。

按：礼部议复如下拟编制国乐办法："考东西列邦,国乐一经颁定,举凡陆海军队暨外交公宴,无不一律通行,良以全国极致钦崇遵奉,不容歧异也。惟是我国国乐,迄今未经编制。即前出使大臣曾纪泽所拟国乐,亦未奏定颁行。洎自陆军成立以来,则别制一章,指为国乐,各国已多有传习之者,殊不足以表示尊崇,垂诸久远。臣部前奏请由出使各国大臣考求乐谱,嗣准将欧洲及日本等国乐谱,陆续咨送前来,现经臣等公同集议,详细研究。窃以为我国朝会燕餐所用乐章典丽鬯皇,允宜奉为楷则。至各国国乐,定义制音类,皆别具本原,自未可舍己从人,轻亵盛典。所有应定国乐,拟请由臣等延聘通才及谙习音律人员,参酌古今中外乐制,详慎审订,编制专章,请钦定颁行。"(《遵拟国乐办法折》,郭则沄编《侯官郭氏家集汇刻》)

中央教育会在京师举行会议,138人出席会议,至闰六月十八日闭会。

按：本次会议议决十二案,即：一、军国民教育案；二、国库补助推广初等小学经费案；三、试办义务教育章程案；四、划定地方教育经费案；五、振兴实业教育案(以上五案系学务大臣交议)；六、停止实官奖励案；七、变通考试章程案；八、初级完全师范学堂改由省辖案；九、全国学校讨论会办法大纲案；十、统一国语办法案；十一、国库补助养成小学教员经费案；十二、变更初等教育方法案(以上七案系会员所提议)。

丹噶尔厅及西宁县匪党纠众为乱,被清军击散之,首犯李旺、李统春、李官博俭等被诛。

16日(宣统三年六月二十一日)

孙中山复函日本朋友宗方小太郎,盼结合日本人士,游说当局支持中国革命。内有"吾党受日本之赐多矣,汉族子孙百代必永志大德不忘也"。

17 日(宣统三年六月二十二日)

弼德院奏办事议事细则,共 7 章 37 条。

18 日(宣统三年六月二十三日)

上海《申报》发表《日英两国改订同盟协约全文》和《日英新约之评论》。

19 日(宣统三年六月二十四日)

内阁通电各省,凡关宪政法律事件,应先归内阁核议。

20 日(宣统三年六月二十五日)

清廷置典礼院,设掌院大学士、副掌院学士、学士、直学士各官。以李殿林为典礼院掌院学士,郭曾炘为副。

21 日(宣统三年六月二十六日)

王人文代四川绅民上奏,反对举借洋款和铁路国有。清廷命仍遵前旨,倘别生事端,唯使督是问。

按:四川绅民罗纶等二千四百余人,以收路国有,盛宣怀、端方会度支部奏定办法,对待川民纯用威力,未为持平,不敢从命,呈请裁察。故王人文代奏朝廷,诏以一再渎奏,切责之。

清廷增设和属爪哇岛总领事,泗水、苏门答腊正领事。

学部通饬各省学堂,于七月十八日皇上典学之辰举行庆祝。

孙中山在旧金山出席洪门筹饷局会议。会议决定由孙中山及筹饷局演说员共 4 人,分两路自旧金山赴美国各地募款。

22 日(宣统三年六月二十七日)

上海《申报》发表《中央教育会会长张謇开会词》。

按:张謇曰:"今日我国处列强竞争之时代,无论何种政策,皆须有观察世界之眼光,旗鼓相当之手段,然后得与于竞争之会,而教育尤为各种政策之根本。故但有本国古代历史之观念者,不足以语今日之教育,以其不足与于列强竞争之会,即不足救我国时局之危。今日最亟之教育,即救亡图强之教育也。然非有观察世界之眼光,则救亡图强之教育政策无自而出。"

湖北文学社与共进会举行第二次联席会议,达成联合协议。

江西建昌(今永修)县发生乡民700余人捣毁县署,抢掠米店事。

23日(宣统三年六月二十八日)

湖南常德府大雨河溢,浸属县,坏田庐,清廷发帑银六万两赈之。

上海《申报》发表《中央教育会国库补助初等小学经费案》。

24日(宣统三年六月二十九日)

外务部发给胡钧前往德国参观万国博览会护照。

山东劝业道萧应椿、候补道余则达与德国山东矿务公司总办毕斯、德驻济领事贝斯,在济南签订《收回山东省各路矿权合同》。

上海《申报》发表中央教育会会员陆尔奎、沈同芳《提倡义务教育草议》。建议:明降谕旨,为实行提倡之第一步;各省刊刻上项谕旨之誊黄,并由各州县会同视学员编为白话直解为第二步;多设补助机关以期教育之普及。

上海《申报》发表学部交议的《中央教育会试办义务教育案》。

按:第一条 凡人民在学龄期内者,均应受初等小学之教育,称为义务教育。

第二条 儿童以满六岁之次日起至满十四岁止为学龄。

第三条 学龄儿童之监护人有督令该儿童自满六岁起受初等小学教育之责。监护人指该儿童之家长,其无家长之儿童,则以法律所定之监护人代任其责。此项法律未颁行以前,照旧例办理。学龄儿童有受雇为佣者,其雇主应令该儿童于工作之暇就学。

第四条 学龄儿童应入官立公立初等小学堂或私立初等小学堂经试办义务教育章程。

第五条 学龄儿童原在家塾或私塾就学,未经改入初等小学堂者,应呈请地方长官察核确系遵照部定课程,用部颁或审定之教科书教授者,得视为与在学堂就学无异,惟毕业时仍须由地方长官委派县视学劝学员等考验及格,发给文凭,始得认为已受义务教育。

第六条 学龄期内有为生计所限,不能入初等小学堂者,得入简易识字学塾。

第七条 调查学龄儿童应由学务专员将该地方儿童之姓名、住处、年岁及其监护人职业关系详细查明登记,每年十一月终编制儿童就学年龄簿,呈报地方长官备核。其调查办法,由各地方议事会议决,呈明地方长官核定,申请督抚提学使司备案。

第八条 已登学龄簿之儿童,遇有死亡或变故时,应随时查明更正。

第九条 地方学务专员应查照儿童就学年龄簿,将儿童应入某处之初等小学及其日期预先通知儿童之监护人。儿童监护人有愿送儿童入某处小学者,亦得向学务专员声明。

第十条 地方学务专员既通知儿童之监护人后,应将就学儿之姓名与入学日期各项通知初等小学堂长。

第十一条 初等小学堂长受学务专员所发就学儿童通知之后,如有适入学日期一星期尚未入学者,立即将该儿童姓名报知学务专员。

第十二条 学务专员接小学堂长之报告时,应即劝导儿童之监护人速令儿童入学,倘劝导至两次以上仍未入学者,应请城镇董事会或乡董设法劝导。

第十三条 儿童业经入学,中途无故旷课逾一星期以上者,照第十一、第十二各条办理。学务专员应于上下两学期将各该处学龄儿童就学及未就学人数撰成表册,会同城镇董事或乡董呈由地方长官查核,申报提学使司备案。

第十四条 学龄儿童有左列事项之一者,经地方学务专员查明呈请地方长官核准后,得免除其就学之义务:(一)有白痴疯癫等病者;(二)五官机能不完具者;(三)瞽者残废者;(四)有痼疾难期痊愈者。

第十五条 学龄儿童有左列事项之一者,经学务专员查明呈请地方长官核准后,得展缓其就学之义务:(一)儿童身体发育未完者;(二)监护人实系贫困不能自存,并不能令儿童入简易识字学塾者。

第十六条 初等小学堂及简易识字学塾,各该地方官及自治职,皆有设立并推广之责。各地方所设学堂应以能容本区域内学龄儿童为准。

第十七条　本章程自颁行文到之日一律遵行。

第十八条　本章程未尽事宜，由学部随时酌量增改。

福建福州数百名轿夫罢工。烧毁警察道署头门、南台地方审判厅及城内沿街数百个警察岗亭，迫使清廷取消轿捐、船捐。

25日（宣统三年六月三十日）

清廷以禁烟与英使续订条件，重申厉禁，谕中外切实奉行。

黄侃自河南回到汉口，《大江报》社长詹大悲设宴为之洗尘。酒后，黄侃大骂立宪派，认为他们所提出的和平改革方案纯属欺骗。于是提笔为《大江报》撰写时评《大乱者救中国之妙药也》，次日发表。

26日（宣统三年闰六月初一日）

黄侃（署名奇谈）在汉口《大江报》撰文《大乱者救中国之妙药也》，反对改良，疾呼革命。

按：其文曰："中国情势，事事皆现死机，处处皆成死境。膏肓之疾，已不可为，然犹上下醉梦，不知死期之将至。长日如年，昏沉虚度，软痛一朵，人人病夫。此时非有极大之震动，激烈之改革，唤醒四万万人之沉梦，亡国奴之官衔，行见人欢然自戴而不自知耳。和平改革，既为事理所必无，次之则无规则之大乱，予人民以深创巨痛，使至于绝地，而顿易其亡国之观念，是亦无可奈何之希望。故大乱者，实今日救中国之妙药也。呜呼！爱国之志士乎，救国之健儿乎，和平已无可望矣，国危如是，男儿死耳，好自为之，毋令黄祖呼佞而已。辛亥闰六月初一日。"（《辛亥革命在湖北史料选辑》）此文一出，深为革命人士所欢迎。

《滇南公报》在云南创刊。

27日（宣统三年闰六月初二日）

浙江全省教育会成立，选举汤寿潜、经亨颐为正副会长。

按：汤寿潜（1856—1917），原名震，字蛰先，亦作蛰仙，浙江省绍兴人。1890年以《危言》一书刊行知名于世。1892年赐进士出身，授翰林院庶吉士。1906年与张謇、郑孝胥等在上海创立预备立宪公会,连续发动三次全国性的国会请愿运动,因而成为国内立宪派的著名领袖之一。辛亥革命爆发后,出任浙江军政府的第一任都督。

28日(宣统三年闰六月初三日)

清廷命宝熙充禁烟大臣。

29日(宣统三年闰六月初四日)

恩寿以疾免,清廷以余诚格为陕西巡抚。

外蒙古喀尔喀四盟王公以会盟为名,在库伦举行秘密会议,讨论对抗清政府的措施。会议决定派亲王杭达多尔济、达喇嘛车林齐密特率海山等5名随员秘密前往俄京,请求沙皇政府向蒙古人提供军事援助,帮助蒙古人脱离中国。秘密使团是日出发。

上海《申报》发表《弼德院办事议事细则》。

30日(宣统三年闰六月初五日)

内阁议决粤省惩赌章程十三条,只行粤省,他省仍照旧例。

31日(宣统三年闰六月初六日)

《中国荷兰关于荷兰领地殖民地领事条约》在北京签订。

宋教仁、谭人凤、陈其美等人在上海北四川路湖北小学校正式成立中国同盟会中部总会,作为策动长江流域各省起义的领导机关。推举宋教仁、谭人凤、陈其美、杨谱笙、潘祖彝等5人为总务干事,设本部于上海,设分会于苏、皖、湘、鄂、川各省。并发布《中国同盟会中部总会宣言》、《中国同盟会中部总会章程》。参加会议的尚有涂潜、邓道藩、陶咏南、陈勒生、史家麟、王蔼庐、张仁鉴、林琛、李洽、梁鳌、李光德、倪纬汉、范光启、姚志强、杨兆鋆、吕志伊、江镜清、胡朝阳、章梓、张卓身、周日宣、曾杰、沈琨、谭毅君、陈道等。

按:《中国同盟会中部总会宣言》曰:"现政府之不足以救中国,除丧心病狂之宪政党外,贩夫牧竖,皆能洞知,何况忧时之志士?故自同盟会提倡种族主义以来,革命之思潮,统政界、学界、军界,以及工商各界,皆大有人在。顾思想如是之发达,人才如是之众多,而势力犹然孱弱,不能战胜政府者,其故何哉?有共同之宗旨,无共同之计划;有切实之人才,无切实之组织也。何以言之?如章太炎、陶成章、刘光汉辈,已入党者也,或主分离,或事攻击,或如客犬,非共同之计划有以致之乎?而外此之出主入奴,与夫分援树党,各抱野心者,更不知凡几耳。如徐锡麟、温生才、熊承基辈,未入党者也,一死安庆,一死广州,一死东三省,非无切实之组织有以致之乎?而外此之朝秦暮楚,与夫轻举暴动,枉抛生命者,更不知凡几耳!前之缺点,病不合,推其弊,必将酿旧史之纷争;后之缺点,病不通,推其弊,必致叹党员之寥落。前一缺点伏而未发,后一缺点则不自今日摧伤过半人才始。前精卫陷北京,南洋《中兴报》曾载有曰:'跳来跳去,只此数人。'呜呼!有此二病,不从根本上解决,惟挟金钱主义,临时召募乌合之众,搀杂党中,冀侥幸以成事,岂可必之数哉?此吾党义师所以屡起屡蹶,而至演最后之惨剧也。同人等激发于死者之义烈,各有奋心,留港月余,冀与主事诸公,婉商善后补救策,乃一以气郁身死(指赵声),一以事败心灰(指黄兴),一则宴处深居(指胡汉民),不能谋一面,于是群鸟兽,满腔热血,悉付诸汪洋泡影中矣!虽然,党事者,党人之公责任也。有倚赖性,无责任心,何以对死友于地下?返沪诸同志,迫于情之不能自已,于是有同盟会中部总会之组织。定名同盟会中部总会者,奉东京本部为主体,认南部分会为友邦,而以中部别之,名义上自可无冲突也。总机关设于上海,取交通便利,可以联络各省,统筹办法也。各省设分部,收揽人才,分担责任,庶无顾此失彼之虑也。机关制取合议,救偏毗、防专制也。总理暂虚不设,留以待贤豪,收物望,有大人物出,当喜适如其分,不至鄙夷不屑就也。举义必由总部召集各分会决议,不得怀抱野心,轻于发难,培元气,养实力也。总部对于各团体,相系相维,一秉信义,而牢笼诱骗之手段不得施也。各团体对于总部,同心同德,共造时机,而省界情感之故见,不可有也。组织之内容,大概如是,海内外同志,其以为不谬,肯表同情赞助欤?党人幸甚,中国幸甚!"(转引自张学继著《陈其美与辛亥革命》第二章,黑龙江人民出版社2002年版)

又按:《中国同盟会中部总会章程》如下:

第一条　本会由中国同盟会会员之表同意者组织而成。

第二条　本会定名曰中国同盟会中部总会。

第三条　本会以推覆清政府，建设民主的立宪政体为主义。

第四条　本会置本部于上海，置分会于各处。

第五条　凡中国同盟会会员依本会法律入会者，皆为本会会员。

第六条　会员皆一律平等。

第七条　会员得于法律范围内，保持身体、财产、职业、居住、信仰之自由。

第八条　会员得依法律陈请保护利益，及陈诉冤抑；其有因公受害者，本人或遗族得受恤典。

第九条　会员依法律有选举、被选举之权。

第十条　会员须保守本会一切秘密。

第十一条　会员不得入反对本会主义之他团体，并为之尽力。

第十二条　会员有依法律纳捐项、出劳力之义务。

第十三条　本会置会长一人，代表本会，总理会务，任免职员，并发布一切法律命令。但暂时虚伪以待，将来由总务会议决其时期及选举发选举之。

第十四条　本会置总务干事，管理全会事务；其员数及分掌事务方法，由总务会定之。但第一次员数，由会员议决。

第十五条　总务干事组织，为总务会协议会务，保持办事方针之统一；会长未选举以前，总务会行其职权。

第十六条　总务干事互选一人为议长，掌召开会议、保管文书、印信之事；其开会议事时，遇有可否同数者，由其决定。

第十七条　总务会须以总务干事全体之署名，行其职权；其有因故不能视事时，则托同干事一人代理之。

第十八条　总务干事，由会员以记名法选举；一年一任，得连举连任。选举时以得票多数者，依次当选；满额后，再以其次之得票多数者，依次选为候补人，如其员数。

第十九条　总务干事有因故离去本部，须经三月以上时，以候补人署理之。

第二十条　本会款项，会计以半年为一期；每一期前，制成预算；一期终，制成决算，皆由总务会公布之。

第二十一条　本会特别事件之会计，于其事件未办前，制成预算；事件既终后，制成决算，皆如前法公布之。

第二十二条　本会会员有违犯法令者,由总务干事会依法律协议审判,并施行刑罚。

第二十三条　本会章程,由总务会之协议,或会员二十人以上提议,得改订之。(转引自张学继著《陈其美与辛亥革命》第二章,黑龙江人民出版社2002年版)

按：宋教仁(1882—1913),湖南桃源人。1904年2月与黄兴、刘揆一等在长沙创立华兴会,7月与吕大森、刘静庵等在武昌组织科学补习所。11月,华兴会计划长沙起义,事泄,遭通缉,逃亡日本。1905年与友人创办《二十世纪之支那》杂志,宣传革命。同盟会成立,任司法部检事长。1906年黄兴去安南(今越南),他代理庶务,主持本部工作。1911年在上海任《民主报》主笔,宣传资产阶级民主。曾参加筹备广州起义(黄花岗之役)。武昌起义后,赴汉协助湖北军政府办外交。旋又赴宁筹组中央临时政府。1912年1月,南京临时政府成立,任法制院院长。4月,临时政府北迁,曾任农林总长。8月,他主张通过国会和政党政治来实现资产阶级民主。1910年6月,谭人凤、宋教仁与孙中山就财务和同盟会的建设等问题在东京发生激烈争论,后来孙中山又不辞而别,促使宋教仁、谭人凤等人决心建立同盟会中部总会。1913年3月20日,被袁世凯派人在上海车站刺杀,两天后身亡。

上海《申报》发表《上海农业中学章程》。

是月,《学部官报》停刊。

按：《学部官报》系早期教育行政公报。

是月,《锐进学报》在上海创刊。陶成章、尹锐志、尹维俊等主持,附属于锐进学社。

是月,《新中华报》创刊,由华侨集资,以美商名义在广东潮州出版。

是月,《醒报》在天津创刊。

是月,朱德于讲武堂毕业后,任昆明新军第十九镇第三十七协某排排长。

按：朱德《辛亥革命回忆》说:"云南讲武堂,原来是1909年护理云贵总督沈秉坤为了培养清朝政府的军事人材办起来的。同年冬,云贵总督李经羲到昆明上任,把新军第十九镇的随营学堂也并入了讲武堂。当时讲武堂的总办是李根源,教官有方声涛、赵康时、李烈钧、罗佩金、唐继尧、刘祖武、顾品珍等人。他们大都是同盟会员,其他一些教官或者是同盟会员,或者是受到了同盟会革命宣传的影响的。讲武堂的学生有五百多人,其中许多是不满于现状的青年。不久,就在讲武堂中建立起同盟会的组织,秘密传阅同盟会宣传革命的书刊。大家经常谈论的和考虑的,就是怎样发动革命起义。这样,云南讲武堂就成为云南革命力量的重要据点。那时,蔡锷经李根源和罗佩金向李经羲推荐,担任了云南新军第十九镇第三十七协的协统。蔡锷虽然不是同盟会员,也从来不公开和讲武堂来往,可是他却是一个具有爱国民主思想的人,暗中和同盟会保持着联系。当时清朝政府对革命力量的压迫是极端残酷的。蔡锷当时对讲武堂的革命活动,作了很好的掩护。1911年,讲武堂第一批学生一百人提前毕业,其中有十八人被派到蔡锷部下当军官,他们就在士兵中进行革命的宣传活动。我当时被派到七十四标第二营左队当排长,标统是罗佩金,管带是刘存厚。新军士兵都是从乡村征调来的农民,他们对于清政府的专横腐败的统治和地主阶级的苛重的剥削,以及旧军队的打骂制度和旧军官克扣军饷的行为,本来就存在着激烈的不满情绪。我们就深入到士兵群众中,进行革命的宣传,革命的种子渐渐地在士兵中撒播开来。"

1911年8月

1日（宣统三年闰六月初七日）

四川保路同志入京廷哭无门。

湖广总督瑞澂下令查封《大江报》，主编詹大悲、何海鸣逮捕入狱，各被判刑一年半，酿成震动全国的"大江报案"。

按：《大江报》因发表《大乱者救中国之妙药也》、《亡中国者和平也》等短评而遭到清政府查封。《大江报》虽被查封，但其宣传革命的功效已经深入武昌三镇，为武昌起义奠定了舆论基础。胡石庵《詹大悲赞》曰："大江流日夜，鼓吹功不朽。"（《湖北革命实见记》）

安徽大雨，江潮暴发，滨江沿河各州县涝灾，清廷发帑银五万两赈之。

御史萧丙炎奏请饬整地方自治。

2日（宣统三年闰六月初八日）

陈宝琛补授正红旗汉军副都统。

同盟会中部总会召开第二次会议，推举谭人凤为总务会议议长，管理召集开会、保管文书和印信之事。

3日（宣统三年闰六月初九日）

津浦铁路南段淮河桥工程告成，督办大臣徐世昌等以桥工告成具奏。

4日（宣统三年闰六月初十日）

同盟会成都负责人、四圣祠法政学堂监督龙鸣剑约集王天杰、罗子舟、秦载赓、胡重义、胡朗和、张尊等同盟会员在四川资中罗泉井秘密开会,议决参加保路同志会,并组织保路同志军,借争路以起义。

邮传部与大北公司签订《中丹厦门鼓浪屿水线合同》,中国以虚价将该公司自行安放的水线1条收归国有。但规定在合同有效期内,水线应专供大北公司使用,并代设3条陆线,接连水线至大北公司报房。

5日(宣统三年闰六月十一日)

川汉铁路公司召开全体股东大会,欢迎赵尔丰就任川省总督到会演说。赵尔丰主张不必争路废约,遭到张澜等人驳斥。股东大会推举颜楷、张澜为正副会长。大会议决,坚持川路商办,要求朝廷收回成命,请赵尔丰代奏。

按: 鉴于川汉铁路公司驻宜昌总理李稷勋被盛宣怀、端方所收买,擅自将川路股款700余万两交付盛宣怀、端方,股东会和保路会合请赵尔丰代奏,撤查李稷勋,参劾盛宣怀夺路劫款。

学部奏设临时教员养成所暨单级教员养成所。

上海晋昌、长纶等4家丝厂2000余女工,要求增加工资举行罢工,厂方酌加工资后复工。

6日(宣统三年闰六月十二日)

湖南巡抚杨文鼎奏:"湘省衡、永、宝三府十四州县,行销粤盐,仍留五县行销淮引。若淮课全数向粤取偿,殊不足昭平允。请将淮盐行销五县之额,定为一万三千四百十五引,其余溢销厘课,仍尽数拨归湘省,以偿损失。"下所司议(《宣统政纪实录》卷五五)。

上海《申报》发表《中国女子国民会简章》。

7日(宣统三年闰六月十三日)

清廷任命前广东参议官、道员吴锡永充广东督练公所军事参议官。

清廷命张鸣岐严饬所属,认真查禁私赌,务绝根株,毋稍疏纵。

颁行广东禁赌条例。

孙中山出席旧金山追悼广州黄花岗起义烈士大会,并发表演说。

8日(宣统三年闰六月十四日)

谕曰:"都察院代递广东京官韩寅斗等,以琼州水陆交讧,戕官毒民等语呈一件,并条拟治匪办法清单一件。广东盗风素炽,亟宜严拿惩办。著张鸣岐按照所陈各节,严饬所属,迅即查拿,认真究办。所有单开治匪办法,并著酌核办理。原呈单均著抄给阅看。"(《宣统政纪实录》卷五七)

清廷调余诚格为湖南巡抚,杨文鼎为陕西巡抚。

9日(宣统三年闰六月十五日)

师范联合会成立,由中央教育会会长张謇发起,以各省师范学堂为主体,委托江苏教育总会为联合会之通信总机关。

江亢虎在上海组织"社会主义研究会",继办《社会星》杂志,标榜以研究广义的社会主义为宗旨。

《国光新闻》创刊。编辑及发行人是田桐、景定成、续西峰、井勿幕、龚国煌等参与编务。

10日(宣统三年闰六月十六日)

谕曰:"杨文鼎电奏,盐政处奏定划分湘省淮、粤引地一折。内开分粤界内十四州县。凡由湖南征收粤盐邻税厘捐等款,奏咨有案者,应以宣统二年收数为断。由湖南、广东两省,会同查明宣统二年实收之数,责成粤商认缴等因。湘省亏损难堪,计惟按斤抽税,以期核实等语。著度支部、督办盐政大臣议奏。"(《宣统政纪实录》卷五七)

清廷命本年调集禁卫军及近畿各镇军于永平府大操,命军谘大臣贝勒载涛恭代亲临监军。

农工商部奏整顿棉业掺杂水泥诸弊。

11日（宣统三年闰六月十七日）

俄国要求在《图们江中韩界务条款》规定的商埠以外地方设立俄国领事馆。是日,吉林巡抚陈昭常致电外务部,要求严词拒绝。

清廷命贝子溥伦、镇国公载泽会宗人府纂拟皇室大典。

黄节与梁鼎芬、姚筠、李启隆、沈泽棠、汪兆铨、温肃等人,于广州南园抗风轩重开后南园诗社。

孙中山复函美国某埠同盟会会员郑泽生,嘱其纠合同志,竭力助资。

张元济在京师发起之中国教育会召开成立大会,到会者二百余人。

12日（宣统三年闰六月十八日）

中国教育会推举张元济为会长,伍光建、张謇为副会长。

13日（宣统三年闰六月十九日）

黄兴派东方暗杀团成员林冠慈、陈敬岳在广州双门底炸伤清水师提督李准。林冠慈当场身殉,陈敬岳被捕牺牲。

按：冯自由曰：黄兴"拟亲至广州暗杀一二满清大员,以振作全国之民气。时总理与余均在美洲,闻克强有必死之志,乃与致公堂及同盟会诸同志再三函电香港,力劝其不可轻生偾事,致碍大局。克强复电要求先筹汇二万元在广州设立暗杀机关,始允不亲自出马。旋得美洲中华革命筹饷局电汇如数;克强得款,即派人至广州布置各事。是年闰六月十七【九】日,遂有陈敬岳、林冠慈之狙击李准,及九月四日周之贞、李沛基之谋炸凤山,即由此机关指挥发动之也"（《革命逸史》第3集第246页）。清廷谕内阁："张鸣岐电奏,十九日未刻,水师提督李准,由城外水师公所进城,路往南门内双门底地方,突有匪徒在路旁,用炸弹向该提督抛掷,政伤右手腰际等处。该提督即时力疾督率护卫弁勇上前捕拿,匪似连掷炸弹二枚,并施放手枪,向该提督轰击。该提督跃登屋顶,与匪相持,当场格毙匪徒一名,拿获一名等语。览奏殊堪诧异,广东水师提督李准,此次经受重创,犹能奋不顾身,亲自格毙匪徒,洵属勇猛异常,深堪嘉尚,该提督伤势究竟如何,朝廷殊深廑系。著张鸣岐传旨慰问,并赏御药房治伤药品,迅速发交,妥为疗治,俾得早日就痊,仍将医治情形,随时电奏。广东省城地方,屡有匪徒戕击大员之事,足见伏莽甚多,岂容任其猖獗。著张鸣岐、李准督饬兵警,严密侦踊,认真搜捕,毋得少留余孽,免再滋生事端。"(《宣统政纪实录》卷五七)

14日（宣统三年闰六月二十日）

清廷命载振、陆润庠、增祺、陈宝琛、丁振铎、姚锡光、沈云沛、诚勋、清锐、朱祖谋俱充弼德院顾问大臣,国务大臣奕劻、那桐、徐世昌、梁敦彦、善耆、载泽、唐景崇、荫昌、载洵、绍昌、溥伦、盛宣怀、寿耆及宗人府宗令世铎、总管内务府大臣奎俊、继禄俱兼任弼德院顾问大臣。

上海《申报》发表《各省教育总会联合会章程》和《锐进学社简章》。

15日（宣统三年闰六月二十一日）

清廷调善耆为理藩大臣,以桂春署民政大臣。调凤山为广州将军,以寿耆为荆州将军。

杭达多尔济、车林齐密特、海山一行抵达彼得堡。沙皇政府代理外交大臣尼拉托夫、内阁总理斯托雷平先后接见杭达多尔济等人。

民政部奏准整饬地方自治办法。

上海《申报》发表《中国教育会章程草案》。

黄小配所著的《吴三桂演义》由香港《循环日报》社出版。

16日（宣统三年闰六月二十二日）

清廷电寄张鸣岐:"据电奏,广东匪踪遍境,岌岌可危。兵力仍虞单薄,请再添勇十营,专备全省策应等语。著内阁会议具奏。张鸣岐身任疆圻,责无旁贷,务当振刷精神,妥筹布置。所请简员接替之处,著毋庸议。寻奏。业经准如所请,应饬按照练兵处奏定召募陆军格式办理,其饷项仍由该督臣通盘筹划,腾挪匀拨。从之。"(《宣统政纪

实录》卷五七)

17日(宣统三年闰六月二十三日)

俄国政府召开内阁特别会议,决定支持外蒙古"独立",由总参谋部拟定《蒙古即将来临的政变及其实现的方法》。

孙中山命美洲同盟总会书记林朝汉复函古巴华侨黄鼎之,委任他为当地主盟人。同盟会古巴分会旋即在哈瓦那成立。

上海《申报》发表《各省教育总会联合会第一次报告》,内容包括《请定军国民教育主义案》、《统一国语方法案》、《请停止毕业奖励案》。

18日(宣统三年闰六月二十四日)

清廷准陆军部奏奖宿卫营出力文武各员。

《通俗日报》改为《通俗新报》在成都出版。

19日(宣统三年闰六月二十五日)

清廷从盛宣怀、端方所奏,"此次川省集会倡议之人,类皆少年喜事,并非公正绅董。""闻日内东渡者,均纷纷回川,恐有受人煽惑情事,尤恐名为争执路事,实则另有隐谋。"责成赵尔丰"严厉对付川人",并钦派李稷勋仍总宜工,"当此纷扰之际,正需借此镇压"。赵尔丰接谕旨后,密不敢发(《吴玉章年谱》引)。

清廷裁各省府治首县,改置地方审判厅。

内阁奏设内阁官报,颁布《内阁官报条例》。

按:《东方杂志》第八卷第七号《中国大事记》载:内阁奏称,窃查东西各国,均以官报为宣布法令之用。凡中央政府之规章条例,一经拟定,即宣付官报刊登,酌量远近程途,分别到达期限,以官报递到之次日或数日,为实行之期,法令即生效力,整齐迅捷,与吾国古昔读法悬书之举,同为意美而法良。而其编辑发行,由内阁主之。盖以其地为发号施令之总枢,即有宣化承流之职任。责专任重,所以谋统一而杜纷歧。我国向来谕旨章奏,及各部通行文件,由京师达于外者,由长官达于庶僚,不知几何日月,几经转折。而其效力,仅及于少数之官厅。至于承学之士,受治之民,隔阂茫昧,有如秦越。欲其率循观感,人人有国家观念,具法律精神,不可得也。迩来既奉明诏,实行宪政,先立内阁,以为集合政权之基。凡法制之变更,规章之厘定,以及条文法理之解释,文书传布,倍于曩日。若犹用通咨之例,非特观听有限,不能收法治之成效,即下级官厅,亦且因文移迟滞,无以资因应而赴事功。臣等再四筹商,拟将内阁印铸局接收之政治官报,改为内阁官报。……奉旨依议。旋于七月初一日设立发行。

中央教育会闭会。

《东方杂志》第8卷第6号《中国大事记》记载陆军使用的"国乐":"于万斯年,亚东大帝国,山岳纵横独立帜,江河漫延文明波,四百兆民申明胄,地大物产博,扬我黄龙帝国徽,唱我帝国歌。"

20日(宣统三年闰六月二十六日)

清廷嘉奖和惩处广东部分官员。

按:谕内阁:"张鸣岐奏,举劾文武员弁一折。广东广州府知府严家炽,署惠州府知府、试用知府徐作祥,潮州府知府陈兆棠,钦州直隶州知州章寿坤,署琼山县知县、正任番禺县知县史允端,海阳县知县谢质,既据该督胪陈政绩,均著传旨嘉奖。试用直隶州知州蔡尧曦,前在东莞县署任内,任性妄为,残民以逞;试用通判王仁棠,前在琼山县署任内,越狱重案,匿不具报;化州知州润惠,驭下不严,叠被控告;拣发知州赵鹤清,办理清乡糊涂玩泄;清远县知县朱永观,瞻徇蒙蔽,罔恤民冤;陆丰县知县许成煦,前在开建县署任内,偏袒差役,办事颟顸;兴宁县知县冯琛,乖谬性成,不明事理;教习知县程维清,前在佛山同知署任内,于匪徒闹捐,健怯因循,毫无布置;截取知县熊范,前在长宁县署任内,纵容差役,藉端需索;补用知县凌启瑞,办理清乡,迁延粉饰;詹功泽前充汕头警务长,性情贪黩,警政不修;龚谦光清乡不力,借盗冒功;试用知县李在杓,前在龙川县署任内,任用劣胥,怠于听断;何煜恒前在开平、信宜县各署任内,操守难信,物议繁滋;魏华烈前充饷械所委员,估修营舍,工程草率;试用按经历区柏年,前充区官,暴戾横行,舆情不服;县丞陆树铭,前充佛山警务长,警务废驰,酿成重案;茭塘司巡检陈銮,庇赌收规,罔知自爱;候补从九品姚雄辉,内行多亏,人言啧啧;张鸿宜病躯恋栈,心地糊涂;试用从九品易润章,前在五斗司巡检署任内,坐视闹捐,一等莫展;

朱振基任意诬捏,借事生端;花县典史王良彝,典狱疏忽,声名平常;琼山县典史阮宗耀,脱囚无获,职守多亏;候补守备谭世昌,纪律不严,纵勇滋事;彩阳堂汛千总黄士平,前在佛山都司署任内,匪徒闹捐,不善弹压;市桥汛外委博荣高,候补千总,前署钟村讯把总陆汝恭,裁缺井讯把总,前署东圃讯外委罗德华,均私收赌规,俱著即行革职。蔡尧曦、黄士平均著留营效刀,以观后效。试用巡检程起雷,前充饷械所委员,购买军装,吞冒滋弊,著革职,严追吞款。前办石龙税务补用知县任玉树,欠解税款,任催罔应,著暂行革职,勒限追缴。南韶连镇总兵杨忠义、高雷阳道荣元、候补道恽学基、王祖庆,韶州府知府联坤,琼州府知庆斌,才具平庸,难资造就。杨忠义、荣元、联坤、庆斌均著开缺,与恽学基、王祖庆一并咨送回籍。电白县知县许南英,前在三水县署任内,办事不力,著摘顶留省察看。"(《宣统政纪实录》卷五七)

上海《申报》发表《学部奏拟单级教授二部教授办法折》。

蔡元培成《杨笃生先生蹈海记》一文。

按:蔡元培谓杨守仁(笃生)一生"以革命为唯一宗旨,以制造炸弹为唯一之事业","洵所谓鞠躬尽瘁,死而后已者"(《蔡元培先生年谱》上册)。

21日(宣统三年闰六月二十七日)

清廷以广东陆路提标中军参将邓廷光,为南韶连镇总兵官。

上海《申报》发表《学部奏拟订临时小学教员养成所暨单级教员养成所简章折》。

22日(宣统三年闰六月二十八日)

清廷以叶景葵为大清银行正监督。

《武风鼓歙》创刊。

23日(宣统三年闰六月二十九日)

湖南巡抚杨文鼎奏,淮粤划分引界后,湘省应征粤盐厘税等款,拟按粤盐之销数,定湘省之收款。下所司议。

内阁请修订法规。

按:内阁奏请饬各衙门编纂现行法规并厘订具奏办法。《编纂现行法规章程》如下：

第一条　现行法规由阁部及其他各衙门按照现行例案编纂，所有编纂办法，依照本章程办理。

第二条　各部编纂法规，以各部向来主管事务为限，会奏事件，由各该部分别办理。其属于内阁总理大臣所掌事务，由内阁法制院编纂。不属阁部主管事务，另有主管衙门者，由该衙门自行编纂，照章送交内阁发制院复核。

第三条　编纂人员，除前条规定外，各部由参议参事等官及主任人员，会同办理。其他各衙门酌派主任人员办理。

第四条　各衙门编纂法规，应就各主管事务，酌量分类，逐类分件，其每件标目所用名称如左：一、法；二、律；三、条例；四、章程；五、规则。

第五条　编纂时，无论何件法规，均用第某条字样，其仅能列为一条者，则用一某某等字样。

第六条　编纂时，凡钦奉谕旨关系法令者，及各衙门定例或通行成案，并历年奏咨案件，均只摘叙办法，列为条文。其原案叙理由之处，概从删节。前项原案所叙理由，如应作为本件法规按语者，得摘要附入本件或各本条之后，但不得掺入正条。

第七条　各衙门依类编成之法规，应逐件编立号数，其次第以施行先后为准。

第八条　每件法规，应将奏准施行年月，揭载于本件标目之下，其系咨案编入者亦同。

第九条　凡事件有新例者，旧例概从删除，奏咨各案亦同。前项有新置故之件，应将新旧沿革叙入按语。

第十条　凡例办事件，现已奏改办法者，均从奏案，其与该奏案歧异之例，一律删除。咨案与奏案抵触者，仍从奏案。凡从奏案之件，应将旧例及咨案沿革叙入按语。

第十一条　关系每件法规之表式，及文书格式，均附编于本件之后。

第十二条　奏咨案之编入法规，以定有办法者为限。其寻常奏报咨报事件，无关引用者，不得编入。

第十三条　编纂期限，以宣统四年七月为止。自本章程奏准一月后，各衙门应于每月上旬，将上月已编成之件，咨送内阁，由法制院审查。

第十四条　此项法规,未经编竣以前,各衙门所有新颁法令,均应依类编入。

第十五条　各衙门编纂完毕,由内阁法制院汇齐复核,具案呈,经阁议后,即将此项现行法规缮册进呈,钦定颁行。(《东方杂志》第八卷第八号《中国大事记》,1911年)

24日(宣统三年七月初一日)

四川铁路公司股东会和保路同志会在成都发动罢市、罢课,停纳捐税,数十州县亟起响应,以"拒借洋款,废约保路"相号召,发动大规模的请愿运动。革命党人杨庶堪等筹划重庆起义。

按:《东方杂志》第八卷第八号《中国大事记》载:川人续开保路大会……川省人民,愤邮部以借款收路,所订合同,损失国权,奋起力争,已及两月。自政府命李稷勋总理路事,川民益愤。是日开保路大会,到者万人,全场愤激,痛苦失声。即日罢市停课,停纳捐税。比户举德宗皇帝之位举哀,声言须俟合同注销,始缴纳捐税。如以借款收路,川民死不承认云。

新疆议借外款。

按:《东方杂志》第八卷第八号《中国大事记》载:新疆巡抚袁大化电致政府,拟借外款五百万,专办实业,以骡马税为抵押。

广西桂林崇华医学会成立。

上海《申报》创刊《自由谈》副刊。

25日(宣统三年七月初二日)

清廷以四川铁路股东会议及保路同志会倡导罢市罢课,命川督赵尔丰严行弹压保路运动。当时成都街衢都搭席棚,供光绪万岁牌,两旁写有光绪帝两句话:"庶政公诸舆论,铁路准归商办。"居民头戴万岁牌为护符。

外务部准驻和使臣陆征祥筹费建筑海牙专使馆。

晚,中国同盟会中部总会的干事会讨论办报问题,一致决定以《民立报》作为该会的机关报。

26日(宣统三年七月初三日)

内阁民政部法部会奏行政司法分权,声明地方官责任。

按:《东方杂志》第八卷第八号《中国大事记》载:奏称向例军民词讼,均由州县起诉,行政司法之权,寄于牧令一人。而事务逐日形其丛脞。自先朝宣布预备立宪后,筹办审判各厅,业经列入钦定逐年筹备事宜清单。上年修正筹备清单,复将续办各级审判厅事宜,提前限令成立。是司法独立之制,关系宪政精神,已为一定不移之国是。宣统元年十二月钦奉特旨立宪政体,必使司法行政各官,权限分明,责任乃无诿卸,亦不得互越范围等因。恭绎圣谕所谓司法行政分权之义,乃就行政衙门向管之司法事务,划归司法官吏办理。其关涉司法之行政事务,自应仍由行政官吏分别办理,固属毫无疑义,惟查司法制度,颁布未久,直省已设审判厅地方,往往因地方官不明司法行政分权之故,而于应负行政责任,亦复随意诿卸。每遇命盗重案,或坐视不理,而以应归审判为词;或徒袭具文,而以照例饬缉了事。近年以来,直省迭告偏灾,民力穷困,抢劫之案,时有所闻。此等作奸犯科之徒,实缘捕务废弛而起。各该地方牧令,事前既疏于防范,事后又不认真查缉。人民生命财产之危,益将不可究诘。臣等体察情形,窃以为非声明地方官应负责任不可。查司法独立,既应以审判事务为范围,则地方有司,即应以行政事务为专责,就刑事案件而言,承审则属于司法,承缉则属于行政。权虽各异,义实相联。是以法院编制法,定有检察官调度司法警察之条。奏定各级审判厅试办章程内,载司法警察官营汛兵弁地方印佐各员,俱为检察厅之补助机关。州县系地方印官,巡警归其管理。无论查照旧例新章,其分权于司法官吏者,仅承审一端。非并承缉之责而亦不属于州县也。现在府厅州县巡警,业已据报遵限成立,惟是否确有成绩,仅凭奏咨,似难核实。应由民政部通行直省,责成督抚,督饬所属,认真办理。如果巡警实系得力,则地方官有执行警政之权。即巡警未能完备,而督饬应捕人员,协同营汛兵弁,俱不难负补助司法之责。臣等往复会商,酌定办法,拟请嗣后直省已设审判厅地方,凡直辖地面之府,暨直隶厅州县该管境内,一应保卫治安事宜,即责成该府直隶厅州县,督饬所属,认真办理。遇有命盗重案,及一应刑事案件,审判检察各厅及地方官,均应各按承审承缉权限,互相维持,以期共济。其刑事人犯,不论系司法衙门移缉之案,或巡警官署发觉之案,如果事犯在逃,即则成该府直隶厅州州县,督饬巡警暨应捕人员,分别协同地方营汛兵弁,勒限认真查缉。均于捕获后,移送该管检察厅起诉,由该管审判厅按律讯办。其盗贼之如何防范,奸宄之如何稽查,尤应责成该管地方官,督率巡警及应捕人员,先时筹备,为犯罪之预防。此应声明地方官缉捕责任者一也。缉捕责任,既有一定,则处分之法,不可不严。在文官惩戒章程未经颁行以前,所有该府直隶厅州州县,例得疏防承缉各处分,自应暂照现行律例,分别参办,以重责成。此项参罚案件,应如何查办之处,均查照奏定划分行政审判,暨司法审判权限暂行办法,报由民政部汇咨内阁,由内阁叙官局,查照现行处分则例办理。庶牧令有严重之考成,而捕务乃日有起色,此则因声明责任,而处分不得不议者又一也。惟处分所以惩既往,而考核实所以励将来。嗣后捕获人犯,除业经移送起诉案件判决后,由该司法衙门查照奏章分别报司报部外,该府直隶厅州州县,应将该管境内所出命盗重案,及一切刑事案件起数,分别已捕获未捕获两种,按月造具案由清册,,报由该省民政司或巡警道查核,详由督抚严加考核,按季咨报民政部查考。如有任意不报,或报而不实不尽者,即由民政部暨该督抚查明,据实参处。其未设审判厅地方,除承审事宜查照馆部奏案分别办理外,其所出刑事案件,亦均遵照此次奏案,分别已未捕获,报由民政司或巡警道,并案详咨,以凭查考。此则因声明责任,而考核不得不严又一也。总之现在司法甫立根基,而地方之习惯,人民之信用,则皆重在州县,必须于两方关涉事件,和衷商榷,共相勉勖,乃能使司法行政,交益而不相碍。在州县于承缉各项,固不得少有诿卸,致误地方。而审判各官,亦宜于承审各项,悉心研鞫,虚衷体访,务得实情。凡一应逮捕搜索等事,必须究有确据,方可知会地方官办理。万不宜鲁莽灭裂,强州县以执行。现在改良伊始,深虑旧日之州县因循固多,即新设之法官经验尚少,业由法部行文告诫,以策将来,此又应互任责成,以冀司法行政交有进步者也。以上办法,系为斟酌时宜而设,一俟新定外官制,暨刑事诉讼律颁布施行后,届时一律钦遵办理。奉旨依议。

27日(宣统三年七月初四日)

川督赵尔丰联衔成都将军玉昆及司道等,奏请将借款收路问题交资政院议决,并请准予暂归商办。内阁不准。

四川荣县革命党人王天杰动员当地商贩、学生罢市罢课,停止交纳赋税,并率民军训练学生百余人,拘留县局委员。

28日(宣统三年七月初五日)

民政部奏定行政司法分权章程,并声明地方官责任。

清廷专司禁卫军训练的贝勒载涛上奏监国摄政王,称禁卫军编练成军,请摄政王择日亲临校阅。

按:载涛在奏折中详细叙述禁卫军的编练情况:禁卫军重炮队营编制事属草创,有待研究;交通队营没有合格人员,款项支绌,还待设立;马队营第三营蒙兵仍然缺额,除此之外,禁卫军的编练进展顺利。载涛指出:禁卫军三年中共计编练组成步队营四标,马队营一标,炮队营一标,工程队营一营,辎重队营一营,机关炮队营一营,军乐队一队,警察队一队,全军总人数是12000余人。监国摄政王以宣统皇帝的名义颁旨:本月二十四日,监国摄政王亲往校阅。

29日(宣统三年七月初六日)

江苏圩堤溃决成灾,浙江杭、嘉、湖、绍四府亦一片汪洋。

上海《申报》发表《中国学会预备会简章》。

30日(宣统三年七月初七日)

直隶东安永定河漫口。济南等处发水灾。

赵尔丰奏铁路收归国有,川民仍多误会,相率要求。清廷命邮传部、督办铁路大臣清理路股,明示办法,以释群疑。

孙中山应黄兴来电要求,嘱美洲洪门筹饷局电汇港币一万元往香港,作为暗杀机关经费。需款尚缺五千元,请檀香山、伦敦两地同盟会组织凑足汇去。

31日(宣统三年七月初八日)

孙中山在致吴稚晖的信中说:"盖黄君一身为同人之所望,亦革命成败之关键也。彼之职务,盖可为更大之事业,则以个人主义事(指暗杀),非彼所宜也。……今彼欲'组织四队,按次进行',大为

同志所赞成。"(《总理全集》第 4 集第 83、85 页)

　　按：黄兴曾一度致力于暗杀,决心以一死拼李准,以谢海外侨胞,维护革命党人的信誉,孙中山等无不忧心忡忡,函电交弛,极力劝阻,最后黄兴才放弃个人暗杀的念头,组织了"东方暗杀团"。

　　以李家驹署理资政院总裁,达寿署理副总裁。

　　上海《申报》发表《内阁奏改设内阁官报以为公布法令机关折》。

　　上海《申报》发表《内阁奏请饬各衙门编纂现行法规并厘订具奏办法折》和《编纂现行法规章程》。

1911年9月

1日（宣统三年七月初九日）

四川铁路股东大会正式议决，自本日起即实行不纳正粮，不纳捐输，不卖田地房产，不认国债，已解者不上兑，未解者不必解。并布告全国，声明以后不担任外债分厘。决定自今日起各地成立股东办事处，如清廷仍不允收回成命，则各地办事处即为推行上述决议之机构。

清廷派湖广总督瑞澂、两广总督张鸣岐、署四川总督赵尔丰、湖南巡抚余诚格，各于粤汉、川汉所辖境内，会同办理铁路事宜。

清廷命张鸣岐统筹办理广州治安秩序。

按：谕曰："广东京官李家驹等奏，粤省兵扰民迁，局危势迫，请饬速筹补救一折。据称广东防营，主客混杂，骚扰地方特甚。新军巡警又复不相浃洽，省城官民，纷纷迁徙，十室九空，商业萧条，金融停滞，大局岌岌可危。现复大举清乡，四处骚扰，人心愈形摇动等语。广东地方紧要，人心不靖，似此肆行蹂躏，后患何堪设想。著张鸣岐迅即统筹全局，痛淅积弊，将恢复省城治安秩序办法，奏明办理。并分饬李准、龙济光等约束所部，如再有滋扰情事，从重治罪。至所称先将广东地方划定卫戍区域，俾新军择要驻扎一节，著该衙门议奏。又奏，清乡之法，惨酷离奇，请饬速另筹治盗办法，并慎选妥员办理一片。著张鸣岐一并妥筹办理，以安良善而靖地方。原折、片分别抄给阅看。"（《宣统政纪实录》卷五七）

但懋辛于8月25日自广州起解，是日到上海，即将由刘光烈陪同解往四川荣县。行前，宋教仁、谭人凤将同盟会中部总会文件和联名给吴玉章的信，嘱刘光烈面致。信中谈办报、筹款、联络办法等事。

按:但懋辛(1886—1965),字怒刚,四川荣县复兴人。同盟会会员。1910年曾与汪精卫等谋炸摄政王。1911年参加广州起义,进攻两广总督府。曾任蜀军政府参谋长、四川军政府成都府知事兼四川团务督办、四川靖国军第一军军长,及国民政府军事参议院参议等职。

2日(宣统三年七月初十日)

赵尔丰致电内阁协理那桐,称如不准川人所请,将变生顷刻,为准归商办,可免糜烂,请速定办法。

清廷以四川倡言废约,并有罢市罢课之举,遂命督办粤汉川汉铁路大臣端方率兵入川,认真查办铁路事宜。并命赵尔丰严厉镇压,迅速解散。赵尔丰致电内阁:川中群情义愤,有人乘机利用,实行改革主义,如不准所请,变生顷刻,全国受其牵动。

孙中山与黄魂苏等人离旧金山赴美国北部各埠筹款。所到之处,必集会发表演说,论述革命与华侨的切身利害关系。

《中州日报》在河南开封创刊。内容分谕旨、要闻、公牍、杂志、告白等。每天出二张,油光纸单面铅印。民国元年三月十七日停刊。

3日(宣统三年七月十一日)

经外务部与英国大使议定,滇矿由中国政府收回,与商人合办,于本日签字。

广东保路会在香港召开成立大会,并派代表刘少云等3人赴京请愿,遣人赴南洋联络华侨。

4日(宣统三年七月十二日)

赵尔丰以罢粮税替换罢市为条件,命周善培协同罗纶、樊孔周协商早日开市。因群起反对而作罢。

赵尔丰致电内阁,称川人不听解散,惟假兵力剿办,请朝廷主持,内阁维持。是日,清廷饬赵尔丰迅速解散,切实弹压保路同志会。

清廷以赵尔丰、陈夔龙、张人骏、瑞澂、李经义兼任弼德院顾问大臣。

以四川人心浮动,宜防蛊惑,清廷命提督田振邦严束营伍弹压之,趣端方速赴四川,许带兵队。

谕曰:"电寄张鸣岐。据电奏,前因广东匪踪遍地,请添募巡防队十营。近日高州匪势,益加猖獗,已先挑募三营,开赴高州。其余各营,亦须陆续添募,恳准立案等语。著照所请。"(《宣统政纪实录》卷五八)

5日(宣统三年七月十三日)

川汉铁路股东特别会举行会议,讨论应付端方带兵入川查办之办法。同盟会会员朱国琛、刘长叔等人印发《川人自保商榷书》,主张练兵、办团,设兵工厂,自收赋税等。赵尔丰得到其表侄、布政使尹良的密告,急调巡防军边军入省。下午7时,尹良召集十七镇统制朱庆澜、参谋处总办吴钟镕及司道等开会,认为《川人自保商榷书》系谋反,要朱庆澜率兵镇压,朱庆澜表示不能打同志会。尹良连夜入告赵尔丰,共定诱捕蒲殿俊、罗纶等人之计。

赵尔丰见《川人自保商榷书》后,即召尹良、杨嘉绅、田征葵、路广钟等官员商量对策,同时致电内阁请示办法,并命巡防军速集省城布防,专派田征葵为总指挥。

内阁奏酌拟保奖暂行章程。

6日(宣统三年七月十四日)

外籍人士廉让三走告张澜、彭兰荪、蒲殿俊、罗纶等,谓赵尔丰将有不利于诸公之非常行动,并表示愿意护送诸公出省。但四人均未接受。

江苏各属大雨,圩堤溃决,田禾淹没,清廷发帑银四万两赈之。永定河决。

端方入川,水陆新旧诸军皆听其调遣。

吴玉章过贡井。共进会会员何其义(德方)向玉章汇报游说士绅、掌握民间武装、利用贡井学校化学药品制造炸弹,俟机响应革命的情况。

7日(宣统三年七月十五日)

驻俄钦使萨荫图因病辞职,陆征祥调补驻俄使臣,并赏侍郎衔;刘镜人著补驻和(荷)兰使臣。

上午,四川藩署电话通知保路同志会,谓川督赵尔丰请保路会各部长、股东会正副会长等到督院看邮传部对川路的回电。四川咨议局正副议长蒲殿俊、罗纶和铁路股东会、保路同志会首领颜楷、张澜、邓孝可等人到督院,即被逮捕。民众闻讯,涌入督院,要求释放蒲、罗等人。赵尔丰下令开枪镇压,当场死者数十人,伤者数百人,成都血案发生。

按:赵尔丰原先曾支持川民保路,后来为什么会镇压川民争路运动呢,冯静、万华《再评辛亥革命中的赵尔丰》(《四川师范大学学报》1988年第5期)说:首先,赵毕竟是封建官僚,他支持保路是因为借款筑路有损大清帝国主权,亦不利于包括他自己在内的清朝统治阶级的长远利益。但是,当保路运动触犯了大清帝国利益时,其阶级本性必然会使他甘当"戎首"而重施"屠户"故伎。其次,盛宣怀、端方、瑞澂和清室的一再施加压力,是赵尔丰转变态度的重要原因。

中午,铁路总公司召开保路同志会及股东大会,管带唐廷牧率陆军一连进驻公司,宣布保路同志会、股东会均不准开会。

四川保路同志会从四川京官中选出的驻京争路代表川东李文熙、川南赵熙、川西黄德章、川北胡骏及其他京官200余人在北京全蜀馆开会,签名严劾盛宣怀,请朝廷罢免盛宣怀。

四川《启智画报》被川督赵尔丰查封。

8日(宣统三年七月十六日)

四川咨议局秘书长程莹度及议员姚厉渠等密商,派黄绶赴湘、鄂联合两省咨议局反清保国,并赴北京资政院请愿,要求惩盛宣怀借款卖路之罪,惩赵尔丰擅捕滥杀之罪,借以营救蒲殿俊、罗纶等人。

按:蒲殿俊(1875—1934),字伯英,笔名止水,四川广安县人。1904年,以官费东渡日本留学,进东京梅津法政大学学习政法。1908年秋由日返国,在北京任法部主事兼宪政编查馆行走。1909年10月,任四川咨议局议长。创办《蜀报》鼓吹立宪,宣传民主思想。1910年8月,第二届咨议局联合会代表大会在北京召开。蒲殿俊被选为大会副主席,成为第三次国会请愿运动中的核心领导人之一。1911年5月,清廷颁布"铁路国有"政策后,蒲殿俊成为保路运动的领导人。四川独立后,为首任都督。

四川保路同志军在各州、县相继起义,全川震动。

按：是时,哥老会首领秦载赓、侯宝斋率所部同志军,分别自华阳、新津迫成都。秦部在成都东门外牛市口与清军接战。同盟会会员龙鸣剑、曹笃等缒城出成都南门,与朱国琛等就农事实验场裁木板数百片,上书"赵尔丰先捕蒲罗,后剿四川,各地同志速起自救自保",涂以桐油。乘夜将木板投入河中顺流漂去,下游各地人民惊称"水电报"。知成都发难消息,纷纷揭竿而起(《吴玉章年谱》)。

忠瑞、溥𫠜被清廷免除科布多办事大臣、参赞大臣,分别由桂芳、萨荫图继任。

东三省总督赵尔巽选送男学生20名、女学生10名到哈尔滨男、女商务学堂就学,学材10年。本日,李绍庚、张国忱等20名男生来哈尔滨。

《谐铎报》在上海创刊。

9日（宣统三年七月十七日）

重庆府中学堂监督杨庶堪派同盟会员朱之洪、刘祖荫与黄绶同赴夔府谒端方,代表川民陈述赵尔丰之罪和保护路权之决心。但未见到端方。黄绶遂赴长沙。

四川同志军与清军战于成都城外。新军将校中的革命党人方声涛、程潜、姜登选等率部暗应。成都附近几县多为民军控制。

四川总督赵尔丰逮捕咨议局议长蒲殿俊、副议长罗纶、保路同志会长邓孝可、股东会长颜楷、张澜及胡嵘、江三乘、叶秉诚、王铭新等9人后,保路同志会聚众围总督署,击之始散。

四川保路同志会代表刘声元至北京地安门上书摄政王载沣,请收回成命,并治当事大臣以应得之罪。

平南军政府成立,推卢殿林主持县政。

清廷准湘路商股公股换给国路股票。

按:《东方杂志》第八卷第八号《中国大事记》载:湖南京官王世琪等奏称,国家特因各省股本,不敷造路,故筹巨款以期速成。既准商民一律附股,并无排除民股之心。湖南商股,不过百五十万,恳将房股租股,皆准作为私股;路用盐釐加价赈糶民捐之款,皆准作为地方公股。款皆实银,请一律给与分红分息股票,以后商民继续附股,并请照收,以免向隅。奉谕所陈各节,核与五月二十一日谕旨,各省所抽所招之公司股票,尽数验明收同。由部特出国家铁路股票,按股分利,办法尚属相符,自应准如所请。即由该部将其公司股票尽数验明,换给国路股票。其赈糶捐款盐釐加价两项,亦准作为地方公股,一律分红分息,藉充本省备荒及地方公共实业之用。责成公正绅士,会同经理,官为督察等因。钦此。

清廷停止各学堂实官奖励并定毕业名称。

按:《东方杂志》第八卷第八号《中国大事记》载:学部奏称,东西各国,学堂学业,与入官考试,无不判为二事。中国兴学之初,科举未停,任官之制未备,自不得不沿用科举办法,学堂毕业者,即予实官,以广登进,而资任使。惟比年以来,毕业人数,逐渐增加,而官缺之增设有限,学生得官以后,仍复置之闲散,且文官考试任用章程,应于本年颁布施行,而实官奖励一节,按之将来新章,不免有所抵牾。臣等体察情形,参考舆论,知今昔异势,非早定变通之计,不足以利推行。拟自文官考试任用章程施行之日起,无论何项学堂考试毕业者,概不给奖实官。其游学毕业生之廷试,明年亦拟不复举行,另由内阁会同各部,规定文官考试资格,及技术官教育官,须用专门毕业人才之办法,以昭核实,而励贤能。至于毕业名称,近时人士,有以为宜仿日本,改用博士、学士、得业士者;有以为宜从中国习惯,仍用进士、举人、贡生、生员者,二者均持之有故,言之成理。惟仿日本之例,则高等专门学堂毕业者,始称得业士,大学毕业者,始称学士,中学堂以下毕业者,并无特定之名称,无以为就学者劝。且中国兴学未久,偏僻之区,于就学为自立之理由,殆绝无人知。若将社会习惯所推重之荣名,改革殆尽,恐无以鼓励群情,推广学校。学部迭据甘肃等处提学使,声称内地各处之高等小学,其曾经毕业给奖一次者,添招新生,尚为踊跃。其未经给奖者,学生之数皆极少。若将毕业名称靳而不与,不特未设学堂之处,无增加之望,恐已设之学堂,亦有解散之虞。是废止进士、举贡等名称,别定学位,虽属正当办法,而按之现在情形,则尚未能骤行。惟旧章中贡生分拔优岁,生员分廪增附等名目,沿习旧名,未免失实。进士举贡,有截取就职之途,亦尚与入官之途相混。凡此二端,必须改革。臣等斟酌再四,拟于以后大学毕业者,仍称进士;高等及与高等程度之学堂毕业者,仍称举人;中学及与中学程度之学堂毕业者,统称贡生;高等小学及初等实业学堂毕业者,统称生员。均以考试毕业列中等以上者为限。其大学及师范实业暨法政医学等专门学堂毕业者,均加某进士,或某科举人字样,俾有区别。其得进士、举人、贡生者,亦一律自文官考试任用章程施行之日起,不准截取就职,以示限制。奉旨依议。

又按:梁启超对奖励学堂出身有批评,其《初归国演说辞》曰:"前清学制之弊,至今犹令人痛恨不已,其误国最甚者,莫如奖励出身之制。以官制为学生受学之报酬,遂使学生以得官为求学之目的,以求学为得官之手段。其在学校之日,希望者,为毕业之分数与得官之等差,及毕业以后,即抛弃学业而勉力作官矣。即海外之留学生……毕业以后,足迹甫履中国,亦即染此学风,抛弃其数年克苦所得之学问,而努力作官矣。故中国兴学十余年,不仅学问不发达,而通国学生,且不知学问为何物,前清学制之害,庸可胜言也。"(《饮冰室合集》之文集卷二九)

清廷停止各省高等中等学堂毕业复试,将高等统归部辖、中等统归省辖。

按:《东方杂志》第八卷第八号《中国大事记》载:学部奏称臣部于宣统元年奏定各省高等中等各学堂毕业复试办法,凡高等专门学堂学生毕业后,于每年三月,由臣部调京复试;中等各学堂学生毕业后,于每岁暑假年假期内,由提学使调省复试。历经钦遵办理在案。当初立法之意,原以高等各学堂毕业,于奖给出身之外,复加授实官;中等各学堂毕业,所奖均系各项贡生出身,并准其就职。奖励既废,则考核之方,自不得不格外加严,以防名器之冒滥。但此系一时治标之计,而非经久不易之规。现在实官奖励,既议停止,文官任用章程,行将颁布,将来高等中等各学堂毕业生,均须经文官考试,方得入官。事势既有今昔之不同,办法自应随时为通变。况学堂性质,与科举不同,科举但凭一日之考试,以定短长;学堂当视平日之积分,以别高下。果其平时管理谨严,教授切实,则不待毕业,可决其成绩之优良。若其管理弛懈,教授无方,即使毕业后严行复试,而以前数年之敷衍,因循贻误,已非浅鲜。故正本清源之计，与其考核于事后，莫若考核于事前。臣等公同斟酌，拟请自宣统四年为始，凡各省高等中等各学堂学生毕业，均停止复试，而将高等各学堂，一律改归臣部直辖。中等各学堂，一律改归提学使直辖，以便随时考核，至堂中一切经费之筹集，处理职教员之位置，拟一律悉仍其旧，以免纷更。惟其现充高等各学堂监督，或中等各学堂监督者，应由臣部或提学使加给札文或照会，作为部派或省派人员，以符名实。其考核之法，除臣部视学官及各省视学员随时视察外，并得临时派员到堂，按学生所习学科严密考试。或一年一举，或间岁一举。至毕业时，另由臣部严定考试办法，其有成绩不良者，随时将该监督教员分别参撤。奉旨依议。

度支部饬铸币各分厂，于四国借款未交前，先铸银币一千万元。

清廷赈浙江杭、嘉、湖、绍四府灾。

长沙洙昭间铁路开通，为川粤汉铁路之一部分。

范烟桥、徐光泰等在江苏吴江结同南社。

俄国伊尔库斯克军区司令尼科岑来哈尔滨。

10日（宣统三年七月十八日）

赴京请愿的争路代表刘声元及京官杨光谌、卢文矩等百余人和学生数百人，在北京全蜀馆开会，议决朝廷不罢盛宣怀，川京官辞职，学生一律罢课回籍。下午，刘声元与京官、学生等徒步赴庆王府跪哭请愿，被拒绝不见。

清廷在中南海瀛台补桐书屋为宣统皇帝溥仪举行开学授读仪式。大学士陆润庠、侍郎陈宝琛授读，副都统伊克坦教习国语清文。

清廷停止吏员考职。

按：外省各衙门额设书吏，著役年满，向有考职之例。现在文官任用章程，将次宣布，此项吏员考职，应先行停止，由内阁通行各督抚照办。（《东方杂志》第八卷第八号《中国大事记》，1911年）

葛瑞芝在安庆起义未成殉难。

吴玉章回到荣县，与王天杰等人商定，吴玉章留守县城，主持大计，王天杰、龙鸣剑率起义军二千余人开赴成都。起义军出城门时，群众放鞭炮相送，龙鸣剑拔剑起誓："不杀赵尔丰，决不再入此门！"

俄国交通部大臣鲁赫洛夫来哈尔滨,视察中东铁路。

陆征祥与俄国政府代表议约五条。

按:中俄改约:(一)俄人在蒙古居留一年以外者,则可视同入华籍之人,一律看待,归中国官员管束。凡俄人在一千八百八十一年中俄立约以前所买蒙古之产业,必须纳税于中国政府,立约后所买之产业,亦归中国官员认可。(二)中国按照该修约,准俄设领事于蒙古地方(若干数未定)。俄国亦准中国设领事于西比利亚并俄国属土。(三)将伊犁并蒙古地方,与俄国境交之俄商货物,亦必纳税于中国。(四)俄国有领事驻扎之地方,俄商将来如欲购置产业,中国官员须准其置买,惟未设领事之地,只准其租地而已,不能置买。(五)松花江、黑龙江、乌苏各江之航业权,两国另立条约(《东方杂志》第八卷第八号《中国大事记》,1911年)。

11日(宣统三年七月十九日)

清廷发布上谕,禁止四川旅京官、绅、商、学开会、递呈。并命捉拿刘声元。

清廷赏广东帑银四万两赈水灾。

同盟会会员、哥老会首领秦载庚督大队进攻成都,战斗失利,退至仁寿县借田铺设东路民团总机关,未几,各属来会者,众逾20万。

川督赵尔丰发布告示,申明日前逮捕的保路同志会诸人,乃"犯上作乱"之徒。

按:赵尔丰都督告示:"为晓谕事。照得此次所拿的首要,并非为争路的事实,因他们借争路名目,阴图不轨的事。若论争路的事,乃是我们四川的好百姓,迫于一片爱国的愚诚,本督部堂是极赞成的。所以本督部堂下车的时候,即为我们四川百姓代奏,又会同将军各司道代奏,又联络官民一齐代奏,本督至再至三,那一回不是为我们四川百姓争路?争路是极正当的事,并不犯罪,何至拿办,更何至拿办有官职的绅士?若论此次所拿的事,是因他们这几个人,要想做犯上作乱的事,故意借争路的名目,煽惑全省的人。煽惑既多,竟敢抗捐抗粮,明目张胆,反抗朝廷。并分布各州县设办事处,胆敢收地方粮税,并胁迫我们百姓,不准为我们的皇上纳粮,偏要为他们乱党纳粮。不准为我们的皇上纳税,偏要为他们乱党上税。且于省外州县解来的地丁钱粮,扣住不准上库,更要造枪造炮练兵练勇,自作自由,种种背逆行为,我们百姓皆于报告中共见共闻者,此尤背逆之显见者也。他们包藏祸心,偏要借着路事说那好听的话。试问抗粮税、造枪炮、练兵勇这与铁路什么相干?明是要背叛朝廷,又怕我们百姓不肯。故借争路名目,哄弄大众,说的是一片爱国爱川的热诚。上等社会之人,自然也为其所惑,随声附和起来,故此愚民百姓,更容易哄骗了。他并敢勾结外匪,定期十六日举事,作谋反的举动。果然十六日,四处便来围城了。若不是关城的早,城内进来这些乱人,早就烧杀抢劫起来,不知闹成个什么样子了。尔等乡愚无知,受其愚弄,实堪矜悯。所以昨日扑城,抗拒官兵的人犯,虽是无知妄作,自犯死罪。本督部堂念其皆是朝廷赤子,受人煽惑,情实可怜。昨日所拿数十人,亲讯明白,从宽释放,复与以饮食之资,是则本督部堂不忍之心所见端者也。况省中、省外的百姓,皆为其迫胁,实不得已,但能各安本分,照常营业,皆是良善子民,岂有株连究办之理?总之,此次所拿首要,非为争路的事实,系为背逆朝廷的事,本督部堂系奉谕旨办理的。我们百姓要听明白,切勿误会。不但不株连我们的百姓,并且不妨害我们争路的事。就是误入该会的人,只要能立刻改过自新,也便不追问了。本督部堂爱民如子,疾恶如仇。从前护院的时候,并未有妄杀一个人,想为尔四川百姓所共见。为此再行明白晓谕,凡尔士农工商人等,务须善体此意,不必妄生猜疑。切切特示! 宣统三年七月十九日。"(诵清堂主人《辛亥四川路事纪略》)

广东澄海县堤决,清廷发帑银四万两赈之。

四川旅京人民以争路开会,具呈资政院乞代奏。

清廷命捕四川保路同志会代表刘声元解归籍。

清廷谕学部约束学生勿预外事,并敕所司禁聚众开会。

日本驻辽阳领事铃木要太郎与辽阳知州史纪常在辽阳组建中日合办电灯公司并签订章程。在佟家街建发电厂,翌年三月竣工,开始供电。

12日(宣统三年七月二十日)

清廷明谕对川省用兵,饬端方率湖北新军趱程入川。

按:《东方杂志》第八卷第八号《中国大事记》载:本日奉上谕,自铁路干路,收归国有,凡从前商股民股,均经饬部妥定办法,既已减轻民累,复不令亏损民财,乃川人未明此意,藉端争执,罢市罢课,迹近嚣张。旬日以来,该省突有人散布自保商权书,意图独立。本月十五日,竟有数千人,凶扑督署,肆行烧毁,显系逆党勾结为乱,于路事已不相涉,万难再予姑容。已电饬赵尔丰相机分别剿办。该署督迅即严饬新旧各军,将倡乱匪徒,及时扑灭,毋任蔓延。端方带队入川,务须申明纪律,严加约束,不准骚扰。并沿途晓谕居民,朝廷不得已而用兵,纯系为除莠安良起见,等因,钦此。

安徽芜湖协和煤矿公司荻港分公司矿工暴动,清政府派兵镇压,当场死亡3人。

湖北文学社召开会议,讨论对付新军入川之策。

孙中山抵西雅图,致函日本朋友,询西元寺内阁对中国革命党之方针,是否允其在日本居住。

13日(宣统三年七月二十一日)

法部奏定司法汇报规程。

按:《东方杂志》第八卷第八号《中国大事记》载:宪政编查馆以改良审判,尤为宪政权舆,傥于已未设厅地方,所理案件,仍无切实调查,无以外法部实施监督之依据。是以有司法汇报之条议。司法汇报者,所以资比较,验成绩,并供司法统计之取材也。兹法部即本斯议,酌拟章程入奏。已奉旨依议。计共七十一条,都为十有一章,通行京外各审判衙门,及未设厅地方各该地方官衙门,钦遵造报,由法部汇齐,按季奏陈。如有任意不报,或报而不实者,由部查明,据实参处。

民政部大臣桂春奏报,四川保路同志会代表刘声元已被拿获,即日押解回籍,并饬外城巡警总厅严禁聚众开会演说等事。

14日(宣统三年七月二十二日)

山东济南及东西路各州县水灾,黄河上游民埝复决,清廷发帑银五万两赈之。又赈福建水灾。

湖北文学社、共进会在武昌雄楚楼十号刘公住宅召开第三次联合会议,初步确定联合大计,并决定派杨玉如、居正二人赴沪请黄兴、宋教仁或谭人凤来鄂做起义指挥,主持大计。会议由刘公主持,蔡大辅记录,孙武报告湖北形势。

国民会吉林分会成立，以蒙古族人士庆山、杨梦龄为会长，满族人士松毓为副会长，金树芬为干事长。

俄国伊尔库斯克军区司令尼科岑离开哈尔滨。

俄人切尔尼霍夫斯基在哈尔滨创办《满洲报》。

15日（宣统三年七月二十三日）

清廷命前两广总督岑春煊入川，会同赵尔丰办理剿抚事宜。

按：谕曰："前因四川逆党勾结为乱，当饬赵尔丰分别剿抚，并饬端方带队入川。现据瑞澂及重庆等处电陈：四川省城城外，聚有乱党数万人，四面围攻，势甚危急等语。成都电报，现已数日不通，附近各府州县，亦复有乱党煽惑鼓动。川省大局，岌岌可危，朝廷殊深焦虑。昨已电饬端方克期前进，迅速到川。开缺两广总督岑春煊，威望素著，前任四川总督熟悉该省情形。该督病势日已就痊，著即前往四川，会同赵尔丰办理剿抚事宜。岑春煊向来勇于任事，不辞劳瘁，即著由上海乘轮即刻起程，毋稍迟延。此次川民滋事，本系不逞之徒，藉端诱惑，迫胁愚民，以致酿成此变。现在办法，自应分别良莠，剿抚兼施。其倡乱匪徒，亟须从严惩办，所有被胁之人，均系无辜赤子，要在善为解散，不得少有株累，以期地方早就敉平。岑春煊未能立时到川，端方计已行抵川境，著先行设法，速解城围，俾免久困，并沿途妥为布置，毋任滋蔓。该大臣等其各懔遵谕旨，迅赴事机，以纾朝廷西顾之忧，而免川民涂炭之苦。钦此。监国摄政王钤章。"（诵清堂主人《辛亥四川路事纪略》）

又按：《民立报》（辛亥年八月初十日）发表《川乱声中之朝局》曰："起用岑春煊赴川剿办之谕，庆邸不肯署名。其实借债之议发之邮部，操之内阁，今日互相抱怨，已非其时。庆邸屡受舆论攻击，欲借此以诿过于某公耳。总之，朝局中本有朋争伙斗之象，经此一乱，其危象益显见。"

四川绅耆伍肇龄等上书川督，要求将颜楷、张澜、蒲殿俊、罗纶等交予大理院审讯，确定是否真正有罪。

按：绅耆伍肇龄等上军督司道呈稿（七月二十三日）："为恳请详察，矜全大局事。窃自本月十五日，铁路公司股东会正、副会长颜楷、张澜，咨议局正、副议长蒲殿俊、罗纶及铁路股东代表邓孝可等，奉召入署后，猝见首要就擒之示。一般人民惶骇无似，恭捧先皇神牌，诣辕泣恳释放。旋由宪署开枪击毙多人，又见出示云："拥进辕门，格杀无论。"兼以闭城数日，城外乡民不知城内情事,纷纷扰扰,群呼争路,事变至此,倘不及早解决,将来谣传愈远,人集愈多,地方之糜烂,势将无所底止。刻下城内商民,仰体宪台示谕,复督率商董沿街劝导,陆续开市,然卒不知被拿诸人是何罪状。及十八日,乃见大公祖示谕,谓诸人等皆系藉им路为由,希图煽惑人心,潜谋不轨,所有城中停课、罢市等情,皆诸人主使。人民等但见宪台示谕,未见悖逆确证,又复皇皇奔走,惊相告语。绅等睹此等情形,不敢为诸人辩护,深为大局危惧,是以不揣冒昧,渎恳垂察。窃咨议局长为全省人民所公推,股东会长为全体股东所公举,各股东遵公司律而集会,是皆为国家法律认定之人,即当受国家法律之保护。果有悖逆之谋,不惜牺牲川民数千万人生命财产,供其一快,而使数千万人日夜所欲争回之路,灰于一旦。是此数人者,不特为朝廷之乱民,亦即四川之公敌。国家刑律,固所难容,即我数千万人民,亦岂能容忍不问,听其扰乱?惟据人人心理推测,此数人中,或因争路狂热,言词过于激烈,固不能曲为之讳。而一般人民,则皆激于争路热诚,不易解释。倘此被拿数人,不经法庭审讯,取具确实证据,宣布罪状,而遽罹不测之罪,虽有宪台剀切示谕,谓争路为正当,并不更事株连。窃恐全川人民,因爱路之愚忱,而痛惜争路之人。只谓争路者被拿,不知被拿者何罪,疑误不解,变患迭生,将我大公祖竭力保全川路之苦心,亦终不白于天下。本省伏莽既多,他省人心正乱,而外人复乘间伺隙,深冀我内地不靖,可以藉口调兵保护,以扩张其势力范围。路事一日不平,责言一日不止,若因此内讧,外交无法抵制,是借债之失败犹缓,争路之召乱甚亟。数人之生命虽轻,大局之安危实重,此中关系,毫厘千里。绅等见闻所及,缄默难安。伏查钦定法院编制法,凡国事犯,皆以大理院为第一审。处此祸福须臾,只得恳请大公祖矜全大局,可否将此数人交法庭审讯。如果真有叛逆确据,即请布告全川,俾人民等咸晓然于此数人之罪不可逭,则全川数千万人,不第疑误冰释,且咸颂我大公祖从容定乱之德于无穷矣。为此具呈,不胜屏营待命之至。"(诵清堂主人《辛亥四川路事纪略》)

清廷批准轮船招商局股份有限公司章程并改良办法。

按:《东方杂志》第八卷第八号《中国大事记》载:商办轮船招商局,自隶邮部后,仍遵北洋历年官督商办成规,近以各国航业竞争,有加无已。该局收数渐绌,亟思设法补救。该商等特修改章程,呈请立案。经邮部审定奏明,本日奉旨依议。

16日（宣统三年七月二十四日）

湖北文学社、共进会召开联合会议,成立起义统一机构,推举蒋翊武为总指挥,王宪章为副总指挥,孙武为参谋长。又派居正、杨玉如自武昌乘船前往上海,催请黄兴、宋教仁、谭人凤等迅速赶赴武汉主持举义。

监国摄政王身着朝服,在护卫亲兵的簇拥下,于上午十一时准时亲赴德胜门外镶黄旗、正黄旗两旗校场检阅皇家禁卫军。禁卫军军乐队奏响威武雄壮的军乐《崇戎谱》。

叶圣陶是日日记抨击川督赵尔丰虐杀争路代表,为不良之政府,万恶之政府,犬羊之政府。

按：记曰："川省以铁路国有事持争已久,唇舌文墨已不知费去几许,眼泪血涕亦以随之。本月初一,商界实行罢市,学界实行罢课,税赋亦一律不纳,以争挽回。孰知此不良之政府依旧冥顽不灵,反以为紊乱秩序,令川督虐杀首要。今日报上载川督赵尔丰已将争路代表二人虐杀,咨议局议长亦遭残戮。大众公愤所激,遂围攻督署。赵督调兵以拒。川省兵士固亦有人心者,宁肯助桀为虐,故亦不之应。呜呼,前数日报上固已有四川宣告独立之电矣,何以独立之旗犹未见拂久于蜀山顶上也？伤哉我同胞,何以丁此世而雁此凶哉！要知此不良之政府,此万恶之政府,此犬羊之政府,断乎其不可恃矣！川人川人,抑既已误于前矣。如此之政府,何必向之要求,即要求而得之,须知要求所得之权利,决非黄金世界吾人神圣自由之权利也。此等政府只值破坏,川人亦既已误于后矣,故虽无破坏之力而且脱离之。独立乎,独立乎,我日望之矣。更求川人毋吝其血与骨,以终成之也。且万物非经破坏难以建设,盖物理固然也。则欲救吾中国者,又非独望诸川人,吾黄帝之子孙皆其责矣。"（《叶圣陶集》第19卷）

17日（宣统三年七月二十五日）

邮传部奏陈审定轮船招商局股份有限公司章程并改良办法,奉旨依议。

四川旅沪保路协会开特别大会,到会千余人,议决举代表面谒岑春煊,请勿带兵入川。

监国摄政王以皇帝的名义颁旨嘉奖禁卫军。专司训练禁卫军大臣郡王衔贝勒载涛、辅国公衔镇国将军载搜因训练有方,不辞劳瘁,著加恩赏穿黄马褂,所有禁卫军官员从军咨官以下都按异常劳绩择优给予嘉奖。

18日(宣统三年七月二十六日)

清廷命贵州巡抚沈瑜庆派兵克期赴川。成都陆续开市开课。

旧金山致公总堂(即美洲洪门总会)将收到的黄兴致孙中山电,转发已赴华盛顿筹款的孙中山。黄兴电云:"川民军起,军反正,据成都。速筹款谋应。并转中山。兴。"(《黄兴年谱长编》)

宋教仁在《民立报》发表《葡国改革之大成败》。

按:《民立报》于1910年"重九"日在上海创刊,1913年9月4日"二次革命"失败后停刊。它是当时资产阶级革命派在国内的一份重要报纸。社长于右任,主笔有宋教仁、景耀月、马君武、吕志伊、范鸿仙、章士钊、叶楚伧等。

哈尔滨滨江商会创办白话《醒民报》。

19日(宣统三年七月二十七日)

长江一带水陆各军均暂归袁世凯节制调遣,会同沿江各该督抚妥善办理。

署理四川总督赵尔丰致电内阁,报告清军与民军作战情形。

按:署理四川总督赵尔丰致内阁请代奏电(七月二十七日):"十五日,遵旨拿获首要,随将围攻督署乱民击退,曾于咸电具陈在案。是日分段派兵弹压,兵民仍多冲突,直至三更,城内始稍静息,而城外大面铺、牛市口民团数千人,竟夜已到城下。据称系由同志会调令十六日进城,始知逆谋凶狡,实非一朝一夕之故。连日已到各团,计西有温江、郫县、崇庆州、灌县,南有成都、华阳、双流、新津及邛州、蒲江、大邑等十余州县。一县之中,又多分数起,民匪混杂,每股均不下数千人,或至万人。所到之处,抢掠烧劫,无所不为。附省居民,纷纷逃徙。阵获之人,讯供或称系赴同志会召集,有称系蒲、罗等大人调来保路者。十四日,即已暗中齐团,亦有沿江得有同志会散布调兵木笺,令来保护罗、蒲诸人者。今知渠等被擒,特来救援。要求从此不纳粮税,不准,则围城攻打。当经调派陆军及巡防军卫队,一面谨严守城,将各国驻省领事及教堂教士等,加意保护。一面分路迎剿,仍先将该逆绅等谋叛情形,分头晓谕解散,免致愚民无知误犯。兵民接战时,官弁等亦必先行劝解。乃各该团恃其人众势强,分四路围城,并放枪炮,伤亡兵士。迨官军开枪回击,犹敢抵死抗拒,至势难支持,始各纷纷败退。嗣有大股匪团数千人,盘据距省五十里之龙泉驿山顶,扼守险要,密列炮械,扬言进攻省城。官军驰往剿击,匪即开炮轰打。官军于黑夜猛扑上山,占据山顶,夺获大炮数十具,械弹刀矛无算,匪遂下山纷窜。盖龙泉驿为东路要害,该匪等意在扼险固守,截断省城声援。幸经立时攻夺,不致为其所制。而西路犀浦、中和场等处,复有数千匪徒聚集,纵横于郫县、双流之间。复经派兵防剿,当即败退。讵该匪旋又分股围攻双流县城,放火焚烧关厢街寺,势甚危迫。官军蹑踪往援,与匪接仗数次,均获胜利,相持一昼夜,城围始稍松解。其窜扰犀浦、中和场并续窜唐家寺之匪,亦先后败退。刻据探报,金堂、什邡、汉州等处,又复纷纷告警,犹须分兵往救。查官军自十六日至今,连战七日,防内攻外,东驰西击,刻无暇晷。尔丰随时激以忠义,犒以重赏,将士均尚用命。虽所当辄靡,擒斩甚多,夺获枪炮、刀矛、旗帜约二千余件。而民匪散而复合,前去后来,竟成燎原之势。自十六日,各路电杆悉被砍断,驿递文报,皆被截阻搜杀。各处匪徒,日益麇集,迹其设伏守险,图扼东西要道,陷我于坐困之地,必有枭桀诡谲之徒,主谋指使。而西充、汉州等处,匪徒犹有分路来省之说。兵数有限,备多力分,恐仓卒未易歼除。拟俟城守稍固,即抽队迎剿以图廓清。其先后阵擒各犯中有被胁愚民,均用善言开导,悉予宽免省释,饬其劝告乡里,勿致误蹈罪戾,为妥筹解散之计。惟闻彼党已密派多人,运动各省咨议局及京外官绅,意图淆乱黑白。尔丰一面通电各省督抚,宣布其罪,以免人民误会或有牵动。至现在筹办防守,所有筹画饷需,预备供给及赏恤救济,巡查地面各事宜,自不能无总汇机关,以资督率。其临时需用各款,亦为预算所不及。刻已于藩署饬设筹防局,妥为办理,俾资综核。再各路电报久已不通,因前日将简州匪股击退,始专马赍稿至资州电局发递,是以具报稍迟,合并声明,谨请代奏。尔丰叩,漾。"(诵清堂主人《辛亥四川路事纪略》)

居正、杨玉如抵达上海,与宋教仁会晤于《民立报》馆。

20日(宣统三年七月二十八日)

署理四川总督赵尔丰电奏川乱办理情形后,清廷发布上谕,仍著赵尔丰严饬各军分路剿办,迅速击散,分别良莠剿抚,被胁者宥之。

按:谕曰:"赵尔丰电奏:自十五日乱民围攻督署之后,是夜即有大面铺、牛市口民团数千人麋集城下。连日又到有温江、郫县、崇庆州、灌县、成都、华阳、双流、新津、邛州、蒲江、大邑十余州县民团,每县数起,每起数千人,或至万人。所到之处,抢掠烧劫,无所不为。附近居民,纷纷逃徙。当经调派陆军及巡防军卫队迎剿,乃各该团恃其势众,分四路围城,并放枪炮,伤亡兵士,迫经回击,犹敢抵死抗拒,及势难支,始行败退。嗣有大股匪团数千人,盘踞距省城五十里之龙泉驿山顶,扼守险要,密列炮械,扬言进攻省城。迫官军驰往剿击,匪即开炮轰打。经军队于黑夜猛扑上山,占据山顶,夺获大炮数十具,枪弹刀矛无算,匪遂下山纷窜。而西路犀浦、中和场等处,匪徒亦经击退,匪复分股围攻双流县城,焚烧关厢街寺,官军与之相持一昼夜,城围始稍松解。窜扰犀浦、中和场,并续窜唐家寺之匪,亦先后败退。自十六日至今,连战七日,擒斩甚多,夺获刀矛、旗帜约二千余件。各路电线悉被砍断。驿递文件,皆被截阻搜杀。现在各处乃复警报频闻,拟俟城守稍固,即抽队迎剿。先后阵擒被胁愚民,均开导宽免等语,办理尚合机宜。该匪等先期散有调兵木签,足见谋逆,已非一日。乃至逆谋败露,立时四处响应,胆敢围城抗拒,肆行焚掠,扰害良民,俾间阎不得安堵。又复扼险固守,截断声援,并有砍断各路电线,截驿递文件及搜杀情事,实属有意作乱。似此悖逆情形,业已众目昭彰,岂容任其糜烂?亟宜早图廓清。现在鄂军已经行抵川境,黔省援军亦经开拔。仍著赵尔丰严饬各军分路剿办,迅速击散,毋令匪焰日张。仍分别良莠,剿抚兼施,凡有被胁愚民,悉从宽宥,遍行晓谕,妥筹安抚,以免株连而释疑惧。仍将办理情形,随时电奏。至所奏设立筹防局办理筹饷各事宜一节,著度支部知道。钦此。"(诵清堂主人《辛亥四川路事纪略》)

湖北文学社召集各干部在小朝街召开紧急会议,议决推举刘复基和王宪章为指挥部负责人,负责筹备起义计划。

21日(宣统三年七月二十九日)

湖南湘阴至长沙电报支线架通,在湘阴县衙内安装莫尔斯收发报机,与湖南巡抚衙门通报,未对外营业。

《新民日报》在江苏常州创刊。

22日(宣统三年八月初一日)

《武风鼓吹》又名《尚武会旬报》创刊,宁波尚武分会出版。章自(叔言)任总编辑。

23日(宣统三年八月初二日)

总税务司赫德卒,晋太子太保衔。

按:《东方杂志》第八卷第八号《中国大事记》载:本日奉上谕,总税务司赫德,于咸丰年间来华,由粤海关副税务司,洊升总税务司,迭受先朝恩遇,历经赏加按察使衔、布政使衔、花翎头品顶戴并双龙二等第一宝星三代正一品封典太子少保衔,前因病请假回国,复赏加尚书衔。该总税务司,供职中国,所有通商各口,设关征税事宜,均由其经手创办,以及办理船厅,设同文馆,赴各国赛会,设立邮政,经始规划,悉臻妥协。遇有交涉,时备咨询。在中国宣力五十余年,深资赞助。兹据税务处呈递出使英国大臣刘玉麟来电,遽闻溘逝,轸恤殊深,加恩著赏太子太保衔。伊子赫承先,著赏换双龙二等第三宝星,以示优异。钦此。

清廷予故成都将军、前伊犁将军马亮于伊犁建祠。

刘复基(代表蒋翊武)、孙武、邓玉麟、蔡济民、李作栋、彭楚藩等人在武昌雄楚楼十号刘公宅召开会议,研究起义领导人选问题。决定以蒋翊武为军事总指挥,管军令;孙武为军务部长,管军政;刘公为总理,管民事。并决定第二天召开大会,讨论政府人选和起义计划。

上海《申报》发表《农工商部考核各省府厅州县办理实业劝惩章程》。

24日(宣统三年八月初三日)

湖北文学社、共进会在武昌胭脂巷十一号胡祖舜家召开第四次联合大会,孙武为临时主席。决定中秋节(10月6日)起义,并推定起义后的负责人,草拟文告,制定旗帜、符号。同时派人赴沪,迎接同盟会领导人黄兴等前来"主持大计";又派人赴湖南省和湖北宜昌、襄阳等地联络,到时响应。

按:出席本次会议人员,除前几次会议的主要人员外,各标营代表亦参加。如第二十九标蔡济民、杜武库、张喆夫、张鹏程,第三十标方维,第三十一标赵士龙、黄元吉,第三十二标单道康、孙长福,炮八标徐万年、蔡汉卿、李慕尧,马八标祁国钧,工八营熊秉坤、马荣,第四十一标阙龙、廖湘芸,第四十二标胡玉珍,混成协炮队蔡鹏来、晏柏青,工程队黄世杰,辎重队李鹏昇、余凤斋,宪兵营彭楚藩,测绘学堂方兴,陆军中学雷洪、席正铭。因蒋翊武随四十一标驻岳州未返,孙武任会议主席,蔡大辅、邢伯谦记录,李济臣、赵士龙警戒。会上由刘复基报告所拟"人事草案"和"起义计划"。因为事先有较充分的酝酿准备,所以经过一番讨论,即顺利获得通过。

第一案为军政府组成人员:总理刘公,军事总指挥蒋翊武,参谋长孙武。下设各部:军务部正长孙武,副长蒋翊武兼;参议部正长蔡济民,副长高尚志、徐达明;内务部正长杨时杰,副长杨玉如;外交部正长宋教仁,副长居正;理财部正长李作栋,副长张振武;调查部正长邓玉麟,副长彭楚藩、刘复基;交通部正长丁立中,副长王炳楚。参谋为张廷辅、徐万年、杜武库、王宪章、吴醒汉、唐牺支、李济臣、黄元吉、王文锦、杨载维、张斗枢、宋镇华等;秘书为谢石钦、邢伯谦、苏成章、蔡大辅、费架等;军械为熊秉坤;司刑为潘善伯;司助为牟鸿勋;司书为黄元斌、袁汉南、罗秉襄等;会计为梅宝玑、赵学诗等;庶务为刘玉堂、钟雨亭、李白贞、刘燮卿等。政治筹备员:刘公、孙武、居正、李亚东、胡瑛、李长龄、詹大悲、刘复基、邢伯谦、牟鸿勋、查光佛、梅宝玑、何海鸣、杨时杰、杨玉如、李作栋、蔡大辅、龚霞初、陈宏诰。刘公、孙武、李作栋、潘善伯为常驻筹备员。军务筹备员:蒋翊武、刘复基、邓玉麟、蔡济民、彭楚藩、徐达明、杨洪胜、张廷辅、杜武库、黄驾白、蔡大辅、吴醒汉、王守愚、王宪章、李济臣、祝制六、张兢夫、黄元吉、胡祖舜、王文锦、罗良骏、陈磊、阎鸿飞、马骧云、陈孝芬、王华国、钱芸生、杨载雄、胡培才、萧国宝。邓玉麟、刘复基为常驻筹备员。起义时输送弹药等事,由邓玉麟、杨洪胜负责。第二案为起义计划。这个计划由刘复基拟出,经大家讨论决定。最后,"会议主席孙武作了结论,他说:'我们大家所通过的军政府组成人员,是要在占领武昌,成立军政府后才就职的。军事筹备员和政治筹备员,目前就要积极展开工作。发动日期,大家希望在富有革命意义的八月十五日这一天,如决定可以动手,我们临时一定会有通知,请大家目前务必谨守秘密。'"会议还决定:在汉口成立政治筹备处,加紧制作起义时应需的旗帜、印玺、文告等;在武昌成立军事指挥部,加紧调制军事计划。这次会议以后,"八月十五日杀鞑子"、革命党"中秋起事"之说,传遍武汉三镇,甚至小报上还作为消息登载出来,引起清吏警惕(参贺觉非、冯天瑜《辛亥武昌首义史》第四章《武昌起义》)。

南湖炮队党人暴动未果,湖北党人起义指挥机关分散设置。炮队事件后,清湖北当局下令收缴新军部队子弹,增强市面军警力量,加强盘查。当局召集长官会议,决定军队提前过中秋节,八月十五日不放假。

上海《申报》发表《邮传部奏审定商办轮船招商局股份有限公司章程并改良办法折》和《商办轮船招商局股份有限公司章程》。

25日(宣统三年八月初四日)

四川同盟会会员吴玉章、王天杰、蒲洵等在四川荣县宣布独立,建立全国第一个革命政权,为全川及全国的独立先导。

居正抵达上海,详细报告湖北近况,同盟会中部总会决定接受率先在武汉发动起义的计划,并决定南京、上海同时发动,派人到香港请黄兴速来,宋、谭等先一步西行。因谭人凤得病,宋教仁又犹豫不决,决定等黄兴到上海再商议。

按:冯自由曰:"中部同盟会既成立,会员对于长江各省之革命工作,益趋积极。至七月中旬,鄂省军界同志运动已臻成熟,大有一触即发之势,遂派居正、杨玉如赴沪购办手枪,并邀黄兴、宋教仁、谭人凤等莅汉口主持大计。时黄兴尚在香港,居正等抵沪,即在马霍路陈其美寓所召集会议。莅会者除参加成立会诸人外,于右任、熊克武、陈方度、柳聘农、梁维岳、谭心休等预焉。是会决定南京、上海与鄂省同时发动,并派吕志伊赴香港请黄兴速来。"(《革命逸史》第2集第90页)会议之后,宋教仁、谭人凤即将湖北军队运动情况,密电在香港的黄兴。"克强当时回电说:'各省机关,还没有一气打通,湖北一省,恐难做到。必须迟到九月初,约同十一省同时起事才好。'并听说月底克强准到上海,布置一切。"(龚霞初《武昌两日记》,载《辛亥革命》

26日(宣统三年八月初五日)

清廷命张鸣岐严行缉捕广东革命党。

清廷命陈邦瑞为筹办江皖赈务大臣。

同盟会员福建永定光复军司令胡建扬率光复军进入县城。知县金秉琮将所属巡防队枪械点交,永定宣告和平光复,成立县革命军事总部,推金秉琮为总部长,苏亮寅(原劝学所总董)为副总部长。

27日(宣统三年八月初六日)

清廷寄各蒙边大臣,蒙古关系边藩甚巨,从前蒙古王公私与外国订立垦矿各约,著限年内一律取消,嗣后如有再与外国擅订合同情事,惟该大臣等是问。

端方接收湖北境内粤汉、川汉铁路。

28日(宣统三年八月初七日)

内阁奏京员奏调外省办学仍准保奖京职。

按:《东方杂志》第八卷第八号《中国大事记》载:奏称向章各部院司员,在外省出力,无论何项劳绩,只准保升外官,不准保举留补京职,并不准保遇缺优先。各项班次,历经遵办在案。查近来部院各官,经各省督抚大臣奏调办理学务者甚多,诚以办学需员,得人不易,拟请嗣后办学各员,如奉旨允准免扣资俸,仍照在京人员,一律准其保奖京职,以示区别。如由督抚咨及地方延请充当教员,办理学务,仍不得援以为例。奉旨依议。

湖南党人焦达峰函告武昌起义指挥部,10月6日起义湖南准备不足,请展期10天。起义指挥部决定10月16日湘鄂两省同时发难。

29日(宣统三年八月初八日)

邮传部奏议复沈秉堃、岑春煊电奏川省路股办法。

按:邮传部奏:"川粤汉铁路收归国有,款钜工长,必资借款,此次所订四国银行合同,系照张之洞原定之数,皆在湘、鄂境内,而草合同内已允之荆宜枝路,特令删除,留归鄂省商办,腾出此款,以抵鄂境干路。宜昌至夔州一段,极难工筑,川粤两省并未借款。初经会议,因恐商办各省不愿退股,则拒款尤力,故必先尽其附股而缓借外债,今湘、鄂虽附股皆出自愿。张鸣岐来电,粤商似皆愿领现银,并谓不宜即指粤路以借外债,致滋口实。川公司总理李稷勋前次来京面商,欲求全领国家股票,保守桑梓血本。而屡次电商川督,究应如何办法,复电初则专指合同为不然,继则无暇计及路事,其不能即指川路借款,更无待言。此次奉谕旨交议,沈秉坤、岑春煊先后所请全还现银。四川一省如此,粤、湘、鄂三省,亦必连类而及。现在会筹,总以符合历次之谕旨为宗旨,仍当附股发银,二者兼筹,各听其便,但必须预备全数发银一着,以免为难。且此次还款,拟请以各该公司所收之股分为应还实数,不再问其支款,则其所有亏耗倒账,实已一概认还。惟其股分之外,粤省尚有列收存息、路余、溢水各杂款银二百三十七万余两。张鸣岐来电,已允剔除以抵亏耗,其实股本以外,本无再有认还之款,川省王人文来电,亦有列收生息及杂收银三百三十余万两,皆在股本之外,似与粤省无异。论理既已照数全还股本,则此外各该公司列收列支皆不应问。至建造粤路,据报存款垂罄,即须由部筹拨巨款,接继工程,方不延误。其张之洞所借赎约之香港英镑,陆续到期,亦应筹的款,分别归还。似此数端,皆万不能缓,不得不一并预筹,统计至少三千万两,方能应目前之急。度支部、邮传部库空如洗,除借款实无他法。倘即以川粤铁路明借外债,该会党愈必藉口鼓惑,臣部与度支部熟商,惟有暂不指明川粤铁路,但以邮传部出名,笼统商借英金四百万镑,仍照五厘九五扣,暂以京奉路余利为实抵,仍由度支部不拘何省,另指进项为虚抵。得此巨款,虽川、粤省均不愿领国家股票,皆索现银,亦不致临时贻误。综计借款五厘九五扣,科合仅及五厘半,比较国票每年给商股六厘常息,尚属有盈无绌,且毋庸分红,是将此借款对抵商股,并不吃亏。如蒙俞允,即与银公司、银行妥速筹议,再会同度支部议订合同,请旨办理。得旨:著该部议奏。"(《宣统政纪实录》卷六〇)

庆亲王奕劻复请免内阁总理大臣及管理外务部,不许。

30日(宣统三年八月初九日)

民政部会奏遵拟府厅州县地方自治经费收支规则暨预算程式。

黄兴致函冯自由,报告国内形势,请转致孙中山,设法急筹大款,以谋响应四川保路运动。

按：函云:"七月以来,蜀以全体争路,风云甚急。私电均以成都为吾党所得,然未得有确实消息。前已与执信兄商酌,电尊处转致中山先生,请设法急筹大款,以谋响应,尚未得复。今湘、鄂均有代表来沪,欲商定急进办法。因未得接晤,不能知其实在情形,故不能妄断。至滇之一方面,若欲急办,尽可办到,以去年已着手运动,军界、会党皆有把握,有二、三万之款即可发动。然此方面难望其成功,以武器甚少,不足与外军敌也。滇为蜀应则有余,为自立则不足,倘蜀败,亦同归于消灭而已。是以弟等尚未能决其如何办法,专待蜀事得有确信方敢为之也。粤事弟已组织实行队,先去其阻碍吾党之最甚者,得成功时,再为电告。"(《黄兴年谱长编》)

端方率鄂军抵达夔州。

1911年10月

1日(宣统三年八月初十日)

清廷裁直隶督标、提标,通永、天津、正定、大名、宣化各镇标官弁马步守兵,提督依旧。

农工商部公布京师劝工陈列所筹办考工会简章。

按:农工商部所设京师劝工陈列所,定于宣统四年开办第一次考工会,即以是年正月为招考开始期,由部先将筹办简章,通行各省。(《东方杂志》第八卷第八号《中国大事记》,1911年)

清廷以赫德病逝,任英人安格联为总税务司。

2日(宣统三年八月十一日)

安徽发行地方水灾公债。

岑春煊自上海抵达武昌,不敢前进,称病请开去差使。清廷允其暂缓入川。

黄兴与湖北代表吕志伊、刘芷芬晤谈。事后致电孙中山。

按:同盟会中部总会成立后,积极筹划在武汉地区起义。湖北方面推居正、杨玉如赴沪,邀黄兴、宋教仁等克期前来,主持一切。居正等抵沪后,访晤宋教仁、谭人凤,又由居"详述武汉及长江一带事实,函报香港,托吕天民携往,请黄克强速来"。吕与刘芷芬抵港数日,是日,始与黄兴相晤。事后致电孙中山(《黄兴年谱长编》)。

3日(宣统三年八月十二日)

黄兴与吕志伊、刘芷芬继续晤谈。复函同盟会中部总会,赞成在武汉起义计划。

> **按**：黄兴函曰："奉读手札，欣悉列公热心毅力，竟能于横流之日，组织干部，力图进取，钦佩何极！迩者，蜀中风云激发，人心益愤，得公等规划一切，长江上下，自可联贯一气，更能力争武汉。老谋深算，虽诸葛复生，不能易也。光复之基，即肇于此，庆何如之！……初念云南方面较他处稍有把握，且能速发，于川蜀亦有犄角之势；及天民、芷芬两兄来，始悉鄂中情势更好，且事在必行，弟敢不从公等后以谋进取耶！……弟之行止尚不能预定，以南洋之款或须弟一行，亦未可知。数日后接其复电，方能决策也。鄂事请觉生兄取急进的办去（法）；如可分身，能先来港一商，尤盼！"（《黄兴年谱长编》）

因武汉事急，同盟会中部总会再次开会商议，宋教仁同意10月6日起身赴武汉。但临行时，又因于右任不在，《民立报》的事难以摆脱，而不能成行。

> **按**：于右任（1879—1964），原名伯循，以字行，陕西泾阳人。1907年至1913年在上海先后创办《神州日报》、《民呼日报》、《民吁日报》和《民立报》，是辛亥革命时期的著名报人。

湖广总督瑞澂召开县和管带以上文武官员防务会议，决定实行全城戒严。

江南提督刘光才以疾免，清廷调张勋代之，又以张怀芝为甘肃提督。

4日（宣统三年八月十三日）

清定国乐。

> **按**：《东方杂志》第八卷第八号《中国大事记》载：典礼院会奏，略称应定国乐。遵经遴委禁卫军军咨官溥侗、海军部参谋官严复，钦遵御制律吕正义后编乐制，旁考各国乐章，详慎编订，协比声律，交由禁卫军乐队，演习娴熟，复经臣等会同研考参修正，声词尚属壮美，节奏颇为叶和，缮单呈览。伏候钦定颁行。奉上谕，著即定为国乐，一体遵行。

黄兴急电邓泽如等，告以武汉新军发动在即，将往策应，请速筹款。

段祺瑞与两江总督张人骏会奏：光绪三十二年正月至宣统二年

十二月,江北各防营弹压会党起事"出力较著者"42人,酌请褒奖。

5日(宣统三年八月十四日)

《内阁官报》公布《国乐》,外务部将"大清帝国国乐乐章"寄给驻各国使臣。

按:《国乐》的歌词是:"巩金瓯,承天帱,民物欣凫藻,喜同袍,清时幸遭,真熙皞,帝国苍穹保,天高高,海滔滔。"(刘锦藻《清朝续文献通考》卷一九九,乐十二,上海商务印书馆1955年)这首《巩金瓯》被认为是被正式采用的中国第一首国歌。

黄兴致信冯自由,主张起义地点应以武昌为中枢,湘、粤为后劲,宁、皖、陕、蜀亦同时响应以牵制之,大事不难一举而定也。

按:黄兴前致冯自由函书就未发,是日又补述武汉方面形势,表示不日将前往指挥起事。函云:"鄂省军界久受压制,以表面上观之,似无主动之资格,然其中实蓄有反抗之潜力,而各同志尤愤外界之讥评,必欲一申素志,以洗其久不名誉之耻。似此人心愤发,倚为主动,实确有把握,诚为不可得之机会。若强为遏抑,或听其内部自发,吾人不为之指挥,恐有鱼烂之势,事诚可惜。即以武汉之形势论,虽为四战之地,不足言守,然亦视其治兵之人何如。……前吾人之纯然注重于两粤,而不注意于此者,以长江一带吾人不易飞入,后来输运亦不便,且无确有可靠之军队,故不欲令为主动耳。今既有如此之实力,则以武昌为中枢,湘、粤为后劲,宁、皖、陕(原边注略)、蜀亦同时响应以牵制之,大事不难一举而定也。急宜趁此机会,勇猛精进,较之徒在粤谋发起者,事半功倍。……弟本欲躬行荆聂之事,不愿再为多死同志之举,其结果等于自杀而已。今以鄂部又为破釜之计,是同一死也,故许与效驰驱,不日将赴长江上游,期与会合,故特由尊处转电中山,想我兄接阅,必为之竭力援助。"(《黄兴年谱长编》)

端方率军抵达四川万县。

香港至广州的九广铁路华段落成启用。

《京报》创刊于北京,邵飘萍任社长。

6日(宣统三年八月十五日)

黄兴致函陈其美、谭人凤、宋教仁、居正等,认为吸取广州之役失败教训,须注意纯洁起义组织,防止内奸,严明纪律。

按:函中说:"布置不可过大,用人不可不择。以广东前事比较,好挥藿(霍)者,其用钱必多,而成绩又不好;能俭约者,其用钱得当,而成绩必良,此一定之程式也。若欺周诳骗之流,则又在所勿论矣。尤要者,天义晦塞,人心险诈,外托热心之党员,以为贼房之侦探者有之,广州之败,首坐于此。此次不可不引为前鉴,用一人必深悉其底蕴,绍介者尤宜负其责任。如有迹涉嫌疑者,可不用之。……吾党发难时之组织,不可不以军律行之。补救其偏,在多设参谋。凡事先重计划,由参谋作成之。计划一定,只有命令,不得违抗,如此庶可收指臂之效。"(《黄兴年谱长编》)

西安起义原计划在本日行动,因准备不及而推延。

为防范革命党人中秋举事,两湖总督瑞澂在武昌实行特别戒严。

上海《申报》发表《农工商部京师劝工陈列所筹办考工会简章》。

皮锡瑞著《经学史讲义》由群益书社初版。

《法学会杂志》停刊。

按:1913年2月15日复刊。后又停刊,1921年1月复刊。

7日(宣统三年八月十六日)

清廷盐政处改为盐政院,管理全国盐务。命载泽兼任盐政大臣。

按:内阁会奏:"今日盐务难于整理者,其故有二:一在各省自为风气,不能祛官与商弊蠹;一由各省自保藩篱,不能谋国与民公益。是以销数则彼此悬殊,引地则动成争执,自非改定盐政官制,设立专员不可。旧制设官,皆注重于产、运、销三项,故长芦、山东、两淮、两浙、两广各运司,河东、四川、云南各盐道以司产运。河南、陕西、甘肃、湖北、湖南、江南、江西、广西各盐道以司岸销,皆受成于盐政。军兴以后,各省多设督销官运等局。运司之权既分,而盐道尤成虚设。故河南、江西、陕西各盐道,均经奏裁,以藩司及巡警道兼之。湖北、湖南、广西各盐道则名存实去。甘肃宁夏道、平庆泾固化道,原兼管盐法,而现并不知有盐法之职务。即江南盐巡道,亦仅管江宁等岸销数。至各省督销总办,多系一年瓜代,贤者循例奉公,不肖者侵蚀亏累,外此官运各局及分销以下各员司,品流糅杂,职事丛胜,弊更不可究诘。尤甚者,湖南之川、粤盐捐,湖北之川盐厘金,江西之粤盐口捐,河南之潞盐、东盐加价,均由行盐省分派员设卡征收。而主管产运之运司,盐道及督销局,不能过问。他如陕西、甘肃所收花马池等处盐厘、盐捐加价,或归藩司,或归统捐局,并无专官经理。窃思国家岁收盐税,同治以前,不过一千一、二百万两,光绪季年增至二千八、九百万两。及试办宣统三年预算,各省盐务收入乃增至四千余万两,与地丁钱粮相埒。夫丁粮则有二十余藩司督征于上,千数百州县经征于下,而盐务官乃散漫至此。自非酌定官制,特设京外盐务专官,统一事权,明定责任不为功。臣等公同酌议,拟请将督办盐政处改为盐政院,设盐政大臣一员。管理全国盐政,统辖盐务各官。设盐政丞以襄理醝纲,厅长以承宣政令,参议、参事以佐拟法制,佥事、录事以执行事务。其在外省,则于产盐区域设正监督,于行盐区域设副监督,各置属官,分司権政,此京外盐官编制之大略也。全国盐务,必须提挈纲领以总其成,分划区域,以专其任。拟于盐政院设总务厅及南盐、北盐两厅。总务厅掌机要、铨叙、会计、收发并筹拟盐法、编订章程,即以督办盐政处原设之盐务总厅及庶务厅改设。南盐厅掌淮、浙、闽、粤盐务,即以原设之两淮、两浙、闽粤三厅改设。北盐厅掌奉直、潞东盐务,川、滇附之,即以原设之奉直、潞东、川滇三厅改设。其长芦、山东、两淮、两浙、两广及新设之奉天,改设之四川各运司,均改为正监督。河东、福建、云南各盐道直辖场产,一律改为正监督。淮南之鄂、湘、西、皖四岸暨淮北各督销局,并湖北宜昌川盐厘局,均改为副监督。江南盐巡道原管江宁等岸督销,而金陵下关又为挈验鄂、湘、西、皖四岸盐船之所,地势颇为扼要。拟将该道改为淮南江岸副监督,管理江宁等岸督销,并大通以下,杨子栈以上挈验缉私事宜。粤盐由广西至湖南、贵州、云南等处,地方辽阔,拟将桂平梧道所管盐法划出,另设广西副监督,管理广西、湖南等处粤盐督销缉私事宜。滇、黔官运川盐,事繁款巨,拟另设四川滇、黔边计副监督,管理滇、黔官运川盐事宜。陕、甘三大小花马池等处,产地甚多,销路甚广,拟特设副监督,以资管辖。惟事关创举,应俟调查明确,再行请设。……得旨:前因各省盐务疲敝,特派大臣督办,以资整顿。惟事体重大,头绪纷繁,非设立专官,无以收挈领提纲之效。著即将盐政院官制颁布,以盐政处改为盐政院,全国盐务均归管理,以一事权而重责成。又奏,两广盐政公所,为加承新饷而设,系官督商办机关,与寻常局所不同,拟请暂行酌留。将原设正、副监督,改为总办、邦办,以示区别。……从之。"(《宣统政纪实录》卷六〇)

四川荣县民军攻占井研,宣告井研独立。

8日(宣统三年八月十七日)

谭人凤偕居正乘船赴武昌。

杨文会在南京病逝,佛学研究会自行解体。不久,欧阳竟无、梅光远、李证刚、陈宜甫、濮伯欣等11人成为金陵刻经处的新董事。

按:杨文会(1837—1911),字仁山,安徽石棣人。自26岁学佛,先后出使英、日搜寻佛经,结识日本佛教学者南条文雄。又与李提摩太将《大乘起信论》译成英文。1866年在南京创立金陵刻经处。1907年在南京创办佛教学堂"祇洹精舍",自编课本,招生教习佛典和梵文、英文,培养佛教人才。晚年广事搜求,刊布佛像佛经,曾刻《大藏辑要》二千卷。1910年任佛学研究会会长。著作汇为《杨仁山居士遗著》10册。欧阳竟无、李证刚、章炳麟、谭嗣同、桂伯华均为其弟子。梁启超《清代学术概论》(三十)曰:"石埭杨文会,少曾佐曾国藩幕府,复随曾纪泽使英,凤栖心内典,学问博而道行高。晚年息影金陵,专以刻经弘法为事。至宣统三年武汉革命之前一日圆寂。文会深通法相、华严两宗,而以净土教学者。学者渐敬信之。谭嗣同从之游一年,本其所得以著《仁学》,尤常鞭策其友梁启超。启超不能深造,顾亦好焉,其所论著,往往推挹佛教。康有为本好言宗教,往往以己意进退佛说。章炳麟亦好法相宗,有著述。故晚清所谓新学家者,殆无一不与佛学有关系,而凡有真信仰者率皈依文会。"张立文主编《中国学术通史》(清代卷)第十三章说:杨文会"一生积极倡导佛学,为振兴近代佛教事业殚精竭虑,深受后人景仰。他创立的金陵刻经处,广搜佛经,刻印典籍,除了校勘刻印《大藏经》以外,还编纂刊行其他佛教经典论著。他弘扬佛法,宣传佛教,还开办了释氏学堂、祇洹精舍,编写《佛教初学课本》,培养了一批佛学研究人才。经过他的努力,西洋的宗教学方法、日本的唯识学佚著都传入中国,中国的一些思想家也在他的影响下开始对佛教产生一种异乎寻常的兴趣和热情,对近代佛学研究做出了贡献"。

9日(宣统三年八月十八日)

共进会孙武等人本日下午在汉口俄租界宝善里14号机关部制造炸弹失慎爆炸,秘密机关遭破坏,起义计划被暴露,起义的旗帜、符号、名册、文告、印信等被俄国巡捕缴获。湖广总督瑞澂得到密告,立即下令在武汉三镇进行搜捕。当晚,起义总指挥蒋翊武逃离武昌,重要骨干刘复基、彭楚藩、杨洪胜等30余人相继被捕,翌晨遇害。是夜举事未成。

按:"蒋(翊武)于八月十八日晨抵武昌。先是,黄克强由香港来电谓:'鄂省勿徒轻举,候九月初旬,计划中之十一省布置妥善后,互相呼应,一举而光复汉疆。'刘尧澂即以告蒋,征其意见,并以居正、杨玉如两同志至上海购枪未妥相告。蒋沉思良久,卒以黄电为是。遂召集各标营代表会商于小朝街机关部,作起义时日最后之决定。"(《黄兴年谱长编》)

端方自四川万县电请朝廷增兵。

东三省总督赵尔巽视察吉林、黑龙江两省,是日抵达哈尔滨。

10日(宣统三年八月十九日)

上午,革命党人张廷辅在军营操场被捕。清湖北当局下令军营官兵一律不得出营,并晓谕党人自首。

晚,武昌起义爆发。新军辎重十一营、工程第八营熊秉坤等首起发难,打响起义第一枪,占领军械库,控制蛇山制高点,炮轰总督府。新军各标、营革命党人纷纷响应,迅速攻占湖广总督衙门,鄂督瑞澂、提督兼新军第八镇统制张彪仓皇出逃。

按:《清史稿·瑞澂传》曰:"武昌变起。先是党人谋乱于武昌,瑞澂初闻报,忧惧失措,漫不为备,惟悬赏告密,得党人名册,多列军人名,左右察知伪造,请销毁以安众心。瑞澂必欲按名捕之,获三十二人,诛其三,辄以平乱闻。诏嘉其弭患初萌,定乱俄顷,命就擒获诸人严鞫,并缉逃亡,于是军心骚动,翌日遂变。瑞澂弃城走,诏革职,仍令权总督事,戴罪图功,并令陆军大臣荫昌督师往讨,萨镇冰率兵舰、程允和率水师援之,而瑞澂已乘兵舰由汉口而芜湖而九江,且至上海矣。……辛亥革命,乱机久伏,特以铁路国有为发端耳。宣怀实创斯议,遂为首恶。鄂变猝起,瑞澂遽弃城走,当国优柔,不能明正以法。各省督抚遂先后皆不顾,走者走,变者变,大势乃不可问矣。呜呼!如瑞澂者,谥以罪首,尚何辞哉?"

又按:熊秉坤(1885—1969),原名祥元,字载乾,湖北江夏人。早年经商。后投鄂军第八镇第八营当兵,加入"共进会",任该营总代表,秘密发展会员200余人。1911年10月10日武昌起义,率工程兵首先发难,占领楚望台军械库,卓著功勋。武昌起义后,任第五协统领,参加武汉保卫战。1913年"二次革命"时,在南京参加讨袁后,流亡日本,加入中华革命党。"护法运动"中任广州大元帅府参军。后曾任国民党政府军事委员会委员。中华人民共和国成立后,历任湖北省人民委员会委员、省政协常委、全国政协委员等职。

又按: 为纪念辛亥革命胜利,1912年9月28日,中华民国临时参议院议定,以武昌首义日为"双十节",即中华民国国庆日。

端方、瑞澂奏,湖北境内粤汉、川汉铁路改归国有,取消商办公司,议定接收路股办法,诏嘉之,并以深明大义奖士绅。

11日(宣统三年八月二十日)

凌晨,武昌全城光复,革命党人宣布成立第一个革命政权——湖北军政府。上午,蔡济民、张振武、李作栋、高尚志、陈宏浩、吴醒汉、徐达明、邢伯谦、苏成章、黄元吉、朱树烈、高霞霄、王文锦、陈磊等陆续到咨议局会商大计。经汤化龙、胡瑞藻、刘赓藻等建议,会议决定,咨议局由刘赓藻为代表,党人由蔡济民为代表,迎接清新军第二十一混成协协统黎元洪到咨议局与会,并推举其为中华民国军政府鄂军都督,但黎元洪推辞不就。会议暂时委任各部负责人:参谋部由杨开甲主持,交通部由李作栋主持,外交部由杨霆垣主持,书记部由冯昌言主持,庶务处、统计处和总务科由邢伯谦主持;为看守黎元洪,又专设警卫司令,司令先为方定国,后方以汉奸嫌疑被杀,改由甘绩熙任警卫司令,又改高尚志任之。

按: 葛仁钧《论同盟会在辛亥革命中的得失》(《辽宁大学学报》1995年第5期)说:"历史证明,宋教仁等人主张在长江流域策动武装起义,为辛亥革命的爆发作了正确的策略准备;同盟会中部总会的成立,适应了革命形势发展的客观需要,为辛亥革命的到来作了必要的组织准备。武昌起义的爆发,从表面上看是一个偶发事件,而在实际上则是这一准备的必然结果。虽然同盟会为辛亥革命的到来做了多方面的准备,但当革命高潮到来时,同盟会却又缺乏必要的直接领导。10月武昌起义爆发后,同盟会的主要领导者均未亲临武汉。同盟会领袖孙中山在国外闻知武昌起义消息后,直至12月底才回到国内。在国内的同盟会其他领导人亦未在武昌起义爆发后即刻赶到武汉来领导这场斗争,以致武昌起义爆发后一度处于群龙无首的状态。起义的士兵和下级军官在尚未完全认识政权极端重要的情况下,将本来敌视革命的清军协统黎元洪逼上了鄂军都督的宝座,导致后来革命党人不得不承受这一既成事实。这是辛亥革命到来时同盟会的一个严重失误。"

又按:张皓《武昌军政府内部矛盾演变与湖北辛亥革命的失败》(《历史档案》2004第1期)说:"共进会与文学社在辛亥革命爆发前就存在着门户之见,虽然双方为了联合发动起义而建立了暂时的联盟,但是由于起义以后军政领导职务的分配问题未能解决而形成了刘公、孙武、蒋翊武鼎足分立的局面,没有形成一个坚强的领导核心,这就给黎元洪上台提供了便利条件。军政府成立以后,许多革命党人认为革命止于反满,致使革命与反革命的政治界限逐渐模糊,从而导致矛盾在新形势下进一步发展,文学社与共进会之间,湖南人与湖北人之间,革命派和立宪派之间,革命党人之间,矛盾重重,争执不已。黎正好利用这些矛盾冲突,借刀杀人,各个击破,巩固了自己的统治地位,吞并了湖北地区辛亥革命的胜利果实,辛亥革命首先在湖北失败。难怪袁世凯致电称赞他'深谋远虑'。紧接着所谓湖北的'二次革命',袁就篡夺了临时大总统之职,辛亥革命在全国失败。"

下午,在咨议局再次举行会议,与会者有蔡济民、张振武、李作栋、高尚志、陈宏浩、吴醒汉、徐达明、邢伯谦、苏成章、黄元吉、朱树烈、高震霄、王文锦、陈磊、吴兆麟、邓玉麟、向訏谟、李翊东、方兴和及刚出狱的胡瑛、张廷辅、牟鸿勋等。因黎元洪未实际任事,蔡济民提议成立谋略处,作为军政府的决策机构。谋略处随即议定军政府暂设参谋、军务、政务、外交四部,并推定参谋部以张景良为参谋长,杨开甲、吴兆麟为副长。李廉方被推为军政府首席秘书(秘书长),蔡济民、吴醒汉、张廷辅、邓玉麟、高尚志、徐达明、王文锦、陈宏浩、谢石钦、李作栋、黄元吉、吴兆麟、蔡大辅、胡瑛、王宪章、杨开甲等任谋略。当晚,谋略处于咨议局开始办公,作出如下一些重要决议:(一)湖北革命领导机关定名为中华民国军政府湖北都督府,设于咨议局;(二)称中国为中华民国;(三)以本年为黄帝纪元四千六百零九年;(四)都督暂用黎元洪名义,布告地方及通电全国;(五)革命军旗为九角十八星旗等。

按:《中华民国军政府鄂军都督黎布告》,当天贴遍了全城。布告的全文如下:"今奉军政府令,告我国民知之:凡我义师到处,尔等不用猜疑。我为救民而起,并非贪功自私。拔尔等出水火,补尔等之疮痍。尔等前此受虐,甚于苦海沉迷。只因异族专制,故此弃尔如遗。须知今满政府,并非我家汉儿。纵有冲天义愤,报复竟无所施。我今为民不忍,赫然首举义旗。第一为民除害,与民戮力驰驱。所有汉奸民贼,不许残孽久支。贼昔食我之肉,我今寝彼之皮。有人激于大义,宜速执鞭来归。共图光复事业,汉家中兴立期。建立中华民国,同胞其毋差池!士农工商民众,定必同逐胡儿。军行素有纪律,公平相待不欺。愿我亲爱同胞,一一敬听我词!"同时,颁布刑赏条令卜六条:"本都督驱逐满奴,恢复汉族,凡我同胞,皆宜信守秩序,勿违军法。所有刑赏各条,开列于后:藏匿满人者斩;藏匿侦探者斩;买卖不公平者斩;伤害外人者斩;扰乱商务者斩;奸掳烧杀者斩;邀约罢市者斩;违抗义师者斩;乐输粮秣者赏;接济军火者赏;保护租界者赏;守卫教堂者赏;率众投降者赏;劝导乡民者赏;报告敌情者赏;维持商务者赏。"(《辛亥武昌首义史》第五章)

按:黎重光《回忆我父黎元洪二三事》说:"我父不是革命党人,不赞成革命,为什么要推举他当都督?原因是:一、当时有军事知识的人很少,而我父毕业于北洋水师学堂,海军出身,曾赴日本考察陆军;建立新军后,又参加过军事学习,并在太湖、彰德二次秋操中获得了一定成绩,在湖北军中有较高威望。二、那时候,在军队中普遍存在着克扣军饷、中饱私囊的情况,而我父所部军饷按期照发,并且还设立了一个被服厂,士兵被服也较整齐,不象其他部队破破烂烂,因此士兵对他有较好印象。三、与部下比较接近。别的军官经常住在家里,而我父经常住在营中,就是在过年时也不回家,记得每逢新年我们还到营中去拜年。这说明他与士兵的关系是比较好的。"(《辛亥革命回忆录》第六集)

吴兆麟于午后六时在咨议局发布革命军总指挥令。

按:令曰:"一、据报闻,瑞澂欲派兵袭武昌城。二、本军今晚以战斗队形彻夜固守武昌城。三、步队二十九标第一、第二两营附炮六门,归姚金镛指挥,防御宾阳门、通湘门、小东门一带。四、步队四十一标第三营及第一、第二两营留守兵并步队三十标留守兵附炮六门,归胡廷佐指挥,防御汉阳门、平湖门、文昌门一带。五、混成二十一协工程辎重二队附炮二门,归李鹏升指挥,防御武胜门一带。六、工程第八营附炮四门,归李占魁指挥,防御望山门、中和门一带及楚王台军械局。七、炮队第八标,归程国贞指挥,除派附属各部队外,其余在蛇山、黄鹤楼、楚王台布置放列。八、马荣带兵一队防御咨议局。九、总指挥在咨议局。总指挥吴兆麟。"(《湖北军政府文献资料汇编》)

中国同盟会缅甸分会成立筹饷局,徐赞周兼任筹饷局长。

驻汉阳新军由革命党人胡玉珍、邱文彬等率领起义,占领汉阳全城,光复汉阳;京山党人刘英率众起义。

湖北军政府军需部和民政部下属的经济科成立,开始正式接管清度支公所。

谭人凤、居正乘船赴武昌途中,抵达九江时,获悉武昌起义已成功。

按:宋教仁未及时赶到武汉,引为终生大憾。谭人凤因此归罪于他。

宋教仁获悉武昌起义消息,电邀黄兴即时赴上海,共商对策。

胡石庵以大幅白纸和黄纸,用毛笔手写《大汉报》两张,分贴于汉口的江汉关署和英租界附近,报道有关起义的消息,成为铅印出版的《大汉报》的前身。

《民立报》以头号宋体字刊出有关武昌起义的专电;此后又特辟"武昌革命大风暴"等专栏,介绍起义进展的消息、图片和通讯。

12日(宣统三年八月二十一日)

汉阳、汉口相继光复。湖北军政府通电全国,宣告武汉三镇光复。电促黄兴、宋教仁、居正速来湖北赞画戎机,并请转电孙中山从速回国,主持大计。

孙中山在美国得知武昌起义成功,决定放弃筹款计划,转赴英国从事外交活动,然后回国。

按:孙中山从美国报纸上获悉武昌起义的消息,但认为"此时吾当尽力于革命事业者,不在疆场之上,而在樽俎之间,所得效力为更大也。故决意先从外交方面致力,俟此问题解决而后回国"。在他看来,"列强之与中国最有关系者有六焉:美、法二国,则当表同情革命者也;德、俄二国,则当反对革命者也;日本则民间表同情,而其政府反对者也;英国则民间同情,而其政府未定者也。是故吾之外交关键,可以举足轻重为我成败存亡所系者,厥为英国"。因此,孙中山决定放弃在美国各埠继续演说筹款的计划,径往纽约转赴英国进行外交活动(广东哲学社会科学研究所历史研究室等编《孙中山年谱》)。

湖北军政府发布《黎都督宣布满洲政府罪状檄》、《布告全国文》、《布告汉族同胞之为满洲将士文》、《黎都督布告海内人士电》、《鄂军都督致满清政府书》、《黎都督谕湖北各府州县政务及自治公所电》、《黎都督通告城镇乡自治职员电》、《代中华民国军政府鄂军都督黎檄各府州县文》、《檄各督抚文》、《黎都督通告各省城镇乡地方巡警电》、《湖北军政府都督命令》等。

按:《黎都督宣布满洲政府罪状檄》曰:"为吊民伐罪,誓众出师,昭告于天下曰:呜呼!皇天不造,降乱中邦,满清以塞外胡种,凭据神皋,超二百六十有七年。覆我宗社,乱我陵寝,杀我父母,臣妾我兄妹。丧昧人道,罔有天日。九万里宗邦,久沦伤心惨目之境;五百兆臣庶,不共戴天履地之仇。阅及近兹,益逞凶悍,毒屠诛杀,不遗余力。举天下之膏血,尽贶四邻;割神州之要区,归之万国。淫凶酷虐,炽于其前;刀锯鼎镬,随于其后。立足无地,偷生何从。罪恶滔天,奇仇不赦。普天同愤,草木皆兴问罪之师;动地兴悲,鱼龙亦感风云之会。况复黄炎神胄,忍堕狱城,爰举国民义兵,歼除大盗。择日出师,当天誓众,铙歌初唱,汉帜齐张。河南既克,两粤旋恢。义师已据武昌,南军直来湖上。戈矛十万,同挥贼虏之头;子弟八千,共喋胡王之血。山河依旧,先人之庐墓可亲;冠带奕存,九式之仇雠宜复。凡我同志,努力前驱。挥日扬鞭,一荡中原之腥秽;擒王克敌,重瞻上国之衣冠。驱胡群于关外,定霸图于亚洲。内洗三百年灭国之辱,外当六十国逐鹿之冲。义戈所指,天地廓清,民命堪怜,秋毫无犯。须知为国复仇,并非许民作乱。守万国公同之约,勿害邦交;值六雄并峙之秋,各尽天职。呜呼!黄冠草履之民,谁无尊亲之血气;四海九州之内,何非故国之山。秉尔白矛,报尔先德;重新九鼎,再奠神京。灭此朝食,与诸君同为黄龙之饮;建兹民国,俾万邦共睹赤日之光。一念血诚,千秋伟业。传檄天下,用布皇言。昔拓跋氏窃号于洛,代北群胡,犹不敢陵轹汉族。满清入关以来,恐吾汉人心存光复也,凡属要害,悉置驻防,监视我汉人之耳目,使汉人永降为满清之奴隶而后快。心如蛇蝎,行同虎狼。其罪一。清廷昔创一条鞭之法,谓以后永不加赋,乃未几而厘金之制起,杂税之制兴。近更变本加厉,割吾民之膏,吮吾民之血,使吾民死于囹圄,葬于沟壑者,盖不知几千万。外窃仁声,内存饕餮。其罪二。流寇肆虐,遗黎凋丧,东南一隅,犹自完具。清廷谓'汉人死不尽,满人不得安',于是下江南,所过城邑,肆意屠杀。读'扬州十日记'、'嘉定三屠录',凡属汉人,当无不沉沉泪下也。汉人无罪,尽膏清兵之刃。其罪三。前世史书之毁,多由直笔书其虐政,苦在旧朝一无所闻。清廷恐人心思汉,焚毁书籍八千余通,自明季诸臣奏议外,上及宋末之遗书,靡不焚烧。令汉人忘祖,永习为奴。其罪四。世奴之制,普天所无,胡清窃据中国,视汉人如猪羊。汉人小有过失,即发八旗,永与满人为奴,有潜逃者,罪及九族。雍乾时,东南名士,如庄廷鑨、戴名世、吕留良、查嗣庭、陆生楠、汪景祺之家族,发往胡域者几千万家。背逆人道,苛暴齐民。其罪五。满清为灭绝汉人计,严其刑罚,苛其条例,吾民一触其网罗,则有死无生。历观数年来寻常私罪,多不覆按,府电朝下,囚人夕诛,好恶因于郡县,生杀成于墨吏,私刑毒杀,暗天无所。其罪六。犬羊之性,父子无别。胡酋以盗嫂为美谈,以淫妹为法制,其他淫烝,史不绝书。使华夏清严之地,一变而为狐狸之乡。遗臭中原,传笑万国。其罪七。垂狗尾以为饰,穿马蹄以为服,衣冠禽兽,其满清之谓。入关之初,强汉族蓄尾,不从死者遍天下,至今受其束缚,贻九洲万国羞,使吾衣冠礼乐,夷为牛马。其罪八。"(曹亚伯《武昌革命真史》中编)

蒋翊武、蔡济民劝黎元洪剪去发辫,黎元洪思虑再三,终于同意,遂由丁仁杰、刘度成二人给他剪掉辫子。

按:凡是参加10月10日武昌起义的将士和所有民众,都剪掉了辫子。黎元洪剪掉辫子,说明他同意参加革命。湖北军政府成立后,一连发布了数道命令,要求迅速剪辫,和清廷决裂。在10月12日发布的《宣布满洲政府罪状檄》中,不但重申剪辫的重要性,而且揭露了清政府借辫子压迫广大人民的血腥罪行。为了推进剪辫运动的展开,军政府还将新军士兵和学堂学生组成宣讲团,到大街小巷宣讲,声势颇为壮观。各城门口和重要的街道口,都有士兵或执勤人员把守,没有剪辫者,不得通行。并且配有剪辫队,没剪辫者,随时剪掉。剪辫队还服务上门,深入千家万户帮人们剪辫,有的还到医院为病人剪辫子。军政府同时还规定,机关工作人员不剪辫,没收工作证;军人不剪辫,不发军饷;学生不剪辫,不许进学堂。一时间,在多数人的心目中,没有剪辫子,就是汉奸(参李喜所《"辫子问题"与辛亥革命》,《社会科学研究》2001年第6期)。

下午,谋略处开会,决定:继续以黎元洪名义传檄全国,通饬全省,促其响应和反正;照会各国驻汉口领事,请守中立;用中华民国军政府大总统孙文名义布告周知,扩大影响;设立招纳处,接待各方投效人员;以原有标营为基础,扩编军队;请咨议局电各省咨议局响应,并委托办理有关事宜;分别派人赴汉口招降张彪、张永汉、萧安国等;严禁滥杀旗人。

湖北军政府派汤化龙、胡瑛、夏维松至汉口,以中华民国军政府名义,照会驻汉口各国领事,宣布对外新方针,要求各国严守中立。

按:东京同盟会曾对革命后政权的外交政策有若干规定,并事先草拟了革命政府的对外照会。湖北军政府成立后,便以这个照会的文稿作底本,稍加变通。其文要略如下:"为照会事:我军政府自广州之役团体溃后,乃转而向西,遂得志于四川。在昔各友邦未遽认我为与国者,以惟有人民主权而无土地故耳。今既取得四川属之土地,国家之三要备矣。军政府复祖国之情切,愤满奴之无状,复命本都督起兵武昌,共图讨满,推倒满清政府,建立民国,同时对于友邦各国,益敦睦谊,以期维持世界之和平,增进人类之幸福。所有民军对外之行动,特先知照,免致误会。一、所有清国前此与各国缔结条约,皆继续有效;一、赔款外债照旧担任,仍由各省按期如数摊还;一、居留军政府占领地域内之各国人民财产,均一律保护;一、各国之既得权利,亦一体保护;一、清政府与各国所立条约,所许之权利,所借之国债,其事件成立于此次知照后者,军政府概不承认;一、各国如有接济清政府以可为战事用之物品者,搜获一概没收;一、各国如有助清政府与军政府为敌者,概以敌人视之。以上七条,特行通告各友邦,俾知师以义动,并无丝毫排外之性质。"照会一式五份,由胡瑛送往汉口各国领事馆(参《辛亥武昌首义史》第五章)。

汉川成立军政分府,梁钟汉被推为总司令,黄警亚任参谋长,黄干臣为参谋主任,梁辉汉、张荫澜、陈君谦分任参谋,李圣言为秘书长,邹幼云、周耀村、陈占武分任秘书,谭质臣为军需主任,袁筱三、梁诗经分任军需,梁远达为稽查主任,梁远道、梁远德、梁诗智、梁诗慧、梁诗敏分任稽查,张殿臣为副官长。

梁炎昌、张大鹏、邱坤庸、王家麟、朱承堃等率军占领汉阳兵工厂,公推王金山为兵工厂总理,郑兆兰以军械官兼理厂务。即日开工,赶制军火。

京上起义军打出"兴汉灭满"大旗。

湖南驻岳州巡防营夏占魁部以瑞澂电令乘轮抵汉口刘家庙。

东三省总督兼将军赵尔巽抵达齐齐哈尔视察,得到武昌起义消息,立即向吉、黑两省军政长官转发清廷"严防范"的电报,并令各官不动声色,广布侦探,防患未然。

民军派萧国宝、姚斌、熊世藩、李国梁等4人赴汉口侦察情形,并潜入清方辎重八营,劝其反正。辎重八营管带将姚斌、熊世藩杀害,萧国宝重伤未死,李国梁因有辫子获释。

陈其美潜赴杭州,敦促浙江革命党人响应武昌起义。陈其美在杭州召集顾乃斌、褚辅成、吕公望、朱瑞、黄元秀、吴思豫、童保暄、傅孟、雷家驹、俞炜等开会,商议起义事宜。因意见未能一致,遂决定浙江、上海两地分别进行。

晚,湖北军政府成立招纳处,吸收各地的投效者。

清廷诏夺瑞澂职,仍命权总督事,戴罪图功。命陆军大臣荫昌督师往讨,湖北军及援军悉听节制,萨镇冰率兵舰、程允和率水师并援之。

按:八月二十一日上谕曰:"此次兵匪勾通,蓄谋已久,乃瑞澂毫无防范,预为布置,竟至祸机猝发,省城失陷,实属辜恩溺职,罪无可逭。湖广总督瑞澂,著即行革职,戴罪图功。仍著暂署湖广总督,以观后效。即责成该署督迅即将省城克期克复,毋稍延缓!倘日久无功,定将该署督从重治罪;并著军咨府、陆军部迅派陆军两镇,陆续开拔,赴鄂剿办;一面由海军部加派兵轮,饬萨镇冰督率前进;并饬程允和率长江水师即日赴援。陆军大臣荫昌,著督兵迅速前往,所有湖北各军及赴援军队均归节制调遣。并著瑞澂会同妥速筹办,务须及早扑灭,毋令匪势蔓延。"(《辛亥革命》第5册,第291页)

又按:贺觉非、冯天瑜《辛亥武昌首义史》第六章说:"辛亥武昌起义爆发后,清廷于10月12日派遣陆军大臣荫昌率领由陆军第四镇、混成第三协、第十一协编成的第一军大举南下;海军提督萨镇冰率领巡洋舰队及长江水师溯流而上,进入武汉江面。自此,清军与革命党人所领导的民军在汉口、汉阳交战四十多天。汉口古称夏口,因而这次在汉阳、汉口发生的战事被称作'阳夏战争'。阳夏战争是辛亥革命期间爆发的第一次最大规模的战役。这是以同盟会为旗帜的资产阶级革命派与清廷及袁世凯所代表的封建、买办势力之间展开的殊死较量。"

叶圣陶是日日记赞武昌起义甚为迅速与机密,出其不意,遂以成事。

按:记曰:"课毕后阅报纸,见专电栏中有云:武昌已为革党所据,新军亦起而相应,推黎元洪为首领,则协统也,无耻凶恶之官吏亦杀去无数。此事也,甚为迅速与机密,出其不意,遂以成事。武昌据天下上游,可以直捣金陵,北通燕赵。从此而万恶之政府即以推倒,亦未可知也。自由之魂其返,吾民之气当昌,其在此举矣。望之望之。"(《叶圣陶集》第19卷)

上海《申报》发表《民政部拟定府厅州县地方自治经费收支规则》。

13日(宣统三年八月二十二日)

孙中山自圣路易斯抵达美国芝加哥,为该地同盟会分会代拟《预祝中华民国成立大会通告》。

陈作新召集湖南新军代表安定超等人开会,商议军事行动方案,响应武昌起义。

詹大悲等组织汉口军政分府。

湖北军政府招纳处奉令:勿论文武员弁,有一技之长,即送府委用。同时派吴醒汉、高震霄、蒋秉忠3人经管其事。吴醒汉招待军界,高震霄招待政学两界;所有条陈文件,则由蒋秉忠汇总转呈军政府。

汉口各国领事团认革命军为独立团体,布告严守中立。

按:革命军以中华民国军政府名义,照会领事团,以保护租界自任,要求外人不加干涉。各领事电告各政府俱赞成。(《东方杂志》第八卷第九号《中国大事记》,1911年)

同盟会河南支部在开封法政学堂召开秘密会议,商讨响应武昌起义办法,决定分头联络军警和豫西等地的民间武装,在省城和外县起义。并派人游说协统应龙翔反正,被拒绝。

清军河南混成协张锡元率三营队抵达汉口刘家庙。

端方率兵抵达重庆。始知革命党人武昌起义,重庆出口贸易停顿,到武汉、宜昌电话不通,遂在重庆逗留不前。刘师培随端方抵达重庆。

赵尔巽向吉林、黑龙江巡抚和驻东北新军各镇转发清政府12日关于武昌起义爆发密令各省严密防范的电谕,要求各省不动声色,广布侦探,防患未然。

张彪以"兵匪"构变,弃营潜逃,被清廷夺湖北提督,仍责剿匪。

骚心在《民立报》发表《长江上流之血水》。

杨守敬携家逃离武昌,赴上海,家中书籍、衣物等交付旧仆数人看守。

按:杨守敬家藏书甚富,逃难时无法带走,当时,黎元洪曾出告示加以保护。《杨守敬学术年谱》曰:"在上海,天气渐寒,衣裯皆单,米珠薪桂,算计必不能经久,杨守敬乃嘱三儿杨必昌赴鄂取钱物。杨必昌回武昌后,仅略移出衣箱数口,怀夹得银元少许而出,其重要之书籍皆未及携出,而城闭;杨必昌回沪,乃向父亲告知,日本寺西秀武请于黎元洪都督,已有保护杨守敬书籍告示粘贴门首,并加封条于室内。其示文云:'照得文明各国,凡于本国之典章图籍,罔不极意保存,以为国家光荣。兹查有杨绅守敬藏古书数十万卷,凡我同胞均应竭力保护,如敢有意图损毁及盗窃者,一经查觉,立即拿问治罪。杨绅系笃学老成之士,同胞咸当爱敬,共尽保护之责,以存古籍而重乡贤'等语。"

叶圣陶是日日记谈武昌起义后蜀、粤两省革命之势,谓"风云际会,盛哉此时"。

按:记曰:"课毕后报纸来,则见汉阳铁厂已为革党所得,军械取材愈将得手矣。又见蜀、粤两省亦有跃跃欲动之势,风云际会,盛哉此时,心滋喜。"

(《叶圣陶集》第19卷)

14日(宣统三年八月二十三日)

湖北军政府发出募兵告示,规定能募得三四十人者任排长,百人上下者任队长。

> **按**：告示曰："本都督议定暂编步兵四协,马队一标,炮队二标,工、辎各一营,军乐队、宪兵队各一队,为与满政府对敌施行之准备。将来节次扩充,本都督自应随时规划进行。凡我同胞,皆宜本尚武精神,抱汉人立国思想,踊跃应募。凡往日具有军事阅历、军人资格或留学东西各国者,均可即时亲来编练处报名,听候依次查验,以便编列入伍,按给军饷,一切优待,自与满政府刻待汉族军民大异。为此剀切晓谕,俾我同胞合众周知。"(《中华民国公报》1911年10月）

汤化龙、胡瑞霖、黄中恺等拟订《中华民国军政府暂行条例》,规定鄂军都督府仍设四部,但改为军令、军务、参谋、政事四部,并由汤化龙任政事部长,总揽行政大权。

居正、谭人凤抵达武昌,汇报在沪协商情况。

> **按**：曹亚伯曰："是晚十时,居正、谭人凤同到武昌。据云系黄兴所派,请召集各机关人员开会,报告上海情形。于是,李作栋即通知各机关人员,齐到农务学堂集合,听居正报告情形。至十一时,大众齐到农务学堂。居正云:我们同志等此次在上海接得英文报告,谓湖北已独立。我们闻之皆喜出望外,当与宋教仁等商量,一般同志特推兄弟与谭人凤回来看看。并与诸君晤教后,再回上海协商进行。……兄弟明日即往上海,请黄兴、宋教仁等来鄂,与诸君帮忙,一面促各省响应云。大众闻黄兴、宋教仁之名,极为仰慕,又听说促各省响应,更为欢悦。即请居正、谭人凤二人速回上海设法进行,并请黄兴、宋教仁等克日来鄂。"（《武昌革命真史》正编,第88—89页）

孙中山给英国金融界代表写信,以期在伦敦、纽约、旧金山、新加坡、西贡和马来西亚等地能够筹款五百万卢布,并承诺:共和国承认清政府给予外国人的一切特权和租让权,中国政府与各国签订的条约继续有效,一切外债照旧偿还。

陈作新等召集包括立宪派在内的各界代表开会,与会代表30余人,湖北军政府派来的代表蓝综、庞光志应邀出席,会议决定湖南成立以焦达峰、陈作新为首的同盟会战时统筹部,负责领导起义,定于10月20日举义,以响应武昌首义。嗣因会党徒众未能如期赶到,拟延期至23日起义。

湖北军政府派张卿云等人至汉川协助整编队伍,梁钟汉兼任第二支队司令(汉口军政分府已成立第一支队司令部),张卿云为副司令,王守愚为参谋长。将起义民兵编成五营,黄楚玉、金淑芳、张子英、胡宗城、梅占春等5人分任各营管带。

宜昌文学社和益会在城郊东山寺秘密集会,参加者有军界唐牺支、邓金标、胡云龙、黄汉卿、柳克伟、柳林襄、阮桂芳、蒋方仁,警界严绍陵、张经武,学界唐人瑞、刘驭万、何大嘉、李骥万、蔡万钟、黎祥吉,商界李春澄、童月红、赵壁成等43人。会议决定:宜昌起义时间定在10月18日夜间进行。

黎元洪派夏维松、李国镛至汉口晤各国首席领事俄领敖康夫,请其承认民军为交战团体,遭到拒绝。

清廷起袁世凯为湖广总督,岑春煊为四川总督,俱督办剿抚事宜。命贝勒载涛督禁卫各军守近畿。

按:清廷起用袁世凯为湖广总督,督办"剿抚"事宜,他以"足疾未痊"力辞。清廷派徐世昌去促驾,他提出6个条件:一、明年即开国会;二、组织责任内阁;三、宽容参与此次事变诸人;四、解除党禁;五、须委以指挥水陆各军及关于军队编制全权;六、须与以十分充足的军费(李宗一《袁世凯传》第175页,中华书局1980年版)。

阮忠枢持奕劻亲笔信至彰德,请袁世凯出任湖广总督,杨度劝袁氏不要应命,袁氏乃以足疾未愈谢绝。

清廷因武昌起义,命两广总督张鸣岐加强防范。

按:谕曰:"电寄张鸣岐。据电奏,鄂乱既成,粤省必大受影响。现已密饬军警,加意防范,惟匪踪遍地,叠次添募防营,均陆续派往各属,分投剿捕。省城现有兵力,仍属单薄,不敷分布。请再添募数营,并于应解京部各款,酌量截留等语。著准其再添数营,以资防守。至所请截留京饷一节,著度支部议奏。寻奏,京饷关系大局,所请酌量截留之处,碍难照准。从之。"(《宣统政纪实录》卷六一)

清廷命荫昌为第一军军统,统率一镇兵力先赴湖北;另加派军咨府正使冯国璋为第二军军统,统率一镇兵力作为预备队,听候调用。

兴中会会员胡石庵正式创办《大汉报》。宣传内容分"社说"、"时评"、"译电"、"要闻"、"客属新闻"、"军政纪事"、"阳夏纪事"、"满清末日记"等栏。创刊第一天就刊出以军政府名义发布的革命檄文和大量有关起义军进展情况的消息。

按:《大汉报》既是起义后革命党人创办的第一家报纸,也是辛亥革命后国内的第一家革命报纸。胡石庵(1880—1926),原名人杰,又名金门,别号天石、忏憨室主,湖北天门人。19岁时,曾跟随谭嗣同游学,戊戌变法失败后,潜回湖北。辛亥革命前,先是参加了唐才常领导的自立军起义,失败后又参加了刺杀宗社党铁良的活动,先后两次入狱。出狱后,开始办报生涯。主编过文学期刊《扬子江小说报》,发表过《新儒林外史》、《马上女儿传》、《蒲阳公梦》、《湘灵瑟》、《明珠血》等40多部小说和散文。

日本西园寺内阁作出《关于对清政策问题的内阁会议决议》,并且启奏天皇。

按:《决议》阐明:"在满洲,延长租借地的租借年限,就与铁路有关的各项问题做出明确规定,进而确立帝国在满洲的地位,以求满洲问题的根本解决。为此,帝国政府必须经常策划,不遗余力,一旦遇到可趁之机,自应加以利用,采取果断手段,实现上述目的。"(日本外务省《日本外交文书》第45卷《别册——辛亥革命》,东京日本国际联合协会1951年版)

叶圣陶是日日记载所见当时革命之势,期以少年中国之将成。

按:记曰:"午后课毕后,急阅报纸。见长沙、重庆均为革党所据;黄河铁桥闻亦已炸断,盖恐彼房之拒敌也;天津、杭州、保定亦有起事之说。英雄四起,当能一扫妖氛,光复神州。我思英雄,英雄固有其人,而前诗为未当矣。各国对此事颇赞美之,谓少年之中国方勃勃而萌芽也。此语余亦颇深信之。盖中国不改革,则不能有起色;终此因循,或竟致为奴为隶。苟一改革,则我至勇至慧至有能力之同胞,皆即为少年中国之分子。而今果改革矣,乐又何如!"(《叶圣陶集》第19卷)

15日(宣统三年八月二十四日)

立宪派赵凤昌、雷奋、沈恩孚等在上海赵宅惜阴堂集议,商讨时局前途,确定拥护袁世凯。

湖北军政府军令部成立。

湖北军政府宣布废除苛捐杂税。

黎元洪都督发布《祭天文》、《祭天地礼单》、《布告多士文》。

汤化龙将《中华民国军政府暂行条例》交黎元洪,得到认可。

湖北军政府招纳处改名为中华民国鄂军政府集贤馆,并拟订《集贤馆试办章程》。馆长原为周德宜,副馆长为蒋秉忠。周德宜辞职后,蒋秉忠继任馆长,茹甲九为副馆长。

按:《集贤馆试办章程》第一章第一条曰:"本馆以招集文武贤才,襄助军政,共图大业,建立共和民国为宗旨。馆内章程,皆注重共和政体,为本馆人员施行职务之规则,故定名曰中华民国鄂军政府集贤馆。"又《集贤馆紧要布告》曰:"敬告者:本馆设立,顾名思义,原以招贤士。贤士之定义,因甚广漠,要必有[一]技之长,始足备贤士之万一有补于同胞。昔孟尝养客之[三]千,作用者一冯欢耳。今日时势万艰,恐不能孟尝之广范。凡来投效诸君,抚心自问,必先有自知之明而后可。如系平庸之才,则少壮者,仅可投入军队,尚可练成军国民,其效犹大于坐论。至本馆如有招待不殷,办理不当之处,统希不时训指,切勿自生恨悔之念,因而观望,致同胞无人,群负责任,则甚误矣。"(《湖北军政府文献资料汇编》,武汉大学出版社1986年)

军政府政务部提议,以都督名义发布布告,宣布将湖北境内一切恶税先行豁免。

按:是日,军政府以都督黎元洪名义发出告示:一、除盐烟酒糖土膏各税捐外,所有统捐局卡一律永远裁撤;二、除海关外,所有税关,一律永远裁撤;三、本年下忙丁漕,概行蠲免;四、各属杂捐,除为地方所用者外,概行豁免(《中华民国公报》1911年11月5日)。

江苏苏州光复。

河南信阳刘化欧等发动工人、农民、会党起义,组成湖北革命军独立第一协。因敌众我寡,被北洋军镇压,刘化欧等退至武汉。

在革命党人黄楚楠等领导下,湖北黄州宣布反正。

清军马继增部开抵汉口江岸。

王人文罢,清廷复以赵尔丰为川滇边务大臣。停奉天今年贡。又电谕所有川军及各路援军均归岑春煊节制调遣。

按:是时,岑春煊不肯受命入川,端方觊觎川督,与赵尔丰的矛盾日益加剧。

宋教仁在《民立报》发表《湖北形势地理说》。

上海《申报》发表《内阁会奏拟定监政院官制》。

《近事画报》在上海创刊。

16日(宣统三年八月二十五日)

焦达峰在玉皇殿坪陈作新家召集紧急会议,决议于10月28日起事,焦达峰为总指挥,各部指挥者:四十九标为安定超、彭龙胜,五十标为邓超、张建良,炮队为李金山、谢斌,工程队为赖楚、谈满芳,辎重队为熊光南、王奋武,马队为熊光汉、汤执中,各县巡防营为周福堂、王鑫涛。派刘之德负责监视巡抚衙门卫队,派袁剑非、洪兰生联络洪门会党及时响应。

湖北军政府参谋部成立。

湖北军政府发布《中华民国鄂军都督示》、《中华民国军政府鄂军都督布告》。

湖北军政府设置鄂军政府测量部,朱次璋为部长,徐世安为副部长。

武昌军政府军务部机关报《中华民国公报》创刊。总经理为牟鸿勋,副经理为任素。第一任社长为张樾,由严山谦、张祝南、高攀桂、朱峙三、蔡寄鸥、任岱青、韩玉辰、蔡良村、聂守经、欧阳日茂、张世禄、毛凤池、龙云从等分任编辑和撰述。

黄兴离开香港前夕,致函巴达维亚钟幼珊,谓"今幸鄂军骤起,基础已立,公等于外必有以协助,以竟直捣黄龙之功"。又致函巴达维亚华侨书报社同人,告以日内前往武昌,请汇巨款谋两粤(《黄兴年谱长编》)。

汉口革命军进攻驻刘家庙之清军,清军败退至滠口附近。

《大中公报》号外刊载武昌起义消息,赵尔巽一面以"摇惑人心,扰乱治安"为由,封报馆,逮执事;一面严令中外报刊"暂缓登载"武昌起义消息。还饬警务总局拆阅往来函件,凡涉及武昌起义的信件一律扣压。

岑春煊辞四川总督,诏不许。

清廷趣梁敦彦来京供职。京师开粜济民食。

章伯寅为叶绍钧改名圣陶,取"圣人陶钧万物"之意。

17日（宣统三年八月二十六日）

湖北军政府军务部成立。军务部下设人事局、军事局、军学局、军医局、经理局、总务局、兵站、陆军第一、二医院、马鞍厂、军械库、器材库等。

武昌军政府举行祭天仪式，黎元洪主祭，谭人凤授旗、授剑，居正演说革命意义；颁布由汤化龙主持制订的《中华民国军政府暂行条例》。

按：《中华民国军政府暂行条例》（辛亥年八月二十六日）如下：

第一章　都督府

第一条　都督府置各部如左：一、军令部　二、军务部　三、参谋部　四、政事部

第二条　前各部均直辖于都督，受都督之指挥命令，执行主管事务。

第三条　军令、军务、参谋部自下级军官以上，政事部自局长以上，均由都督亲任。各部及各营下级军官由该长官呈请都督札任；各地方行政长官由政事部呈请都督札任。

第四条　关于军政重要事项，由都督召集临时军事参议会顾问会，议决施行。

第五条　都督设置秘书官若干员，由都督自行辟用。军务部总务课员应兼充秘书官。

第六条　凡发布命令及任免文武各官，均属都督之大权。

第二章　司令部

第七条　司令部总长由都督兼任。

第八条　司令官分二种：一、中央司令官若干人，由都督亲任。二、地方司令官若干人，由各地军事长官兼充，秉承都督执行任务。

第九条　司令部设幕僚如左，由司令官呈请都督札任：一、收掌员二人；二、书记员四人；三、传达员四人。

第三章　军务部

第十条　军务部置部长一人，副长一人及七科如左：一、总务科；二、军事科；三、人事科；四、军需科；五、经理科；六、执法科；七、医务科。

第十一条　总务科掌左列事项：一、属于机密事项；二、关于军事公文书

类之收发、编纂、保存事项;三、印刷及翻译军事文书事项;四、关于征发物件、图表、报告及统计事项;五、依例规应办庶务及不属于各科事项。

第十二条　军事科掌左列事项:一、建制及编制事项;二、军队配置事项;三、演习及教练事项;四、动兵计划、戒严及征发事项;五、体式、军服、军章事项;六、关于战时诸规则事项。

第十三条　人事科掌左列事项:一、关于将校士官及附属文官之进退任免,分科定体事项;二、关于各项人员名簿及兵簿事项;三、关于军事恩给、进位、赏与事项。

第十四条　军需科掌左列事项;一、关于军事出纳、预算、报告事项;二、关于军官士兵俸给及旅费之规定事项;三、关于军装粮饷及马匹给与之规定事项。

第十五条　经理科掌左列事项:一、关于军装被服之制造及检查事项;二、关于军用器械及马具事项;三、关于军事各制造厂之管理事项;四、关于军事诸建筑事项。

第十六条　执法科掌左列事项:一、关于军事裁判事项;二、关于犯罪事项,应由军法会议议决施行;但都督有特赦命令者,不在此限。

第十七条　医务科掌左列事项:一、关于卫生及饮水用水事项;二、关于医疗病院及各营疗养事项;三、关于卫生材料及恤兵团体之组织事项。

第十八条　各科职员之配置另定之。

第四章　参谋部

第十九条　参谋部置参谋长一人,副长二人,参谋官若干人,由都督于将校中选深通军事学者亲任之。

第二十条　正副参谋长辅佐都督参画防战及关于用兵一切事项。参谋部应行各事,经都督核准画诺后,即移送于各该管主任部科执行。

第二十一条　参谋部关于本部文记收掌各事项人员,由参谋长自行辟用。

第五章　政事部

第二十二条　政事部置部长一人,副长一人及七局如左:一、外务局;二、内务局;三、财政局;四、司法局;五、交通局;六、文书局;七、编制局。政事部条例另定之。

第六章　附则

第二十三条　本条例自经都督核准之日即公布施行。

第二十四条　本条例在鄂省大定,交战团体巩固之日,即行废止,另由都督令军政府国民组织临时会议,公举政务委员,分负责任。(《中华民国公报》1911年10月22日)

又按：根据这个"条例",湖北军政府的人事安排如下：都督：黎元洪(原清军统领);军令部长：杜锡钧(原清军管带);军务部长：孙武(共进会。到任前由副部长张振武代);参谋部长：张景良(原清军统带);政事部长：汤化龙(立宪派首领)。政事部下辖七局,其局长为：外交局长：黄中恺(留日生,接近立宪派);内务局长：舒礼鉴(旧官僚,湖南人,在湖北候补知县);财政局长：胡瑞霖(立宪派);司法局长：陈登山(立宪派);交通局长：马刚侯(资本家);文书局长：阮毓崧(立宪派);编制局长：张国溶(立宪派)。四个部长中,革命党人只有一个,七个局长中,革命党人一个也没有。这就必然引起党人的不满。10月25日,孙武到职,孙武和党人另订"组织条例"(《辛亥武昌首义史》第五章)。

晚,革命军首领20余人,聚集于旧咨议局所在的武昌阅马场鄂军都督府,商讨对策。都督黎元洪提出公举一人,任鄂军水陆总指挥,指挥武汉陆军和水师,向清军进攻,与会者一致推举胡鄂公。

驻汉口英、俄、法、德、日五国领事推英领事葛福持会衔公文一件至湖北军政府,对革命军举动文明,表示钦佩;在汉外侨,承予保护,极为感激,故承认民军为交战团,各国将严守中立。黎元洪备答谢文五份,由汤化龙、胡瑛、夏维崧送往各领事馆。

谢元恺率第四标新军开往汉口刘家庙,阻击南下的清军。

范贤方、赵家艺、魏炯、陈训正等在城北报德观开会筹建民团。

革命军占领湖北沔阳州。

荫昌行营驻信阳。

德国军舰在武汉江面炮击革命军。

日本头山满、内田良平等200余人在东京日比谷公园的松本数召开"浪人会"大会,要求政府对中国革命采取严守中立的态度。

《时事新报》(午报)在上海创刊。

18日（宣统三年八月二十七日）

上午7时，鄂军都督府正式发给胡鄂公一张委任状，委任状后面骑缝为"委字第一号"。胡鄂公接委任状后，于上午10时即在都督府成立鄂军水陆总指挥部。下午1时，胡鄂公以总指挥的名义部署作战。晚上10时，胡鄂公即发出准备进攻的命令，步队、炮队、水师都进入临战状态。

按：鄂军都督府成立几天来，还没有发过正式的委任状，往往是将内容、官衔、人名写在白布上，再盖上都督印。这张委任状，也是中华民国鄂军都督府成立以来第一张正式委任状。全文为："中华民国军政府鄂军都督黎，为委任事，委任胡鄂会为鄂军水陆总指挥，有指挥鄂军水陆师之全权，此状。黄帝纪元四千六百另九年八月二十七日。"

民军姚金镛部和林翼支部自后城马路朝歆生路进发，向刘家庙发起进攻，揭开汉口之役的序幕。民军首战告捷。清军增援刘家庙。

焦达峰、陈作新等百余人在贾大傅祠体育学堂举行会议，决定于三十日（九月初九日）晚举义，由炮兵营李金山负责，以燃烧柴草为号。后因故提前起义。

按：与会者还有安定超、袁天夕、彭友胜、文经纬、易宗羲、吴作霖、袁剑非、徐鸿斌、汤执中、张加勋、谭满芳、刘芝德、丁炳尧、刘光莹、陈林戟、吴瑞卿、王鑫涛、曾国钧、熊光汉、杨守贞、阎鸿飞、黄湘澄、易美棠、阎鸿藩、杨世杰、邓超、柳大纯、洪春岩、成邦杰、粟墨生、王猷、黄石陵、黄英、彭国钧、曹伯闻、曹耀才、蒋名苏、洪兰生、李海标、向冠臣、余华庵等。

驻汉口各领事发会衔布告。

按：布告曰："驻汉英、俄、法、德、日领事为布告严守中立事：现值中国政府与中国民军互起战争。查国际公法，无论何国政府，与其国民开衅，该国国内法管辖之事，其驻在该国之外国人，无干涉权，并应严守中立。不得藏匿两有关系之职守者，亦不得辅助何方面之状态。据此，本领事等自严守中立，并照租界规则，不得携带军械之武装人员在租界内发行，及在租界内储匿各式军械及炸药等事。此系本领事等遵守公法、敦结交谊上应尽之天职。为此恺切布告，希望中国无论何项官民，辅助本领事等遵守达其目的，则本领事等幸甚，中国幸甚。谨此布告。西历一千九百十一年十月十八

日。"(《辛亥武昌首义史》第五章)

黎元洪都督复汉口各国领事照会。

按：照会曰："为照会事：顷准贵国各领事布告严守中立,一遵照国际公法办理,具见贵领事深明法理,笃爱友邦,本军政府不胜感戴。本军政府此次起义之由,全系民族奋兴,改革立宪假面,建立中华共和民国,维持世界和平。凡有限制本军政府之意思,不能独立自由者,本军政府纵用如何损害之手段,亦是我民族应有之权利。贵各领事既经严守中立,本军政府必力尽义务,以表敬爱友邦之微忱。除另派专员致谢外,相应备文照会。为此照会贵领事,请烦查照施行。须至照会者。"(《湖北军政府文献资料汇编》)

革命军占领湖北宜昌府,宜昌光复。

孙中山致函美国国务卿,要求秘密会晤,但未果。

蔡元培在莱比锡,本以为武昌起义爆发后,革命成功有望,为之喜而不寐。即见清廷起用袁世凯之讯,于是转而疑虑。

按：蔡元培是日《致吴敬恒函》曰："……俄焉于报纸中见吾党克复武昌之消息,为之喜而不寐。盖弟蜀事本早有头绪,湖南、广东、安徽皆迭起而未已者,得湖北为之中权,必将势如破竹。无几,报纸中于得汉阳、汉口等消息外,又确有长沙及广东、安徽军人起事之说。其时弟胸中一方面愧不能荷戈行间,稍尽义务;一方面以为大局旦夕可定,日盼好消息,或无目前自尽国民分子义务之余地。无何昨日所见报纸,有袁世凯肯任湖广总督之讯,于是弟之十分乐观,生一顿挫。弟以为袁世凯者,必不至复为曾国藩,然未必肯为华盛顿。故彼之出山,意在破坏革命军,而即借此以自帝。"(《蔡元培先生年谱》上册)

赵尔巽通令东三省各报馆,暂缓登载武昌起义消息。陈昭常派人赴武汉探听武昌起义消息。

19日(宣统三年八月二十八日)

湖北军政府任命谢元恺为前敌司令,徐少斌为前锋司令。

汉口民军步、炮、工、骑兵共三千余人再攻刘家庙,下午占领刘家庙江岸车站。清军退至滠口。湖北军政府以都督黎元洪名义发布文告,慰劳汉口商会和同胞。汉口保卫战首战告捷。

湖北军政府内务部发布禁止妇女缠足文。

按：文曰："照得缠足恶习,有碍女界卫生,躯体受损尤小,关系种族匪轻。现值民国成立,理宜百度维新。男子一律剪发,女子亦宜振兴。况为国民之母,岂可玩忽因循。特此示令放足,其各毋违凛遵!"（《中华民国公报》1911年10月19日）

宜昌民军司令部成立,由唐牺支任司令部长。下设参谋处、军需处、庶务处、粮台处、执法处、招待处和交涉处；并任命张鹏飞、杨柱臣、沈岳乔、关克威等人为参谋官,戴治康为军需官,胡建勋为庶务长,李春澄为粮台官,丁荣学为执法官,袁国纪、孔宪治为书记官,何大喜、杨革五为招待员,鲁全经、陈善为交涉员。

清廷诏长江水陆诸军俱听袁世凯节制。谕川、楚用兵,原胁从,自拔来归,不咎既往,原随军自效,能擒献匪党者,优赏之。获逆党名册应销毁,毋株连。两省被扰地方抚恤之。免裁各省绿营、巡防队。寿耆免,授连魁荆州将军。

蔡元培赴柏林,访俞大纯、李偑君、顾梦渔等,集会演说,声援武昌起义,希望革命早日成功。

中国报界俱进会第二次常会在北京召开。

按：中国报界俱进会于1910年9月3日在南京劝业会公议厅成立,是近代第一个全国性的报界团体组织。

《警报》在上海创刊。主编柳亚子,编辑和翻译有朱少屏、胡寄尘、金慰农等。

叶圣陶是日日记载购《时报》了解革命形势,又恨吴地兵士何以绝无动静。

按：记曰："午膳后闻吴雨生先生云,芜湖有已下之信,心甚喜,然未知确否,急欲得报纸阅之,而校中所常订之报还未送来,乃与颉刚请假出至观前,遇送报人,乃即购《时报》一份,入明月楼啜茗以阅之,却并无芜湖之信。更租他种报看,亦都无之,懊恼甚。然昨日晨间革党已曾与彼房交战,革党获胜,亦差强人意者也。虽然,若芜湖、南京等处皆为必争之地,汉家之旗势所必至,而论其能力亦必定能至,唯略有迟速耳。独恨吴地兵士亦曾少受教育,智识既开,见解当正,而何以绝无动静也?"（《叶圣陶集》第19卷）

20日(宣统三年八月二十九日)

黎元洪致书海军提督萨镇冰劝降,同时有致楚有、楚同、楚泰、建威、建安、江利各舰舰长书。

黎元洪关于严禁以人或信件接济清军致汉口各国领事照会。

按:照会曰:"照得我军政府与清军政府交战,承贵领事一秉至公,承认为交战团体,并宣布中立,殊深感佩。特此照请查照,前已照会贵领事禁止贵国各人民将战时禁制品供卖敌军,定蒙贵领事照办。我军迭次奏捷,业将清军逐退,各租界可望免受损失,足纾荩注。然如不将人民或信件助敌之事严加禁止,清军不免乘机复起扰乱。目下情形,实于租界及本军政府,均有不便。用特照请贵领事,请即严禁英国船只及贵国人民,无论如何不准将人民或信件接济敌军,以符公法。否则本军为自保起见,惟有将此等人民拘获,并将此等信件没收。中华民国湖北都督黎。印。"附:《汉口领袖领事复文》:"本领袖领事谨致敬意于武昌统帅,并代各国领事答复十八、二十日两次来文。论战时禁制品之事所请各节,现已知照有约各国旅汉侨民,并请呈报北京各国驻使核办。本领袖领事深信贵统帅将力行设法,以恢复汉口与北京、上海各电线之交通,以便有约各国之领事得与该政府通讯。"(《湖北军政府文献资料汇编》)

陈作新得知党人饶运钧前往水陆洲运动巡防营时被捕,拘于五十标禁闭室待斩;巡防营统领黄忠浩敦请巡抚余诚格下令,限22日将新军一律调离长沙,调集巡防营劲旅至省垣自卫。事危时迫,焦达峰、陈作新商量决定提前至22日起义。

张景良任民军汉口前线指挥。

汉口前线指挥所属敢死队长徐兆斌在灄口附近铁路桥北被清军伏击,壮烈牺牲。前线指挥何锡蕃用手枪自击左臂,托言受伤,回武昌请示。前线战事由统带谢元恺代为指挥。

川汉铁路宜昌公司总理李稷勋与驻宜英国领事、德国领事、宜昌海关税务司和泊宜昌港口的山马号军舰舰长会商,决定致电汉口领事团,要求派轮船来把留在宜昌的筑路工人遣运回原籍。

皇太后懿旨,发帑银二十万两赈湖北遭兵难民。福建龙溪、南靖两县河溢堤决,发帑银二万两赈之。以湖北用兵,谕山东、山西两省购运米麦济军。

协理大臣徐世昌奉奕劻之命,到彰德敦劝袁世凯,袁世凯与徐世昌磋商后,提出召开国会,组织责任内阁,宽容武昌事变人员,解除党禁,总揽兵权,宽予军费等复出要求。

湖北军政府有《全鄂人民致袁世凯书》。

按:书曰:"蔚廷宫保大人阁下:盖闻语曰:'英雄造时势,时势造英雄。'又曰:'识时势者为俊杰。'从来伟大人物成不世之勋,未有能殊乎此者也。自甲午以后,民族、民权二大主义之潮流,激湍全国。于是人人皆思享自由之幸福,脱专制之羁轭。惟苦异族政府无改革之能力,乃发为种族之观念,而民族之说出焉。至于今日,三尺之童,皆知革新之为大业,此盖时势使然,非口齿所能强致也。阁下才渊识朗,量已深悉乎心,不待我等哓舌。顾我等有不能不向阁下陈者,幸阁下垂鉴焉。慨自李闯构乱,明社乃屋,满清乘季,拦入中原;衣冠变为犬羊,江山沦于夷狄。凡有血气,未有不腐心切齿思光复者也。二百年来,汉人之遭其踩躏,匪可言尽,特以事机未至,无如之何。今则天道好还,人心思汉,义兵一举,全鄂服心。时势至今,满汉之界已划,非满人亡即汉人灭。自残同胞,西人引为大耻。为阁下计,亦必不甘冒此不韪,为满廷作虎张也。乃近阅上海各报,皆谓阁下已受满廷简为鄂督,借荫昌督军前来,心窃怪之。嗟乎!阁下非汉人乎?胡一旦昧心至此也?阁下尚忆载沣初年摄政,即逐公于国门之外时乎?阁下未被刑戮,幸耳!今情势危迫,复以艰巨负之阁下,是盖行煮豆燃萁之故智,而中即覆以兔死狗烹之危机也。阁下亦知之否?阁下之为人,沉雄机警,固我等所知也。今虏廷自载湉短折,溥仪继立,所云主少国疑者,此其时矣;旗党分权,离叛叠见,所云将骄兵懦者,又其时矣;且灾异非常,征科繁急,所云人怨天怒者,又其时矣。阁下诚能因时势所趋,体士民之意,率部下健儿,回旗北向,犁扫虏廷,为汉族争百尺光,我等全鄂士民,当肩檿手锄,甘冒矢石,为阁下作前驱。若守那拉氏之私惠,甘以毒手残害吾鄂四千五百万同胞,鄂人苟有一人未诛者,亦必以恣害之手段加之阁下,世世子孙,传为大仇。阁下纵不为一身计,得不为子孙计乎?即不为子孙计,独不为千载以下史家之唾骂计乎?阁下当不若是之愚也。况今日之革命,种族上起点也,天经地义,华夏之辨至明;本本水源,忠孝之心俱在。阁下纵一身甘为满奴,阁下之所部皆汉人,能保其皆甘为满奴乎?语云:'与众同欲者周不兴,与众异欲者周不败。'为阁下目前计,兵情将意,多疑畏,君臣之间,素有隔阂,且有一尸居余气之荫昌掣肘于旁,阁下能操全算乎?阁下固知其必不能也。既知其不能,则何不以迅雷之势,建不世之业?汉族之华盛顿,惟阁下之是望。嗟乎!阁下非汉人乎?一身祸福,系之毫芒,千古勋名,争在顷刻。时乎时乎不再来。幸阁下三思之。"(《湖北军政府文献资料汇编》)

孙中山自芝加哥抵达纽约筹款。

叶圣陶是日日记记载获知诸报有关革命军信息的心情变化。

按:记曰:"午后报纸来,则各种互有异同。盖昨日革军与彼虏交战,《民立报》则云革军胜,《时报》则云无甚胜负,《字林西报》则云革军不利。见'胜'之一字固无甚惊异,盖如此正正堂堂之师,本当胜也;而闻不利之消息,则闷郁特甚。苟瞑目静思,革军如一不利,再不利,而终至于消灭,则其后之情景当不堪设想;而若吾侪者,尚何以为生乎!虽然,勿先作此颓丧语,明日有佳音亦未可知也。顾心中终觉不畅。上堂受课亦目充耳,若未见闻。"(《叶圣陶集》第19卷)

21日(宣统三年八月三十日)

张謇与伍廷芳、唐文治、温宗尧联名致电摄政王载沣,表示大势所在,非共和无以免生灵之涂炭,保满汉之和平。

按:伍廷芳(1842—1922),字文爵,号秩庸,广东新会人。1874—1876年自费留学英国肯法律学院,获英国大律师资格,回国后在香港执律师业。1882年,投身李鸿章帐下作幕僚,后又历任清政府驻美公使等外交职。1902年,与沈家本共同主持清末修律工作。武昌起义后,投身革命,任沪军都督府外交总长、南方民军议和总代表。南京临时政府成立,受命为民国首任司法总长。

清廷命副都统王士珍襄办湖北军务。

清军主力运抵孝感至滠口一线。

叶圣陶是日日记记载购《时报》而将革命军胜利信息传诸同学和父亲。

按:记曰:"到校后,闻沪上某报馆有被众攻击,逐致停版之说。盖近日报馆之电报时有接到,而到馆探问消息者尤拥挤不堪。故各报馆接得一电后,每大书悬之门首,以便周知之迅速。而该报馆竟忽发奇想,伪造来电云革军大败。观看之众人见之,即入馆询以电码何在,该馆不能对,乃大樱公愤,竟起奋击。观此一端,则虽欲革军之败,其可得乎?彼北房所率之兵为数虽巨,然或则心已归南,或则怯于临阵,我行将见其溃也。饭后急欲一见报纸,乃同令时请假出至观前,讵意送报者尚未来,乃至雅聚烹茗以待。已而即来,急购《时报》一份阅之。第一条专电即见廿八日革军系伪败,诱北兵而包攻之,北兵毙四千。我固以为革军必不致败也,心油然喜。以下各电亦殊可人意。看毕专电即便归校,正在上第四课经学,以报纸携进教室,则同学争夺之,见第一条,皆笑色现于面,暗相告语,不顾程先生在讲台上矣。是课毕,同级人出以告其他众同学,则顿闻至响至宏之欢呼发于自习室中,是真爽快欢乐已哉。课毕后即归家,以报纸呈大人,大人观之,其欢愉之状自流露于言词间也。沪上苏省各校联合运动会以鄂军起事故,闻决不举行,若此盛举作罢,殊可惜也。"(《叶圣陶集》第19卷)

22日(宣统三年九月初一日)

资政院第二次开会,诏勖议员。

按:《东方杂志》第八卷第九号《中国大事记》载:奉上谕,朕寅绍丕基,于今年三载,勤求治理,夙夜兢兢。兹届资政院第二次开院之期,尔议员等,其敬听朕命。方今世界文明,宪政尤为当务之急。自上年十月,仰体先朝与民更新之意,俯顺内外臣工之请,特降谕旨,缩改于宣统五年,开设议院,并修改筹备事宜清单,期限则年近一年,筹划乃日繁一日。该院负国民之重望,实协议之权舆,前者已略具规模,今兹当更有进步。所有应议事项,亟宜集众思以广益,求一是以折衷,以期渐有端倪,日臻完备。除上年该院未经议竣各案仍应接议外,朕特命国务大臣,将各项案件,陆续筹拟,照章交议。尔议员等洞观国势,熟审舆情,其各体念时艰,发摅忠爱,总使法立而民不扰,论定而事可行。用以巩固邦基,弼成郅治。朕有厚望焉。将此特谕知之。钦此。又监国摄政王训词曰:"溯自上年资政院开院以来,已经匝岁,凡关于宪政事项,本监国摄政王与王大臣等,悉心筹划,日促进行,昕夕从事,惟恐不及。现又届该院第二次开会之期,各议员等学问日进,阅历较深,凡国家安危所系,与吾民休戚所关,以及一切事实理论,自当研究渐精,抉择愈审,必能出所蕴蓄,共矢,协赞谋猷,代宣民隐。上副朝廷孜孜求治之至意。各议员其交勉焉。"

清晨,长沙新军正式宣布起义。焦达峰宣布作战命令,起义队伍分两路攻城。下午3点,东路军与北路军会合,起义取得成功。当晚,各界代表涌入咨议局,商量成立临时革命政府的问题,会议由同盟会员文斐主持,公推焦达峰为大都督,陈作新为副都督。军政府之下设军参两部,推阎鸿燨、袁剑非、吴作霖、张显义、阎鸿飞、杨世杰等分任之。

按:一路由焦达峰、彭友胜率领四十九标二营后队,会同五十标及马队由北门进城,占领荷花池军装局;另一路由陈作新、安定超率领四十九标二营前队、右队、左队,会同辎重、工程两营由小吴门进城,占领咨议局。下午3点东路军与北路军会合后,由焦达峰、陈作新、曾杰、成邦杰、安定超、李金山等率领一部分新军,包围巡抚部院。巡抚余诚格潜逃,炮兵营正目李金山将巡防营统领黄忠浩刺伤,押解至小吴门城楼斩首示众。

早晨,陕西同盟会、哥老会及新军各主要首领张凤翙、钱鼎、张伯英、万炳南等,在西安城西南林家坟开会。众推张凤翙、钱鼎(两人皆新军军官)为起义的总负责人,决定当天中午起义。

汉口民军集结刘家庙备战。

李稷勋到工地宣布铁路停工,并会同商会报告宜昌民军司令部,请求给予协助。司令部当即将此事电告鄂军都督,经批准,并拨铜元七万串,由快利轮运送来宜,作遣散费发放。司令部派参谋官张鹏飞专责督办此事。

江苏巡抚程德全与山东巡抚孙宝琦等联合上奏,请求清廷"解冕亲贵内阁"、"下诏罪己",并处分"酿乱首祸之人",并"靠庙誓民,提前宣布宪法",使反满之说无所借口,变乱之兵能够回心,达到"用剿易散,用抚易安"之目的。

按:此奏由张謇起草,张謇的文集中收有《代鲁抚孙宝琦苏抚程德全奏请改组内阁宣布立宪疏》。

柏文蔚自东北回到上海,在陈其美寓所召开会议,商议同盟会中部总会今后的行动方案,决定黄兴、宋教仁赴武汉指挥全局,柏文蔚、范光启(鸿仙)前往南京策动新军反正。

湖北汉口军政分府创办的机关报《新汉报》在汉口创刊。总理何海鸣,总撰述贡少芹,编辑郭寄生等。

按 何海鸣名时俊,海鸣乃笔名,别署一雁、孤雁、衡阳一雁、余行乐、行乐、求幸福斋主等,原籍湖南衡阳,生于广东九龙。此后又创办《爱国日报》、《爱国晚报》、《民权报》等。著有《中国工兵政策》、《学校军事教育》、《求幸福斋丛话》、《求幸福斋随笔》、《何海鸣说集》、《海鸣小说集》等。

宁波民团成立,编成8个分团,编额500名。

哈尔滨电报局奉邮传部令,无论官商学报各界一律不准接收、更不准发送有关辛亥革命消息的电文。

《新事报》创刊。

天津直隶学务公所图书馆出版的《直隶教育杂志》停刊。

按 原名《教育杂志》,1905年1月6日创刊,1909年2月20日改名为《直隶教育官报》。

23日(宣统三年九月初二日)

陕西新军变,护巡抚布政使钱能训自杀不克,遂走潼关,西安将军文瑞、副都统承燕、克蒙额俱死之。西安全城光复。

焦达峰、陈作新在巡抚衙门就任中华民国湖南军政府正、副都督职。谭延闿为民政部长,阎鸿飞为军务部长,刘邦骥为参谋长,李洽为秘书监。又成立陆军四镇,以余钦翼为第一镇统制,赵春霆为第二镇统制,易堂龄为第三镇统制,阎鸿矞为第四镇统制。

江西九江光复,成立中华民国驻九江军政分府,同时推举五十三标统带马毓定为九江军政府都督,同盟会会员林森为民政部长,李烈钧为参谋长。

按 李烈钧(1882—1946),原名烈训,字协和,别号侠黄,江西武宁县坪原村人。1907年,在日本加入同盟会。1908年秋,从日本士官学校毕业归国,任江西混成协第五十四标第一营管带(营长),驻南昌澹台门外训练士兵。1909年春,到昆明任云南讲武堂教官,旋任陆军小学堂总办,兼兵备道提调。1912年夏,被江西省议会选举为江西都督。1913年5月,与湘督谭延闿、皖督柏文蔚、粤督胡汉民通电反袁。1915年,与蔡锷共商讨袁事宜,组织"护国军",任第二军总司令。1924年1月,被选为国民党中央执行委员。

黄兴抵达上海,与宋教仁商讨光复南京部署。次日启程赴武昌。

按:黄一欧曰:"武昌起义后,先君在香港得到消息,即偕先继母徐宗汉于九月初三赶到上海,寓朱家木桥某宅。当晚由先继母到《民立报》社约宋教仁来会,久别重逢,倾谈竟夕。商定由柏文蔚、范鸿仙等往南京策动新军反正,先君与宋教仁去武昌支撑全局。柏文蔚临走时,先君送他手枪一支。其时武昌虽已发难,沪宁尚未光复,沿江口岸都在清军手中,查缉极严。结果想出办法,由女医师张竹君出面组成红十字救伤队,开往武汉战地服务,先君变服混在其中,先继母则扮作看护妇偕行。随行者还有宋教仁、陈果夫等。"(《辛亥革命杂忆》,载《辛亥革命回忆录》第7集)柏文蔚在《五十年经历》中回忆:"余于九月初一日到上海。初二日黄克强亦归自南洋,当即在陈英士家开紧急会议,决定克强担任武汉,余担任南京。"黄兴抵沪日期比黄一欧回忆早一天,待考。

清军进攻刘家庙,被民军击退。

清廷答应袁世凯复出的诸项要求,谕令江北提督段祺瑞酌带得力将弁,迅赴湖北前线,与袁世凯协商布置。冯国璋抵河南彰德洹上村,会见袁世凯,密议对付清廷和湖北革命之策。

南昌光复。

清廷开释遭诬学生解树强。

按:《东方杂志》第八卷第九号《中国大事记》载:江苏阜宁解树强,留学日本毕业,入都应试,有阜宁知县印票,指为在广东肇事之革命党,由民政部逮捕,奏交大理院审办。经院讯明奏称,该生行迹,并无可疑,据驻日公使查明该生在早稻田大学,素不缺课,且电查阜宁县,复称并无票办之事。票印系伪,是必有仇怨之人,捏词构陷。该生横遭诬蔑,应予开释。旨准。

清廷设立救济会。

按:《东方杂志》第八卷第九号《中国大事记》载:给事中涂国盛奏,请饬督办赈务大臣盛宣怀,酌拨巨款,电商善堂义绅,援案设救济会,速救余生。奉旨著督办赈务大臣知道。

中国"红十字会"创始人之沈敦和假上海大马路工部局议事厅召集特别大会,组织中国红十字会"万国董事会",举古柏、麦尼尔、包克斯、吴板桥、马医生、爱德华医生、福医生、亨司德医生、施则敬、任锡汾、丁榕、江趋丹、汪汉溪、王西星为董事,沈敦和与英国按察使苏玛利为总董。特别大会决定:派出甲乙丙三支救护医疗队驰赴武昌战地救护,救人宗旨不分革军(革命军)、官军。

24日(宣统三年九月初三日)

湖北军政府发布关于禁止国民军入租界的告示。

按:告示曰:"照得租界重地,华兵不得入内。此系万国公法,应守纪律范围。特告我军同志,其遵我令毋违。如假查匪为名,殊失军人纪律。前日伤毙一人,已被外人猜疑。嗣后再入租界,定照军法施行。"(《湖北军政府文献资料汇编》)

黄兴到达上海后,宋教仁力劝黄兴速去南京,掌握新军第九镇原赵声部属,另开新局面,认为今日之形势,以天下言之,重在武昌,以东南言之,则重在金陵,未被黄兴采纳。

陈其美与宋教仁、沈缦云、范鸿仙、叶惠钧、叶楚伧、蔡元培等同盟会重要成员在《民立报》馆开会,决定准备上海起义事宜,议决以联络商团、媾通士绅为起义的工作重点,利用《民立报》宣传革命胜利消息,激励民气。此时,光复会也在沪、杭一带利用各种关系秘密运动军警、会党,筹划起义。尹锐志联络吴淞海军朱庭燎、巡警黄汉湘等参加光复会,组建光复军,李燮和由南洋爪哇回到上海,担任光复军总司令,司令部设在锐俊学社。

按:李燮和(1873—1927),名代均,字柱中,湖南安化县蓝田人。光绪三十年,任宝庆中学堂教员,与谭人凤等谋划宝庆起义,事败,亡走长沙。三十二年,东渡日本,与孙中山、黄兴会晤,加入同盟会。宣统三年,与陈方度等回广州参加起义。又参与领导上海起义。1912年1月12日,为光复军北伐总司令。4月,南京留守黄兴任命李燮和为长江水师总司令,未几辞去。袁世凯授以长江水师总稽查,亦坚辞不就。同年11月,与黄兴、龙璋联合侨商曾庆连等发起创办中华汽船有限公司,又与于右任等发起组织中华和平会附办国民厚生银行。1915年8月,袁世凯阴谋称帝,李燮和在杨度邀约下列名发起"筹安会"。次年6月,袁世凯死,遂退隐家园,不再问政治。

沈缦云代表同盟会与上海商团公会会长李平书长谈,说服李平书放弃君主立宪的主张,率领上海的绅商们转向革命。

汉口民军攻击清军前哨。

湖北襄阳府为革命军占领。

陕西省城西安府被革命军占领。各方起义将领在军装局开会,组织临时司令部,确定革命军称"秦陇复汉军"。派遣各学堂学生回各州县,宣传革命,组织民团,收复地方。

清皇太后懿旨,发内帑二十四万两赈直隶、吉林、江苏、安徽、山东、浙江、湖南、广东诸省饥,立慈善救济会。

清廷委任段祺瑞为第二军军统,令与冯国璋第一军会合,早图规复。

《国民晚报》在上海创刊。

上海《申报》发表《度支部奏定调查官有财产及官业资本简章》。

25日(宣统三年九月初四日)

孙武、刘公、张振武等提议修改《中华民国军政府暂行条例》,颁布《中华民国鄂军政府改订暂行条例》,决定成立由革命党人组织的军事参议会。规定除战争外,都督发布命令必须召集军事参议会议决施行。调整都督府的机构设置和组成成员,取消包揽行政大权的政事部,改设内务、外交、理财、交通、司法、编辑等六个部,后又增设教育、实业两个部。军令部长杜锡钧,参谋部长张影良,副部长杨玺良。军务部长孙武,副部长张振武、蔡绍忠。内务部长冯开浚,副部长周之瀚。外交部长胡瑛,副部长王正廷。理财部长陶德琨,副部长潘祖裕。司法部长张知本,副部长彭汉遗。交通部长熊继贞,副部长傅立相。编辑部长汤化龙,副部长张海若。总监部总监刘公。教育部长苏成章,副部长查光佛。实业部长李四光,副部长牟鸿勋。

按:《中华民国鄂军政府改订暂行条例》(辛亥年九月四日)如下:

第一章 总则

第一条 中华民国人民公约推倒满政府,恢复中华,建立民国,暂组织军政府,统辖政务。

第二条　军政府由起义时，公推都督一人，执行军政一切事宜。

第三条　军政府都督，代表军政府人民，施行职务，除关于战事外，所有发布命令关系人民权利自由者，须由都督召集军事参议会议议决施行。

第四条　军政府恢复土地，所有建设各事宜，暂由都督咨询参议会议决施行。

第二章　组织

第五条　军政府都督置僚属如左：一、秘书员；二、顾问员；三、稽查员。

第六条　军政府设置作列各部，直隶于都督，各担任执行主管事务：一、军令部；二、参谋部；三、军务部；四、内务部；五、外交部；六、理财部；七、交通部；八、司法部；九、编制部。

第七条　都督所属秘书、顾问各员，由都督自行任用；稽查员由起义人公推，请都督任用。各部部长，得兼充参议员。

第八条　各部部长，暂由都督委任；部长、副部长以下，由各部长、副部长分别请用或委用。

第九条　关于行军重要地点，由都督酌设镇守部，其组织法临时酌定。

第三章　权限

第十条　军政府都督所置僚属权限如左：甲、秘书：一、分理各部文书事件；二、保管文书关防事件。乙、顾问：随时应都督之咨询，并得自行建议。丙、稽查：一、稽查各部及各行政机关；二、稽查各军队。

第十一条　各部权限如左：甲、军令部：掌承都督命令，有发布军令、编定及调遣军队、纠举军官及检阅军队之权。乙、参谋部：掌定作战计划一切事宜。丙、军务部：掌关于军务行政事宜。丁、内务部：掌关于内务行政事宜。戊、外交部：掌关于外交行政事宜。己、理财部：掌关于财务行政事宜。庚、交通部：掌关于交通行政事宜。辛、司法部：掌关于司法行政事宜。壬、编制部：掌编制军制以外一切法规。

第十二条　各部权限如有异议时，由都督召集参议会解决之。

第四章　附则

第十三条　都督僚属及各部细则另定之。

第十四条　本条例以都督批准之日为施行之期。

第十五条　本条例如有修改时，须都督僚属各部正副部长十人以上之提议，由参议会议决。（《中华民国公报》1911年10月26日）

又按：此"条例"规定，军政府由原来四部改为九部，加上其他新设机构，党人始由劣势转为优势。其任职名单，都督仍为黎元洪，各部部长如下：军令部长：杜锡钧（原清军管带）；军务部长：孙武（共进会）；参谋部长：杨开甲（原清军管带）；内务部长：杨时杰（同盟会）。先为冯开濬；外交部长：胡瑛（日知会、同盟会）；理财部长：李作栋（共进会。先为胡瑞霖、陶德琨）；交通部长：熊继贞（同盟会）；司法部长：张知本（同盟会）；编制部长：汤化龙（立宪派）。（《辛亥武昌首义史》第五章）

革命党人李沛基在黄兴安排下，在广州以药弹击杀广州将军凤山。

按：《清史稿·凤山传》曰："凤山，字禹门，刘氏，隶汉军镶白旗。……宣统初，改练军归部节度，始解兵柄。三年，授广州将军，未行而武昌事起。香港为粤民党薮，谋改省城，众阻其勿往，曰：'吾大臣也，不可不奉诏。'遂毅然去。将至时，总督及布、按以下官皆不敢出迓，或劝宜微服先入城，毋蹈孚将军覆辙，凤山不可。日午，舆卫导行，抵南城外，党人匿市廛檐际掷炸弹，屋瓦摧压，从者死十余人，街石寸寸裂。暮得凤山尸，焦烂无完肤。事闻，赠太子少保，谥勤节，予骑都尉世职。"

黄兴在上海红十字队队长张竹君女士的掩护下，扮作医疗队队员，偕同夫人徐宗汉及日人萱野长知等从上海乘江轮上驶，28日抵达汉口。

广州绅商在文澜书院集议讨论应付武昌起义后的局势，作出"保存广东大局"的议案，决定广东不再向"乱事省份"调兵、拨饷、拨械，并派人到香港与革命党方面联络；粤督张鸣岐立即表示赞成。

安徽巡抚朱家宝电奏清廷，请求将用于增募防营之银饷从速汇皖。清廷令两淮运库借拨现款10万两解皖。

清廷同意袁世凯的奏请，以冯国璋为第一军军统，速赴前线，是日抵达刘家庙；段祺瑞为第二军军统，陆续开拨。

清廷以赵滨彦为山东布政使。

张荫棠免出使义墨秘鲁三国大臣，以施肇基继任。

辜鸿铭写信给上海租界里最有影响的西方报《字林西报》，阻止刊登有关武昌起义和排满文章。

按：这封信登出后，各报转载，舆论哗然。南洋公学学生包围而诘责之，辜辞职（一说被学生驱逐，此从蔡元培《辛亥那一年》说）。

《湘省大汉报》创刊。由杨宗实、李任民、游大瀛等主持。

《民立报》发布《湖北军政府兴汉军歌》："兴汉、兴汉，兴我大汉。汉人好山河，岂容□贼占。同胞呵努力，努力向前战。杀尽胡儿兴大汉，兴汉、兴汉，兴我大汉！灭□、灭□、灭此贼□。黄帝应有灵，助我将贼斩。同胞呵努力，努力向前赶。赶到北方灭贼□、贼□、贼□、灭此贼□！"

叶圣陶是日日记谓盼望革命军胜利之殷，恨地球不快转两周。

按：记曰："晨到校后，闻南京起事之信实系不确，盖沪上乃有此谣传也。懊恼甚。然龙蛇启蛰，终有一朝，势有必然，少安毋躁也可。饭后阅报，知南北两军相距已止六十里，初一、二、三休战，今日此时当正在杀敌囚房，明后日可得好消息矣。盼望之殷，恨地球不快转两周。"（《叶圣陶集》第19卷）

26日（宣统三年九月初五日）

黎元洪为传谕荆州旗兵归顺致荆州将军电。

按：电文曰："传谕各旗兵知悉：本都督起义武昌，四方响应；义师所过，不肯妄戮一人。尔旗兵人等归化中国二百余年，本都督决不肆行杀戮。现正派大队入荆招抚，如肯归顺，速将军器、旗册全行搬出，当与汉人一律看待。其个人私产，亦一律保护，务使秋毫无犯。若仍执迷固负，大兵一到，玉石俱焚，后悔何及？现在湖南、江西均为义军所得，尔等熟思大局，岂能久存？一经投诚，尚有生路。本都督以至诚之隐，谆恳传谕。归顺与否，惟尔等自择。都督黎。"（《湖北军政府文献资料汇编》）

清皇太后助帑于慈善救济会。

资政院言邮传大臣盛宣怀侵权违法，罔上欺君，涂附政策，酿成祸乱，实为误国首恶，诏夺职。

按：《东方杂志》第八卷第九号《中国大事记》载：奉上谕，资政院奏部臣违法侵权，激生变乱，据实纠参一折，据称祸乱主源，皆邮传大臣盛宣怀，欺蒙朝廷，违法敛怨，有以致之。该大臣手握交通机关，不惜专愎擅权，隔绝上下之情，于应交院协议交阅议决之案，一切不顾，于阁制发表之后二日，首先破坏,单衔入奏,罔上欺民,涂附政策,酿成祸阶,此次川乱之起,大半原因,即以该部奏定仅给实用工料之款,以国家保利股票,不能与鄂路商股一律照本发还。又将施典章所亏倒数百万,弃置不顾,怨苦郁结,上下争持,川乱即作。人心浮动,革党叛军,乘机窃发。该大臣实为误国首恶等语。铁路国有,本系朝廷体恤商民政策,乃盛宣怀不能仰承圣意,办理诸多不善。盛宣怀受国厚恩,竟敢违法行私,贻误大局,实属辜恩溺职。邮传大臣盛宣怀,著即行革职,永不叙用。内阁总协理大臣大学士那桐、徐世昌,于盛宣怀蒙混具奏时,率行署名,亦有不合,著交该衙门议处。嗣后该大臣等,于一切用人行政事宜,务当不避嫌怨,竭诚赞助,以维大局而济时艰。钦此。

清廷处理办理四川罢市、罢课不力官员王人文、赵尔丰等。

按：谕曰：前派端方前往四川查办铁路事宜,嗣据都察院代奏,四川京官曾鉴等为川民争路,致酿重案,恳饬秉公查办,以维大局,而遏乱源,呈一件。又经谕令端方按照所陈各节,秉公查明具奏。兹据端方电奏称,行抵川境,选据各属士绅代表呈诉,并先后接据委员报告及所闻官绅议论,详加考核。查得川中罢市、罢课,不戕官吏,不劫仓库,绝非逆党勾结为乱。其七月十五日,民居失火,仅系南打金街民人自行失慎。人民因蒲殿俊、罗纶等被拘,赴辕请释。统领田徵葵擅行枪毙街正、商民数十人。附近居民闻知,遂首裹白巾,奔赴城下求情,又为枪毙数十人,以致众情愤激。其所传布之自保商榷书,并无"独立"字样,亦无保路同志会及股东会图记。其中且有"皇基万世"等语,并非出自蒲、罗等之手。又有搜获之木牌、血书,皆匪徒假托,非士人所为。川中官吏周善培、王棪、饶凤藻等,复挟咨议局纠举之嫌,构成冤狱。不纳捐粮一说,系官绅联合会内提倡,有缓办捐输,以请息扣粮之议,并非股东实行征收国家租税等语。此次川事糜烂,既据端方查明,实由官民交哄而成。所有办理不善之地方官自应分别惩治。前署四川总督王人文,现署四川总督赵尔丰,身任封圻,既不能裁制于前,复不能弭患于后,实属咎无可辞。王人文、赵尔丰均著交内阁议处。署松潘镇总兵营务处总办候补道田徵葵,贪功妄举,擅毙平民,著即行革职,发往巴藏,责令戴罪图功。署提法使劝业道周善培,轻躁喜事,变诈无常,候补道王棪、王梓结怨绅商,声名素劣,均著即行革职。候补道饶凤藻,资轻望浅,舆论不孚,著以同知降补,以昭炯戒。四川咨议局议长法部主事蒲殿俊,副议长举人罗纶,度支部主事邓孝可,翰林院编修颜楷,贡生张澜,民政部主事胡嵘,举人江三乘、叶秉诚、王铭新对于匪事绝无干涉,均著即行释放。法部主事萧湘,前被拘留,著一并免其置议。现在川省土匪窃发,蹂躏地方,煽胁良民,蔓延日久。著端方传旨责成蒲殿俊等分头开导,迅速解散,不得藉词诿卸。其有抗拒不服,甘心作乱之匪徒,仍著端方、赵尔丰严饬地方文武切实剿办。总使良莠分明,毋枉毋纵,以副朝廷绥靖地方之至意,余照所议办理,该衙门知道。钦此。

(诵清堂主人《辛亥四川路事纪略》)

  清廷以唐绍仪为邮传大臣。又命陈邦瑞为江、皖赈务大臣。

  贵州省城贵阳兵变,响应革命军。

  清军上午攻占汉口刘家庙。下午,民军反攻,收复刘家庙。

  清廷准端方所奏,斥责王人文、赵尔丰,下令释放蒲殿俊、罗纶诸人,责成他们"分头开导,迅速解散"同志军。赵尔丰上奏争辩,谓"该逆绅等一旦放归,势必纠合徒党,与群匪联为一气"(《吴玉章年谱》引)。

  章炳麟于本日及 28 日、31 日在《光华日报》上连载《诛政党》一文,逐一评点康有为、梁启超、张謇、杨度、蒋智由、严复、马良、陈景仁、汤化龙、汤寿潜、林长民、郑孝胥等人。

  按:汤志钧编《章太炎年谱长编》(上册)曰:"《诛政党》是章太炎在辛亥革命前夕在海外发表的一篇政治论文。他以为'朋党之兴,必在季世','天下之至猥贱,莫如政客'。中国政党,'非妄则夸',并'校第品藻',分为七类":第一类指的是康有为在变法前聚徒讲学,政变后"俯张为幻",并骗取华侨捐款,"腥德彰闻"。至于"学未及其师",则指梁启超。第二类指的是地主、官僚和民族资产阶级上层的一些立宪分子。1908 年 6 月间,广东士绅代表入京呈递国会请愿书。康有为的"中华帝国宪政会"也联合华侨中的立宪分子,以海外二百余埠华侨的名义上书要求开国会,实行立宪。第三类的"高谈佛理",指蒋智由。第四类中"上者学文桐城",指的是严复,"近且倡言功利,哗世取宠,徒说者信之",指严复翻译甄克思《社会通诠》,比附其说,谓"中国社会,宗法而兼军国者也",断言民族主义不足以救中国,实质上反对革命,为清政府辩护,立宪党人又于渲染,章氏曾撰《社会通诠商兑》驳之。第五类指政闻社法部主事陈景仁奏请速开国会,马良复致宪政编查馆"宣布期限,以三年召集国会"。以及梁启超派他的密友徐佛苏去北京活动。1910年春,徐佛苏在北京参加了请愿代表团,和当时的请愿代表汤化龙、孙洪伊、林长民等发生联系,开展"国会请愿运动"。第六类指资政员和各省咨议局员。第七类指江浙的张謇、汤寿潜以及争粤汉、京汉铁路权利的湘、川、闽、粤士绅。"章太炎认为这七类,虽则'操术各异,而竞名死利,则同为民蠹害,又一丘之貉也'。事实上,这七类都是立宪派,跟随革命形势的发展,立宪派的立宪请愿活动也就越益频繁。立宪派抵制革命,阻止历史前进,是反动的改良主义的政治活动,章氏把《诛政党》发表在海外华侨聚集、立宪保皇分子一度盘踞之地,揭露立宪分子的卑劣面貌,无疑是起一定作用的。但这时已是辛亥革命前夕,武装起义时机成熟,清朝统治面临崩溃,章太炎却丝毫不提领导革命的同盟会,也不谈武装革命,而说什么'赫然振作,以恢九服'后,各政党'内审齐民之情,外察宇内之势,调和斟酌,以成政事而利国家,不亦休乎?'这就说明了章太炎当时对同盟会的裂痕和在政治上的彷徨,以致武昌起义胜利,章氏返国后,他自己也和立宪分子沆瀣一气,搞起他本来'诛'过的政党活动了。"

章炳麟以中国革命本部名义在东京发布《中国革命宣言书》,又起草《致留日满洲学生书》。

蔡元培致信孙中山,拟为革命军购炮。

27日(宣统三年九月初六日)

清皇太后出内帑一百万两济湖北军。召荫昌还,授袁世凯钦差大臣,督办湖北剿抚事宜,节制诸军。命军谘使冯国璋总统第一军,江北提督段祺瑞总统第二军,俱受袁世凯节制。

清廷以广州汉军副都统春禄,为广州将军。以荆州副都统恩泽,为广州汉军副都统,未到任前,以广州满洲副都统文泰兼署。以猝遭惨害,予新授广州将军凤山优恤,赠太子少保衔,谥勤节。

湖北军政府理财部决定募集国外军事公债二千万元,以南洋华侨梁祖禄为总理,楼乃翔为协理。是日,军政府批准《军事公债简章》。

汉口清军分三路进攻民军,激战一日,清军冯国璋部占领刘家庙,民军退至大智门一带。是战,炮队第二标统带蔡德懋、敢死队队长马荣壮烈牺牲。

陕西秦陇复汉军政府正式宣告成立。推举张凤翙为大统领,钱鼎、万炳南为副统领。军政府下设总务府及军政、财民政、外交、教育、实业、政、司法、交通等部。军队编为两个师,设置东西南北各路招讨使和东西路节度使,分头收复各县。

云南省腾越厅起义,推张文光为都督。

按:《清史稿·毛汝霖传》曰:"腾越兵变,永昌民大震,(知府毛汝霖)集民团守御。"

28日(宣统三年九月初七日)

黄兴偕宋教仁抵达武昌,与黎元洪会商军事,被推为革命军总司令,指挥汉口保卫战。宋教仁力主组织中央临时军政府,以争取交战团的合法地位,并起草《鄂州约法》,参与起草的尚有刘公、居正、胡瑛、陶德琨、王正廷、汤化龙、陶凤集等。黄兴对成立临时政府不以为然,一心想先立战功,再作打算。宋教仁见事不可为,就携日本友人北一辉南下。

按:11月初,由宋教仁起草,湖北军政府通过颁布的《中华民国鄂州约法》是中国历史上第一部以立法、行政、司法三权分立为原则的政权根本法。它进一步明确规定,"中华鄂州人民,以已取得之鄂州土地为境域,组织鄂州政府统治之"。"凡具有鄂州政府法定之资格者,皆为鄂州人民。""人民一律平等",享有选举与被选举、言论、著作刊行并集会结社、通讯、信教、居住迁徙、保有财产、营业等自由权利,"人民自由保有身体,非依法律所定,不得逮捕审问处罚","保有家宅,非依法律不得侵入搜索"等。这些规定说明,国家由人民主宰,"自由、平等"得到了肯定,并且加以法典化,否定了封建君主专制制度。在政体方面,《鄂州约法》规定,"鄂州政府,以都督及其任命的政务委员,与议会、法司构成之"。都督由人民选举,任期三年,续选连任一次为限。"都督代表鄂州政府,总揽政务"。有"公布法律"、"宣战媾和"、"统率水陆军队",依法任命文武职员,宣布戒严、大赦、特赦之权;议会由人民于人民中选举议员组织之。有制定法律、议定条约和预算决算、质询政务委员与弹劾违法失职的政务委员等职权;法司由都督任命之法官组成,依法审判民事诉讼与刑事诉讼。法官除依法受刑罚宣告或应免职的惩戒宣告外,不得免职。《鄂州约法》表明,湖北军政府是一个资产阶级民主共和制度和维护资产阶级利益的政权。(蒋顺兴、裴曼如《怎样评价湖北军政府》,《民国春秋》

1994年第4期）

又按：《中华民国鄂州约法》如下：

第一章　总纲

第一条　中华鄂州人民，以已取得之鄂州土地为境域，组织鄂州政府统治之。将来取得之土地，在鄂州域内者，同受鄂州政府之统治，若在他州域内者，亦暂受鄂州政府之统治，俟中华民国成立时，另定区划。

第二条　鄂州政府以都督及其任命之政务委员与议会法司构成之；但议会得于本约法施行后三月内开设。

第三条　中华民国完全成立后，此约法即取消，应从中华民国宪法之规定；但鄂州人民关于鄂州统治之域内，得从中华民国之承认，自定鄂州约法。

第二章　人民

第四条　凡具有鄂州政府法定之资格者，皆为鄂州人民。

第五条　人民一律平等。

第六条　人民自由言论著作刊行并集会结社。

第七条　人民自由通讯不得侵其秘密。

第八条　人民自由信教。

第九条　人民自由居住迁徙。

第一〇条　人民自由保有财产。

第一一条　人民自由营业。

第一二条　人民自由保有身体，非依法律所定，不得逮捕审问处罚。

第一三条　人民自由保有家宅，非依法律，不得侵入搜索。

第一四条　人民得诉讼于法司，求其审判；其对于行政官署所为违法损害权利之行为，则诉讼于行政审判院。

第一五条　人民得陈请于议会。

第一六条　人民得陈诉于行政官署。

第一七条　人民有任官考试之权。

第一八条　人民有选举投票及被投票选举之权。

第一九条　人民依法有纳税之义务。

第二〇条　人民依法有当兵之义务。

第二一条　本章所载人民之权利，于有认为增进公益、维持公安之必要，或非常紧急之必要时，得以法律限制之。

第三章 都督

第二二条 都督由人民公举,任期三年,续举时得连任;但连任以一次为限。

第二三条 都督代表鄂州政府,总揽政务。其在议会未开设前,暂得制定法律。

第二四条 都督公布法律,但对于议会议决之法律,有不以为然时,得以政务委员全体之署名,说明理由,付议会再议,以一次为限。

第二五条 都督于紧急必要时,得以政务委员全体之署名,发布可代法律之制令,但事后仍须提出议会,归其承诺。

第二六条 都督于法定议会开闭时期外,遇有必要时,得召集临时会议。

第二七条 都督于会议开会时,得出席,或命政务委员出席发言。

第二八条 都督对外国宣战媾和缔结条约,但缔结条约须提出议会经其议定。

第二九条 都督统帅水陆军队。

第三〇条 都督除典试院、官吏惩戒院、审计院、行政院、审判院之官职及考试惩戒事项外,得制定文武官职官规。

第三一条 都督依法律任命文武职员。

第三二条 都督依法律给予勋章及其他荣典。

第三三条 都督依法律宣告戒严。

第三四条 都督宣告大赦特赦减刑复权。

第四章 政务委员

第三五条 政务委员依都督之任命,执行政务,发布命令,负其责任。

第三六条 政务委员提出法律案于会议,并得出席发言。

第三七条 政务委员编制会计预算,募集公债及缔结与国库有负担之契约时,须提出议会,经其议定。

第三八条 政务委员遇紧急必要时,得为非常财政之处分及预算外之支出,但事后须提出议会,经其承诺。

第三九条 政务委员于都督公布法律及其他有关政务之制令时,就于主管事务,须自署名。

第五章 议会

第四〇条　议会由人民于人民中选举议员组织之。

第四一条　议会议决法律案,并议定条约及会计预算,募集公债与国库有负担之契约;但基于法律之支出,议会不得减除。

第四二条　议会审理决算。

第四三条　议会得提出条陈于政务委员。

第四四条　议会得质问政务委员求其答辩。

第四五条　议会得受理人民之陈请,送于政务委员。

第四六条　议会以总数员四分三以上之出席,以出席员三分二以上之可决,得弹劾政务委员之失职及法律上之犯罪。

第四七条　议会得自制定内部诸法规,并执行之。

第四八条　议会于议员中自选举议长。

第四九条　议会于每年法定时期,自行集合开会闭会。

第五〇条　议会除第四十六条所载外,有总员三分二以上之出席,始得开议;有出席员过半之可决,始得决议。可否同数时,议长决定之。

第五一条　议会议事须公开之,但有政务委员之要求及出席议员过半数之可决,得开秘密会议。

第五二条　议会议员以十人以上之连署,得提出议案。

第五三条　议会议员在会内之发言表决提议,在会外不负责任;但用他方法表于会外者,不在此限。

第五四条　议会议员除关于内乱外患之犯罪及现行犯外,在会期中,非得议长许诺,不得逮捕。

第六章　司法

第五五条　法司以都督任命之法官组织之。法司之编制及法官之资格,以法律定之。

第五六条　法官非依法律受刑罚宣告,或应免职之惩戒宣告,不得免职。

第五七条　法司以鄂州政府之名,依法律审判民事诉讼及刑事诉讼,但行政诉讼及其他特别诉讼,不在此例。

第五八条　法司之审判须公开之;但有认为妨害安宁秩序者,得秘密审判。

第七章　补则

第五九条 本约法由议会议员三分二以上,或都督之提议、议员过半数之出席,出席过半数之可决,得改正之。

第六〇条 本约法自 日施行之。(《宋教仁集》上册,第350—354页,中华书局1981年版)

湖南军政府都督焦达峰派王隆中率领首批援鄂军1700多人赴援武昌,并组织第三镇统制易堂龄整军援赣,陈作新兼援赣军总司令,又以第4镇阎鸿霱所部的一个协为援赣军总预备队。革命军退至汉阳。清军向汉口市区之民军进攻,被民军击退。

汉口军政分府詹大悲等以通敌罪枪决民军汉口前线指挥官张景良。

下午,黄国梁、阎锡山、张瑜、温寿泉、乔煦、南桂馨等在标统黄国梁家聚会,准备起义。

夜,军政府分汉口防御阵地为五区,以熊秉坤、胡效骞、甘绩熙、杨传建、伍正林分区维持。

湖北施南清军宣布反正,推举管带李汝魁为驻施南分司令部长,革命党人向炳焜为参谋兼秘书。

叶圣陶是日日记辨析阅报所获各种信息,期待有一共和政体之中华民国发现于东半球之东。

按：记曰："午后阅报纸,知杭州兵已起事;太原确为革军所据,北军主将荫昌,满房也,谓已为其下所杀,北军全数降矣。佳消息迭至,可喜也。……课毕后即归家,心中思潮起伏,欲读书而未能。近日报纸载各省之兵士人民已起事与否,殊未一律。汇各报而统计之,则十八省省城,只一南京尚未动也。余在校中阅报止阅一二种,故未能周知。今日同学中为余告云：宣告独立者三四,若滇、川、两广是也；本为土匪,一则起而应鄂军者,若山东、河南是也；兵士心醒,起而反对彼虏以应鄂军者,其余诸省皆是也。报上之信虽未必尽确,而不确者亦不过其小部分,终一日,必达于其尽确也。且其日决不在远,当即在此旬日间。从此以后,腥膻尽涤,大耻一洗,汉族同胞共歌自由,当即有一共和政体之中华民国发现于东半球之东,乐矣哉!"(《叶圣陶集》第19卷)

《国民军事报》在上海创刊。

《国民日报》在上海创刊。

29日(宣统三年九月初八日)

山西太原新军司令姚以价率部起义,占领太原。咨议局议长梁善济主持咨议局会议,决定成立山西军政府,推举标统阎锡山为都督,温寿泉为副都督。

按:上午,起义军占领太原。下午,在省城的同盟会骨干分子及参加起义的主要指挥者聚集省咨议局开会。姚以价、阎锡山、温寿泉、张树帜、乔煦、张瑜、常樾、李成林、杨沛霖、赵戴文等参加会议。原陆军督练公所总办姚鸿法,学界徐一清,警界贾英等应邀出席。会议由咨议局议长梁善济主持,决定成立山西军政府,推举标统阎锡山为都督,温寿泉为副都督。下设军政、参谋、军令、政事、财政、外交、司法七部,温寿泉兼任军政部长,黄国梁任参谋部长,常樾任军令部长,景定成任政事部长,曾纪纲任财政部长,乔生义任外交部长,张映竹任司法部长。军政府对全省军队进行整编,设立东路军总司令、南路军总司令、北路军总司令和前敌司令。任命姚以价为东路军总司令,赵戴文为参谋长。

黄兴上午偕蔡济民、查光佛、徐达明等至汉口前线督战,设临时总司令部于汉口满春茶园。

按:黄兴命第二协参谋徐国瑞率第二协残部任前卫,第三标第一营管带郭秉坤任尖兵,进攻歆生路张美之巷,胜之,夺回已失山炮四尊、子弹数十箱。第五协统领熊秉坤率十一标向硚口进攻,与清军在铁路外遭遇,发生激战,曾宗国、周荫棠等阵亡,李正均等受伤,熊秉坤与黄兴、杨玺章等身先士卒,持械突进,奈兵不用命,未能得手。

滦州第二十镇统制张绍曾、第二混成协统领蓝天蔚电请清廷下诏立宪。

汉口军政分府詹大悲、温楚珩、何海鸣、李文辅、马少卿等离汉乘轮东下,争取安徽革命党人吴春阳的支援。

广州绅商再次集会,以广东各团体的名义议决承认共和。

同盟会南方支部负责人胡汉民从越南赴香港,抵达后即派出朱执信、胡毅生等进入广东内地发动民军进逼省城。

按:胡汉民(1879—1936),初名衍鹤,嗣改名衍鸿,字展堂,别号不厦室主,汉民是其在《民报》上用的笔名,广东番禺人。1902年6月,留学日本东京。1904年冬,入东京法政大学速成科学习。1905年加入同盟会,担任评议员、南洋主盟人和本部秘书,负责《民报》的编辑工作。1907年初,随孙中山赴南洋发动武装起义。在新加坡,与张永福等筹划创办《中兴日报》,发起与保皇派主办的《总汇报》的论战。在1907—1909年间,参与领导和策应黄冈、镇南关、河口等多次起义。南京临时政府成立以后,担任总统府秘书长。

清廷以瑞澂失守武昌,避登兵舰,潜逃出省,偷生丧耻,诏逮京,下法部治罪。

宁绍台道台文溥惧革命兴起,弃印逃沪。

叶圣陶是日日记谓各处起事,大都由旗人激之使然,杀不平和无人道之人,正所以合兹平和世界之人道主义。

按:记曰:"饭后徐步至校中少坐,即同笙亚、中新至雅聚啜茗。急租报纸阅之,知镇江确已得手。隔座有客谓,适有亲戚电自镇江来,此说实万真也。镇江为长江门户,铁瓮高城,古称形胜,得之则南京亦将不守,得南京则东南定矣。既而封百、伯祥来,就我同座,相与作无谓之谈论。茶散后即归校。岷原有弟入南京陆军小学,此时适来校,云南京旗界中非常野蛮,人有入之者,则必逐一搜检,且架炮几尊对准陆军营中,炮标、马标已解散矣。陆军中小学生亦纷纷请假归家,等之解散也。询以过镇江有所见否,则云安静如常。噫,殆以已起事故,所以安静也。既而心存来,云杭州起事占城亦确,盖其友有家电来故也。于是诸同学纷纷聚谈于运动场中。因即在校夜膳,膳毕步月而归。各处起事,虽由诸同胞之良知发现,而其地有旗人居者,大都由旗人激之使然。如镇江,如杭州,实旗人先有暴行于汉人,所以一发以制之也。噫,彼贼虏何其可恶,食我汉人之食,居我汉人之居,不知省悟,乃出于铤而走险之一途,虽尽杀之未为残也。盖杀人固不合于平和世界之人道主义,而杀不平和无人道之人,正所以合兹平和世界之人道主义也。现在金融界受极无谓之大恐慌。现银缺乏,虽由商会发出一种不换纸币,亦未能通行。富贫之家尽叹无钱,而各业亦因之而阻滞,再隔十数日,将至不堪设想。所可望者,只有我人先自起事,遥应鄂军,鄂军中之经济固甚丰裕也。且观各处之已为鄂军占者,军政府皆极注意于维持市面,故知苟如此则必有望焉。而居于可以为原动力之地位之兵士,仍依然不动也。不知果有所待乎,抑不长进乎?"(《叶圣陶集》第19卷)

30日(宣统三年九月初九日)

摄政王载沣下诏罪己。命溥伦、载泽纂宪法条文,迅速以闻。

按:《东方杂志》第八卷第九号《中国大事记》载:下罪己诏。奉上谕:朕缵承大统,于今三载,兢兢业业,期与士庶同登上理,而用人无方,施治寡术,政地多用亲贵,则显戾宪章;路事蒙于金壬,则动违舆论。促行新治,而官绅或藉为纲利之图;更改旧制,而权豪或祗为自便之计。民财之取已多,而未办一利民之事;司法之诏屡下,而实无一守法之人。驯致怨积于下而朕不知,祸迫于前而朕不觉。川乱首发,鄂乱继之。今则陕湘警报迭闻,广赣变端又见。区夏腾沸,人心动摇。九庙神灵,不安歆飨。无限蒸庶,涂炭可虞。此皆朕一人之咎也。兹特布告天下,誓与我国军民,维新更始,实行宪政。凡法制之损益,利病之兴革,皆博采舆论,定其从违,以前旧制旧法有不合于宪法者,悉皆除罢,化除旗汉,屡奉先朝谕旨,务即实行。鄂湘乱事,虽涉军队,实由瑞澂等乖于抚驭,激变弃军,与无端构乱者不同。朕惟自咎用瑞澂之不宜,军民何罪?果能幡然归正,决不追究既往。朕以渺渺之躬,立于臣民之上,祸变至此,几使列圣之伟烈贻谋,颠坠于地。悼心失国,悔其何及。尚赖国民扶持,军人翼戴。期纳我亿兆生灵之幸福,而巩我万世一系之皇基,使宪政成立,因乱而图存,转危而为安。端恃全国军民之忠诚,朕实嘉赖于无穷。此时内政外交,困难已极。我君民同心一德,犹惧颠危,倘我人民不顾大局,轻听匪徒煽惑,致酿滔天之祸,我中国前途,更复何堪设想。朕深忧极虑,夙夜彷徨。惟望天下臣民,共喻此意。将此通谕知之。钦此。

清廷诏开党禁。戊戌政变获咎,及先后犯政治革命嫌疑,与此次被胁自归者,悉原之。

按:《东方杂志》第八卷第九号《中国大事记》载:谕开党禁。奉上谕,资政院奏请速开党禁,以示宽大,而固人心一折。党禁之祸,自古垂为炯戒,不独戕贼人才,抑且消沮士气。况时事日有变迁,政治随之递嬗,往往所持政见,在昔日为罪言,而在今日则为谠论者。虽或通亡海外,放言肆论,不无微瑕。究因热心政治,以致逾越范围,其情不无可原。兹特明白宣示,特沛恩纶,与民更始。所有戊戌以来,因变获咎,与先后因犯政治革命嫌疑,雁罪逃匿,以及此次乱事被胁自拔来归者,悉皆赦其既往,俾齿齐民,嗣后大清帝国臣民,苟不越法律范围,均享国家保护之权利,非据法律,不得擅以嫌疑逮捕,至此次被赦人等,尤当深自披濯,抒发忠爱,同观宪政之成,以示朝廷咸与维新之至意。钦此。

资政院总裁大学士世续以疾免,以李家驹代之,达寿为副。资政院言内阁应负责任,请废现行章程,实行内阁完全制度,不以亲贵充任。诏韪之。

清廷夺湖南巡抚余诚格职,仍权管湖南巡抚事。

清廷命汤寿潜总办浙江团练。

清廷命张鸣岐加强广东防务。

按:谕曰:"电寄张鸣岐。据电奏,粤省防务万分吃紧,兵力固单饷械尤绌。新军管退快炮,业经分配各营,无从分拨。顷接军咨府陆军部阳电,我军在灄口已获大胜,前敌军情当可稍松,请免其饬拨。或另饬他省筹拨,以免牵动粤防等语。粤防吃紧,自属实情。著该督电商袁世凯酌量办理。"

(《宣统政纪实录》卷六二)

袁世凯派代表刘承恩持函到武,表示愿与革命军罢战言和。黎元洪收到袁的求和函后,立即召开都督府会议讨论,因多数人反对而作罢。袁世凯是日离彰德南下。

黄兴指挥汉口民军反攻,予敌以重创。汉阳民军宋锡全率大批兵卒撤往湖南,在岳州被阻。

湖北军政府发布《暂定饷章》。

蔡锷领导昆明新军起义。朱德当晚被提拔为连长,参加攻打总督衙门的战斗。

按:朱德《辛亥革命回忆》说:"1911年10月10日,武昌起义爆发,这给了云南人民以很大的鼓舞。革命党人也在士兵中间加紧了活动。清朝统治者惊慌万分,云贵总督李经羲在总督衙门内外修筑防御工事,并下令捕捉革命党人,第七十四标的标统罗佩金,也被撤换。李经羲还调集了卫队营、辎重营和两个机关枪连,担任总督衙门的守卫,但是就在担任守卫的队伍中,也潜伏着革命力量。李经羲准备屠杀革命党人的罪恶计划被机关枪营营长李凤楼秘密通知了革命党人。这时,革命起义的时机已经成熟了。10月30日(旧历9月9日),在昆明的革命党人举行起义,当夜由李根源率领新军七十三标在城外北校场发动;蔡锷率领新军七十四标在城外南校场巫家坝发动。讲武堂、陆军小学的学生以及李经羲的卫队,也都响应起义。我所在的那个标(团),就是第七十四标。还在举行起义以前,清朝的文武大员因为害怕新军暴动,就停止给士兵发子弹。我们是借用演习打靶的机会,每人暗地里准备了四五发子弹的。原来预定夜间十一点钟发动,可是还不到九点,北校场的枪声就响了。大家正在忙乱的时候,蔡锷将军在南校场出现了。部队的秩序很快恢复了。这时,李经羲也听到了起义的枪声,他像在梦中一样,还打电话向蔡锷求救。蔡锷将军放下电话筒,就立刻走到待命出发的部队前面,严肃地宣布云南起义了。雄壮的起义队伍,在蔡锷的指挥下,很快出发攻打城门。我当时被指定为连长。住在我们附近的炮兵团也受了革命宣传的影响,全团参加了起义。当我们向昆明城进攻时,李经羲调来把守城门的骑兵团不但没有阻挡我们,大部分骑兵反而加入了我们的队伍。驻在城内的讲武堂学生们打开了城门。十二时,我们全部入城,天将黎明的时候,起义部队已经占领所有的城门。接着,我就参加了攻打总督衙门的战斗。在攻打总督衙门的时候,因为卫队营和我们有秘密联系,我自己过去也曾经奉命在卫队营中间作过一些革命活动,因此,当起义军攻打总督衙门的时候,这些卫队很快就缴了械。李经羲仓皇逃走。城内敌军最后两个据点——五华山和军械库,也在初十日的晚上被先后攻克,第十九镇统制钟麟同也被击毙。不久,大理、临安两地的新军同时宣布起义。昆明以外各地的巡防军相继被肃清,云南全省宣告光复。11月1日,成立了云南军政府。"

又按:《清史稿·钟麟同传》曰:"钟麟同,字建堂,山东济宁州人。威海武备学堂毕业。治军严整,累保道员。以尝从军龙州,调入滇,充陆军第十九镇统制官。宣统三年九月初九日,七十三标兵变,夜半,自北校场入城。麟同率卫队扼五华山,手发机关炮,毙者数百,而七十四标驻巫家坝者应之,更迭战山下。军械局员阴与之合,移巨炮城上,攻五华,蚁附上,卫队伤亡多,子弹亦尽,突围转战,慨然曰:'身为统将,乃破坏至此,何面目生存耶?'以手枪自击而仆,变军碎其尸,剖心啖之。上闻,有'忠骸支解,惨不忍闻'之谕,谥忠壮。同时死难者:辎重营管带范锺岳,字静甫,直隶盐山人,力战死;七十二标标统罗鸿奎,直隶天津人,被执不屈死;七十四标副官张之泮,直隶河间人,遇毒死;七十二标第三营管带张恩福,直隶静海人,大骂被害。"

同盟会王天培等在安徽响应武昌起义。

蒋介石与张群、陈星枢等自日本抵达上海,奉陈其美之命,赴杭州组织起义。

清廷令第六镇统制吴禄贞率所部至石家庄防堵山西民军。

叶圣陶是日日记载近日城中居民异常恐慌,皆纷纷迁家避难,而以今日为尤多。

  按:记曰:"近日城中居民异常恐慌,皆纷纷迁家避难,或则至沪上,或则至乡下,而以今日为尤多,河中装家伙之船首尾相接也。不知此次之革命为政治为种族,岂为盗贼之欲肆行抢掠哉!即云防土匪起事,则立民团以防之可矣,何必迁居?况民团已在创办矣。且下乡盗贼正多于城中,沪上匪徒亦岂云少,犹且屋贵食贵,居家不易,正所谓本无事而自扰之也。一般人如此无目光无定见,亦大可虑。而人心乱,秩序乱,实当归罪了此迁居之人,此一般无目光无定见之人。"(《叶圣陶集》第19卷)

31日(宣统三年九月初十日)

赵尔丰被迫释放彭兰荪等人。

袁世凯由彰德抵达信阳,正式接任钦差大臣,部署对武汉的进攻。

南昌新军起义,宣布江西独立。

  按:《清史稿·宣统皇帝本纪》曰:"江西新军变,巡抚冯汝骙走九江,仰药死。安徽新军犯省垣,击散之。"《清史稿·冯汝骙传》曰:"冯汝骙,字星岩,河南祥符人。……三年,武昌变起,下游皆震。南昌军相应和,胁汝骙为都督,号独立,峻拒之。赣人故感其贤,导之出。至九江,乃仰药以殉。诏旨轸惜,谥忠愍。"

民军与清军在汉口激战两三天。黄兴应黎元洪电请渡江,商量退保汉阳计划,前线则由王安澜、杜武库指挥。

安庆新军各军官及测绘学堂教职员、学生等密谋起义,事泄,巡抚朱家宝调江防营守扎,起事遂止。

湖南衡州府被革命军占领。

湖南立宪派策划新军管带梅馨发动反革命兵变,推举立宪派头目谭延闿为都督,原正副都督、共进会领导人焦达峰、陈作新被立宪派谋杀。

  按:焦达峰(1887—1911),字鞠荪,湖南浏阳龙伏镇达峰村人。1899年入浏阳县立台南高等小学堂学习。1902年毕业,加入洪福会。1904年,进入长沙高等游学预备科,学习日文。又入东文讲习所,并加入同仇会。1905年自费东渡日本,就读于东京东亚铁道学校。旋加入同盟会,被推为同盟会联络部部长。1906年奉派归国,途经武汉,参加日知会。随后赴浏阳策划会党起义,任浏阳会党铁血军总司令李金奇的联络参谋。1907年再次逃往日本,化名冈头樵,在东京组织"四正社"(即"心正、身正、名正、旗正")。同年8月,与张百祥、邓文辉、刘公等在东京清风亭成立共进会,以图联络长江流域各省会党和新军,在中部省区发动起义,被推为交通部长,负责联络事宜。1908年11月,共进会决定派人分赴各省运动军队,联络会党,他与孙武负责两湖军事、党事,回国前又被推为湖南大都督。次年春回到武汉,成立湖北共进会。4月在汉口设立共进会总机关,在武昌设立分机关。在湖北布置就绪后,于是年8月化名左耀国,秘密回长沙,在太平街同福公栈设立共进会总机关,筹划运动新军和巡防营的工作。旋赴萍、浏、醴一带活动,联络当地会党。湖南独立后,任中华民国湖南军政府首任都督。1912年,南京临时政府临时大总统孙中山追赠他为大将军。

又按:陈作新(1870—1911),字振民,安徽青阳人。1899年随唐才常在湖南联络会党,准备起事。1902年入湖南弁目学堂学习军事,毕业后任新军二十五混成协炮兵营排长,旋改任步兵四十九标排长,因倡言革命被撤职。1905年加入同盟会。1909年该协创办随营特别班和测绘班,兼任教官。1910年春,长沙发生"抢米风潮",拒绝参与镇压,拟乘机起义,再次被革职。辛亥武昌起义后,积极筹划响应。1911年10月22日新军攻占长沙,成立军政府,被推为副都督。31日,以谭延闿为首的立宪派策动新军管带梅馨发动兵变,与焦达峰同时遇害。中华民国临时政府成立后,追赠陈作新为上将,并将其遗体归葬于长沙岳麓山。

广西梧州宣布独立。

同盟会员张汇滔与安徽寿州农会领导人王庆云、袁家声、岳相如等约定于九月十日武装夺取寿州城。凤台、定远、怀远、凤阳等县亦派代表参加。是日夜五时,各营清军大都归降,寿州光复。

按:先期进城的李诱然、张纶等在州衙、总兵镇防军内作劝降与瓦解工作;徐鸿恩、洪晓岚等运动绅商教育各界支持革命,均取得进展。是日夜五时,各路人员齐集城内东南隅考棚,向知州魏业×、寿春镇总兵李振国与各营清军管带发出通牒,阐明起义宗旨,令其立即缴械投降。魏、李等见大事不妙,纷纷逃遁,各营清军大都归降。当夜兵不血刃,光复寿州。

是月,东江各同志在香港湾仔某街二十二号会商,议决推举陈炯明为总司令,林激真为总参谋长,邓铿为西江司令,严德明为东江司令,丘耀西为博罗司令,分两路出发,进攻惠州和博罗。

按:其余各同志如林海山、邓伊臣(邓铿之父)、李子先、欧阳俊、丘耀西、梁镜球、廖尚果、廖容等担任各方运动。马育航、钟秀南、周醒南等担任筹画饷粮。由陈炯明率邓铿等先入淡水,设办事处于邓伊臣之家,筹画进攻惠州,严德明由水口率队助之。林激真、丘耀西、梁镜球率陈洁等由苏村、向水进攻博罗。

是月,《陕西教育官报》停刊。

按:《陕西教育官报》创刊于1910年12月,由西安陕西学务公所出版。

是月,《黄汉新闻》在湖南长沙创刊。

是月,《改良婚嫁会月报》在广东番禺创刊。

是月,《新职羡报》在辛亥武昌起义时创刊,在宜兴出版。潘苏平、万仲章、程刊泰等人创办。出版不久,即告停刊。

1911年11月

1日(宣统三年九月十一日)

清廷授袁世凯内阁总理大臣,命组织完全内阁。袁世凯至孝感视师。陆海各军及长江水师仍听袁世凯节制调遣。

庆亲王奕劻罢内阁总理大臣,命为弼德院院长。那桐、徐世昌罢内阁协理大臣,及荣庆并为弼德院顾问大臣。罢善耆、邹嘉来、载泽、唐景崇、荫昌、载洵、绍昌、溥伦、唐绍仪、寿耆国务大臣,俱解部务。载涛罢军咨大臣,以荫昌为之。起魏光焘为湖广总督,命速往湖北。

清廷命张鸣岐督饬兵警,严防广东独立。

按:谕曰:"电寄张鸣岐。据电奏,省城有人倡议独立,势甚汹汹。经饬军警分投弹压,幸免暴动。一面出示晓谕,商店民居,误受诱惑者,立即摘去旗镫,准其悔过自新,概免追究,已一律遵办。城厢内外,现尚安静等语。当群情扰乱之际,该督竟能弹压晓谕,免生事端。办理甚合机宜。仍著督饬兵警,加意严防,妥为开导。并分饬各属,遇有匪徒造言生事,一体防缉,相机因应,毋稍疏虞。"(《宣统政纪实录》卷六二)

黄兴在汉口前线率敢死队督战。

按:杨玉如《辛亥革命先著记》曰:"十一日晨,黄总司令正与杨玺章等商进攻事宜,准备下令击敌,而敌已于午前六时由王家墩来攻,枪炮齐发。我军依堤防固守,预备队亦向前线增加。总司令率敢死队督战,不准后退,退者斩。午前十时许,敌分布机关枪扫射,渐与我右翼接近。我右翼受伤者多,稍后退,敌遂放火烧歆生路房屋,使我军失其掩蔽。又乱发炮,于是我右翼不得不节节再退。其正面及左翼则借抬救伤兵,亦陆续退。总司令手刃数人,而士兵竟潜向两侧而退。"曹亚伯《武昌革命真史》正编曰:"黄兴率敢死队督阵,不准后退。……午前十时许,满军借歆生路附近房屋掩护,多用机关枪,渐渐与民军右翼接近,用机关枪猛射。民军受伤甚重,即向后退却。满军即乘机前进放火,将歆生路房屋焚烧。加以炮火乱射,使民军不能依托房屋掩护。于是,民军右翼队伍节节后退。而民军正面及左翼队伍,见右翼火起,友军退却,亦借抬伤兵往后陆续退却。黄兴在后阻止,并手刃数人。"

清军占领汉口,冯国璋下令纵火焚烧街市房屋,民军退守汉阳、武昌。冯国璋发布《第一军总统冯示》。

按:汉口日本总领事馆1911年11月1日午后八时第十九号情报曰:"汉口市区昨夜大火,始终未熄,由今日正午益加炽烈,市中心满春戏院附近,因此化为焦土。今晚火势仍极猛烈。盖因革命军坚守市区不退,官军迫不得已而实行火攻之故也。受灾市民扶老携幼,狼狈逃难,情形极惨。此时革命军尚未退出市区,仍据守市街房屋断墙窗口,巧妙地狙击官军,官军尚不易进入市街内。……冯(国璋)称:为了驱逐顽强的敌人,除不惜将中国市区全部焚毁外,甚至或将不免要求各国租界内之外国人暂时全部退出也未可知云云。"(《辛亥革命资料》第555页)

又按:《第一军总统冯示》曰:"此次匪党肇乱,贻害闾阎不浅,官军连日大胜,克复在指顾间。匪业已涣散,弃械四处逃免,诚恐被胁良民,玉石俱焚可怜。更有逃窜匪党,到处煽惑谣言,各府州县军民,不可轻听生变。武汉势已孤立,匪首闻已自刎,乱党互相残杀,天心于此可见。告尔商民人等,各安生业勿迁,官军平定匪乱,家家重见青天。闻匪派出军队,在外孤立无援,如果投顺来降,饷项设法补还。"(《冯国璋年谱》)

清海军海琛、海容、海筹三舰及各炮艇由汉口下驶九江,归附民军。

云南军政府成立,推举协统蔡锷为都督,李根源为军政部总长兼参议院院长,殷承瓛为参谋部总长,韩建铎为军务部总长。留日学生成为云南军都督府革命政权的中坚力量。

按:又推举席聘臣、吕志伊、华封祝、李文治为参议院参议官,刘存厚、唐继尧为参谋部次长,谢汝翼、张子贞、韩凤楼、顾品珍、刘法坤、李钟本为参谋部下属七个部中的六个部长,沈汪度为军务部下属的军械局长,张含英为兵工厂厂长。

又按:朱德《辛亥革命回忆》说:"云南起义以后,清朝政府正布置向革命反扑,与清军进攻武汉的同时,端方率领的清军也进入了四川。四川总督赵尔丰也还拥有相当大的反革命军事力量。于是云南革命党人决定派兵援助四川起义军。蔡锷派出两个梯团(等于旅)共八个营入川。旧历10月间,援川部队从云南出发,这时我仍在援川军中担任左队队官(连长)。援川军分为两路,一路经昭通,向叙府前进;一路经贵州毕节,向泸州前进。我们这一路沿途击败清朝的巡防营,受到群众的热烈欢迎。在占领叙府以后,就转向自流井进击,自流井驻有川督赵尔丰的一个巡防营,资州驻有端方的一个团。赵尔丰的军队一与我们接触,就溃不成军,狼狈逃窜。正当我们攻下自流井的时候,传来了端方在资州被起义军杀死的消息。不久,四川军政府成立,我们也就回到云南。当时云南是很穷困的一个省份,由于封建统治者长期的压榨和帝国主义的疯狂掠夺,人民生活已经到了无法维持的境地,从前方转战回来的军队,没有钱发饷。当时,就连比较彻底的资产阶级革命家,也还没有觉悟到:要彻底根绝帝制,废除封建统治,必须彻底废除封建的经济制度及实行土地改革。蔡锷更不例外,那时他是从政权内部进行若干改革,他撤换了一批只想升官发财的县知事,任用克己奉公的青年知识分子代替他们,在军队中也任用一批青年的军官来代替旧军官,从而在政府机关和军队中注入了新的民主血液。在财政上他极力提倡节省,并且以身作则,营长以上的军官,每月只领月薪六十元。由于蔡锷的这些新的建树,当时的云南已呈现出一种新的面貌。"

浙江宁波保安会成立,推举宁波知府江翊经为会长,陈训正为副会长,范贤方、魏伯桢、刘询等12人为干事,并规定宁波的一切军政事务悉归保安会决定。

陈炯明、邓铿率民军在淡水起义,组织"循军",直逼惠城。起义于海丰的王和顺组织"惠军",投入光复惠州之役。

上海各商团在南市九亩地举行检阅典礼,推举李显谟(英石)担任上海商团总司令,指挥上海起义。下有六位司令:沪学会以穆湘瑶为司令,商余学会以郁怀智为司令,沪西士商团以吴馨为司令,商业体操会以李钟珏为司令,商业补习会以苏筠尚为司令,闸北商团以钱贵三为司令。是夜,陈其美同李平书、钮永建、叶惠钧等人集议决定"上海先动,苏杭应之"的行动方案。

江西军政府成立。

淮上革命军司令部成立,始推张汇滔为总司令,张汇滔因志在带兵出征北伐,辞总司令职,由王庆云担任,张汇滔、袁家声、张纶为副总司令。全军二万余人,分三路出击清军。

按:第一路军由袁家声、杨穗九、岳相如等率领,先后光复怀远、凤阳、蚌埠;第二路军由王传禄、吴寿明等率领,进驻六安;第三路军由张汇滔率领,进驻颍州(阜阳),伺机北上。

邓伊臣、刘定叔率同盟会革命军和武装学生、农民进入广东海城,成立海丰临时政府,邓伊臣为县长,海丰宣告光复。

赵尔巽奏准于吉林省增募巡防队步队、马队六营,用以防止和镇压革命运动。

驻长春新军第三镇分三批进关南下。

英国《泰晤士报》驻北京记者莫理循在本日《泰晤士报》发表《首相袁世凯》。

《滨江画报》在哈尔滨创刊。王于山创办。

《湘省大汉报》改为《大汉民报》在长沙出版。

叶圣陶是日日记论满政府君主有罪己之诏,谓君主善与否,皆当锄去之;清政府有君主,固当倾覆之。

按:记曰:"午后阅报纸,见满政府君主有罪己之诏。辞卑气下,总说自己不是;又有重造内阁、概屏亲贵、实行立宪、不罪党人等谕。读其文固甚似能无害于民者矣,而真能之乎?苟风潮一息,行见蛇蝎之手段随之而施行矣。语虽可怜,其心不诚,不足信也。而欲求语出于诚而能见诸实行者,于满政府是必不可得。我知我有毅力有勇敢之同胞,必不以此而少缓其征伐以姑赦之也。又知龙蛇方将启蛰,然之地之同胞必不以此而动其恻隐之心以姑忍之也。在余则以为世间有'君主'两字,为绝大不平事。君主善与否,皆当锄去之。盖君主自己承认自己以统治众人,为侵害众人之自由权也。(此说近颇自以为然。唯笔未能透达吾意,以后尚须研究。)则清政府有君主,固当倾覆之矣,奚论其他。"(《叶圣陶集》第19卷)

2日(宣统三年九月十二日)

湖北军政府召开紧急会议,正式举黄兴为中华民国军政府战时总司令。

按：是日，清军在汉口歆生路刘家花园一带专用炮队射击，并以炮队向汉阳兵工厂及武昌都督府射击，故意扰乱。一面仍在汉口市街节节纵火延烧，人头随风所扇，愈焚益烈，至晚间市民渐渐迁尽。黄兴命各队仍占领原阵地防御待援，如万不得已，逐渐退守汉阳，沿襄河一带防御。旋即返武昌，与黎元洪会商湘军来援时应敌之策。并在军政府召集紧急会议，于报告中分析汉口战事失利的原因："一、各队新兵最多，秩序不整，颇难指挥。二、军官程度太低，均不上前指挥。至战时因与兵士穿一样服装，辨别不清，亦极复杂。三、各队战斗日久，伤亡过多，官与兵均已疲劳太甚，毫无勇气。且一闻机关枪声，即往后退。四、兵士中在武汉附近所招者甚多，一到夜间，即潜回其家，以致战斗员减少。各军官因仓卒招募，亦无从查实。五、民军军火，全在步枪，无机关枪。一与敌接近，即较敌人损伤为重。民军炮队又系山炮，子弹射出，又不开花；且射出距离太近，不及满军退管炮效力之远。六、查满军俱系北洋久经训练之兵，秩序可观，亦善射击，唯冲锋时不及民军灵敏。故每闻民军冲锋喝杀声，即往后退。此民气之盛，可恃者仅此耳。""少顷，居正、田桐即邀请一般同志复开秘密会议。由居正提议，拟公举黄兴为湖北湖南大都督，其中有一般同盟会同志极力附和。其时吴兆麟即说明当时情形，万不可发表，以启纷争。又云黎元洪虽非同志，但在湖北军界资深望重，此次大众公举其为都督，并非黎之本意。且起义时大众说他浑厚，外人均依其名义，认民军为交战团。各省陆续响应，群来电挂崇，颇表敬仰。若一旦将其推倒，中外必生疑团，视我辈有争权利之嫌，不顾大局。此不可者一也。黄厪午（黄兴旧号）为革命巨子，海内皆知。此次来鄂，大众皆为爱戴。如趁此在湖北立功，将来达到革命成功目的，再由同志公举为全国首领，前程远大，天下归心。区区都督虚名，又何足计较。此不可者二也。前日黄厪午抵鄂时，已由大众公举为总司令，由黎都督命令发表，是黄已在黎下。忽以大都督名义节制黎都督，在黎原无可如何，如有人代鸣不平，岂不立起内争。此不可者三也。若黄之大都督发表后，黎如辞职，届时各省及外国人群来质问，我辈如何答复？即云我辈公意，当此军书旁午之际，致令主将辞职，投敌以隙，各方必疑我辈不能容物，好恶偏狭。此不可者四也。……杨玉鹏等不以为然，谓江西革命军始以吴介璋为都督，继以马毓宝，亦未见中外人质问与其内部反对，且湖北反去电欢迎。况我辈公举黄厪午为大都督,于黎之位置原无妨碍。试问将来推倒满清后,中国不举大总统乎?岂以各省之有都督即算完事耶?云云。……吴、杨辩论未终,而宋教仁即云:此事不过征求大众同意,原无成见。盖因黄厪午实行革命多年,声望甚好,诸同志拟推其为首领,借以号召,以达迅速成功之目的,并无他意。我们初来湖北,对于湖北军队情形不熟,既有利害冲突,即作罢论可也。于是,大众复拟举黄兴为战时总司令,所有各省军队均听其节制调遣。并效汉刘邦聘韩信为大将故事,请黎都督聘黄兴为总司令,登坛拜将,以郑重其事。"
(曹亚伯《武昌革命真史》正编,《黄兴年谱长编》引)

李书城从北京经上海乘江轮到达汉口,因汉口失陷,即换轮到武昌,在都督府会见黎元洪、黄兴等,并参加当日举行的军事会议,经黄兴提议,被任命为中华民国军政府战时总司令部参谋长。

按:李书城(1882—1965),湖北潜江人。曾留学日本,追随孙中山先生参与筹备和组织同盟会。辛亥革命期间,在武昌与黄兴并肩战斗,后又参加孙中山领导的讨袁、护法等战争。1921年前后,他支持和帮助胞弟李汉俊在上海发起建党,中共"一大"在他家中召开。1949年,他应毛泽东主席之邀,参加第一届全国政协会议,出席开国大典,并出任新中国第一任农业部长。

冯国璋指挥清军攻陷汉口,放火焚烧自桥口至蔡家巷一带,烟焰蔽天,烈火三日不熄,繁华市区化为焦土,居民死伤无数。

清廷召袁世凯来京。命王士珍权署湖广总督。用张绍曾言,改命资政院制定宪法。

按:《东方杂志》第八卷第九号《中国大事记》载:奉上谕,第二十镇统制张绍曾等电奏,奉初九日上谕,仰见朝廷实行立宪,以与天下更始,三军感泣。惟内阁一日不成立,即内乱一日不平息,并宪法由议院制定等语。系为维皇室靖乱源起见,览奏具见爱国之诚,实深嘉许。内阁总协理大臣及各国务大臣,昨已具奏辞职,均经降旨允准,并另简袁世凯为内阁总理大臣,组织完全内阁,所有大清帝国宪法,著即交资政院起草,奏请裁夺施行。用示朝廷好恶向民、大公无私之至意。钦此。

孙中山离纽约赴英国,欲谋求英国支持中国革命。

香山县同盟会员林君复、郑彼岸等人领导香山起义。

毛汝霖获电传,知云南省城变作,知事不可为,乃仰药死。

万国董事会向通商各埠发出通电,吁请各通商口岸教会医院改设红十字会临时医院,俾有备无患。

陈其美和光复会成员李燮和约会于《民声报》社,商议采取协调行动。

叶圣陶是日日记再论昨日清政府之罪己诏,谓凡我同胞,皆有推倒清政府之天职。

按:记曰:"午后同慰萱、令时、子明请假出,至雅聚啜茗阅报。知安庆之信已确,而济南、保定等处亦有起事之说。又,昨日清政府之罪己诏,各报多有评论之者,皆谓不可信,不可为之少动,唯有竭力铲除之耳。……革命一事,总可谓之不良政治之产儿。人民不能辨其政府中政治之善否,则亦已矣;苟能辨者,则无人不有推倒之之责,否则即为放弃其天职。我国人民之意旨,固以为清政府之政治善乎否乎?则除少数奴隶之外,殆无不以为不善矣。是即凡我同胞,皆有推倒清政府之天职矣。鄂省同胞首先倡义,可尊也;各省响应,高举义旗,亦可尊也。然细思之,亦不过能尽天职耳。而我苏省则默然无闻,素称文教之邦,而乃若此,耻矣。且苟闻鄂事而遽起应之,犹有耻也,盖不能先实行也;然尚可谓合众力以举,事易办也。我苏省则见人之所为而不能学步,是明明放弃其天职。放弃天职者将不齿于人类,则我苏省人犹得靦然人前乎?然老年之人精力衰矣,无识之人见界浅矣,以此事责之,皆有所不受,而多才多识之少年独能辞其责乎?则江苏人之不闻于世界,实一般少年之咎也。我亦少年,咎将何辞?然经济之能力休论矣,即口舌纸笔以为鼓吹,铁血手腕以为先声,皆未之能行。每夜一灯相对,思虑迭来。则唯有此一卷日记以为消释块磊,以少慰歉憾地耳。可叹亦可怜!'不肩扶汉之任,徒表欢迎之情',此两语见《民立报》社论中。此等人最可恶,而现在实居多数。"(《叶圣陶集》第19卷)

3日(宣统三年九月十三日)

黎元洪在武昌阅马场举行"登坛拜将"仪式,亲将印信、委任状、令箭授予黄兴。黎元洪、黄兴分布发布演说,士气大振。随即完成总司令部人员组建:以李书城为参谋长,吴兆麟为副参谋长,姚金镛、金兆龙、高尚志、甘熙绩、耿丹、辜仁发、吴兆鲤、余鸿勋等为参谋,田桐为秘书长,王安澜为兵站司令。晚,黄兴率总司令部人员同赴汉阳,在伯牙台设总司令部。次日晨,又将总司令部移往汉阳昭忠祠。

按：居正《辛亥札记》曰："黄克强以九月十二日退出汉口,都督派人迎克强渡江,议守汉阳方略。同志等以克强在汉口巷战数日,纯恃革命党资望号令各军,终有名不正则言不顺之感。故各军有不受命者,克强无法驭之。今势必守汉阳,又非克强不胜任,若督师无名,则危险实甚。宜公推为战时总司令官,以专责成。汤化龙等亦其议,但公推后,仍由都督委任,庶系统不紊。同志有不以委任为然者,余曰:'可,然须郑重其事,请都督登台拜将,授以全权,庶几号令严肃,收指挥统一之效。'都督许之。乃于九月十三日晨,下令各军自营长以上,齐集阅马场,举行拜将式。届时都督与克强并辔临场,登台拜黄兴为战时总司令官,授印授令,行礼如仪。并由都督训话,勉各军领袖绝对服从,克强答礼毕,随作简单演说。行观兵式,各军环呼万岁。"章裕昆《黄兴与武昌起义》曰："立宪派和黎元洪的旧军官极力反对杨玉鹏的建议,彼此相持不下。共进会的孙武一派人都倒向立宪派一边,说是要顾全大局。最奇怪的是同盟会的高级人物居正,也做了立宪派的俘虏。这样,文学社孤立了,不能起到积极作用。但是,问题并没有解决。立宪派仿照古法炮制一个'登坛拜将'的把戏。登坛拜将,形式上似乎是重用黄兴,实际上是打击黄兴,排斥黄兴,使黄兴居于黎元洪之下,干不下去。"周武彝《陆军第三中学参加武昌起义经过》曰："十一月三日,黎元洪在阅马厂筑一将坛,隆重举行'登坛拜将'仪式。是日秋高气爽,将坛中央树大旗一面,上绣'战时总司令黄'六个大字。各机关团体部队官兵都列队肃立。首由黎元洪登坛讲话,极力称赞黄兴献身革命,屡经战阵,指挥若定,卓著功勋,特举为战时总司令。凡我将士,均应听其指挥调遣。语毕,请黄兴登坛,黎亲将印信、委任状、令箭等授与黄兴亲收,全场高呼万岁,欢声雷动。黄兴当众演说,略谓:'兄弟有三点意见与我同胞共勉:第一须努力,清兵拼死与我对敌,我若稍存畏缩,敌即攻入我心腹。临战时必须努力,后退者斩首示众。第二须服从军纪。纪律非绝对服从不可,倘不服从,命令何能贯彻执行。今后无论如何危险,皆须服从军纪,不得借故规避。第三须协同。若各存意见,互相磨擦,无论条件如何好,都不能成大事。太平天国的失败,是前车之鉴。'黄兴面色黧黑,神态威武,演说时声音洪亮,情绪慷慨激昂。讲毕下台后,乘马巡视全场一周,士兵举枪致敬,他在马上频频举手答礼。最后,由黎元洪陪同返回都督府。"李书城《辛亥前后黄克强先生的革命活动》曰："是日,即将总司令部人员组织完成。以吴兆麟为副参谋长(吴原系第八镇工程第八营左队队官,未参加革命团体,八月十九日夜间起义士兵攻占楚望台军械库时,推他为临时总指挥,由他下令攻打督署。他曾向张之洞所聘请的日本铸方大佐学过参谋学,以富有军事学识著称),姚金镛、金兆龙、高尚志、甘熙绩、耿丹、辜仁发、吴兆鲤、余鸿勋等为参谋,田桐为秘书长,王安澜为兵站司令。以后王孝缜从北方来鄂,任为副官长。……是晚,黄先生率总司令部人员同赴汉阳,在伯牙台设总司令部;嗣因敌方枪弹能射至院中,次晨移往昭忠祠。"胡祖舜《六十谈往》曰:"黄当即设总司令部于汉阳城北之伯牙台,旋迁至西门外昭忠祠,积极从事汉阳作战计划。以李书城为参谋长,王孝缜为副官长,吴兆麟、杨玺章、吴醒汉、高尚志等俱为参谋,甘绪熙、李南星等任参谋战地制图工作,王安澜奉派为粮台总办,余奉调担任全军后方勤务,同驻归元寺,密迩总部。""某日乃有夜袭汉口之举,计分两路出动:一由学生军统领刘绳武率兵一支队,由武昌下游青山、两望间,潜波长江,进袭刘家庭敌军后方之据点;一由鄂军第六协统带杨选青、胡廷翼各率所部,由汉阳龟山据点向薛家嘴对岸强渡襄河,进袭龙王庙敌军前哨阵地。"乃于九月二十七日夜,大举进攻汉口。"(《黄兴年谱长编》引)

资政院奏采用君主立宪主义,上重大信条十九事。

按:《大清帝国宪法重大信条十九条》(1911年11月3日)如下:

第一条　大清帝国皇统,万世不易。

第二条　皇帝神圣,不可侵犯。

第三条　皇帝之权,以宪法所规定者为限。

第四条　皇位继承顺序,于宪法规定之。

第五条　宪法由资政院起草议决,由皇帝颁布之。

第六条　宪法改正提案权,属于国会。

第七条　上院议员,由国民于有法定特别资格者公选之。

第八条　总理大臣由国会公举,皇帝任命。其他国务大臣,由总理大臣推举,皇帝任命。皇族不得为总理大臣及其它国务大臣并各省行政长官。

第九条　总理大臣受国会弹劾时,非国会解散,即内阁辞职。但一次内阁,不得为两次国会之解散。

第十条　海陆军直接皇帝统率。但对内使用时,应依国会议决之特别条件,此外不得调遣。

第十一条　不得以命令代法律,除紧急命令,应特定条件外,以执行法律及法律所委任者为限。

第十二条　国际条约,非经国会议决,不得缔结。但媾和宣战,不在国会开会期中者,由国会追认。

第十三条　官制官规,以法律定之。

第十四条　本年度预算,未经国会议决者,不得照前年度预算开支。由预算案内,不得有既定之岁出;预算案外,不得为非常财政之处分。

第十五条　皇室经费之制定及增减,由国会议决。

第十六条　皇室大典,不得与宪法相抵触。

第十七条　国务裁判机关,由两院组织之。

第十八条　国会议决事项,由皇帝颁布之。

第十九条　以上第八、第九、第十、第十二、第十三、第十四、第十五、第十八各条,国会未开以前,资政院适用之。(《东方杂志》第八卷第九号《中国大事记》,1911年)

上午,上海闸北巡警总局骑巡队官陈汉钦率众占领闸北巡警总局,并接管铁路沪宁站,闸北起义成功。

下午,陈其美率商团进攻沪南清军上海制造局,遭到卫队的抵抗。陈其美亲自前往劝说,又被卫队扣留,商团只得强攻。李燮和闻讯赶来,被推为临时司令,亲率光复会敢死队与同盟会武装合力围攻,制造局总办张士衍、管带苏文斌乘夜出逃。

袁世凯致电冯国璋,嘉奖冯部士兵。冯国璋召开前敌军事会议,决定先取汉阳。

贵阳新军起义。

蒋介石与王金发、陈泉卿、董梦皎等第二次到杭州,决定11月5日发动武装起义。

两广总督张鸣岐请辞,不准。

按：谕曰:"电寄张鸣岐。电奏悉。现在时局艰危,百端待理。正赖我君臣上下同心协力,方可转危为安。粤省海疆重地,尤关紧要。该督即当勉竭忠诚,抚绥军民,以图报称。所请辞职之处,著毋庸议。"(《宣统政纪实录》卷六三)

为防止民众响应武昌起义,吉林省发布告示,谎称武昌起义已被镇压,并警告民众,若造谣煽惑,一经访实,定行从严惩办。

清军西路巡防营统领陈斌生借口为中路巡防营统领黄忠浩召开追悼会,派巡防兵将西路招抚使杨任捉拿杀害。同时殉难的有余昭常、涂鉴衡、刘汉庭、钟杰等十余人。

清廷以高而谦调署四川布政使,周儒臣调署云南布政使。

叶圣陶是日日记感慨鄂军与北方军同种相残,又谓当地绅士办事实属胡闹。

按:记曰:"午后阅报纸,知保定亦有得手之说。鄂省战争,现正在不解之时,两面死伤各有数千。噫,是累累白骨,非皆我汉族同胞乎?夫谁则使之然者,将归咎于鄂军乎?鄂军之志,本欲唤醒兆人改革政体以谋幸福,而流血伤生,非其本愿也。而北方军人不此之察,徒知效忠于万恶之皇室,拚死以抵拒,则鄂军亦唯有白刃相向耳。是则肇此惨祸,实北方军人之无良有以致之也。然北军之投鄂军者亦多矣,必皆深明大义之流,正未可抹杀。而至今所剩不降之班,乃真最恶之恶人。此等人多死一个本未足深惜,而独恨数千诚勇之英雄亦同之长眠。至思及同种相残,则又不堪凄绝矣。课毕后,同诸同学于王废基观挑选民团。盖此事已由绅士分五路招募。应募者极为踊跃,其数浮于定额。今日乃会集于王废基,相其体格以定去取。每路选定一百人,日给饭食费焉。闻民团成立以后,则先操练,继站岗,如警察然。而其服装则颇少精神,青布其衣,军式其帽,真所谓四不像;而手则持木棍,尤无谓之极,不枪不弹,亦何所用民团也?绅士办事实属胡闹,可恨。然经济困难,捐集维艰,且枪弹又非贸然可得者,则绅士亦正难怪,独彼有实力势可能者不肯出而任事,则至可恨也。"(《叶圣陶集》第19卷)

《大汉报晚报》在上海创刊。

莫理循在《泰晤士报》(11月3日)发表《袁世凯和叛军》。

4日(宣统三年九月十四日)

清廷诏统兵大员以朝廷与民更始,不忍再用兵力之意谕人民。谕统兵大员申明纪律,禁扰民。命第六镇统制吴禄贞署山西巡抚。袁世凯辞内阁总理大臣,温诏勉之。赠恤殉难山西巡抚陆锺琦。贵州独立,举都督,巡抚沈瑜庆遁。革命军陷上海。袁世凯命前敌诸军停进兵。寻遣知府刘承恩、正参领蔡廷干诣黎元洪劝解兵,不得要领而还。

凌晨,李燮和率义军占领制造局,救出陈其美。

上海光复,成立沪军都督府。随即派兵往苏州,迫江苏宣布独立。

大汉贵州军政府成立,杨荩诚为都督,赵德全为副都督,周步瑶为参谋长。设枢密院总揽政务,推张石麒为院长,任可澄为副院长,周培艺为秘书长;陈永锡为民政部长,涂月楼为副部长;蔡岳为财政部长,华之鸿为副部长;黄德铣为实业部长,孙定刚为副部长;谭璟为教育部长,傅宗藩为副部长;孙镜为交通部长,刘镇为副部长。又设巡防统部,以黄泽霖为总统,黄祺元为参谋长,蔡升之为卫队管带,谭德骥为东路分统,陈守廉为南路分统,宋仁瞻为西路分统,李立鉴为北路分统,岑鉴清为中路分统。

新军第六镇统制、新任山西巡抚吴禄贞与山西都督阎锡山计谋组织燕晋联军,攻占北京,推翻清廷。

吴禄贞在石家庄截留清军运汉军械,并电劾荫昌。

夜,淮上军寿州起义,寿州知县李绍英、总兵李定明弃城遁匿。同盟会张孟介率众当夜占领县城。

哥老会在兴安府城发动起义成功。

同盟会福建支会正式组织学生敢死炸弹队、学生洋枪队、民团联合救火队、学生体育队、民团义勇队、闲散官兵先锋队等,与起义新军协同作战。

振公在《民立报》发表《吾人今日之革命观》。

叶圣陶是日日记谈汉口大火,谓杀尽非人类之人,方可释我恨耳!

按:记曰:"汉口大火,北兵实纵之,若辈真非人类矣。人道主义虽尊严,不当施之此等人也;杀尽非人类之人,方可释我恨耳!"(《叶圣陶集》第19卷)

5日(宣统三年九月十五日)

黎元洪令人制定《鄂军都督府内部稽查科简章》、《外部稽查科简章》。

按：《内部稽查科简章》规定"内部稽查科专司都督府属各部之责","各部人员应受本科稽查,不得私存意见";又制定《外部稽查科简章》,规定该科"直隶都督府","专查外部一切事宜,兼任临时督战指挥各事"(《中华民国公报》1911年11月5日)。

张謇、汤寿潜、赵凤昌等推庄蕴宽为代表抵湖北,就组织全国革命军统一机构,征求黎元洪、黄兴的意见。因孙中山身在海外,希望黄兴尽早去上海。

江亢虎在上海发起成立中国社会党。推举江亢虎为上海本部部长,在江浙、南方各省及京津等地设立支部。

按：中国社会党是我国第一个标榜社会主义的政党。至1913年8月解散。中国社会党以"不妨害国家存立范围内主张纯粹社会主义"为宗旨。制订党纲8条:(1)赞成共和;(2)融化种界;(3)改良法律,尊重个人;(4)破除世袭遗产制度;(5)组织公共机关,普及平民教育;(6)振兴直接生利之事业,奖励劳动家;(7)专征地税,罢免一切税;(8)限制军备,并力军务以外之竞争。党章规定凡16岁以上且信从本党宗旨者不论男女、不分国界、种界、宗教界,只要亲临上海本部或各地支部检阅规章、签名宣誓即可为党员。

山东济南同盟会员、学生、教员、工商业者和立宪派、官僚士绅1000多人在省咨议局开会,同盟会山东支部主盟人徐镜心等草拟山东独立大纲七条,要求山东响应共和,脱离清廷,宣布独立。立宪派将独立大纲篡改为劝告政府八条,提交山东巡抚孙宝琦,限三日内答复。

大汉贵州军政府成立枢密院,举郭子华、蔡衡武、任志清、张石麒、雷少峰、乐采臣、杨伯钊、周澍元、平少璜、陈柱臣10人公同办事。蔡岳任枢密院财政部部长。

安徽寿州光复,成立淮上革命军司令部,推王庆云为总司令,张汇滔、袁家声、岳相如、张纶为副司令,张汇滔并兼参谋长。组成军政府,下设民政、财政、军械、审判等局,张贴布告,招募新兵。淮上军经过改编扩充后,分数路向江淮各地挺进。

苏州独立,成立军政府,原清江苏巡抚程德全自称苏军都督。

按:《清史稿·张勋传》曰:"武昌变起,苏州独立,总督张人骏、将军铁良方与众筹战守,有持异议者,勋直斥之。翌日,新军变,勋与战于雨花台,大破之。江、浙军合来攻,粮援胥绝,乃转战,退而屯徐州,完所部。人骏、铁良走上海。命勋为江苏巡抚,摄两江总督,赏轻车都尉。"

同盟会福建支会负责人郑祖荫、林斯琛、彭寿松、刘通等密邀已加入同盟会的福建新军第十镇统制孙道仁、二十协协统许崇智,在闽江下游魁岐江面一艘夹板船上,举行秘密会议,商讨有关福州武装起义实施计划和兵力部署问题,决定参加起义的学生武装团体及各社团组织,统归同盟会福建支会总机关指挥。起义军司令部设在福州城内花巷,由许崇智担任前敌总指挥,前敌总指挥部设在于山观音阁大士殿,光复后由孙道仁任闽都督。

按:同盟会福建支会总机关统一指挥参加起义的学生武装团体及各社团组织,具体分工由彭寿松负责学生炸弹队,刘通负责学生洋枪队,郑祖荫和林斯琛负责学生体育队等。

江苏常州光复,何健明为都督。

安徽安庆炮队兵变,进攻省城。

杭州光复。蒋介石仍回上海,任沪军第五团团长。

宁波光复。

按:宁波同盟会员卢成章骑马率育德农工学堂学生,举"保商安民"旗,进入东渡门会合举义,民团司令林端辅率团丁接应,占领电报局。中午街巷纷挂白旗。范贤方、魏炯等率尚武会、民团、商团千余人涌进道署。旋以保安会名义出安民布告,宣布宁波光复。当晚,宁波军政分府成立,推举刘洵(新军协统)为都督,常荣清(巡防军统领)为副都督,下设参谋、民政、财政、外交、执法、总务部和军事委员会。决议军政分府地址在道署、用民军旗号、明日以军政分府名义出示晓谕、并在小校场集会发布命令等。赵家艺被推举为宁波军政分府参谋议长。

广西平南宣布独立。

清廷诏许革命党人以法律组政党。

资政院言汉口之役,官军惨杀人民,请敕停战。

清廷诏命迅订议院法、选举法。

冯国璋命令所部炮兵,炮击汉阳革命军。

端方离开重庆开赴成都。

中华基督教青年会主办的刊物《进步》在上海创刊。主编奚若。

《新汉报》在上海创刊。

叶圣陶是日日记载获知苏州和平独立,闻之喜极,谓尤当深感江苏都督程德全之谋略。

按:记曰:"叔父适自街头归,谓吾苏已于昨夜起事,今则中华民国军政府之示遍贴路侧矣。闻之喜极,即驰至校中,则校门上高悬白旗,诸同学方在门首欣跃也。相见后各致慰贺。得悉昨日之事,系此地巡抚程公德全主其谋。程公夙有兴汉之志,唯秘不能宣,其后上下各相授意,乃于昨日召各官长会议,皆喜悦赞成。于是命巡警加意卫护,居民毋自惊慌,召新军若干卫护督练公所。而督练公所即为军政总机关,程公则群推以为江苏都督。不流血,不放枪,安然革新,皆程公明察之德所致也。吴人得公亦云福矣。书玉至王废基,亦同之往。则巡防营中亦已高悬白旗,兵士臂上缠以白布焉。少徘徊即归校。则袁先生适自沪上归,述近日正忙碌,安眠鲜得。沪上起事,先生与主其谋。今则制造厂已得,军械可以不忧,南京在手掌中矣。又谓南京防守甚严,曾冒死往游说各会所,各会所皆空无人矣。先生平日声色不露,乃有此次之作为,可敬也;少坐而又有事他往矣。饭后同笙亚、书玉、颉刚往瞻都督府。至则兵士束装整列,殊异平日;竿上悬'兴汉安民'四字白旗,临风荡颺。将返身矣,袁先生、胡先生偕来,乃随之游行,过三元坊而沧浪亭。各学堂皆不悬白旗,袁先生一一令之悬挂,而道旁居民亦多悬之矣。归校坐少时,同颉刚至观前,则各商店无一不挂悬。一白如练,气象顿新,盛矣。行至醋坊桥,各自别而归家。息两句钟再至学校,盖以校中创办学团,今晚须出巡街也。适汪伯珩来,谓今日自沪上归,为述沪上攻制造局事甚悉。首先奋勇者为新舞台艺员小连生,而敢死门之不顾生命尤为不可及。是役死十余人,勇敢英雄,我唯有心香一瓣,遥祭之耳。晚膳后即穿校服,黑衣而黄裤,臂膊之上围以白布,背荷枪,弹匣刺刀缠腰。既而列队于操场,队整而后出。由临顿路至观前,少息于观里,乃由皮市街而至高等巡警学堂。该学堂固亦办有学团者也。少憩后,彼校亦列队出,随我而行,乃至西半城,由养育巷、十梓街等,则与巡警别。自出校门而至此,途中居民对我亦无荒谬之言惊异之状,镇静如此,亦未可谓无程度也。至王废基,月色皎然。散队坐草地上,心脾都爽。如此大纪念日,天公何忍示人以阴雨,故特呈此一九好月也。有顷,乃列队归校。有十余人谓少顷尚须出来站岗,余不能矣,即踏月归。今日之事,人谓沪上亦来有敢死队一队,程公即遣人迎迓,相与接洽。则无流血等事,尤当深感程公也。"(《叶圣陶集》第19卷)

6日(宣统三年九月十六日)

清廷命张勋充会办南洋军务大臣。赵尔丰免,命端方署四川总督。趣袁世凯入京。释政治嫌疑犯汪兆铭、黄复生、罗世勋于狱。

按:谕曰:"法部奏,党禁既开,拟将监禁囚犯政治革命嫌疑人犯,请旨悉予释放,并抄录亲供呈览折片。汪兆铭、黄复生、罗世勋均著开释,发往广东,交张鸣岐差委。"(《宣统政纪实录》卷六三)

湘军第一协协统王隆中率所部开到汉阳,归黄兴指挥。

沪军政府成立,陈其美任沪军都督。都督府下设司令、参谋、军务三部,陈其美兼任司令部长,黄郛任参谋部长,钮永建、李显谟任正副军务部长。商务总会议董虞洽卿任顾问官,沈缦云任财政总长(后由朱葆三继任),王一亭任商务及交通部长,李平书任民政总长,伍廷芳任外交总长,毛仲芳任海军部长,顾馨一任上海市政厅副市长,商务总会会员李征五任沪军光复军统领,穆湘瑶任上海警务长。

按:上海光复第三天,陈其美与李燮和之间发生了沪军都督职位之争。在推举上海革命领导机关的海防厅会议上,陈其美利用帮会势力,夺取沪军都督宝座,并兼任司令部部长。李燮和仅被委任为"参谋",原有的"临时总司令"一职也化为乌有。奉李燮和之命领导吴淞光复的黄汉湘等人对陈其美十分不满,决定迎请李燮和来吴淞出任都督,但李燮和到吴淞后,不肯就任"都督",改称"吴淞军政分府总司令",自任总司令,创立了一个"专以筹备进攻军务为主"的新的地方革命机关。

又按:汤志钧编《章太炎年谱长编》上册是年条《自定年谱》曰:"十月,抵上海。是时江苏有五都督,苏州、江北、镇江、上海、吴淞也,其他军政分府又不与。上海都督陈其美者,字英士,归安人。初,英士与李柱中谋袭江南制造局,柱中不许,英士先率部党突入,被获。其党叩首请柱中往援,柱中以湘军从之,制造局官长散走,余卒尽降。柱中日夜抚慰降人,疲极。英士乘其倦卧,集部党举已为上海都督。柱中觉,大怒,欲攻之,惧为清虏笑,乃率众直走吴淞,亦称都督。陈、李交恶。余至,宿柱中军府。念江苏有五都督,而上海吴淞尤相逼,教柱中去督号,称总司令,奉程德全为江苏全省都督。德全者,字雪楼,云阳人也,故清江苏巡抚,反正称苏军都督。兵多,故余教柱中属焉。柱中从之。"

浙江宣告独立。

按:沈钧儒《辛亥革命杂忆》说:"武昌起义后,各地纷纷响应,革命情绪高涨。当时杭州驻有满人旗营,有相当实力。新军中参加革命的官兵跃跃欲试。革命党人从外地纷纷来杭州,秘密设立机关,日夜会商,着手准备。到了九月初十左右,一切布置都已就绪,决定十五(阳历11月6日)拂晓开始发难。大家分配工作,我和陈时夏担任政治组织方面的设计准备工作,草拟浙江光复的通电和布告等。十四日夜半,新军八十一标和八十二标,配合了革命党人所组织敢死队,先向抚署和军械局的驻军进攻。巡抚增韫由后门逃走,当被擒获。攻军械局亦已得手。两标部队在城站会合后,各拨一部包围驻防旗营。十五日上午,出安民布告,通电全国,宣告浙江独立。"(全国政协文史资料委员会编《辛亥革命亲历记》)

上午,陈黻宸、褚辅成、马叙伦、沈钧儒4人具名致电在上海的汤寿潜,报告浙江光复情况,催汤来杭州任职。下午,汤寿潜偕陈时夏等乘火车抵达杭州,直赴咨议局,商量成立军政府事宜。

浙江温州同盟会员黄颂英等成立义勇军上街巡逻,宣传革命意义,约有百人参加。

浙江宁波军政分府在小校场召开誓师大会,新军、巡防队、民团、团防及民众参加,会上宁波军政分府都督刘洵发布《刘都督宣告宁波军政分府成立文》、《军律五条》。晚,举行提灯会庆祝。

镇海、慈溪县光复。各县成立军政支部,设支部会。

陈炯明等进攻广东惠州。

江西赣州各界举行大会,宣布独立。

江苏清江光复,蒋雁行任江北都督。

袁世凯派人刺杀山西巡抚吴禄贞于石家庄车站。

按:吴禄贞(1880—1911),字绶卿,云梦人。早年留学日本,先后参加兴中会和华兴会回国后,曾任新军第六镇统制。1911年武昌起义后,赴滦州约蓝天蔚、张绍曾等举兵反清,又回到石家庄与山西革命军联络,组织建立了燕晋联军,策划北方新军起义。1911年11月7日,被袁世凯收买的侍卫长杀害于石家庄。次年,南京临时政府成立,孙中山下令对吴禄贞以陆军大将军例赐恤,并将其遗体安葬在他殉难的石家庄火车站院内。

梁启超自日本回国,拟假手资政院采取"和袁慰革,逼满服汉"之方针,实行君主立宪。

浙江绍兴独立,周作人在《绍兴公报》上发表《庆贺独立》一文,署名顽石。

按:周作人曰:"美哉!洋洋星旗飘扬,今日何日,非我绍兴之新纪元耶!""今日之绍兴,已非昨日之绍兴。昨日之绍兴,人心惊悸,犹为奴隶之绍兴;今日之绍兴,熙熙攘攘,已为自由之绍兴。如火如荼,一跃千丈,绍兴人之幸福耶?绍兴之魄力也。"并于文末高呼:"绍兴万岁!独立万岁!汉族同胞万岁!"(《周作人年谱》引)

莫理循在《泰晤士报》发表《资政院和袁世凯》。

叶圣陶是日日记载昨夜观路过家门的军政府兵,自有一团勇往如归之气。

按:记曰:"昨日军政府有招兵之示,今日应招者已有千余人。入夜后,尽列队往军械局取枪械,过我家门前,亦出而观之。军衣一律,白布尽缠,虽皆未经操练,而自有一团勇往如归之气。三吴健儿固未肯示弱于人也。"(《叶圣陶集》第19卷)

7日(宣统三年九月十七日)

广西宣布独立,改巡抚衙门为军政府,咨议局为议院,桂军为国民军,以原清广西巡抚沈秉堃为都督。

按:沈秉堃(1862—1913),字幼岚,湖南善化人。1908年授云南布政使。1910年10月擢广西巡抚。武昌起义后,在广西革命势力的推动下,宣布独立,被推为广西都督,旋因受副都督陆荣廷的排挤,到南京谒见黄兴,被任命为南京留守府高等顾问。1913年死于北京。

湖北都督黎元洪向各地军政府发出征求成立中央政府意见电。

黄兴与黎元洪同往两湖书院检阅首批援鄂湘军王隆中部。

湖北军政府发布命令,要求军警政三界人士从10日起,限定三日内剪除发辫,否则革除其职。

按：当时独立各省也都把剪除辫子当成去旧图新的标志。据许金城《民国野史》载："无数的汉人都兴高采烈地剪去这条奴隶标志的辫子。也有迷信的，事先选择吉日，拜祭祖先，然后庄重地剪除，把辫子烧了。更有联合多人同日剪辫，并燃放爆竹，举行公宴庆祝的。"民国成立后，中央临时政府进一步正式实行强制剪辫法令。1912年3月，孙中山发布《大总统令内务部晓示人民一律剪辫文》，指出男子蓄辫是清朝陋习，不仅有碍健康，而且贻笑外邦。经过100天的剪辫子运动，"查通都大邑，剪辫者已多；至偏乡僻壤，留辫者尚复不少"。为反对民族压迫，做共和新民，要求"内务部通行各省都督，转谕所属地方，一体知悉。凡未去辫者，于令到之日，限二十日，一律剪除净尽，有不遵者，以违法论"。

山东省城同盟会员等革命党人与绅商学各界人士集会，宣布取消省咨议局，成立山东全省各界联合会，作为全省立法和监督行政的最高机关，立宪派夏继泉为会长，于普源、范之杰为副会长。

上海中华学生军组成，支援北伐。

杭州旗营协领贵林向新军呈缴军械清单，汤寿潜则保证不杀一个旗人。

同盟会员苏良斌误闻新军当晚攻打南京城，在城内起兵。

江苏无锡光复，成立锡金军政分府，同盟会员秦毓鎏任都督。

按：秦毓鎏曾委托钱基博草拟一篇檄文，其辞曰："伪朝爱新觉罗氏者，靺鞨遗胤，肃慎余苗。邑殊礼仪之邦，人习贪残之性。日者皇明建极，帝道暇融。颇亦削左衽而披朝衣，解椎结而升华冕。而豺狼有性，枭獍难驯。遂敢乱我疆常，变九隆而背诞；负其地险，携七部以滔天。豕突狼奔，蹂郊躏郭。肆沈黎而作孽，雄爬九头；驱杂种以挺突，封狐千里。于是武臣血战，尽瘁以殉封疆；义士捐躯，怀忠以报社稷。神州陷没，生灵延殃。尔乃沐猴而冠，欲仿人家拜跪；登场作戏，妄拟大汉威仪。亿千年山河蒙羞，三百载蜂虿肆螫。盗我府库，食我仓廪，朘我黎民，居我宫室。泰岱于焉失色，草木为之怒号。于是蜀郡五丁，楚人三户，精贯白日，气拥玄云。呼吸则林壑沸腾，喑鸣则乾坤摇荡。横剑锋而电转，疑大火之西流；列彩旗以云舒，似长虹之东指。汉家之厄十世，宜光武之中兴；至元之祚九传，识羯运之已至。毓鎏等谊在敌忾，志深同仇。因天下之失望，遂海内之归心。爰举义旗，以应汉帜。不敢贻赴义不勇之诮，容忍忘有善欲谐之箴。霜露所均，亦兼容夫异类；衣裳之会,义尤切于殊邻。伫看群丑投降,燕云肃穆。愿与诸君痛饮,幕府流连,毋贻后至之讥,致昧先几之兆。无任延颈待命之至。此檄。"按:这篇檄文写得气势纵横而文辞奥雅,较好地反映了排满兴汉的民族主义观念,无疑是辛亥革命时期一篇重要的历史文献。钱基博对此也颇感满意,尝自述写作经过:"其文盖博草也。博无文,然丰于记诵,猝被毓鋆命草檄,焦思不得一字,已杂录他书传记文为之,实匪己出,久遂忘其所自。然颇雄丽,耸人观听,毓鋆以为能。"(《无锡光复志・匡复篇第一》,引自《钱基博年谱》)

浙江湖州独立,成立湖州军政分府,推举沈谱琴为军政分府临时分府长,钱恂任民政长,沈树人(前清官吏)任财政长,陆庆誉(湖州藏书家陆心源之孙)任军法官。同时扩充学生军至百余人,又扩充商界自卫团,共同维护湖州治安。

陶成章自上海到杭州就任浙江省临时议会主席,并主持第一次浙江省临时议会,会上议决:(一)出兵北伐,由第一营管带代八十一标标统朱瑞,组织新军三千人,开往镇江,向第九镇统制徐绍桢报到;(二)浙江都督下设二部,一为军事部,以周承菼为部长,一为民政部,以褚辅成为部长;(三)实授童保暄为团长,留浙办理;(四)任命王金发为绍兴军政分府都督;(五)任命姚桐豫为台州军政分府都督。

《新世界》创刊。

8日(宣统三年九月十八日)

上午,浙江军政府成立,举立宪党人汤寿潜为都督,王金发等少数人反对。

按:当天发布四个文告,其中最重要的是自本年九月起,蠲免全省钱粮厘金一足年。

安徽起义军代表和省咨议局人士在安庆高等审判厅开会,宣告安徽独立,成立军政府,举原巡抚朱家宝为都督,同盟会会员王天培为副都督,唐润甫、管鹏为军务部长。

按:朱家宝反对设置副都督,欲让王天培任军事总监。王天培声称奉湖北军政府之命,"为皖都督而来",勒令朱家宝立即交出大印,"否则就以铁血相见"。朱家宝无可奈何只得从命。

黄兴与黎元洪命首批援鄂湘军王隆中部渡江至汉阳十里铺附近布防。程潜自沪来谒,黄兴命协助曾继梧指挥炮兵团。

　　江宁新军统制徐绍桢发动政变,将军铁良、总督张人骏、提督张勋拒守。

　　按：徐绍桢,广东番禺人。历任江西常备军统领、广东全省营务处总办、苏淞镇总办和江北提督等职。武昌起义发生后,徐绍桢以统制身份亲率新军第九镇于秣陵关反正,打响光复南京之役的第一枪。随后任江浙联军总司令,统率江浙联军攻克金陵。

　　南京起义部队分三路攻城受挫,退往镇江。同盟会急调浙、沪、苏民军万余人,围攻南京,推新军第九镇统制徐绍桢为联军总司令。

　　福州新军起义。

　　温处道郭则沄、知府李前潘潜逃,防营统领梅占魁被推举为临时军政分府都督兼温处警备司令。温州宣告光复。

　　浙江奉化、定海、余姚县光复。

　　江苏镇江光复,京口副都统载穆死之。

　　上海闸北民政总局成立,虞洽卿任民政总长。

　　大清银行宁波分行改为宁波中国银行。

　　张謇致电当时主张君主立宪的袁世凯,"潮流所趋,莫可如何"。

　　英、法、德、美四国银行团在法国巴黎召开会议,作出对中国内战保持中立并不予借款的决定。

　　《新汉民报》创刊。

9日（宣统三年九月十九日）

　　清廷特命袁世凯为内阁总理大臣。从资政院奏,依宪法信条公举,故有是命。

　　黄兴以战时总司令名义从武汉发出《致袁世凯书》,劝其归诚起义,勿为清廷所利用。

　　按：袁世凯在清军攻陷汉口后,派蔡廷干、刘承恩携函来见黎元洪、黄兴,探询停战议和意见。是日,黄兴以中华民国军政府战时总司令身份,复函袁世凯。函云："来示嘱散军停止战争,以免生灵涂炭,仁者用心,令人铭心刻骨。惟满洲朝廷,衣冠禽兽,事事与人道背驰,二百六十年来有加无已,是以满洲主权所及之地,即生灵涂炭之地。如但念及汉口之生灵而即思休战,毋乃范围过狭,无以对四亿生灵。况汉口为我军所有之日,行商坐贾,百货流通,及贼军进攻不克,纵火焚烧,百余万生命、数万万财产均成灰烬。所谓涂炭生灵者,满奴乎?抑我军乎?至于尊嘱开党禁等数条,乃枝节问题,而非根本问题。兴等之意,原不在此。以大义言之:夷狄与中华,原无君臣之分。明公虽曾服满人之官,而十八省之举义旗,兴义师者,何亦非曾服满人之官者?按之是非真理,明公当自晓然。……近日北京政界,喧传明公掌握兵权,当为朝廷之大害,是以满奴又有调明公回京组织内阁之命。夫撤万众之兵权,俾其只身而返,乃袭伪游云梦之故事,非所以扬我公,实所以抑我公,非所以纵我公,实所以缚我公也。赵孟之所贵,赵孟原能贱之。满人之自为谋则善矣,所难解者,我公之自为计也。兴思人才原有高下之分,起义断无先后之别。明公之才能,高出兴等万万,以拿破伦、华盛顿之资格,出而建拿破伦、华盛顿之事功,直捣黄龙,灭此朝食,非但湘、鄂人民戴明公为拿破伦、华盛顿,即南北各省当亦无有不拱手听命者。苍生霖雨,群仰明公,千载一时,祈毋坐失!"(《黄兴年谱长编》引)

黄兴从武汉发出《对民军将士密谕》。

按:其"密谕"内容略谓:"自鄂军起义以来,不旬日间,吾同胞之响应者已六七省,足见天命已归,满贼立亡。乃虏廷不揣时势,不问民心,出其狃狂之卒,敌我仁义之师。是实妄干天诛,于我何妨。汉口之战,我师屡胜,继虽小挫,军家胜败,自古常然,不必介意。现鄂军大整,湘军来援,恢复之功,当在旦夕。顷据保定侦探何式微来报,虏廷已命袁世凯为内阁总理大臣,仍统陆海军队。袁世凯甘心事虏,根据初九罪己伪诏,倡拥皇帝之邪说,先运动资政院,遍电各省咨议局,有云'政府十分退让,吾人只求政治革命,不屑为已甚者'云云。现袁已派心腹多名,分道驰往各省发布传单,演说谕众,冀离间我同胞之心,涣散我已成之势。设心之诡,用计之毒,诚堪痛恨。我同袍光复旧宇,义正词严,既为九仞之山,何惜一篑之覆,自不致为所动摇。然恐妖情善盅,致荧众听,故此密谕同袍,速饬密探查前项演说之人,销灭传单,俾鼠窃之技无由而施,大局幸甚!"(《黄兴年谱长编》引)

湖北都督黎元洪通电各省,请派代表来鄂组织全国统一政府。

按:黎元洪又致电各省都督,阐述湖北军政府对于建立中央临时政府的设想:"大局粗定,非组织临时政府,内政外交均无主体,极为可危。前电请速派安员,会议组织,谅达尊鉴。惟各省全权委员,一时未能全到,拟变通办法,先由各省电举各部政务长,择其得多数票者来鄂,以政府成立照会各国领事,转各公使请各本国承认,庶国基可以粗定。敝省拟中央临时政府暂分七部:一、内务;二、外交;三、教育;四、财政;五、交通;六、军政;七、司法。其首长之条件,以声望素著,中外咸知,并能出而任务为必要。盖非此不足以昭各国之信用也。现除外交首长多数省份已举伍廷芳、温宗尧二君外,一面电聘,一面通告。时事迫急,希即会议举定。再财政首长,敝省拟举张謇。"(《黎副总统政书》卷一,第6页)

湖北军政府理财部请准募集国内军事公债四百万元,并颁布《国内军事公债简章》,派万声扬、舒礼鉴、徐申伯三人赴上海募集。

湘军第二协协统甘兴典率所部开到汉阳,归黄兴指挥。当时来汉阳参与作战的尚有程潜、曾继梧、程子楷、唐蟒、曾昭文、王孝缜、蒋光鼐、李章达、陈铭枢、陈果夫、张我权、徐源泉等。

广东宣布独立,举胡汉民为都督。朱执信任军政府总参议,负责编练军队,筹划北伐。

安徽庐州同盟会召开大会,宣告庐州独立。成立庐州军分区,推举孙万乘为革命北伐军驻庐总司令,方绋言为副司令,张跂初为民政长,李松圃为司法长,李纯安为参事长。

福建革命党人光复福州。

陆军第五镇官兵推选代表至山东全省各界联合会,力主山东独立。

王天培自称安徽大都督,组织军政府。认为辫子是清朝象征,下令官吏三天之内,军人半天之内,一律剪除辫子。

广西南宁、柳州宣布独立。

广东肇庆、广州、惠州宣布独立。

改武汉皇殿为辛亥首义烈士祠。

《民立报》以《革命家之雄》为题发表评论,希望国民属望之孙逸仙能早日归国。

按:文中说:"孙逸仙,革命家之雄也。奔走海外,惨淡经营者数十年,而此次之举,尤多所擘画。凡素抱革命思想者,无不盼望其归国,以人望所归经验素富也。"

黄世仲等人在香港创办《新汉日报》,宣传革命。黄世仲自任总司理兼撰述员,卢新任督印人,发起人有邝敬川、黄耀公、黄世仲、卢梭公、卢博浪、梁大拙、林伯梁、陈耿夫、谢心准、梁励、卢梭魂、刘汉在、吕颂铭、黄永台、卫沧海、古剑夫、李振声等,赞成人有扶植三、颜思汉、马福屏、关保南、颜太恨、源如东、李煜堂、吕乐之、薛德明。

吕海寰请依红十字会法,推广慈善救济会,从之。

《快报》在上海创刊。

《机关急报》在上海创刊。

10日(宣统三年九月二十日)

清皇太后懿旨罢继禄,起世续复为总管内务府大臣。召锡良入觐。以朝廷于满、汉军民初无歧视,命统兵大员晓谕之。

孙中山发表对外宣言,对真正援助民国的国家,将给予种种优惠和荣誉。

袁世凯再派刘承恩与蔡廷干,并由英国驻汉口领事出面牵线,与湖北军政府接洽议和。

按:刘、蔡向黎元洪递交袁世凯的亲笔信,声称如能承认君主立宪,两军可停战议和,否则仍以武力解决。黎对两位代表说:"项城命二公之来,其意不惟本都督所深知,即天下之民,亦无不洞见肺腑。彼盖藉此解散我省军心,令各省自相冲突,迨四方平定,彼握大权,然后驱逐满人,自践帝位。其用意虽深,奈人已知之何!予为项城计,即返旗北伐,克复汴冀,则汴冀都督,非项城而谁?"黎元洪在揭穿袁世凯阴谋的同时,也复函劝袁赞成革命,不再为清廷效忠(蒋顺兴、袭曼如《怎样评价湖北军政府》,《民国春秋》1994年第4期)。

安徽芜湖党人买通巡防营反正,芜湖宣告独立,成立皖南军政分府,所属府县相继传檄而定。成立皖南国民军,吴振黄任总司令,刘醒吾任参谋长。

胡汉民自香港抵达广州,就任广东军政府都督。

宋教仁留书黄兴,借日人北一辉渡江至汉口,乘日轮大利丸返回上海。

庄蕴宽来鄂,敦促黄兴早赴上海,组织统一革命机构。

按：李书城《辛亥前后黄克强先生的革命活动》曰："上海光复以后,当地名流如张謇、汤寿潜、赵凤昌等推庄蕴宽来鄂……他告诉我来鄂的真意,是请黄先生到上海去。他说,上海方面的人认为黎元洪是武昌起义的革命党人所拥戴出来的,不是真正的革命党领袖,而孙先生还在海外未回,现在只有黄先生是国内唯一的革命领袖,应该负起领导全国革命的责任,到上海去统率江浙军队攻克南京,在南京组织全国军政统一机构,继续北伐,完成革命事业。他敦促黄先生早赴上海。但是黄先生对他说：'全国军政统一机构是愈早组织愈好,但不必要我担任领导人。我现在还担任武汉方面的作战任务,不能离开武汉。看以后情形如何再说。'"庄蕴宽说："辛亥武昌起义,予为江浙两省代表,至鄂晤黄陂。黄陂派小轮送予至汉阳,与克强相见。克强帕首短衣,自行间回营,握手相劳告,喜极出涕,出粗粝共食。食毕,复乘轮过江。冒险情形,今回忆之,犹历历如昨也。"(《黄兴年谱长编》)

沪军都督陈其美发布《剪辫告示》。

马超俊率领"海外华侨敢死队"进驻汉阳兵工厂。

浙江宁海县光复。

王金发率军攻入绍兴,任军政分府都督。

中国红十字会天津分会成立,会址设在河北官立第一蒙养院内。白雅雨、胡宪等人发起组织,徐华清任会长。

上海公共租界工部局以押所无人主持为由,登报发布《处变暂时办法》文告,宣布接管会审公廨。公廨押所和所属的女监暂归捕房管理。

《大汉报》在上海创刊,主持人为张涵秋,陈去病任主编。

《大风晚报》(原名《大风》)在上海创刊。

君武在《民立报》发表《论共和国之秩序》。

莫理循在《泰晤士报》发表《肃亲王信任袁世凯》。

叶圣陶是日日记载阅报获知南京尚未克复以及广东、四川、云南等已独立等消息。

按：记曰："阅报纸，知南京尚未克复，江防营兵正在劫掠屠戮，日来派兵往剿矣。而广东、四川、云南等处则确已克复。"（《叶圣陶集》第19卷）

11日（宣统三年九月二十一日）

黄兴主持召开军事会议，规定各部队防御地区。会后，亲赴前线视察防御阵地。

苏督程德全、浙督汤寿潜致电沪督陈其美，建议由各省旧咨议局和新成立的军政府各派一名代表来沪，商量组建临时会议机关。

按：江苏都督程德全、浙江都督汤寿潜联合通电，提出，"急宜仿照美国第一次会议方法，于上海设立临时会议机关，磋商对内对外妥善方法，以期保疆土之一，复人道之和平。务请各省选举代表迅即莅沪集会"。接着，上海都督陈其美亦通电要求各省"请公举代表，定期迅赴上海，公开大会，议建临时政府，总持一切，以立国基，而定大局"。湖北和江浙、上海都督分别提出在武汉和上海组建临时政府的创议，立即得到各地的响应（蒋顺兴、裘曼如《怎样评价湖北军政府》，《民国春秋》1994年第4期）。

陈其美以沪军都督身份致电江苏都督程德全、浙江都督汤寿潜，提议组织江浙各处联军，会攻南京，并推举徐绍桢为联军总司令。

陈其美宣布创立"中华银行"，以为整理财政之枢纽。总行设在上海南市，分行设在北市。

按：中华银行具有中央银行性质，经理国家所有一切税赋饷项，同时兼理沪军政府发行的军用钞票、公债票等业务。

袁世凯派遣刘承恩、蔡廷干赴武昌，谋与黎元洪"议和"。

按：刘承恩，字浩春，湖北襄阳人。清末附生。曾入北洋武备学堂学习。毕业后投北洋军阀袁世凯为幕僚、随从。武昌起义后，被袁世凯召至河南彰德，委以南下武昌招抚事宜。蔡廷干（1861—1935），字耀堂，广东香山人。曾赴美留学。回国后，先在北洋水师服役，后为袁世凯幕僚。袁世凯被启用为总理大臣后，立即奏委蔡廷干为"海军部军制司司长补授海军正参"（海军参军长），又授予"三品京堂候补并加二品衔"，任袁氏的"海军副官"，专责协助袁氏一切外事活动。

顺天府奏于京师设立临时慈善普济赤十字总会。

清廷罢贝勒毓朗军咨大臣，以徐世昌代之。

孙中山抵达伦敦,继续筹款。

按:孙中山在伦敦期间,通过荷马李介绍,与四国银行团主任商谈停止对清政府贷款问题,未获结果。又托维加炮厂经理道森就此问题向英外交大臣葛雷进行交涉,要求英国政府:"一、止绝清廷一切借款;二、制止日本援助清廷;三、取消各处英属政府之放逐令,以便予取道回国。"得英政府口头同意(广东省哲学社会科学研究所历史研究室等编《孙中山年谱》)。

广西改举陆荣廷为都督。

清海军海筹与海容、海琛三巡洋舰离开汉口,投向革命军。

福建福州军政府成立。推举孙道仁担任军政府都督,许崇智为福建海陆军总司令,参事员会由彭寿松、郑祖荫、林斯琛为正副会长。

安庆罢市,王天培无法控制局势,遂交出都督印平息众怒。朱家宝再次执掌都督印。

河南咨议局中的立宪派人与官方组织的"爱国会"在开封成立,目的是瓦解革命。

浙江象山县光复。

《大汉公报》在上海创刊。

叶圣陶是日日记载获知南京革命军大胜消息,惭愧校中无人肯投笔从戎,自己亦因力疲而不肯勉力从事,尚何天职之能尽。

按:记曰:"至六句钟再至校中,则闻南京已有确实消息,我军大胜。从此各省可以会师湖北,北扫胡尘,直捣黄龙,餐房饮血,以光我汉家,以建设共和。沪上组织有学生军、学生北伐队等,投入者极多,诚以天分中之担负,人人应肩也。苏地亦有发起者,而我校中则寂无其人肯投笔从戎。我校素以雄健称,而若此,对入军之学生同胞当愧死矣。今日本思再从事巡街,而甚觉腿酸,仍复迟迟归家。办学团所以保卫地方,使军士得尽力于外,无内顾之忧,则我侪虽不从军,亦少尽天职矣。乃因力疲而即不肯勉力从事,尚何天职之能尽? 余素不肯居人后,今若此,转而自笑。"(《叶圣陶集》第19卷)

12日(宣统三年九月二十二日)

江苏都督府代表雷奋、沈恩孚和浙江都督府代表姚桐豫、高尔登联名通电武昌、南昌、福州、广州、长沙、昆明、安庆、桂林、太原、贵阳、成都、西安、济南、天津、开封、沈阳、吉林、齐齐哈尔、兰州、迪化等处,请各省公认伍廷芳、温宗尧为临时外交代表,并请各省派代表来沪,议设临时会议机关。

赵凤昌与张謇等人发起,邀请已独立各省咨议局代表和部分革命党人在上海方斜路江苏教育总会召开临时政府筹备会议,决定成立"全国会议团",以保疆土之统一、复人道之和平为宗旨,采用共和政体。拟暂时公认武昌为中华民国新政府,并公认上海为临时外交政府之所在地。

奉天咨议局议长吴景濂主持召开军、政、农、工、商、学各界自治团体代表大会,讨论并决定奉天未来的前途和命运。会议决定成立以尊重人道、保卫地方公安、保全中外民命财产为宗旨的保安公会,以赵尔巽为会长,以咨议局议长吴景濂和三十九协协统伍祥祯为副会长,下设八部,部长皆以各司道行政官员兼充,各地方分会也分别以地方长官任会长。

按:孙克复《"狐狸方去穴,桃偶已登场"——辛亥革命在辽宁的失败》(《辽宁大学学报》1981年第6期)说:武昌起义爆发后,奉天的革命党人和广大群众无不"欣喜若狂",奔走相告。同盟会辽东支部的领导人和骨干张榕、陈干、商震、左雨农、张根仁、徐镜心等,立即行动起来,"分头秘密集会,共谋起义,促动关外三省独立"。在省城的同盟会辽东支部成员,集合于北大营新军第二混成协协统蓝天蔚的司令部开会,酝酿如何发动群众,响应武昌起义问题。同时,派人与曾在东北任职的新军第六镇统制吴禄贞和曾在东北驻防的第二十镇统制张绍曾联系,研究如何在北方共同采取行动,互相配合,一举推翻清朝统治。根据磋商的结果,定推举吴禄贞为"关外讨虏大都督",蓝天蔚为副都督,组织关外革命军政府。并拟举张榕为奉天都督兼总司令,立宪派人吴景濂为奉天省民政长。于十一月中旬,在省城成立保安会,宣布独立。同时,分别委任宁武、顾人宜、齐霸青、邵兆中、祁耿寰等人为革命军中、南、北、东各路司令,准备随时"树起革命义旗",发动武装起义。十一月六日,蓝天蔚和革命党人在北大营再次召开秘密会议,研究如何驱逐赵尔巽问题。因缺乏警惕,会议内容为蓝天蔚部下营长李鹤样(又名李际春)侦知,并向赵尔巽告了密。当赵尔巽得到李鹤祥的告密,知革命派准备组织奉天保安会宣布独立时,更加忧心如焚。当时驻省城的清军只有蓝天蔚的新军第二混成协,赵尔巽平时对新军和蓝天蔚就不信任,怀疑蓝与革命党人有联系。面对革命党人的活动,赵身边没有可靠的军队,更感形势危急,惊慌异常,便与地主豪绅势力的代表奉天咨议局副议长袁金铠和土匪出身受抚后被任命为巡防营统领的张作霖相勾结,密谋用移花接木的办法,抢先成立奉天保安会,以缓和革命党人和群众的激昂情绪,并乘机篡夺革命的领导权。十一月十二日下午,由赵尔巽导演的奉天保安会成立大会在省咨议局召开。张作霖用武力控制会场,强制推举赵尔巽为保安会长,清军第三十九协协统伍祥祯为副会长。下设八个部,各部部长均由正副会长委派地主、官僚和立宪派担任。张作霖当上了军政部副部长。革命党人只有张榕担当了没有实权的参谋部的副职。这样,奉天保安会的权力便完全操纵和控制在以赵尔巽为首的反动势力之手。这就决定了奉天保安会是一个打着"保卫地方公安"的招牌,行镇压革命之实的反革命组织。它的成立标志着反革命势力纠结在一起,在"保安会"的旗帜下,开始公开向革命党人进行反扑了。

又按:赵尔巽为成立奉天国民保安公会及办理保安札:"钦差大臣尚书衔东三省总督兼管东三省将军奉天巡抚事赵为通饬事:案照奉天省为维持公安,设立奉天国民保安公会,业于本月二十二日成立,公推本大臣为会长;所有副会长,公推伍协统祥祯,吴议长景濂;参议总长,公推袁金铠;参议副长,公推蒋方震、张榕。一切章程,并经议决公布,除通饬办理保安分会外,合行抄粘章程,札仰该道,即经查照,迅即将分会成立,并将办理情形具报。此札。右札锦新营口道准此。""奉天国民保安公会章程"如下:

第一条 本会为保卫地方公安起见,无论满汉回蒙,凡在本省土著及现住之各省、各国人,其生命财产均在本会保安范围之内,定名为奉天国民保安公会。

第二条 本会得各界各政党之同意而成,以尊重人道为主义。

第三条 本会会所,择相宜地址设立之。

第四条 本会以保安为职务,有辅助行政之权,应组织对内执行总机关及对内各分机关,以助行政务。

第五条 本会对内执行机关,由各部组织而成:一、外交部,二、军政部,三、财政部,四、内政部,五、执法部,六、教育部,七、劝业部,八、交通部。

第六条 会长一人,副会长二人,均公推之;各部正副部长各一人,由会长商同副会长委任之。

第七条 会长总理一切事宜;副会长协理一切事宜;部长、副部长承会长、副会长之命,处理本部事务;部员承本部正、副部长办理本部事务。

第八条 设参议部,为本会监督机关。一、设参议总长一人;二、设参议副长二人;三、设参议员无定额。参议部人员均由公推。

第九条 本会以全省为范围,依旧有行政区域。各府、厅、州、县,得设保安分会,即以该处现任地方官为分会会长。其有不能胜任者,请由本会会长,以行政权撤换之。

第十条 本会应刊奉天国民保安公会之关防,凡关于保安公会之事适用之。

第十一条 本会办事规则,另行规定。

第十二条 本章程自本会成立之日起实行,其有未尽事宜随时更订。

(转引自刘玉岐、张凤兰、赵云鹏《辛亥革命在奉天》,《历史档案》1981年第4期)

山东全省各界联合会继续讨论山东独立问题。

清廷赏恤江宁战守将士。命吕海寰充中国红十字会会长,兼慈善救济会事。

东三省咨议局及新军要求独立,总督赵尔巽不从,寝其议,仍令解劝之。

清军派一部由蔡甸渡汉水,图攻汉阳民军侧背,派一部绕黄陂拟攻武昌。

江西改任彭程万为军政府都督。

山东烟台革命党人发动武装起义。起义军推举同盟会会员栾忠尧、杨德胜为正、副总指挥。

上海闸北自治公所成立,钱贵三、沈联芳任总董。

莫理循在《泰晤士报》发表《袁世凯的责任》。

13日(宣统三年九月二十三日)

清廷命近畿各镇及各路军队并姜桂题所部俱听袁世凯节制。袁世凯在北京就任内阁总理,命段祺瑞急赴山西处理"吴禄贞刺杀案"的善后工作,并令曹锟率第三镇全力进攻山西革命军。

沪督陈其美发表通电,要求各省速派代表来上海,建立中央临时政府。

山东全省各界联合会在济南原省咨议局召开独立大会,邀孙宝琦参加。革命党人在陆军第五镇部分中下级军官的协助下,迫使孙宝琦同意独立,并推举其为山东临时政府大总统(后改称大都督),第五镇协统贾宾卿为副总统(后改称副都督)。临时政府在孙宝琦把持下,军政事务一仍其旧。

江西九江军政府派黄焕章率部进驻安徽安庆。

安徽大通宣布独立,设立军政筹议局,以浔军政府黎宗岳首领,通告宁、徽、池、太四府及广、和二州所属事宜,统归管辖。

湖北军政府派同盟会会员胡鄂公(原名胡新三)、吴若龙、冷公剑等为湖北革命军代表,赴北京、天津一带,策划北方革命活动。

徐绍桢在江苏镇江设立江浙联军总司令部。陈其美派遣洪承典为沪军先锋队司令,率领由商团与学生军临时编组的600人的队伍开赴镇江,听候调遣。

海筹与海容、海琛三巡洋舰抵江西九江。时九江已响应武昌,海容、海琛遂相约悬白旗,停泊。海筹管带喜昌不欲,邀吉升同遁,吉升潸然涕下,曰:"国家经营海军四十年,结果乃如是耶?"发愤投长江死(《清史稿·吉升传》)。

按:吉升,字允中,满洲镶黄旗人。以学生官本旗前锋,入海军学习,积资充海筹兵舰帮带官。湖北告警,海军奉调赴援,至者兵舰十五艘、鱼雷艇二艘。清军攻汉阳,海军助势,而炮发多不命中。未几,言煤罄,相率下驶(《清史稿·吉升传》)。

蔡元培在德国接陈其美电报促归国,是日启程。

上海尚侠女学辛素贞向沪军都督陈其美上呈要求组建"女民国军"。

南开私立第一中学堂增设高等班开课,毕业生可报考大学,为天津各中学首创,从此完善了天津大中小学的教育体系。

莫理循在《泰晤士报》发表《袁世凯的任务》。

14日（宣统三年九月二十四日）

黎元洪派李国镛、孙发绪等到汉口找刘承恩、蔡廷干晤谈。因刘已北上襄命，经蔡协调，与清军第四镇统制王遇甲等在俄领事馆会谈。袁方以战胜者自居，谈判不得要领而散。

黄兴在总司令部主持召开军事会议，各部队长官和司令部重要人员均出席。参谋长李书城部署反攻汉口计划。

上海宗孟女学堂经理陈婉衍奉光复军总司令李燮和之命召集女子军，以"女子北伐光复军"名义刊出招募广告，招女军四队，以襄北伐之师。

甘肃革命党人是晚召开各方面负责人参加的紧急会议，决定次日各地民军同时发动起义。起义军以哥老会和巡防续补五营为主，兵分四路，由革命党人刘先质为总领队。又决定派高志清、王占斌、孙学文、朱邦科等人分返灵州、平罗，与宁夏府城同时举义。因消息走漏，宁夏首义未成，而灵州却一举成功。

清廷分遣被兵各省宣慰使，征求国民意见。

按：谕内阁："近日各省纷纷告警，朝廷屡经宣布宗旨，改革政治，以期内外相维，上下一心，共救危亡。惟当兹事变纷乘，群情傲扰之时，仍恐各省士绅军民人等。未能一体周知。亟应选派各该省名望素著人员，分途安慰，以宣上德，而通下情。著派……梁鼎芬为广东宣慰使，……迅速分赴各属抚慰劝导，宣布朝廷实行改革政治宗旨，俾乱事早就戡平，四民各安生业，朕实有厚望焉。"（《宣统政纪实录》卷六三）

又按：《东方杂志》第八卷第十号《中国大事记》载：著派张謇为江苏宣慰使，汤寿潜为浙江宣慰使，江春霖为福建宣慰使，谭延闿为湖南宣慰使，梁鼎芬为广东宣慰使，赵炳霖为广西宣慰使，乔树枬为四川宣慰使，谢远涵为江西宣慰使，柯劭忞为山东宣慰使，渠本翘为山西宣慰使，王人文为云南宣慰使，高增爵为陕西宣慰使，迅速分赴各属，抚慰劝导，宣布朝廷实行改革政治宗旨，俾乱事早就戡平，四民各安生业，朕实有厚望焉。

清廷命各省督抚举足为代表者来京与会议。

袁世凯在北京晋谒隆裕太后,誓言效忠清室。

赵尔巽以川事引咎请罢,诏不许。

王士珍以疾免湖广总督,由段芝贵继任。

清海军海筹与海容、海琛三巡洋舰抵达九江,加入革命军。

江苏淮安宣布独立,以响应武昌起义。前山阴县令姚荣泽匿不到会,遭到同盟会友阮式的指责。

莫理循在《泰晤士报》发表《袁世凯在北京》。

15日(宣统三年九月二十五日)

湖北军政府内务部发表《关于限制地方各属举办团防的通谕》。

江苏、福建、山东、湖南、上海、镇江等七处代表在上海江苏教育总会正式成立各省都督府代表联合会,筹组临时政府。参会者有江苏都督府代表雷奋,沪军都督府代表袁希洛、俞寰澄、朱葆康,福建都督府代表林长民、潘祖彝等。

黎元洪再次致电上海都督陈其美,"请各代表速至武昌,会议组织政府",并称已得湘、赣、粤、桂、黔各省复电,"不日即行派员来鄂"。

汪精卫和杨度发起的"国事共济会"在北京成立,发表意见书,要求资政院具奏请旨:即日停战、举行临时国民会议议论君主民主政体、清廷和南军都要服从这一决议。

浔军黄焕章部在安庆因向咨议局索饷不成,驱逐官吏,抢劫军械局、藩库、商店、典当铺,焚烧四牌楼及城北当铺,枪杀群众6人,都督朱家宝逃走,清廷令所有皖北各属吏治军务,均著河南巡抚齐耀琳管辖筹办,并任倪嗣冲兼署安徽布政使。

按:《清史稿·高谦传》曰:"宣统三年九月二十五日,安庆变作,变兵旋入阜阳,左右劝(高)谦引避,厉声斥曰:'名位虽卑,大节不易,吾岂苟活者耶?'即夕饮鸩自尽。凌晨家人入视,则衣冠端坐,气绝,面如生,年七十有四。民闻之,皆走哭,议立祠祀之,因乱未果。"

黄兴在汉阳总司令部发出总攻汉口的命令。

同盟会在厦门寮仔天仙茶园集会,会员张海珊宣布举行武装起义。

按：在同盟会会员率领下，左臂缠有"革命军"标志的数千群众分 4 路进攻道署、炮台、警署及各衙门。道台官吏闻风而逃，革命军占领道台衙门、厦防分府衙门及胡里山炮台等。

山东全省各界联合会机关报《齐鲁公报》在济南创办，革命党人王墨仙任报社总经理，赵心如任总编辑。

按：该报热情宣传革命，大胆揭露孙宝琦、张广建、吴炳湘的反动行径，1912 年 1 月 23 日被查封。

清廷以张锡銮为山西巡抚。溥颋免，以锡良为热河都统。

赵尔丰释放蒲殿俊、罗纶、张澜、颜楷等。

美、俄、日等借口保护烟台领事馆，派水兵登陆。烟台军政府提出抗议。

梁启超因君主立宪计划落空，返回日本。

莫理循在《泰晤士报》发表《内阁总理面临的困境》。

叶圣陶是日日记澄清 13 日所获南京革命军大胜消息实系未确，独恨南京城中张勋之江防兵惨无人道，他日生擒此房，定当寸寸磔之。

按：记曰："廿一日在校中所闻之南京消息，实系未确。南京城中所居之兵为汉奸张勋之江防营七营，已反正之民军皆在城外。江防兵惨无人道，状类贼盗，城中民居一任其劫掠奸淫，伏尸遍地，哭声振天。斯民何辜，乃罹此凶哉！民军奋力环攻，奈所接济之子弹不配枪管，于是只得退驻镇江。现我苏及沪、杭均有兵队前往矣。城中存粮无多，欲出不得，将见其不战自毙也。我军非无猛力摧城之巨炮，唯死此等无人理之人虽不足惜，而城内居民与之同泯，则大不忍，所以不肯出此也。独恨此贼张勋，甘作异族之功狗，愿为汉家之罪人，即殉满清之节，亦当知无人筑尔忠庙，祭尔忠魂也。如云一身之毁誉在所不计，独不明大义，不顾民命乎？无心肝哉！他日生擒此房，定当寸寸磔之矣！"（《叶圣陶集》第 19 卷）

11 月中旬，停泊在九江江面上的北洋舰队中的"楚豫"、"江贞"、"海琛"、"湖鹰"等主要舰艇均被金鸡坡炮台截住。经联络动员，舰艇官兵遂反正。九江军政分府将之编为两支舰队，李烈钧任海陆军总司令,并发布"誓师文"。

16日(宣统三年九月二十六日)

袁世凯举国务大臣。诏命梁敦彦为外务大臣,赵秉钧为民政大臣,严修为度支大臣,唐景崇为学务大臣,王士珍为陆军大臣,萨镇冰为海军大臣,沈家本为司法大臣,张謇为农工商大臣,杨士琦为邮传大臣,达寿为理藩大臣,俱置副大臣佐之。于式枚、宝熙充修律大臣。绍昌、林绍年、陈邦瑞、王垿、吴郁生、恩顺俱充弼德院顾问大臣(《清史稿·宣统皇帝本纪》)。

雷奋、沈恩孚、朱葆康、俞寰澄、袁希洛、林长民、潘祖彝继续开会。

孙中山在欧洲起程回国前夕,致电《民立报》转民国政府,表示他已踏上回国之途,对总统举黎元洪还是举袁世凯都无成见。

《民立报》发表章太炎"回国返沪"的消息,并专门刊载《欢迎鼓吹革命之文豪》社论。

按:社论曰:"章太炎,中国近代之大文豪,而亦革命家之巨子也。正气不灭,发为国光,文字成功日,全球革命潮,呜呼盛已。一国之亡,不亡于爱国男儿,文人学士之心,以发挥大义,存系统于书简,则其国必有光复之一日,故英雄可间世而无,文豪不可间世而无,留残碑于荒野,存正朔于空山,祖国得有今日,文豪之力也。今章太炎已回国返沪矣,记者谨述数语以表欢迎之忱,惟望我同胞奉之为新中国之卢骚。"(《章太炎年谱长编》)

黄兴下令分三路向汉口进攻,并直接指挥由驻在汉阳的各部队组成的第三路军。

按:第一路由步兵第三协协统成炳荣率所部从武昌青山渡江,在汉口湛家矶登陆,进攻刘家庙。第二路由步兵第六标标统杨选青率所部乘装甲小火轮及民船由汉阳东北岸出发,向汉口龙王庙强行登陆,占据阵地后相机进攻。第三路由驻在汉阳的各部队组成,归黄兴直接指挥,是进攻汉口的主力军。此路以湘军第一协协统王隆中所部为右翼,湘军第二协协统甘兴典所部为左翼,鄂军步兵第五协协统熊秉坤所部为总预备队。其余炮兵第一标及工程第一营均随同前进。

湖北宜昌民军开始向荆州进军。

朱家宝逃离安庆,黄焕章自任总司令,黄盛鸿、宋邦为参谋,重新组织安徽军政府。

厦门军政分府成立,推张海珊为统制,丘汝明为警察局局长。

浙江宁波军政分府设参议部。

陈昭常秉承赵尔巽旨意,仿照奉天模式,召集省城各界代表会议,建立保皇组织——吉林省保安会。陈昭常任会长,第二十三镇统制孟恩远任副会长。

王河屏、沈敦和等在上海张园发起成立共和建设会,选举姚文枬为会长,王河屏、秦槟为副会长。

按:该会以拥护共和为宗旨,宣称"性质系纯民立、处政府对待地位"。宣布章程三条:(1)研究共和政体之组织及前途革新方法,咨询国民公意,择其切实可行者条陈政府,以备采择。(2)发达人道主义,开通国民智识,俾资格及早划一,共享共和幸福。(3)有破坏共和进行者,得全力与之抵抗,至共和政体组织完备而止。

莫理循在《泰晤士报》发表《袁世凯和革命》。又向《泰晤时报》社发送《蔡廷干上校来访接谈纪录》,全文三千余字,报导蔡廷干讲述他和刘承恩两人去武汉与黎元洪谈判的经过。

按:文中有"最初蔡氏列举事实认为中国应该实行君主立宪制,但是在与革命党人交谈后就改变主意而赞成共和政制"。

叶圣陶是日日记谈重读杨笃生所作《英国工党与社会党之关系》一文的感想。

按:记曰:"更将昔时所抄《英国工党与社会党之关系》一篇细细读之。此篇为杨君笃生所著,即蹈海之留学生也。重读之下,觉语语是至言妙理,提醒人当不少。此次大革命,未始非此篇载于报纸之功。前余曾挽以二律,今日读其文以思其人,更为之生无限之悼痛。惜杨君不忍死须臾,而得睹今日之盛举,则亦当少慰孤愤也。虽然,杨君之死亦有功于此举也,杨君不死,此事尚不发难亦未可知。则杨君之死,正与现今血战沙场之英雄同其功德;更一转思,其功德实当更伟。杨君杨君,唯有敬之若天神已。"(《叶圣陶集》第19卷)

17日（宣统三年九月二十七日）

《民立报》以显著位置刊出"本报接孙君逸仙自巴黎来电"。

按：电文曰："《民立报》转民国军政府鉴，文以循途东归，自美徂欧，皆密晤其要人，中立之约甚固。唯彼邦人士，半未深悉内情，各省次第独立，略致疑怪。今闻已有上海会议之组织，欣悉总统自当选定黎君，闻黎有拥袁之说，合亦善宜。总之，随便推定，但求早固国基，满清时代权势利禄之争，我人必久厌薄，此后社会当以工商实事为竞点，为新中国开一新局面；至于政权，皆以服务视之为要领。文临行叩发。"《民立报》加编者按刊登这封电报，按语说："孙君不以总统自居，自系谦让美德。惟现在共和国第一总统，必以国民公竞选举。他日议会成立，当必有极正当之选举法及合宜之选举心理也。"接着，《民立报》刊登介绍孙中山革命事迹的文章，并撰发拥护孙中山为临时大总统的评论。

雷奋、沈恩孚、朱葆康、俞寰澄、袁希洛、林长民、潘祖彝继续开会，镇江都督代表马良、陶逸到会。议决：致电武昌黎元洪都督、黄兴总司令，本会各代表以上海交通便利，多主张在沪开会，倘蒙同意，请即派代表来沪与会。

按：17日，各省都督府代表联合会议决，承认湖北军政府为中华民国中央军政府。同时致电黎元洪、黄兴，称："现在各都督府代表到沪者：浙、苏、镇、闽、鲁、湘、沪七处，奉、吉、直复电，即日派人。已到诸代表先行逐日开会，众议谓独立各省无统一机关，则事事无所汇归，异常危险。中华民国军政府向来名义，久为各都督所认，目下不能不实现之于国中，以扬连师之望。今日公议决定：先由某等所代表各省认鄂军为民国中央军政府，即以武昌都督府执行中央政务，统筹全局，划一军令。"（蒋顺兴、裘曼如《怎样评价湖北军政府》，《民国春秋》1994年第4期）

黄兴指挥民军反攻汉口失利。下午，败退汉阳，命部队彻夜警戒。晚，黄兴派李书城赴武昌报告黎元洪都督。黎都督恐汉阳有失，又虑黄兴灰心，不愿负责，当派蒋翊武至汉阳慰勉黄兴，要求固守汉阳。

胡汉民提出军政府各部门负责人名单，获得各方赞同。陈炯明、黄士龙被推为广东副都督，蒋尊簋任军政部长，魏邦平任副部长；李郁堂、廖仲恺任财政部正副部长；黎国廉、伍藉磐任民政部正副部长；王宠惠、汪祖泽任司法部正副部长；伍廷芳、陈少白任外交部正副部长；梁如浩任交通部部长；王宠佑、利寅任实业部正副部长；邱仙根任教育部部长；总顾问官何启、韦玉；枢密处参议有朱执信、李君佩、李杞堂、廖仲恺、黄世仲、陈少白、李茂之、杜应坤、陈协之、李海云、刘古香、胡毅生、谢鲁倩、姚雨平、谢良牧、谢适群、毛文明。

宁夏会党起义。

河南颍州光复。

袁世凯命第二军军统段祺瑞署湖广总督，会办剿抚事宜。起升允署陕西巡抚，督办军务。

黑龙江省国民保安公会成立，周树模为会长。

奉天联合急进会成立。制定简章，推选张榕为会长，张根仁、柳大年、李德瑚为副会长。下设七个部和参议若干人。

按："联合急进会的简章规定："以人道主义政治革命积极进行为宗旨"。会长张榕在宣言中也申明联合急进会的奋斗目标，是"尊重人道主义，且以建设满汉联合共和政体为目的，故若清帝退位，尤为吾党之所赞成"（《盛京时报》，1912年3月15日）。并创办"联合急进会"的机关报——《公国民报》。

姚荣泽派人以议事为名，将南社会员周实、阮式骗至府学魁星楼下杀害。周实连中七枪毙命，阮式被剖腹剖心，残害而死。

按："姚荣泽案"，南京临时政府成立后，孙中山最初指令在原案发生地江苏审理此案，后因被害人家属及南社等团体向沪军都督陈其美告发，孙中山遂同意改在上海讯办。杨大春《论辛亥革命时期中国刑事审判制度的革新——以姚荣泽案为例》（《苏州大学学报》（哲学社会科学版）2001年第4期）说："姚案审理的革新意义尤其表现为四点：第一，姚案审理是中国司法独立原则推广应用的开始；第二，姚案审理是中国刑事审判追求程序公正的发端；第三，姚案审理是中国实行控辩式刑事审判的滥觞；第四，姚案审理是中国近代法制大陆法系化过程中，典型的应用普通法系案例，反映了辛亥革命后去旧图新的中国旧法崩溃，新法未立的时代特征，证明了中国法制现代化的道路并非只局限于大陆法系化一种模式。"

莫理循在《泰晤士报》发表《袁世凯的内阁》。

18日（宣统三年九月二十八日）

雷奋、沈恩孚、朱葆康、俞寰澄、林长民、潘祖彝继续开会。

清军炮击汉阳，集兵新沟，并在汉水上架设渡桥。黄兴命令各部队仍占领原阵地，以战斗队形准备彻夜。

黄焕章杀害安徽革命党领袖吴旸谷，九江军政府闻讯后派李烈钧来皖查处黄部问题。黄焕章组织的军政府中几位要人作鸟兽散，军政府解体。

民军攻打广东惠州府。

按：《清史稿·陈兆棠传》曰："宣统三年，兆棠官惠州府知府。九月，粤中党人起应武昌，总督张鸣岐遁香港，民军遂踞省城，设军政府。潮州镇赵国贤自尽死，所统防军扰乱，守、道、知县皆逃。士民惧，坚留兆棠收抚防军，部署未定，二十八日，民党纠众攻府署，火及宅门，左右挟兆棠出。民军悬赏购执，令输饷十万贷死，兆棠曰：'死则死耳，安有钜金助尔谋反？'众怒，缚之柱，中十三枪乃绝。"

留日医药界红十字团由日本东京启程，赴中国战场救护。

沈警音（即沈亦云）等发起成立女子军事团。该团专为军事而设，并以"驱攘残恶、救助同胞"为宗旨。所招团员年龄在16—40岁之间，办事处设于上海爱文义路新巡捕房斜对门59号。

浙江巡抚增韫坐擅离职守，被清廷夺职。

刘师培随端方抵达资州。端方进退两难，滞留资州，以天后宫设行辕。

19日（宣统三年九月二十九日）

黎元洪为请独立各省组织临时中央政府致各省都督通电。

按：电文曰："现大局粗定，非组织临时政府，内政外交，均无主体，极为可危。前经迭次电请速派会议组织，已达尊鉴。惟省全权委员一时未能全到，拟变通办法，先由各省电举各部政务长，择其得多数票者，聘请来鄂，以政府成立，照会各国领事转各公使，请各国承认，庶国基可以粗定。敢省拟中央临时政府暂分七部：一内务，二外交，三教育，四财政，五交通，六军政，七司法。其首长之条件，以声望素著、中外咸知、益[并]能出[而]任务者为必要。盖非此不足昭吾国之信用也。现除外交首长多数省分已举伍廷芳、温宗尧二君外，其余各首长，应请协举电知。敝省俟汇齐后，其得多数当选者，一面电聘，一面通告。时事急迫，希即会议举定。再财政首长，敝处拟举张謇。并闻。万祈速复。为叩。鄂都督黎元洪。"（《湖北军政府文献资料汇编》）

伊犁革命党人决定提前起义。杨缵绪为总指挥。经过夜战，攻占南库、将军府、副都统衙门、军标营、旧满营。

吴玉章与王天杰商定，派队进攻南溪县城，以分清军包围荣县之势。

徐定超任温州军政分府都督。

清廷以督攻秣陵关余党，将士奋勇，赏张勋二等轻车都尉世职。

清军由新沟渡汉水，向汉阳进逼。黄兴命湘军第二协派一部赴蔡甸方面侦察敌情。夜，仍命各部队以战斗队形准备彻夜。

怀远连年水灾，饥民聚众2万余人起事，攻城焚烧西门，事败，800余人被杀。

20日（宣统三年九月三十日）

清军两千余自孝感南下，由新沟渡汉水，进逼汉阳。黄兴命令固守汉阳。夜，黄兴主持召开军事会议，副参谋长吴兆麟建议：汉阳民军取守势，武昌民军联合海军对汉口取攻势，敌人分兵应战，则汉阳之危可解。遂决定派姚金镛、宾士礼渡江面报黎元洪都督施行。

刘承恩、蔡廷干与黎元洪代表在汉口俄领事署会谈，未达成协议。

雷奋、朱葆康、俞寰澄、袁希洛、林长民、潘祖彝继续开会。山东都督府代表谢鸿焘、雷光宇，湖南都督府代表宋教仁到会。议决：先由到沪各代表所代表省分电黎元洪都督、黄兴总司令，承认武昌为民国中央军政府，以鄂军都督执行中央政务，并请以中央军政府名义委任各代表所推定之伍廷芳、温宗尧二君为民国外交总长和副总长。

淮上军袁家声、岳相如部光复怀远县城。

吉林省城各学堂学生一律罢课,反对成立保安会,要求响应武昌起义,脱离清政府,宣布吉林省独立。

会党马耀川、吴大炳、王之滨等组织甘肃平罗哥老会众起事,光复平罗。

资政院集会正式讨论如何处理汪精卫、杨度的陈情书案。

按:范源濂等表示支持国民会议的主张,多数人则集中在资政院是否有讨论这一重大问题的权限上,有人提出应先请袁世凯内阁到会说明"主剿"、"主抚"的真正意图。

资政院上改订院章,颁布之。

徐绍桢在镇江召集各军将校会议,决定分四路进攻南京。

英国殖民部电驻山东威海卫大臣骆赫特,不要与军政府往来,并设法避免承认军政府。

莫理循和袁世凯进行长谈。

21日(宣统三年十月初一日)

袁希洛、俞寰澄、朱葆康、林长民、潘祖彝、谢鸿焘、雷光宇继续开会。江北都督府代表王照、陈官彦、徐钟令到会。

清军一个混成协由蔡甸渡河,向汉阳进攻,民军退守三眼桥。黎元洪于下午八时命令民军由青山附近渡江,先占汉口谌家矶,然后向刘家庙满军施行攻击。

孙中山自伦敦抵达巴黎筹款。

宁夏军政府成立。

第四届安徽军政府组成,李烈钧暂摄都督事。

山东全省红十字会在济南设立,中西医院总办刘崇惠任会长。

江苏省成立临时议会,通过《江苏暂行市乡制》。

按:次年一月正式颁发施行。

莫理循在《泰晤士报》发表《袁世凯论危机》的长篇访谈。

《民国报》创刊号刊发根据美国《独立宣言》全文译出的《美利坚民主国独立文》。

22日（宣统三年十月初二日）

川东革命党人发动起义，占领重庆，成立蜀军政府，张培爵任都督，夏之时任副都督。成都官绅代表签订《四川独立条约》30条，立宪派和赵尔丰间达成妥协交易。

按：张培爵(1876—1915)，字列五，重庆荣昌人。1903年入四川省城成都高等学堂理科优级师范科。1904年创办成列五中学。1906年，加入同盟会重庆支部。次年与熊克武等党人联络新军与会党共谋江安、泸州、成都起义，均告失败。1908年走川南各县发动起义。1909年，参与组织"乙辛学社"，作为同盟会重庆支部的核心。1910年，经杨沧白介绍任重庆府中学学监。1911年，四川保路运动爆发后，张培爵与各路革命党人密谋策划，派人到川东南各县活动，促使丰都、忠州等县先后起义，参与领导了推翻清朝川东政权的武装起义。1912年3月，任四川军政府副都督，继后改任民政局局长。袁世凯就任临时大总统，排斥革命党人，同年10月将他调往北京，委以总统府高级顾问官虚职。次年孙中山发动"二次革命"，潜至上海，资助黄兴取南京，事败避居天津租界内。1914年与海外同盟党人联络，谋划再举。1915年4月，密谋讨伐袁世凯，严厉拒绝袁世凯的利诱，被杀于天津。著有《张列五先生手札》。

袁希洛、俞寰澄、朱葆康、林长民、潘祖彝、谢鸿焘、雷光宇、徐钟令继续开会。

清军与民军激战于汉阳，清军进占美娘山、仙女山、三眼桥。黄兴偕吴兆麟、曾昭文等赴十里铺、花园等前线察看敌情后，下令彻夜警备，并派兵袭击仙女山、美娘山之敌。

俄国驻汉口领事提议北洋军退至汉口，民军不得过河，冯国璋以"事已至此，万无和理，退兵之议，更有难行"为由，断然拒绝。

清内阁奏立宪抵触事项，停召对奏事。弼德院、军谘府并限制之。废各衙门直日旧章。

叶圣陶是日日记谈对昨日沪上召开中华共和民国联合会及我省临时议会议员的看法，赞赏沪上辛女士等发起组织的女子国民军。

按：记曰："昨日沪上开中华共和民国联合会，盖以各处光复皆称独立，误会其意,即以为我人自为分割,且无统一之总机关,实在有所不妥。于是设立此会,由各处各团体派委代表,以商议一切莫大之事宜,意至善也。乃阅报纸记载昨日之会,无一事有议定之端倪,不知又以何也?又,我省临时省议会亦于昨日开会,假座于拙政园,其中议员即系旧时咨议局中者。沪上有辛女士等发起女子国民军,又有某某女士等发起女子军事团,其旨皆在进取,已蒙沪军政府批准,允给枪械。饥餐胡虏之肉,渴饮匈奴之血,蹴平白山,直捣黄龙,须眉巾帼当共与有分矣。独喜我族年来之动机,何以若此之活泼泼地。"(《叶圣陶集》第19卷)

23日(宣统三年十月初三日)

孙中山在法国下院访问,又与东方汇理银行总裁西蒙晤谈。

沈恩孚、朱葆康、林长民、潘祖彝、谢鸿焘、宋教仁、雷光宇、徐钟令继续开会。浙江都督府代表汤尔和,湖北都督府代表居正、陶凤集到会。

汉阳民军反攻仙女山,未果,退守扁担山至汤家山一线。

宁夏革命军政府正式成立,并立即颁布"新政大纲"和"临时政纲"。

《四川独立条约》公布,舆论大哗。蜀军政府在报上予以逐条批驳。

谕内阁:"电寄李准。电奏悉,所奏情形异常骇异,该提督与龙济光戮力国家,素著忠勇。当此时局,亟宜同心协力,设法补救。张鸣岐受国厚恩,一误再误,实属辜恩溺职。究竟逃至何处,是否潜匿外界,著该提督查明具奏,再行核办。"(《宣统政纪实录》卷六四)

驻北京各国外交团代表致电汉口俄租界领袖领事敖康夫照会军政府请担负汉口交涉全权。

24日(宣统三年十月初四日)

各省军政府代表会议又议决,各省代表改赴武昌开会,但留一人于上海,组成通讯机关,以便联络。袁希洛、朱葆康、潘祖彝、王照、徐钟令及浙江都督府代表陈时夏等与会。

伍廷芳、张謇、唐文治、温宗尧劝告摄政王,请赞共和政体。

湖南援鄂军协统刘玉堂率步兵一标到汉口,黎元洪都督即命赴汉阳援助,受黄兴总司令节制。午后三时半,刘玉堂率队抵达十里铺,与黄兴接洽。黄兴命其赴花园附近增援,攻击仙女山之敌,未克,中弹阵亡。夜,黄兴仍在十里铺宿营。

孙中山离巴黎,由马赛乘船回国。

章太炎于上海主持召开国民自治会,并发表演说,称"时势危急,诸君毋多财以贾祸。至于政治,宜先认武昌为中央政府。各省地方冲突,多由于省垣政治,握于附部少数人之手,如参用各处人,平均调和,其势自平"。发言者另有伍廷芳、陈其美等。会后,上海各业设法劝募款项(《章太炎年谱长编》上册)

李燮和派出女子敢死队50名,驰赴金陵助战。

孙宝琦宣布取消山东独立。

25日(宣统三年十月初五日)

顺直咨议局、直隶保安会致电摄政王,请"朝廷能早行揖让"。

孙宝琦撤销山东省临时政府,恢复山东巡抚旧称,并致电清廷袁世凯内阁,称前此独立"自系误会"。

按:26日至28日,孙宝琦三次电奏清廷,山东独立已取消,印信已移交布政使胡廷干暂护,并自恳罢黜治罪。29日,清廷命孙宝琦仍留任山东巡抚。

汉阳日趋危急,自花园山、扁担山一带阵地被清军占领后,黄兴发出的作战命令已无人接受,总司令部所在地十里铺成为最前线。

黄兴命李书城劝说王隆中返回汉阳前线,无效。

按:李书城《辛亥前后黄克强先生的革命活动》曰:"王隆中竟于十一月二十三日率领他的部队擅离汉阳,退到武昌两湖书院,说要在武昌休息几日再赴汉作战。我奉黄先生命,到武昌劝他开回汉阳。但他对我说,兵士实在太疲劳,不休息几日不能作战。我商请黎元洪允给该部五十万元犒金,只要该部开回汉阳。他还是执意不肯开回,竟至向我下跪。我未能说服他,只得回去报告黄先生。黄先生也无法可想,只是和我共同叹息而已。"(《黄兴

年谱长编》引)

潘大道等同盟会员策动驻万县巡防管带刘汉卿响应蜀军政府号召,宣布反正。

开县秀才李芬闻万县反正,谒见知县陈山铭,说以利害。陈交出县印,宣布开县反正。李芬赍印投刘。刘派王崇德率部队助陈山铭守开县。

辽阳、海城起义,赵尔巽迅由海城、奉天派巡防营帮统徐珍和陆军三标二营管带黄业复往剿,商震、赵忠鹄虽率民军奋勇抵抗,终因寡不敌众而败。

安徽徽州全部光复。

甘河轻便铁路工程竣工,该路全长60公里。

26日(宣统三年十月初六日)

中华民国军政府战时总司令部参谋长李书城自汉阳至武昌向都督府报告军情,当即在都督府召开军事会议,同意撤出汉阳。惟都督府副参谋长杨玺章主张坚守汉阳,并组织参谋部同志十余人赴汉阳助战。

清军攻占汉阳十里铺、龟山。黄兴亲自赴前线督战,并派孙绳武、李诩东、吴兆鲤、赵学魁等到两翼督率,不许后退。各兵士不从。黄兴将不用者斩数人,但军心动摇,败局已定。黄兴退回昭忠祠司令部,觉得汉阳失守,无面目见一般同志,惟有一死以谢同胞。是晚,黎元洪都督闻黄兴愤不欲生,特派人至汉阳劝勉,请黄兴到武昌休息。于是,黄兴于是晚十一时至武昌都督府。

奉天民军起义,举蓝天蔚为关东大都督。

清廷以宪法信条十九事誓告太庙,摄政王代行祀事。

以王曾宪为团长的留日医药学界红十字团到达上海,受到万国董事会负责人沈敦和等人的热烈欢迎和盛情款待。为保证救护行动规范、有序进行,特制订《中国红十字会留日医药界红十字团章程》。

清廷任命江宁提学使劳乃宣为京师大学堂总监督。

浙江鄞县参议会成立。

27日（宣统三年十月初七日）

张謇致电袁世凯,再次重申"潮流万派,毕趋共和"。

四川成都宣布独立,成立大汉四川军政府,赵尔丰发布《宣告四川地方自治》文。举咨议局议长蒲殿俊为都督,新军统制朱庆澜为副都督。夔州、顺庆、叙州、潼川、泸州、忠州等属,先后归附。

冯国璋率军攻陷汉阳,都督府副参谋长杨玺章等阵亡。武昌军政府召集紧急会议,黄兴报告汉阳失守经过,分析失守原因,主张放弃武昌,进取南京,遭到否决。当晚,黄兴、徐宗汉夫妇率一部学生军同张竹君女士、日人萱野长知等乘江轮赴沪。

按：曹亚伯《武昌革命真史》正编曰："是日正午,黎都督召集各机关人员及各部队长官,齐集咨议局开会,讨论战略及防守武昌事宜,并请黄兴述明汉阳战争经过情形。旋黄兴登台演说,谓此次汉阳之役,非军队不多,非防御阵地不固,又非弹药粮秣不充足。其所以致败之原因：第一,系官长不用命；第二,军队无教育；第三,缺乏机关枪。有此三缺点,故每战失利。……现在,武昌均系战败部队,不宜再用；用则仍败。为今之计,只有弃武昌而援南京。若得南京,然后组织北伐精锐军队,再图恢复可也。"胡祖舜《武昌开国实录》曰："军政府当召集紧急会议,黄兴主张放弃武昌,率所有精锐及饷糈戒弹乘舰东下,进取南京,以为根据,再图恢复。众谓武昌为首义之区,动关全局,若不战自退,各省势受动摇,虽欲卷土重来,天下谁复再与共事？况有长江天堑,据险以守,敌焰虽张,当非旦夕可图。阳夏之役,以我未经训练之师,当彼精悍之众,尚能相持四十余日。今各省纷纷响应,分电乞援,必多劲旅,胜负正未可知。一致主张固守武昌,仍推黄兴为总司令。孙武、张振武尤为愤慨,范腾霄亦陈说以守武昌为得计。黄以所议不合,当夜乘轮东下。"《张振武之革命战史》曰："黄兴突入都督府,开军事大会,主张放弃武昌,退走南京,君（指张振武）闻之,眦裂发指,拔剑抗声曰：'汉口与汉阳仅隔襄河,大敌临前,尚能支持月余。武昌为兵事重地,据此一隅,足制全国。倘不死守,则东南动摇,望风而靡,此不可弃武昌者一。长江天堑,北军仅四千人,岂能飞渡。武昌粮饷枪炮充足,举军号称数万,尚能背城借一,此不可弃武昌者二。各省援兵陆续来集,若退攻南京,胜负尚未可必,而武昌已失,敌据荆襄上游,以制湘桂死命,且分兵克九江,下安庆,势如破竹,南京虽为我有,亦不过如洪秀全之苟延时日而已,此不可放弃武昌者三。有此三不可弃,敢言弃武昌者斩!'黄兴气沮,默然而避。"冯自由《革命逸史》初集曰:"坚守汉阳,与清军相持者一月。各省遂得乘机大举,先后响应。……清廷知大势已去,始派使南下议和,而革命之基础因之日固,辛以开创中华民国之新局。故克强之功,虽在坚守汉阳,而其能坚守汉阳,以促各省革命党之响应,则关系民国之兴亡尤巨。其后汉阳虽以势孤失守,然克强固已血战逾月,心力交瘁,则非战之罪也。"居正《辛亥札记》曰:"自黄克强坚守汉阳以后,各省得乘机大举,次第响应,俾革命军声威日壮,基础日固,不可谓非克强之力也。使当日无克强,则汉阳能守与否,尚属一问题。尤可虑者,清之故吏与宿将,都无人格可言,无思想可言,遭时扰攘,翻云覆雨,今日独立,明日取消,山东孙宝琦其明证也。故克强之功,不在守汉阳之孤城,而在其大无畏之精神。以未经教练之乌合残卒,含辛茹苦,抵抗冯国璋北洋熟练之雄师,因此稳定起义之武昌,促各省革命之崛起。……虽日民众心理早已趋向独立自由,故清廷无所寄,而不得不土崩瓦解,然使武昌起义仅如昙花一现,则各省亦无从继起矣。阳夏之坚苦支持,自不得不归功克强。"李书城《辛亥前后黄克强先生的革命活动》曰:"进攻汉口失败,不仅暴露了我军的弱点,也使敌人轻视我军,加强了敌军进攻汉阳的企图。这是因为我在战略战术上都犯了极大的错误所致。从战略上说,我军若不进攻汉口,敌人是不敢轻于进攻汉阳的。因为汉阳的防御工事相当坚固,并且作了些夸大的宣传,使敌军望而生畏。且敌我两军隔河对峙,船只都靠在我方河岸,敌若渡河攻坚,地势于我有利,于敌不利。我若坚守汉阳,可争取时间,得到更多省份的响应和所派援军的支援。如果这样,汉阳是尽可不失的。从战术上说,我不懂得兵士是作战的基础,未查明军官和兵士的训练程度,只照书本上的作战公式下命令,结果三路进攻的负责军官一个被撤职,两个被处死。士兵不仅在战场上死伤了很多,而且在退却途中并无敌军追击,落水而死的亦竟达数百人之多。敌军是素有训练的北洋军,我以初成之师与之作阵地战,真是既不知彼也不知己,犯了军事上的大忌。进攻汉口的失败,又引起了汉阳的失守。我对这两次战役的失败,是应该负重大责任的。因我的作战计划错误,使黄先生受'常败将军'之讥,使革命形势受到挫折,我至今犹引为遗憾。"(《黄兴年谱长编》引)

凌晨,驻资州鄂军起义,杀死督办铁路大臣、候补侍郎、署四川总督端方。张贴大汉国民革命军布告。通电响应武昌起义。

按：同盟会会员、第三十一标一营督队陈镇藩率新军冲进资中县天后宫端方住所，将端方、端锦斩首，同时拘捕刘师培。资州光复，成立军政府。新军回援武昌，将刘师培移交资州军政分府。《清史稿·端方传》曰："端方，字午桥，托忒克氏，满洲正白旗人。……三年，命以侍郎督办川汉、粤汉铁路。时部议路归有，而收路章条湘、川不一致，川人大哗。川、鄂为党人所萃，乘机窃发。端方行次汉口，亟入川，并劾川督赵尔丰操切。命率师往按，寻诏代摄其事。所过州县，辄召父老宣喻威德。至资州，所部鄂军皆变，军官刘怡凤率众入室，语不逊，端方以不屈遇害。……弟端锦，字叔纲。河南知府。赴东西各国考路政，著《日本铁道纪要》。从兄入川，变作，以身蔽其兄，极口骂军士无良，同被杀。事闻，赠端方太子太保，谥忠敏；端锦谥忠惠。"刘师培被拘留后，弟子刘文典请章炳麟致电四川都督释放刘师培。章炳麟不念旧恶，全力救助。

万廷献任护理总司令职。

辽宁复州起义军正式成立中华民国军政分府，中华民国军总司令部任命为关东第一军司令，张璧为参谋长，司令部设在李家卧龙。顾人宜以革命军司令部的名义，向驻守盖平、凤凰城、安东、海城、熊岳、营口等地的清军及其一百多名军官，发出劝告书，号召响应革命。

按：顾人宜(1869—1934)，字凤宾，原籍山东蓬莱，迁居复州。1908年参加同盟会。武昌起义后，顾人宜、顾人邦到奉天和革命党人磋商计议，蓝天蔚任命顾人宜为革命军南路司令。1911年11月20日，率民军攻打李家卧龙，旗开得胜，打响了辛亥革命在东北的第一枪，使东三省革命进入新的阶段。

张实生与革命党人井松生、井勿幕联系陕军援晋之事，并与陕西军政府东路节度使张伯英签订秦晋同盟互助条约。

凤城、安东(今丹东)起义，赵尔巽令右路巡防队统领马龙潭和驻兴京府(今新宾、桓仁一带)马队围剿，起义者"子弹告竭"而败，20多名党人被执后惨遭杀害。

清廷命甘肃提督张怀芝帮办直隶防务。

张作霖奉赵尔巽命率部开进洮南，镇压革命运动。

《陕西》在陕西三原创刊，由陕西杂志社编辑发行。

陶成章在《民立报》刊出"广告",为自己辩护。

按:"广告"曰:"仆抱民族主义十余年于兹,困苦流离,始终不渝,此人之所共见者也。今南北未下,战争方兴,仆何敢自昧生平,而争区区之权利?"

28日(宣统三年十月初八日)

李书城与汤化龙、万声扬、胡瑞霖、陈登山、黄中垲等乘江轮离开武汉,前往上海。

武昌都督府召开军事会议,作出守护武昌的系列军事部署。

按:会议决定:一、设战时总司令部于洪山宝通寺。二、规定沿江防御区域,以专责成:甲、由青山至大堤口,为第一区;乙、由大堤口至鲇鱼套,为第二区;丙、由鲇鱼套至金口,为第三区。三、黄州、鄂城两处,为武昌省下游重镇,派黄楚楠、张济安率兵一标,据守黄州;派张其亚、陈伟率兵一营,据守鄂城县。四、设兵站于防御线后方各处,派康济民为第一区兵站;徐寿林为第二区兵站;何巘为第三区兵站。五、海军须在阳逻附近游弋,掩护武昌(参曹亚伯《武昌革命真史》中编,上海书店1982年版)。

各省军政府代表会议议决:致电武昌都督黎元洪,报告赴鄂代表,本日启行。又议决:通电各省都督府咨议局,报告各省代表赴鄂议组织临时政府,沪设通信机关于西门江苏教育总会。

李烈钧率黄焕章部返回九江。

湖北宜昌民军以司令唐牺支名义发出致荆州将军都统书。

万廷献离汉口赴沪,蒋翊武以监军护理战时总司令职。

江浙联军向南京发动总攻,遭到清军顽强反抗,联军失利。徐绍桢急电陈其美,要求上海火速增援。

清廷命科尔沁亲王阿穆尔灵圭往奉天,会赵尔巽筹划蒙古事宜。

段祺瑞抵达汉口,接任署湖广总督,并兼第一军军统,代替冯国璋统率前线各军。

冯国璋因攻占汉阳,被清廷封为二等男爵。又致电袁世凯,要求进攻武昌,袁世凯复电不准。

四川内江独立,成立内江军政府,吴玉章出任行政部长。

《民立报》发表《光复义勇军纪略》。

29日（宣统三年十月初九日）

北京34所学校男女学生3万余人于天安门前集会，声讨日本帝国主义残害福州人民暴行，抗议日舰侵扰福州。会后举行示威游行。

战时总司令部在洪山宝通寺改组成立，蒋翊武总司令发出防守命令。

清军列炮于汉阳龟山，隔江轰击武昌城。起义各省所派代表抵达汉口。

汉口英国领事插手南北议和，向南北双方提出停战、清帝退位、举袁世凯为大总统三项议和条件。

孙中山抵达埃及筹款。

新任山东布政使张广建、山东巡警道台吴炳湘下令逮捕革命党人，禁止集会，取缔群众组织。

各省军政府推举伍廷芳为外交总长，温宗尧为外交次长。

陈其美从吴淞调陆军一标，用火车运往南京，增援徐绍桢攻打南京。

30日（宣统三年十月初十日）

14省代表在汉口英租界集会，召开第一次会议，筹备成立中央临时政府，潘祖彝、谢鸿焘、雷光宇、谭人凤、邹代藩、胡瑛、时象晋、孙发绪、王正廷等与会，推举谭人凤为临时议长。会议议决：由临时议长致函黎元洪都督，追述代表在沪时，曾经议决公认鄂军政府为中央军政府，请黎元洪以大都督名义，执行中央政务。又议决：答复清军统冯国璋停战条款。

南京起义联军从紫金山南北两坡发起总攻。沪军第一营二标管带柳海斋和炮兵营管带成富贵奉陈其美之命，分率所部分乘火车和南琛兵舰前往南京助战。

湖北襄阳反正。

孙宝琦罢独立，自劾待罪。诏原之，褒奖山东官商不附和者。发铬犒张勋军。

清廷命梁鼎芬以三品京堂候补,会同李准筹办规复粤省事宜。

《国民报》(又名《国民日报》)在广州创刊。创办时主办人兼编辑人为卢谔生,撰述人为邓小彭、李孟哲等。

1911年12月

1日(宣统三年十月十一日)

博克多哲布尊丹巴八世活佛发表《告蒙古民众书》,宣布"独立"。俄总领事亲自指挥俄军,协助蒙兵,强行收缴清朝驻库伦营防队的枪械,以"保护出境"为名,驱逐驻库伦办事大臣三多及全体官兵,占领街署及一切机构。

按:《东方杂志》第八卷第十号《中国大事记》载:库伦活佛对于清办事大臣三多,感情颇恶。自武昌发难,四方扰攘,蒙人亦勃勃欲动。本日,活佛率蒙兵向三多要求兵饷,三多未允。活佛怒,谓如无兵饷,尔当速出蒙境,势极汹汹。三多被逼,即逃赴俄国领事馆,旋即回京。活佛即宣告独立,并声言无论满人汉人,均当立即出境。

按:外蒙古宣告独立,章太炎《复梁启超书》曰:"兵强财盛,本部足以雄视世界;兵孱财尽,虽有无数外藩,亦何所益耶?""共和政体既就,蒙古必无恶感。仆所见蒙古人,其恨满人至于衔骨,其对汉人犹有同舟相济之意。所患者,俄人之诱之耳。然即清帝不退,能使俄人无蚕食之心耶?"(汤志钧编《章太炎年谱长编》上册)

章太炎在《民国报》第二号上发表《宣言》九则。

按:其曰:一,"今日承认武昌为临时政府,但首领只当称元帅,不当称大总统;各省都督,亦不应称总统。以总统当由民选,非可自为题署。北方未定,民众未和,公选之事未行,则总统未能建号,元帅、都督,皆军官之正称也"。二,"各省只应置一都督,其余统军之将,但当称司令、部长,与民政官同受都督节制"。三,"今虽急设中央政府,兵事未已,所布犹是军政,虽民政官亦当受其节制。各处咨议局议员,只当议及民政,无参预军国建置之事。盖自地方自治说兴,而省界遂牢不可破,咨议局员,保守乡曲之见者,多绅士富商,夜郎自大,若令议及大事,必至各省分离,排斥他人而后已。是则中国分为十数土司,正堕北廷置宣慰使之术中矣。逮北廷既覆之后,建设真正共和政府,然后与议员以大权,未晚也。"四,"方今惟望早建政府,速推首领,则内部减一日之棼乱,外人少一日之觊觎。初起倡议者黎公,力拒北军者黄公,今之人望,舍此焉适!元帅、副元帅之号,惟二公得居之。至虏廷倾覆以还,由国会选大总统,或应别求明德耳"。并以为孙中山"长于论议,此盖元老之才,不应屈之以任职事。至于建置内阁,仆则首推宋君教仁,堪为宰辅,观其智略有余,而小心谨慎,能知政事大体"。五,"今者文化陵迟,宿学凋丧,一二通博之材,如刘光汉辈,虽负小疵,不应深论。若拘执党见,思复前仇,杀一人无益于中国,而文学自此扫地,使禹域沦为夷裔者,谁之责耶?"六,"今日但应由首领委任内阁总理,总理组织内阁各部。如是,权不外制,举不失才,庶于时局有济。若各省都督府以私意选举,彼此牵掣,虽管、萧不能任总理之职也。敬告诸府,急于秣马厉兵,刻期北伐,弗徒以推毂人材为务。"七,不赞成在上海设临时政府,谓:"今日仍宜认武昌为临时政府,虽认金陵且不可,况上海边隅之地"。八,"阁员之选,当一任中央政府,若诸府争举,则意见滋生,而纷争自此起矣。如仆一身之计,则愿处言论机关,以裁制少年浮议,教育、法律二事,所怀甚多,亦不能专处学部之任也。"九,"今以一人之见,品藻时贤:谓总理莫宜于宋教仁,邮传莫宜于汤寿潜,学部莫宜于蔡元培,其张謇任财政,伍廷芳任外交,则皆众所公推,不待论也。海陆军主干者,军人中当有所推,非儒人所能定。若求法部,惟有仍任沈家本。"(汤志钧编《章太炎年谱长编》上册)

英人盘恩至武昌,与蒋翊武、吴兆麟接洽停战。蒋、吴临时刻制都督印章,与北军签订停战协议。

宋教仁与林长民、居正、吴景濂等以"留沪代表"名义联名致电各省咨议局,提出"目下大局安危,不在一时一地之胜负,实在统一机关之成否"。

黄兴抵达上海,对《新民报》记者表示,此行目的是速定北伐计划,并谋政治之统一。

南京起义联军攻克天堡城,清两江总督张人骏和江宁将军铁良相继逃命。

按:《东方杂志》第八卷第十号《中国大事记》载:自徐总司令率队由镇

江进行,各省复陆续派兵来会,节次进攻,苦战七昼夜,十一日镇浙沪诸军攻夺天堡城,张人骏、铁良派人议和,要求四事:(一)不伤人民生命;(二)不杀旗人;(三)准令张勋率所部北上;(四)准令张人骏、铁良北上。徐司令以一、二、四件均可允许,惟第三件万难应允,遂亦开列四事,由英领事转告:(一)张勋暂拘一室,俟临时政府成立再释;(二)张勋所部,释械徒手出城;(三)由联军派员监视,将张军遣散;(四)张勋曾搜刮库款八十余万,须责令缴出。至本日无答复,复经苏军占领雨花台,攻入南门,又镇军攻入太平门,全城均为民军占领,总督张人骏、将军铁良、统领张勋均逃避。藩司樊增祥及司道各官,先于九月间逃匿。江北如徐州、扬州各属,多先期独立。至是而宁属各县,亦一律归附。

程德全致汤寿潜、陈其美、张謇等电云:"前敌战况极佳,南京旦夕可下。此后进行,亟待规正,其大要盖有三端:一、派兵援鄂;一、进师北伐;一、联合会组织实行。昨章太炎先生到尧化门面谈,意见相同。"(汤志钧编《章太炎年谱长编》上册)

安庆各界代表在安庆设立皖省维持统一会,负责全省行政、外交等事宜。该会不设都督,仅设立军政、民政、财政三个部,桂丹墀主管军政部,洪思亮主管民政部,黄书霖主管财政部,韩衍任秘书长。各界代表议定:皖省维持统一会是临时机构,一俟安徽都督正式确定,即行解散。

同盟会会员汪精卫邀集胡鄂公、白逾桓、彭家珍、程家怪等人,在天津成立同盟会京、津、保(定)支部,汪精卫任支部长,白逾桓任参谋部长,彭家珍任军事部长。

黎元洪发布停战宣言和关于南北两军停战三日的命令。

按:《南北两军停战三日公文》曰:"一、范围:武汉两军所占之地,不得变换。一、日期:自十月十二日上午八时起,至十五日上午八时止,停战三日。一、民军应守之条款:甲、民军于停战范围、日期内,一律按兵不动;乙、民军之兵船,于停战范围、日期内,不得行驶,并将机关下交驻汉英水师官收存,须于十五日上午六时转交该船收回。一、北军应守之条款:甲、北军于停战范围、日期内,一律按兵不动;乙、北军之火车,于停战范围、日期内,不得往来作军事上之运动,由驻汉英水师官监视。"(《湖北军政府文献资料汇编》)

冯国璋于南北停战第一天,公然致电内阁、军咨府和陆军部,要求速派援兵攻取武昌,叫嚣"国璋专顾前敌,自不难一举扫平"。张勋、倪嗣冲等则积极募兵添械,暗中调兵遣将,希冀一战。

2日(宣统三年十月十二日)

革命军陷江宁,将军铁良、总督张人骏走上海,张勋以其余众退保徐州。

江、浙联军经10天奋战,于本日攻克南京城。陈其美、章炳麟、宋教仁、黄兴、程德全、汤寿潜、张謇、唐文治、伍廷芳、赵凤昌、温宗尧、虞和德、李钟钰、朱佩珍、王震、于右任、范光启、郑赞成联名致电徐绍桢,祝贺攻克南京。

按:据汤志钧编《章太炎年谱长编》上册载:章炳麟是日返沪,晤宋教仁、黄兴、于右任、张謇。"知江宁以夜三时攻下",即与宋教仁、黄兴联名致电南京总司令徐绍桢、镇江都督林述庆等:"南京光复,谨贺。目下因敌兵有南下江北之信,且浦口贼敌未灭,林都督又已公推为征临淮总司令,故众意推苏州程都督移驻江宁,为江苏都督,一以资镇守,一以便外交。"又与宋教仁、黄兴、程德全、陈其美、汤寿潜、张謇、唐文治、伍廷芳、赵凤昌、温宗尧、虞和德、李钟珏、朱佩珍、王震、于右任、范鸿仙、郑赞成联名电贺"南京光复"。

南京光复后,黄兴指调光复军西援武昌。江浙革命军组建联军,推李燮和担任"援鄂联军总司令",将其所辖光复军主力扩编为援鄂第一镇,于12月初分批西征。

汉口各省代表会议议决,如袁世凯反正,当公举为临时大总统。又议决:先规定临时政府组织大纲,并推雷奋、马君武、王正廷为起草员。

南北双方在武汉首次达成停战协议,宣布自3日起,武汉地区停战3日。6日又决定延期3日。9日再展期15日。武汉战事自此停止。

按:本来在强攻汉阳之后,袁可以下令一鼓作气再攻下武昌,但这样一来他就失去了与革命党妥协的可能性。其时独立的省份已占十之七八,人心已去,维持清廷的虚君已无可能。他本人立即称帝,又与当时全国热望共和的心理相冲突,注定要用武力解决,他并无十足的把握。所以11月29日才会由英国驻汉口领事出面,实行无条件停战三天。此举令人费解,其实这是袁世凯委托英国公使朱尔典所策动的,并且得到了英国政府的许可。那时袁世凯几乎每天都和朱尔典见面,许多重要事情都和他商量。当三年前袁被免职时,这位英国人曾为他出过力。1911年11月28日,莫理循在信中说:"朱尔典爵士几乎每天见到袁世凯,而袁世凯的机要秘书蔡廷干也几乎每天来看我。"1912年1月24日,蔡送给他两份据说是"满人的传单",信中说:"好像义和团的日子又来了。你看过后请送给朱尔典爵士,因为满人的意图是将袁总理和朱尔典爵士一起暗杀。"这其中既可能有袁对付南方革命党人的伎俩,也有他把自己和朱尔典、和英国绑在一起的意图,总之要加强他在外国人和革命党方面的分量。莫理循日记称,袁"对朱尔典爵士说:'我之所以能当上总统,多亏了您的帮助。'(然而袁世凯对我说过同样的话)"。朱尔典在这个过程中确实为实现袁的意图而不断努力,而且干得很出色。英国方面之所以支持袁,其中一个原因是与其让陌生的南方民军得势,不如支持袁对英国更有利。三天停战期满,又延长三天。袁世凯内阁接着致电汉口,开列的四条议和条件中第一条就是"停战三日期满,续停十五日",唐绍仪作为议和代表南下就是在这一背景下展开的(傅国涌《近代中国大转型的台前幕后:主角与配角》)。

淮上军在蚌埠小南山阻击张勋部南下。

沪军都督府参谋王钟声奉命来津策划北方武装起义,因事机不密,被天津探访局逮捕。

胡鄂公、孙谏声、白毓昆等召集京、津、滦(州)、通(州)、石(家庄)等地革命同志50余人,于天津北洋学堂开代表会议,设立湖北军政府代表办事处,并决议在津成立京、津、滦、通、石总指挥处,由胡鄂公任总指挥。

安徽省临时参事会选举同盟会安徽省支部长孙毓筠为新的安徽都督。孙毓筠邀请陈独秀任都督府秘书长。

陈其美、黄兴、宋教仁、章炳麟、程德全、汤寿潜以及各省留沪代表在沪军都督府召开紧急会议,商讨有关事宜。黄兴主张临时政府设在南京,章炳麟主张设在武汉,双方意见相持不下。陈其美欲选举黄兴为大元帅,遭到章炳麟反对。会议决定由程德全出任江苏全省都督,张謇出任两淮盐务总理。

赵尔巽通令东三省严厉镇压各地革命运动。

3日(宣统三年十月十三日)

南京城内清军全部投降,张勋逃窜徐州。联军入城后,迎江苏都督程德全移驻南京,建立江苏都督府。

汉口各省代表会议通过《中华民国临时政府组织大纲》二十一条,直隶、山东、江苏、浙江、福建、河南、湖北、湖南、安徽及广西十省代表共22人在大纲上签名确认,以法律形式确认共和政体诞生和封建制度灭亡。谭人凤、潘祖彝、谢鸿焘、雷光宇、时象晋、王正廷、孙发绪、胡瑛、邹代藩、赵斌、王竹怀、许冠尧、张其锽、谷钟秀、黄可权、陈毅、黄群、汤尔和、陈时夏、马君武、雷奋、陈陶遗等与会(刘星楠《辛亥各省代表会日志》,《辛亥革命回忆录》第六集)。

按:《中华民国临时政府组织大纲》(1911年12月3日公布,1912年1月2日修正)如下:

第一章 临时大总统

第一条 临时大总统、副总统由各省都督府代表选举之,以得票满投票总数三分之二以上者为当选。代表投票权,每省以一票为限。(此为修正文,原案无"副总统"三字)。

第二条 临时大总统有统治全国之权。

第三条 临时大总统有统率海陆军之权。

第四条 临时大总统得参议院之同意,有宣战、媾和及缔结条约之权。

第五条 临时大总统制定官制、官规,兼任免文武官员,但制定官制、官规,及任命国务员及外交专使,须得参议院之同意。(此为修正文,原案为"临时大总统得参议院之同意,有任命各部部长及派遣外交专使之权"。)

第六条 临时大总统得参议院之同意,有设立临时中央审判所之权。

第七条 临时副总统于大总统因故去职时升任之,但于大总统有故障不能视事时,得受大总统之委任,代行其职权。(此条修正时加入,原案无。)

第二章 参议院

第八条 参议院以各省都督府所派之参议员组织之。(原案第七条)

第九条 参议员每省以三人为限,其遣派方法,由各省都督府自定之。

（原案第八条）

第十条　参议院会议时，每参议员有一表决权。（原案第九条）

第十一条　参议院之职权如左：一、议决第四条及第六条事件；二、承诺第五条事件；三、议决临时政府之预算；四、调查临时政府之出纳；五、议决全国统一之税法、币制及发行公债事件；六、议决暂行法律；七、议决临时大总统交议事件；八、答复临时大总统咨询事件。（原案第十条）

第十二条　参议院会议时，以到会参议员过半数之议决为准。但关于第四条事件，非有到会参议员三分之二之同意，不得决议。（原案第十一条）

第十三条　参议院议决事件，由议长具报，经临时大总统盖印，发交行政各部执行之。（原案第十二条）

第十四条　临时大总统对于参议院议决事件，如不以为然，得于具报后十日内，声明理由，交令复议。参议院对于复议事件，如有到会参议员三分之二以上之同意，仍执前时议，应仍照前条办理。（原案第十三条）

第十五条　参议院议长，由参议员用记名投票法互选之，以得票满投票总数之半者为当选。（原案第十四条）

第十六条　参议院办事规则，由参议院议订之。（原案第十五条）

第十七条　参议院未成立以前，暂由各省都督府代表会代行其职权，但表决权每省以一票为限。（原案第十六条）

第三章　行政各部

第十八条　行政各部设部长一人为国务员，辅佐临时大总统办理各部事务。（此为修正文，原案第十七条为"行政各部"如左：一、外交部；二、内务部；三、财政部；四、军务部；五、交通部。又原案第十八条为"各部设部长一人，总理本部事务"。）

第十九条　各部所属职员之编制及其权限，由部长规定，经临时大总统批准施行。

第四章　附则

第二十条　临时政府成立后，六个月以内，由临时大总统召集国民议会。其召集方法，由参议院议决之。

第二十一条　临时政府组织大纲施行期限，以中华民国宪法成立之日为止。

章炳麟有《致赵凤昌书》，谈到关于建都地点的意见。

按：书曰："昨日议临时政府地点，迄无成议。主鄂者惟有下走，主金陵者惟有克强，而渔夫斟酌其间，不能谈论。今日所望，在临时政府从速发表。若如渔夫圆活之说，又迁延无期矣。雪楼、蛰仙意在主鄂，而皆缄口结舌，不敢坚持。盖雪楼处嫌疑之地，蛰仙则慎于发言，坐令议政府地点者，惟在一二革命党之口，此非国人之耻耶？蛰仙私言：'前已认武昌为政府，危而背之，于心有疚。'此诚长者之言，然不敢当众发表，而独与下走私语，为之怏然。窃念曩日满政府虽孱弱寡谋，然遇有兵祸时，省城虽危急将陷，犹未以外府为省会，必待真正失守，乃移行省于他处。今吾侪之认政府，反不能如满廷之认省会耶？以武昌为都城，以金陵为陪都，此今日正当办法，愿公大宣法语，以觉邦人。不然，仆辈所持，既与克强不合，终无谈了之期。若曲徇金陵之议，援鄂之心必懈，冒昧之策必生。其祸将不可解也。"（汤志钧编《章太炎年谱长编》上册）

各省酝酿北伐，广东发兵抵沪。

清廷命寿勋会袁世凯、徐世昌筹办军务。

宝棻免河南巡抚，清廷以齐耀琳继任。

王钟声被杀害。

按：王钟声（1881—1911），浙江上虞人。光绪二十四年，进德国得来伯大学学习法律，获学士学位。光绪三十二年，学成回国后，先后在湖南、广西任教，加入同盟会。光绪三十三年（1907）到上海，投身戏剧界，组建中国国内第一个话剧团体春阳社，成为中国话剧的创始人之一。同时创办"通鉴学校"，开中国创设专业戏剧学校的先河。辛亥革命期间，他参与上海光复的武装斗争，在陈其美部下任参谋。

陈布雷在《天铎报》的"铎声"栏目发表社论《辟和》，力辟停战之谬说摇北伐军心。

按：《辟和》认为"停战之谬说摇北伐军心，不图共济会怪诞之宣言"，如果"不辞而辟之"，就无法"完成共和之大业"。

4日（宣统三年十月十四日）

汉口各省代表会议决定以南京为中央临时政府所在地，同时确定会议移至南京举行。各省代表开临时大总统选举会于南京。有十省以上之代表到南京，即开选举会，临时大总统未举定以前，仍认鄂军都督为中央军政府,有代表各省军政府之权。

上海各省都督府代表联合会留沪代表开会选举大元帅、副元帅,黄兴得16票,当选为大元帅,黎元洪得15票,为副元帅。与会者有沈恩孚、俞寰澄、朱葆康、林长民、马良、王照、欧阳振声、居正、陶凤集、吴景濂、刘兴甲、赵学臣、朱福诜、程德全、汤寿潜、陈其美等,章炳麟、章驾时、蔡元培、王一亭、黄中央、赵竹君、顾忠琛、彭锡范等列席会议。会议决定取五族共和的意义,以五色为国旗,红、黄、蓝、白、黑,象征汉、满、蒙、回、藏族(刘星楠《辛亥各省代表会日志》,《辛亥革命回忆录》第六集)。

按:张永《从"十八星旗"到"五色旗"——辛亥革命时期从汉族国家到五族共和国家的建国模式转变》(《北京大学学报》2002年第2期)说:"这一决议由于当时大部分代表已去武汉而并不具有完全的效力,但'五色旗'的出现标志着在革命阵营已经开始把民族团结和国家领土完整问题放到极为重要的位置加以考虑。"

又按:蔡元培《自写年谱》曰:"是时,黄君克强已到上海。上海名流,如张季直、汤蛰仙、赵竹君、章太炎诸君,正代表江浙诸省,拟推举大元帅,多数拟推黎宋卿君,而陈英士君则倾向黄克强君。我权衡两者间,因黎君颇有与袁世凯部下妥协之倾向,举黎后,恐于革命军的进行有障碍,乃于推举之前一夜,访汤、章诸君,告以利害,诸君皆勉强从我说,汤君并约我到会。翌日,在会场,汤君特声明请我代表而先退席。及投票,黄君占多数,乃定为大元帅。章君垂涕而道:'黎公首义有功,虽不能任大元帅,但不可不以副元帅位置之。'全体赞同,于是定黎为副元帅。"(《蔡元培先生年谱》上册)居正《辛亥札记》曰:"适黄兴抵沪数日,一切军事,无形集中于彼之一身,乃由某代表提议,今日即投票选举大元帅。到会者多数赞成,……开票结果,黄兴当选为大元帅。复有代表提议,既有大元帅,应选举一副元帅,众议一致。照样投一票,结果黎元洪当选。座中有老名士挥泪曰:'黎宋卿在武昌首义,劳苦功高。先头赴武昌一部分代表,已举黎为中华民国军政府大都督,事实上为大元帅。今反被选为副元帅,在黄兴之下,太不合理矣。'程德全代表章某(湖南人)(驾时),为感情冲动,力然其说,欲将选举案推翻,以黎为大元帅,黄兴副之。众谓如是太儿戏,争执不决。又有人提议调停办法,黎为大元帅,事实上不能来指挥,仍请黄兴代理大元帅,是说亦未成立,相率散会。"(《黄兴

年谱长编》》引)

冯国璋奉袁世凯之命与武昌军政府代表洽商续停战条款五项。

按：内容如下：一、停战三日期满,续停十五日。二、北军不遣兵向南,南军亦不遣兵向北。三、总理大臣派北方各省代表前往,与南军各省代表商讨大局。四、唐绍仪充总理大臣代表与黎元洪或代表讨论大局。五、以上所言南军,秦晋及北方"土匪"均不在内。

哲布尊丹巴胡图克图自立,逐库伦办事大臣三多。诏夺三多职。

周洁在《民立报》发表《临时国都论》。

5日(宣统三年十月十五日)

上海各省都督府代表联合会留沪代表决定由大元帅主持组织中华民国临时政府。黄兴坚辞。与会者有俞寰澄、朱葆康、林长民、陶逊、王照、欧阳振声、居正、陶凤集、吴景濂、刘兴甲、廖名搢、刘揆一、赵学臣、程德全、陈其美、顾忠琛、彭锡范、田桐、胡子笏、钮永键、成国屏等(刘星楠《辛亥各省代表会日志》、《辛亥革命回忆录》第六集)。

按：上海《民立报》1911年12月6日报道:"为欢迎临时政府大元帅,特开大会于江苏教育总会。苏州程都督、上海陈都督及各省都督府代表,均准时莅会。俟黄大元帅莅止,即开会行欢迎礼,一时欢呼声如雷动,先由程都督雪楼起述:昨日自大元帅举定后,即邀同陈君英士,亲往黄大元帅行辕道欢迎意,恭请莅会。大元帅谦辞不肯承任,经德全等再三劝驾,仅允到会重行选举。继沪军都督起谓:昨日之选举,万不可作为无效,况大元帅责任重大,关系全国。方今北虏未灭,军事旁午,非有卧薪尝胆之坚忍力者,不足肩此巨任,故其美以为舍克强先生外,无足当此者。于是黄大元帅起辞,谓才力不胜,拟举首先起义之黎元洪为大元帅,再由各都督中举一副元帅。且谓:兴并愿领兵北伐,誓捣黄龙,以还我大汉河山而后已。至于组织政府,则非兴所能担任者也。嗣由各代表相谓:现今事机危迫,战事未息,黄大元帅苟不俯从众意,其为全国人民何? 黄大元帅复辞,谓孙中山将次回国,可当此任。后由某君起谓,开会已两时之久,西伯利亚铁道所装之军械,已通过二百余里,京汉铁路之兵亦行近百余里矣。方今军务倥偬,时间异常宝贵。孙君诚为数十年来热心革命之大伟人,然对外非常紧急,若无临时政府,一切交涉事宜,俱形棘手。况大元帅为一时权宜之计,将来中华底定,自当由全国公选大总统,是故某以为黄大元帅于此时实不必多为推让。于是黄大元帅乃允暂时勉任。"

黄兴致电广东都督胡汉民,请再调援军。胡汉民复电,已派姚雨平为北伐军司令,马锦春为副司令,督师北上。

汉口各省代表会议讨论通过《和议大纲》四条:推倒满清政府,主张共和政体,礼遇旧皇室,以人道主义待满人。同时决定以汉口为议和地点,准备与清政府开议。又议决:密电请伍廷芳来鄂,与北使会商和平解决,并公推胡瑛、王正廷为之副。

北伐联合会在上海张园召开成立大会,以联合各省都督会同北伐,统一军机,共谋光复为宗旨。程德全被推举为会长,章驾时为副会长,朱芸为司令,马相伯为外务司长。

段祺瑞遵袁世凯电令,命撤出汉口、汉阳北洋军,准备南北和谈。冯国璋则致电内阁,请派援军一举攻占武昌。

袁世凯派唐绍仪携带国民会议解决政体的方案南下议和。

清廷赠恤殉难江西巡抚冯汝骙。

三多等被哥萨克骑兵押解回国。

共济会宣布解散。

陈垣在《震旦日报》发表《时局之可虑》,认为真正"可虑者"是"异党其一,劣绅其二,猾吏其三"等三种人。

按:陈垣针对当时一般人对革命前途的忧虑集中在"各属扰乱"、"北京未破"(即清政府未推翻)、"外人窥伺"等问题上,独自认为"可虑者不止此",真正"可虑者"是对革命有异心的如下三种人:"异党其一,劣绅其二,猾吏其三"。

6日(宣统三年十月十六日)

汉口各省代表会议决:答复停战条件,不承认清内阁所派北方居留之各省人有代表资格,并不得以区域方向混称为南军、北军。

按:汉口各省代表会"议决:答复条件:一、停战三日,期满续停十五日;二、全国清军民军均按兵不动,各守其已领之土地;三、清总理大臣派唐绍仪为代表,与黎大都督或其代表人讨论大局。"(转引自《辛亥革命回忆录》

第六集,第 247 页)

朱葆康、林长民、欧阳振声、陶凤集、廖名搢、刘揆一及河南咨议局代表李鎜、江西都督府代表吴铁城等在上海继续开会。

谭人凤以中部同盟会负责人身份召集原共进会成员杨玉如、孙武、苏成章、高尚志、李作栋等开会,商讨军事领导权的分配问题。军务部长孙武根据会议决定,报请黎元洪下达委任状,命谭人凤为武昌防御使兼北面招讨使,调战事总司令蒋翊武为都督府顾问。

吉林省咨议局向东三省总督、吉林巡抚禀报:遵照本年九月二十四日上谕,公举本省士绅庆康、松毓、李芳、王玉倚、于汇东 5 名代表,赴京参加内阁召集的征集国民意见会议。

监国摄政王载沣奏皇太后,缴监国摄政王章,退归藩邸。皇太后懿旨,晋世续、徐世昌俱为太保,卫护皇帝。

按:《东方杂志》第八卷第十号《中国大事记》载:清廷谕旨,监国摄政王面奉隆裕皇太后懿旨,据监国摄政王面奏,自摄政以来,于今三载,用人行政,多拂舆情,立宪徒托空言,弊蠹因而丛积,驯至人心瓦解,国势土崩。以一人措施失当,而令全国生灵,横罹惨祸,痛心疾首,追悔已迟。倘再拥护大权,不思退避,既失国民之信用,则虽摄行国政,诏令已鲜效力,政治安望改良,泣请辞退监国摄政王之位,不再干预政事。情词恳切,出于至诚。予深处宫闱,未闻大计,惟自武昌事起,各省响应,兵连祸结,满目疮痍,友邦商业,并受影响。每一念及,寝食难安。亟宜察内外之情形,定安邦之至计。监国摄政王,性情宽厚,谨慎小心,虽求治綦殷,而济变之术,以至受人蒙蔽,贻害群生。自应俯如所请,准退监国摄政王之位。所钤监国摄政王章,著即缴销,仍以醇亲王退归藩邸,不再预政。著赏给岁俸银五万两,由皇室经费项下支出。嗣后用人行政,均责成内阁总理大臣、各国务大臣担负责任。所有颁布诏旨,应请监用御宝,并觐见典礼,予率同皇帝将事,皇帝尚在冲龄,保卫圣躬,应有专责。世续徐世昌,著授为太保,尽心卫护。现在四方多难,国步阽危,诸王公等谊同休戚,各宜体念时艰,恪遵家法,束身自爱,毋越范围。诸大臣膺兹重任,尤宜共矢公忠,精白乃心,力除锢弊,以谋国利民福。凡我国民,当知朝廷不私君权,实行与民更始,务须谨守秩序,各安生业。庶免纷争裂割之祸,而登熙皡大同之治。予有厚望焉。

广东民团(军团)协会成立。该组织属于军队联络机关,陈炯明任会长,黄世仲等人任副会长。

《蜀醒报》被成都巡防军捣毁停刊。

7日(宣统三年十月十七日)

诏授袁世凯全权大臣,委代表人赴南方讨论大局。

按:清旨:现在南北停战,应派员讨论大局。著袁世凯为全权大臣,由该大臣委托代表人驰赴南方,切实讨论,以定大局。袁世凯奉旨后,当即咨委唐绍仪为全权代表,并派参赞杨士琦、严修,及各省京官二十二人同行。(《东方杂志》第八卷第十号《中国大事记》,1911年)在京每省一人为各省代表,均由袁世凯指定,他们是直隶刘若增,山东周自齐,山西渠本翘,陕西余邦华,江苏许鼎霖,浙江章宗祥,安徽孙多森,江西朱益藩,湖北张国淦,湖南郑沅,四川傅增湘,福建严复,广西关冕钧,广东冯秋光,云南张锴,贵州寒念益,甘肃刘笃庆,吉林齐熙甲,黑龙江广山,蒙古熙钰。

资政院请改用阳历,并臣民自由剪发,诏俱行之。

汉口各省代表会议决:由黎元洪大都督致电沪都督,查实如另有人在沪联合推举大元帅、副元帅等名目,请其声明取消。又议决:各代表于十八日同船出发赴南京。

袁希洛、朱葆康、林长民、欧阳振声、王照、居正、廖名搢、刘揆一等继续开会。

海军召开代表会,公举程璧光为海军总司令,黄钟瑛为副司令,黄裳治为参谋长,毛仲方为次长。至此,海军全部反正。

吉林巡抚陈昭常、第二十三镇统制孟恩远电请收回令"监国摄政王载沣引咎退位"成命。

河南咨议局致电清内阁,请其接受共和政体。

冯国璋改任察哈尔都统,未赴任前,以署第一镇统制何宗莲署理,第一军总统由段祺瑞兼充。

8日(宣统三年十月十八日)

黎元洪为请取消大元帅选举致各省都督电。

按:电文曰:"各省代表均到鄂,议定临时政府组织大纲,并订期在南京公举临时大总统,组织临时政府。经敝处通电各省,谅已达览。现忽据来电,称沪上有十四省代表推举黄兴为大元帅、元洪为副元帅之说,情节甚为支离。如实有其事,请设法声明取销,以免淆乱耳目。"(《湖北军政府文献资料汇编》)

都督蒲殿俊到校场点兵,巡防军在赵尔丰的唆使下发生哗变,蒲殿俊从此躲藏不出。四郊民军将赵尔丰围困于都督署,成都军政府因此改组,前陆军学堂总办尹昌衡为都督,罗纶为副都督。

按:邱远应《赵尔丰发动"成都兵变"说质疑》(《华中师范学院学报》1982年第5期)认为成都兵变是"一次没有主谋的,没有组织的,没有计划的突发事件。是一次没有政治企图的,纯粹以劫夺银钱为目的的士兵骚动"。

袁世凯命唐绍仪为全权代表南下上海与革命军代表伍廷芳议和。

袁希洛、朱葆康、林长民、欧阳振声、王照、居正、廖名搢、刘揆一等继续开会。

吉林巡抚陈昭常通令全省减免捐税,节约经费。凡属新旧苛细杂捐以及重征捐项一律蠲免;地方所征学、警、自治等捐亦酌量核减。凡不关重要或可缓办的审检各厅和堂、处、局、所应立即停办、裁撤;必要而不须专设机构者,应立即归并;各属堂、处、局、所一律实行裁员减薪。陈昭常又奏请辞职,清廷未允。

江西改举马毓宝为都督。

清廷改训练禁卫军大臣为总统官,以冯国璋为之。以良弼为军谘府军谘使。赠恤殉难闽浙总督松寿。

张元济在《民立报》第一版广告栏刊登《张菊生启事》。

按:启事曰:"昨见国民公启传单,谓鄙人受袁世凯嗾使,为之运动报馆,造汉阳失守之谣云云。揣言者之意,不过谓鄙人欲借此以博富贵。鄙人于丙午复职以后,始终未入官途,何独于危亡颠覆之时转发做官思想?若欲得钱,则取不义之财,孰有如做官之便者。终岁勤劳,仅博砚田之获,亦十有余年矣,何一旦改其初志也。钟鸣漏尽,及时报复,哀我同胞,何必甘为阮圆海乎!此等无稽之言,本不足辩,因名誉有关,兼恐有损各报馆之名誉,故持声明。"(《张元济年谱》引)

剑秋在《民立报》发表《论亟宜会师北伐》。

9日(宣统三年十月十九日)

黄兴电复汪精卫,请转告杨度,袁世凯若能迅速推倒清政府,即推举他为中华民国大统领一位。杨度将此意转陈袁世凯,袁即加派杨度为议和代表,南下赴沪。

  按:南京光复后,黄兴着意于北伐,推翻清廷。连日与林述庆、柏文蔚议定,攻占黄河以南,屏障即将在南京成立的临时政府;并派炸弹队秘密北上,扰乱其后方,相机夺取鲁、豫。而袁世凯则心怀诡谲,阴谋篡夺民国领袖地位。汪精卫被释出狱后,袁氏父子百般笼络,以资利用。汪曾有电致黄兴,为袁关说。故是日复汪电中指出:"项城雄才英略,素负全国重望,能顾全大局,与民军为一致之行动,迅速推倒满清政府,令全国大势早定,外人早日承认,此全国人人所仰望。中华民国大统领一位,断推举项城无疑。但现在事机迫切,中外皆注意民军举动,不早成立临时政府,恐难维持现状,策画进行。……惟项城举事宜速,且须令中国为完全民国,不得令孤儿寡妇尚拥虚位。万一迁延不决,恐全国人皆有恨项城之心。彼时民国临时政府如已经巩固,便非他人所得动摇。总之,东南人民希望项城之心,无非欲早日恢复完全土地,免生外人意外之干涉。"(《黄兴年谱长编》)

唐绍仪率各省代表南下。

陶凤集、廖名搢、吴铁城及江西都督府代表林森等继续开会。

南北双方同意在全国范围内停战15天。黎元洪经与各省代表会商,于同一天任命伍廷芳为革命军议和全权代表,温宗尧、王宠惠、钮永建、胡瑛、王正廷为参赞,并致电各省,所有军事上一切筹备,仍须严密施行,恐一旦议和不成,难于措手。

谭人凤正式接任武昌防御使兼北面招讨使,发布《知照》公文,召开军事会议,商讨防御使和招讨使的职权问题。

  按:谭人凤主张原有军官一律出缺,由防御使委用;武昌现存械弹服装须报防御使备查;防御使署经费和各部队饷项,每月应由财政部事先筹拨。其主张遭到军务部长孙武反对,黎元洪遂请谭人凤改任鄂省代表,赴沪议和。谭人凤立即辞去防御使兼招讨使职务,以湖北议和代表身份乘舟东下。

其任军职前后仅3天。

清派倪嗣冲率兵5000余人进入安徽。

冯国璋改任第二军军统,负责畿辅及海岸防务,并兼任禁卫军统领。

吉林巡抚陈昭常、第二十三镇统制孟恩远因于7日电请收回令"监国摄政王载沣引咎退位"成命,"传旨申饬"。

10日(宣统三年十月二十日)

朱葆康、欧阳振声、王照、居正、廖名搢、刘揆一、陶凤集、吴景濂、刘兴甲、赵学臣、李磐、吴铁城、林森继续开会。议决:各代表于二十一日同赴南京。

湖北军政府在教育总会召开军事会议,公举吴兆麟为战事总司令。

淮上军六安巡防营副营长王传禄到金家寨,向当地军民传达武昌起义情形,推行六安军政分府政令。

旅济同盟会员刘溥霖、蓝毓昌、萧兰池、孙钟濂等人计划劫持南运军械,刺杀江南提督、护理两江总督张勋。密探事先侦知,诸人被杀或被捕。

按:是日凌晨,山东济南巡防营统领聂宪藩指派管带薛葆钧带领一营兵力,突然包围并闯进宜春轩、万顺恒两个店铺进行搜捕。蓝毓昌惊醒后欲寻枪抵抗,被当场击毙。刘溥霖、刘彤霖、刘湛霖兄弟及孙绍周、萧兰池、赵光、王玉坷等革命党人和店铺伙计共18人被捕,藏在店中的枪支弹药也被搜出。经多方努力,1912年2月15日,刘溥霖与孙绍周、萧兰池终于获释出狱。世称"宜春轩事件"。刘溥霖(1888—1915),又名刘光,字季瞻,又字筱唐,山东沂水县人。同盟会员。

叶圣陶是日日记谈近日割辫者甚多,然亦有一般人冥顽不灵。又谓北房未去,民主国未完全,何可和也?曰停战,曰议和,不过北方缓兵之计耳。

按:记曰:"近日割辫者甚多。校中先生同学殆已割尽。然亦有一般人冥顽不灵,牢种奴性,死留此一条亡国之纪念物,自名为不肯与世推移者。

此种人无以名之,只得谓之不完全之人耳。……鄂江战事现正在停战时期之中,而北方又有遣使来议和之事。夫停战议和,本须有必不得已之势,而后可议和,可停战。今日之势则殊不然。两方立于反对之地位,非战争不可以解决者也。且在民军之初意,非欲成一大民主国乎?则北虏未去,民主国未完全,何可和也?曰停战,曰议和,不过北方缓兵之计耳,待兵多饷足复将起而挑战矣,届时欲扑之难哉。故此时只有战,不可和。此说报界大多主之。北伐队、北伐军等名称等组织在在皆有,而未闻有束装北上者,不知何故?"(《叶圣陶集》第19卷)

11日(宣统三年十月二十一日)

《民立报》刊出汉口代表会议上通过的"临时政府组织大纲草案",宋教仁加有按语,认为这个草案"不适合者颇多",希望代表会"反复审定",以免"贻笑大方"。章太炎、蔡元培等人对此颇为不满,反对之声鹊起。

按:《中华民国临时政府组织大纲草案》如下:

第一章 临时大总统

第一条 临时大总统,由各省都督府代表选举之,以得票满投票总数三分之二以上者为当选。代表投票权,每省以一票为限。

第二条 临时大总统,有统治全国之权。

第三条 临时大总统,有统率海陆军之权。

第四条 临时大总统,得参议院之同意,有宣战媾和及缔结条约之权。

第五条 临时大总统,得参议院之同意,有任用各部部长及派遣外交专使之权。

第六条 临时大总统,得参议院之同意,有设立临时中央审判所之权。

第二章 参议院

第七条 参议院以各省都督府所派之参议院组织之。

第八条 参议院每省以三人为限,其派遣方法,由各省都督府自定之。

第九条 参议院会议时,每参议员有一表决权。

第十条 参议院之职权如左:(一)议决第四条及第六条事件。(二)承诺第五条事件。(三)议决临时政府之预算。(四)检查临时政府之用出纳。(五)议决全国统一之税法、币制及发行公债事件。(六)议决暂行法律。

(七)议决临时大总统交议事件。(八)答复临时大总统咨询事件。

第十一条　参议院会议时,以到会参议员过半数之所决为准,但关于第四条事件,非有到会参议员三分之二之同意,不得决议。

第十二条　参议院议决事件,由议长具报,经临时大总统盖印,发交行政各部执行之。

第十三条　临时大总统对于参议院议决事件,如不以为然,得于具报后十日内,声明理由,交令复议。参议院对于复议事件,如有到会参议员三分之二以上之同意,仍执前议时,应仍照前条办理。

第十四条　参议院议长,由参议员用记名投票法互选之,以得票满投票总数之半者为当选。

第十五条　参议院办事规则,由参议院议订之。

第十六条　参议院未成立以前,暂由各省都督府代表会代行其职权;但表决权,每省以一票为限。

第三章　行政各部

第十七条　行政各部如左:(一)外交部。(二)内务部。(三)财政部。(四)军务部。(五)交通部。

第十八条　各部设部长一人,总理本部事务。

第十九条　各部所属职员之编制及其权限,有部长规定,经临时大总统批准施行。

第四章　附则

第二十条　临时政府成立后,六个月以内,由临时大总统召集国民议会;其召集方法,由参议院议决之。

第廿一条　临时政府组织大纲施行期限,以中华民国宪法成立之日为止。

又按：是日《时报》亦刊登《武昌各省代表会议案》,其曰:"一、决议临时政府组织大纲二十一条,由各省代表签名。一、决议临时政府设于南京。一、决议由各省代表开临时大总统选举会于南京。一、决议各省代表于七日以内会齐于南京。一、决议将会议情形通电各省,并请未派代表诸省速派代表,于七日内会于南京。一、议决有十省以上之代表到南京,即开选举会。一、议决临时大总统未经举定以前,仍认鄂军都督府为中央军政府,有代表各省军政府之权。一、议决仍推伍君廷芳、温君宗尧为民国外交总副长。"

(《湖北军政府文献资料汇编》)

唐绍仪等和谈代表抵达汉口,与黎元洪及孙发绪、胡钧、夏维崧、杨玉如、杜锡钧、何锡藩等人在武昌城外毡呢厂会谈。因南方和谈代表伍廷芳身在上海,会议决定将南北双方和谈地点移至上海。

革命党在吉林双城秘密组织乡团马队1500余人,准备发动武装起义。

12日(宣统三年十月二十二日)

14省代表共39人由武汉、上海齐集南京,在江苏咨议局开会,公举黄兴为大元帅,黎元洪副之。黄兴坚辞不就。

按:与会者有江西代表吴铁城、林森、赵士北、王有兰、俞应麓,浙江代表汤尔和、黄群、陈时夏、屈映光,湖北代表马伯援、杨时杰、陶凤集、居正、时象晋,湖南代表廖名搢、邹代藩、刘揆一、欧阳振声,奉天代表吴景濂,河南代表李䥴、黄可权,山西代表仇亮、乔义生、景耀月,福建代表林长民、潘祖彝,江苏代表雷奋、陈陶遗、马良、袁希洛,广西代表马君武,广东代表王宠惠、邓宪甫,四川代表周代木、萧湘,直隶代表谷钟秀,安徽代表赵斌、王竹怀、许冠尧等(刘星楠《辛亥各省代表会日志》,《辛亥革命回忆录》第六集)。

清方议和代表唐绍仪一行抵达武昌,与黎元洪会晤。黎主张实施民主共和的原则,唐表示首肯,遂商定在上海举行会议。随后,双方议和代表东下上海。

按:黎元洪谓唐绍仪曰:"湖北此次起义,因满清政府之专横,生命呼吁无门,不得不推倒恶劣政府,建立共和民国,阁下素抱热忱,谅亦表同情也。"(转引自蒋顺兴、裘曼如《怎样评价湖北军政府》,《民国春秋》1994年第4期)

天津《大公报》发表章太炎给武昌谭人凤等人的电文,提出"革命军起,革命党消"的主张。

按:电文曰:"革命军起,革命党消,天下为公,乃克有济。今读来电,以革命党人召集革命党人,是欲以一党组织政府,若守此见,人心解体矣。"章太炎为同盟会的重要成员之一,其"革命军起,革命党消"的论调公诸报端以后,加深了同盟会内部的矛盾。孙中山1923年10月10日《在广州国民党党务会议的讲话》说:"'革命军起,革命党消'说倡自热心赞助革命之官僚某君(指张謇),如本党党员黄克强、宋渔父、章太炎等,咸起而和之,当时几视为天经地义。自改组国民党,本党完全变为政党,革命精神遂以消失。"(《孙中山全集》第8卷)

宋教仁、陈其美联名致电内田良平,请以黄兴、宋教仁、陈其美、伍廷芳、李书平等人名义草签从日本三井物产株式会社(三井洋行)借款的临时合同。

清廷命开黑龙江省太平山察汉敖拉煤矿。

13日(宣统三年十月二十三日)

云南都督蔡锷主张迅速组织中央政府,定国名为"中华民国"。

革命军攻克荆州,署左翼副都统恒龄自杀。

吴玉章被蜀军政府委任为出席南京临时政府会议代表。

下午5时,陈其美下令在沪军都督府大堂枪杀前来拜会的镇江都督总参谋、江浙联军总司令部参谋总长陶骏葆。

14日(宣统三年十月二十四日)

刘汉卿发出通电,宣告成立(夔绥)军政府,刘任下东蜀军副都督兼军政部长。

按:供职于军政府之开县人有潘大道(任参谋)、李芬(任秘书)、王崇德(任陆军管带)。

14省代表开会,选举汤尔和为议长,王宠惠为副议长。临时政府组织大纲,经奉、晋、赣、粤四省代表签名追认。议决于12月16日选举临时大总统。

同盟会员胡鄂公联合华北各革命团体,在天津英租界内成立北方革命协会,参加会议的有同盟会、共和会、铁血会、振武会、急进会、克服堂、北方革命总团、共和革命党、北方共和团、女子北伐队、女子革命同盟等革命团体的代表。胡鄂公被推举为会长。会上议定革命协会简章九条,以协助革命军北伐,崇奉三民主义为宗旨。

孙中山抵达菲律宾筹款。

内阁奏行爱国公债票。

15日(宣统三年十月二十五日)

14省代表会议决定暂缓选举临时大总统,承认上海所举大元帅、副元帅。又议决:临时政府组织大纲追加一条:"大总统未举定以前,其职权由大元帅暂任之"。汤寿潜、程德全、陈其美及各省代表会致电黄兴,请赴南京组织临时政府。

按:南京攻克之后,局势大变,从12月11日到14日,各省代表齐集南京,连日开会,决定16日选举临时总统。就在这个节骨眼上,15日浙江代表陈毅从湖北带来了清廷议和代表唐绍仪向黎元洪透露的消息(袁世凯有赞成共和的意思),于是又决定缓举临时总统,甚至不惜修改既定的选举法(在"临时政府组织大纲"中增加"大总统选举前其职权由大元帅任之"一条),宣布承认当初认为"不合法"的选举(即上海选出的元帅、副元帅)。本来对于这事,一会儿认为手续不安,要予以撤销,一会儿又承认了,而驻扎南京的苏、浙军人挟攻克金陵的余威,声言不愿隶属于"汉阳败将"之下,因此又有了元帅、副元帅倒置之议。12月17日,正好黄兴来电力辞大元帅,并主推黎,结果以黎为正,黄为副,黎驻武昌,由黄兴代行大元帅职权,他仍力辞,但军队到镇江排队下关,人民也沿途准备鞭炮,欢迎他到南京就职。江浙联军推出林述庆等代表到上海敦请,一连三天,他都不肯。各方以军务紧急督责,他架不住再三劝驾,不得已才准备去南京就职,并通过张謇向上海日商三井洋行借款三十万元作为到南京后的军政费开支。(12月23日,《民立报》报道此前一天12月22日他已答应,准备就绪即去南京。)12月23日,就在黄兴起程前的一天晚上,他忽然对李书城说,明天不去南京了。李问何故?他说:"顷接孙中山先生来电,他已起程回国,不久可到上海。孙先生是同盟会的总理,他未回国时我可代表同盟会,现在他已在回国途中,我若不等他到沪,抢先一步到南京就职,将使他感到不快,并使党内同志发生猜疑。太平天国起初节节胜利,发展很快,但因几个领袖互争权利,终至失败。我们要引为鉴戒。肯自我牺牲的人才能从事革命。革命同志最要紧的是团结一致,才有力量打击敌人。要团结一致,就必须不计较个人的权利,互相推让。"(谭人凤也说,当时集中在南京的各省代表,急于组织临时政府,拟推举黄兴为临时总统,但黄兴知孙中山将至,"亦意存推让"。)邹鲁《回顾录》说,当年率广东北伐军前队进入南京时,只见沿街悬旗、老幼拍手欢迎,他莫名其妙,后来才知道这是黄兴原定入南京就任副元帅代理大元帅的日子,南京百姓误把骑在马上的青年邹鲁当成了黄兴(傅国涌《近代中国大转型的台前幕后:主角与配角》)。

黎元洪就袁世凯诬北方民军为土匪复陈都督伍廷芳电。

按:电文曰:"《民立报》转陈都督、外交总长伍先生廷芳鉴:有电敬悉。袁谓北方土匪蜂起,奸淫掳掠,民不聊生等语。查袁屡称北方匪徒,从不指明何省、何县,南北邮电久绝,敝处何能悬揣几处及其姓名?前袁电冯国璋停战条约谓秦、晋及北方土匪不在其内,敝处已请英领事诘驳。今就前后各电观之,安知彼非故甚其辞,诬民军为土匪,以为合攻之计?且南北既不通电,此时停战和议之举,应由北军转达太原、西安等处。彼等既知此消息,断无进攻之理。彼又谓官军责在保民,讵知彼在汉口之焚掠残杀,虽非仁人,亦为痛心,至外人出面干涉,始稍戢其毒焰。近彼军在黄(黄陂)孝(孝感)祁家湾一带及汉阳城厢,上自五旬老妇,下至十一龄幼女,皆□为奸淫。又我汉阳受伤兵士住于卫生病院者,彼且搜出惨杀,吾不知仁人闻之,又将何如?至调停战数日后,廿一日有皖省及江东民军由浊口直进,向老关攻击。查攻击老关,则浊口、朝关知我所必由之路,敌军现有重兵驻扎朝关,我岂能越浊口、朝关而攻击老关乎?此事为敝处耳目所能及,亦为捕风捉影之谈,安知所谓北方民军扰动,矧不无诬枉乎?尊处议和枢纽,乞将此种种情形答复,并要袁著饬官军,转达北方各民军,俾保全和局至要。元洪。"(《湖北军政府文献资料汇编》)

孙中山抵达新加坡筹款。

安徽布政使倪嗣冲所部清军攻陷颍州,大肆屠杀淮上军,家家搜查,见无辫者即杀之。

广东高州镇总兵陆建章被开缺,听候查办。清廷以记名总兵赵倜为广东高州镇总兵官。

驻北京的英、美、法、德、俄、日等国公使共同起草送交南北代表的备忘录,希望南北双方迅速签订足以终息此次战乱的协议。

16日(宣统三年十月二十六日)

哲布尊丹巴自称"日光皇帝",举行登极大典,年号"共戴",组建"内阁"。向呼伦贝尔、内蒙古发出《劝降书》和《优待条件》,要求所有蒙旗"独立,归降"。

14省代表会致电黎元洪:"组织临时政府刻不容缓,若往复推辞,徒延时日,深恐有碍大局,当由公众议决推举大都督为大元帅。但武昌军事关系重大,恐大都督万难离鄂,因于组织临时政府大纲内追加一条:'临时大总统未举定以前,以大元帅暂行其职务,若大元帅不在临时政府时,即以副元帅代行其职务。'"黎元洪略表谦让后即接受大元帅名义,并在武汉组织大元帅府。(蒋顺兴、裘曼如《怎样评价湖北军政府》,《民国春秋》1994年第4期)

孙中山在新加坡会见张永福、林义顺、邓泽如等,认为借洋债有万利而无一害。

湖北荆州反正。

17日(宣统三年十月二十七日)

14省代表会议改举黎元洪为大元帅,黄兴为副元帅。同时决定由黄兴代行大元帅职权,组织临时政府。陕西代表赵世钰、马步云、张蔚森到会。

按:刘星楠《辛亥各省代表会议日志》曰:"十月二十七日:全体代表到会。陕西代表赵世钰、马步云、张蔚生续到。报告黄克强君来电,力辞大元帅之职,并推举黎大都督为大元帅。当经改举黎元洪为大元帅,黄兴为副元帅。议决:黎大元帅暂驻武昌,由副元帅代行大元帅职权,组织临时政府。"(《辛亥革命回忆录》第6集)

革命军占领湖北荆州府。

《大汉国民报》在成都创刊。

伊犁将军志锐下令封闭《伊犁白话报》。

孙宝琦免职,山东提法使胡建枢代理山东巡抚。胡出告示声称:本省独立既已取消,所有当日倡议及附和诸人概免追究,今后再有起事者,定惩办不贷。

叶圣陶是日日记载:"既而阅报纸,知昨日南京开选举临时总统会,十四省代表举定黄兴为中华民国临时大总统。从此民国基本愈形巩固矣。"(《叶圣陶集》第19卷)

18日(宣统三年十月二十八日)

南北议和代表伍廷芳、唐绍仪在上海英租界市政厅首次开议,决定延长停战期限,从25日起再延长一周。

14省代表继续开会。

唐牺支自宜昌至荆州城,设荆州司令部于道署。

革命党人徐镜心等人在山东烟台成立旨在启发民智、组合政团的共和急进会,并提出巩固山东革命实力,与满洲同志相呼应,为南方之声援的战斗目标。军商学各界200余人到会以示支持。

19日(宣统三年十月二十九日)

14省代表继续开会。广西代表章勤士到会。

驻扎在滦州的第二十镇统制张绍曾、协统蓝天蔚等五、六人联名举行兵谏,并提出十二条政纲。

按:十二条政纲为:一、大清皇帝万世一系;二、于本年内召集国会;三、宪法由国会起草,以皇帝之名义宣布之,但皇帝不得加以修正或否认;四、缔结条约及媾和,由国会取决,以皇帝名义取之;五、皇帝统帅海陆军,但对国内用兵时,须经国会议决;六、不得以命令施行"就地正法,格杀勿论"之事;七、特赦国事犯;八、组织责任内阁,总理大臣由国会选举后,以皇帝敕任之。其他国务大臣由总理大臣推荐任之,皇族不得为国务大臣;九、国会有修改宪法之提议权;十、本年度预算未经国会议决,不得适用前年度之预算支出;十一、凡增重人民之负担,须由国会议决;十二、宪法及国会法之制定,军人有参与权(转引自李剑农《戊戌以后三十年中国政治史》)。

晚,河南以张钟端为首的革命党人在开封法政学堂召开极为重要的秘密会议,会议推举张钟端任河南起义军总司令兼参谋长,王庚先、周凌卓为副总司令;事成后,张钟端为正都督,周凌卓为副都督。

会议决定23日凌晨3时,在龙亭、鼓楼放火为号,各路同时发动起义。

英国人贺兰斯受任哈尔滨邮局总经理。

上海《申报》在第一版《论今日议和上第一问题》"社论"中说:不论袁氏和议出于何心,和议后果将是严重的,"异日二次之革命必不可幸免矣"。

20日(宣统三年十一月初一日)

袁世凯请废臣工封奏旧制。

14省代表会议致函黄兴,请速来南京,组织临时政府。因汤尔和生病在沪,王宠惠因议和事留沪,故另选景耀月代理议长。

黄兴派代表与孙中山密商,其中包括"先推覆清政府者为大总统"。

北洋军代表廖宇春(北洋陆军学堂总办)和黄兴代表顾忠琛进行秘密谈判,南北双方达成举袁世凯为总统等五条秘密协议,廖宇春、顾忠琛两人签字、画押。

按:南北代表在上海英租界市政厅举行首次议和会议后,另有保定陆军小学堂监督廖宇春得靳云鹏、段祺瑞之同意,到上海秘密会见黄兴,以私人资格接洽和议。黄兴密谕江浙联军参谋长顾忠琛与廖商谈。廖、顾在上海文明书店内协议秘密条款五项:一、确定共和政体;二、优待清皇室;三、先推覆清政府者为大总统;四、南北汉满军出力将士各享其应得之优待,并不负战时害敌之责任;五、同时组织临时议会,恢复各地之秩序。廖宇春携上述条款往武汉前线会晤段祺瑞,段无异议。旋与靳云鹏商定进行办法:一、运动亲贵,由内廷降旨,自行宣布共和;二、由各路统兵大员联名要求宣布共和;三、用武力胁迫清廷宣布共和。初拟行第一种办法,为宗社党所阻,乃决行第二策,秘密运动各路统兵大员,由段祺瑞领衔联名电奏,请定共和政体。明年一月二十六日,段祺瑞、姜桂题等联名通电,要求"立定共和政体",即第二策之实行(《黄兴年谱长编》引)

江、浙联军在南京召开军事会议,议决北伐,推举徐绍桢为北伐总司令。

驻沪英、日、德、法、美、俄六国领事分别向南北议和代表递交各该国政府照会,促请双方必须尽速达成协议,以中止现在之冲突。

按：《东方杂志》第八卷第十号《中国大事记》载:"驻沪英日德美俄法六国领事,约同访伍、唐两代表,以德领事为领袖,交其意见书。大致谓:'驻京某国使馆,奉本国政府训令,向议和使陈述私见,某国政府,以为中国如果继续战争,不特有危本国,并有危于外人之利益及安宁,现某国政府依旧严守中立,但不得不为私交上之忠告,愿两议和使设法,将战事早日消灭,从两造之所自愿,办理一切事宜。'"

中国和俄国会勘大臣周树模与菩提罗夫在齐齐哈尔签订《中俄满洲里界约》。沙俄通过这一不平等条约,割占1400多平方公里的中国领土。

按：是为清政府签订的最后一个丧权辱国的边界条约。

21日（宣统三年十一月初二日）

孙中山自欧洲回国,途经香港,胡汉民、廖仲恺、朱执信等乘兵舰到港迎接。胡汉民劝孙中山留广东,整训军队,举兵北伐。孙中山坚持前往沪、宁,主持内外大计。当晚赴上海,胡汉民等随行。胡汉民致电广东临时省议会,推荐陈炯明代理广东都督,并饬令各军服从陈炯明。

黎元洪致电各省代表会,接受大元帅名义,并委黄兴代行大元帅职权,黄兴再辞。

按：电文曰:"大元帅之职,曾于东电力辞,谅已电达。顷准山西代表仇君亮、浙江代表陈君毅及敝省代表时君象晋、陶君凤集等,面称'黄克强君力推元洪为大元帅,元洪又复固辞,长此推让,稽延时日,致临时政府不能即行成立,深恐有碍大局。现代表团公同议决,特推亮等来鄂,要求承诺大元帅,并恳黄克强君以副元帅职务代行大元帅职务,以定大计'云云。元洪伏思:大元帅原为组织临时政府刻不容缓之举。黄君克强,宏才硕画,自足胜大元帅之任,乃谦让不居,屡推元洪承乏,元洪才识平庸,何敢当此重任？然勘电所载:'若大元帅不在临时政府时,即以副元帅代行其职务。'既有此明文,元洪姑顺代表诸公之请,承受大元帅名义,即委任副元帅执行大元帅一切任务。盖大局未定,势机危迫,临时政府急宜成立,故元洪不辞僭越之罪。望

黄君与代表诸君子力任巨艰,急求进行办法,时赐教言,以匡不逮。"(《湖北军政府文献资料汇编》)

吴兆麟重组战事总司令部:参谋处吴元泽负责,副官处周定原负责,秘书处李明负责,军法处陶俊负责。

松毓主持成立吉林团体联合会,吉林省咨议局、农务总会、商务总会、工务总会、府议事会、城议事会、城董事会、劝学所、教育会、绅董公所10大团体加入联合会,于满蒙中学设立办事机构。

清廷命前署湖北提法使施纪云、前光禄寺少卿陈锺信四川团练。

22日(宣统三年十一月初三日)

江、浙联军代表李燮和等赴上海,欢迎黄兴莅宁筹建临时政府。

由张謇担保,向日商三井洋行借银元三十万元,供组织临时政府之用。

按:保证书云:"兹因黄君克强为中华民国组织临时政府之费用,向贵行借用上海通行银元三十万元。约定自交款日起一个月归还,并无抵押物。如还期不如约,惟保证人是问。除息率及汇水由黄君另订条件外,特具此书。"(《南通张季直先生传记》,载《辛亥革命》第8集)

成都尹昌衡、罗纶以同志军入总督衙,劫前署四川总督、川滇边务大臣赵尔丰执之。

按:第六十五标统带周骏率兵活捉赵尔丰。《清史稿·赵尔丰传》曰:"赵尔丰,字季和,汉军正蓝旗人。……三年,署四川总督……会川乱起,尔丰还省,集司道联名奏请变更铁路办法,不允。商民罢市,全省骚动。廷寄饬拏祸首,捕蒲殿俊等拘之,其党围攻省城。督办川路大臣端方劾尔丰操切,诏仍回边务大臣,以岑春煊代总督。武昌变作,资政院议尔丰罢黜待罪,而朝旨已不能达川。重庆兵变,会匪蜂起,军民环请独立,尔丰遽让政权於殿俊,殿俊自称都督。防军复变,殿俊走匿,全城无主。商民请尔丰出定乱,因揭示抚辑变兵。而标统尹昌衡率部入城,自为都督,罗纶副之,以兵攻督署,拥尔丰至贡院,尔丰骂不绝口,遂被害。"

安徽举孙毓筠为都督。

晚,河南起义发起者张钟端等10余人被捕,起义领导机关被破坏。

23日(宣统三年十一月初四日)

宋教仁夜访日本驻南京领事铃木荣作,谓各省代表年龄思想虽然差距很大,有激进的,有温和的,但"无论何人皆不愿袁[世凯]为大总统,而均推戴黄兴"。

黄兴获悉孙中山即将归国,推辞赴南京组织临时政府。

按：李书城《辛亥前后黄克强先生的革命活动》曰："黄先生本拟早日启程赴南京就职,并已商请张謇向上海日商三井洋行借款三十万元作到南京后军政费的开支。但在预定启程赴南京的先一天晚上,黄先生忽向我说,他明天不去南京了。我问何故不去。黄先生说：'顷接孙中山先生来电,他已启程回国,不久可到上海。孙先生是同盟会的总理,他未回国时我可代表同盟会；现在他已在回国途中,我若不等他到沪,抢先一步到南京就职,将使他感到不快,并使党内同志发生猜疑。太平天国起初节节胜利,发展很快,但因几个领袖互争权利,终至失败。我们要引为鉴戒。肯自我牺牲的人才能从事革命。革命同志最要紧的是团结一致,才有力量打击敌人。要团结一致,就必须不计较个人的权利,互相推让。'我听了黄先生这一番话,感到他的人格伟大,感到他对革命事业的忠诚纯洁,深为佩服。"(《黄兴年谱长编》引)

24日(宣统三年十一月初五日)

14省代表开会,因孙中山将到沪,由代理议长景耀月指定马伯援、王有兰、许冠尧3人赴沪欢迎。

《民立报》发表《欢迎孙中山先生归国辞》。

陈炯明代理广东都督。

清廷赠恤死事广东潮州镇总兵赵国贤。

贡桑诺尔布偕那彦图、博迪苏等人召集几十位在京蒙古王公,宣布成立蒙古王公联合会。

按：又称蒙古同乡联合会、旅京蒙古联合会。

25日（宣统三年十一月初六日）

孙中山经广东抵达上海，受到热烈欢迎。在答中外记者时，孙中山表示，革命之目的不达，无议和之可言。随同孙中山到达上海的有胡汉民、谢良牧、李晓生、黄子萌、陈琴舫、朱本富、余森郎、朱卓文、陆文辉、黄菊生。

按：蔡元培《自写年谱》曰："中山先生自海外归来，到上海，诸名流当然欢迎，但彼等所最希望的，是孙先生借到了一笔很大的外债，可以充军费。不意孙先生到后，他们问及款项，孙先生说：'我带了精神来，并没有带什么款来！'他们不了解'革命精神'为何物的，当然很失望了。"（《蔡元培先生年谱》上册）

清廷命广东陆路提督秦炳直迅即来京，以备任使。

按：谕内阁："内阁代递秦炳直呈称，战虽屡胜，城不能守，请从严治罪等语。广东陆路提督秦炳直，素秉公忠，勤劳久著。此次变生意外，地方不守，原系咎有应得。惟该督志向坚定，始终不渝，辗转脱离，束身归罪，尚属情有可原。著开缺加恩，免其治罪，并著迅即来京，以备任使。至所称管带守备何培清，在博罗县守城苦战，中枪身死，幕友优附生何承鑫，府城将陷，自缢而殒，均属忠义可嘉。著该衙门查例。从优议邮。"（《宣统政纪实录》卷六七）

署吉林省民政使邓邦述解职，奉天交涉使韩国钧调任吉林民政使。

河南起义发起者张钟端、王梦兰等11位革命志士被杀。

26日（宣统三年十一月初七日）

孙中山在上海寓所召开同盟会最高干部会议，与黄兴、宋教仁、胡汉民、居正、汪精卫、陈其美、张静江、马君武等共商组织临时政府方案。众举孙中山为总统，黄兴为内阁总理。因孙中山主张总统制，旋决定暂不设总理一职。

孙中山赴"惜阴堂"与赵凤昌长谈，征询对当前时局看法。赵凤昌一一陈说沪汉情事。

按：此后,孙中山多次至上海南阳路10号赵凤昌住宅与之商谈。

黄兴与程德全、陈其美、伍廷芳联名复电黎元洪,修改停战条款。

章炳麟、蔡元培电请孙中山,请其出面保释刘师培。

袁世凯命汪精卫赴上海斡旋南北议和。

下午,宁波军政分府召开新年招待会,由外交部长卢成章主持,招待在宁波的外国领事、主教、神父、牧师、医生、船长等。

是晚,于右任等上海同志假哈同花园,公宴为孙中山洗尘,并密商举孙中山为大总统事。当晚计议已定,于右任即在《民立报》极力鼓吹,以便唤起舆论,一致推举。

由资政院议员那彦图、贡桑诺尔布、多尔济帕拉穆、博迪苏4人领衔,内外蒙古24名显赫王公世爵署名,以"蒙古全体代表"的名义致函内阁总理大臣袁世凯,申明政见,表示拥护君主立宪政体,并指责清朝内外官员苛待蒙藩,要求祛除旧时积弊,继续优待蒙藩。

由《东京朝日新闻》社松山忠次郎等人发起的"中国问题同志会"在日比谷公园松本楼成立,以声援中国革命的"义举"。

按：该会的宗旨,是通过舆论迫使日本政府"顺从国民舆论之所向",做到：一、日本必须保全中国领土；二、日本必须尊重邻邦(中国)的民意,对政体问题勿滥加干涉(《太阳》1912年2月号)。参加会议的有《东京朝日新闻》、《东日日新闻》、《东京每日新闻》、《大阪每日新闻》、《日本新闻》、《报知新闻》、《万朝报》、《二六新闻》、《日本及日本人》、《东洋经济》、《实业之日本》、《太阳》及《新日本》等单位的记者40余人,还有法律界的知名人士盐谷恒太郎、加濑禧逸、平松市藏等人。

严复在北京东城金鱼胡同致信英国人莫理循,分析武昌起义的起因和过程,国民党和保皇会的作用,对起义后中国的发展动向极为忧虑。信中表达了其反对共和,主张立宪的思想,并希望国际干涉中国革命。

按：严复曰："我昨天写信告诉你我的藏书就要运到了,并衷心感谢你在这样一个动乱时期向我表示的善意。目前我的孩子们在天津,我独自和几个仆人住在我的这所房子里。形势日趋恶化,我真不知道如何是好。我实在无能为力。中国怎么会到今天这种地步,她目前究竟处于什么样的状况,你和外交界对此一定有精辟的见解,一定给予了密切的注意。尽管如此,如果我告诉你们从我的观点看形势是怎样的,或许你们会更感兴趣。我国目前这场起义的远因和近因可归纳如下:(一)摄政王及其大臣们的极端无能;(二)心怀不满的新闻记者们给中国老百姓脑中带来的偏见和误解的反响;(三)秘密会党和在日本的反叛学生酝酿已久;(四)近几年来长江流域饥荒频仍,以及商业危机引起的恐慌和各个口岸的信贷紧缩。这些就是共同导致目前灾难的因素。年幼的皇帝登极以前,海外有两个反对中国政府的秘密团体。一个团体的名字叫国民党,即革命党。但这个名称过于广泛了,他们仅仅是反满的会社,带有一点共和主义的味道。另一个团体称自己为保皇会,即康有为的党,他们宣称要保卫先皇帝光绪。这两个团体有完全不同的纲领。摆脱满人的枷锁,消灭这个最可恶的种族,是第一个团体所作的宣传;他们曾在横滨出版过叫做《民报》(意即人民的言论)的报纸作为他们的喉舌。后一个团体的纲领要温和得多,而且确实理智得多。他们坚持中国的统一;要求彻底改革中国政治;对满族没有深仇大恨;把光绪皇帝奉上天,把先太后骂入地狱。他们大多数人是1898年间的逃亡者。他们有一个很有能力的领导成员梁启超,他有一支带感情的笔,并且熟悉政治、经济和哲学。不久前,他们的喉舌就是一份报纸或杂志叫《新民丛报》,后来是一份三月刊杂志叫《国风报》。这两份刊物都畅销,对中国的舆论具有巨大影响。当今的皇上即位时,即光绪皇帝和他的养母慈禧皇太后去世后,康党作了极大的努力来取得大赦以使他们的人得以返回祖国。他们认为,因为摄政王是光绪陛下的弟弟,他一定会同情他可怜的皇帝哥哥,会对于因为他才被放逐海外的人表示好意的。那时确是一个如此行事的好机会。杨锐的儿子把一份早先在杨锐手中,后来又传给儿子的皇上诏书展示出来。如果摄政王不是个无情无义的傻瓜,又没有庆亲王、张之洞蒙蔽圣聪的话,他会赢得大多数民心而绝不会发生目前的叛乱的。然而康党大失所望。于是自1908年起康党参加反满活动。梁启超开始用他的杂志对摄政王政府进行了毫不留情的攻击。……内务部和各省当局被言论自由这个学说吓住了,也不敢加以镇压。这家杂志,连同各省数百家其他革命报刊,为全国对今年这场灾难作了准备。今年春天,他们在广东发动第一次进攻,牺牲了数十名学生,但未获成功。随之而来的是倒霉的盛宣怀和他的铁路干线国有化政策。这给了他们借口来抗议政府背信和掠夺人民合法财产。要是政府知道如何对付四川人民,事情或许会好办些。而清政府除了懦弱、自相矛盾外无所作为,结果导致四川省暴乱。革命党人那时在为各省咨议局的联合而工作,我不知道他们在这方面取得了多大的成功。但是武昌起火了,由于军人(我指的是大清的军队)的参加,使问题的处理百倍困难。所有现代组建的中国军队大多由湖北人充任军官,这些人先在张之洞创办的军官学校中受训,而后或在湖北由日本军人加以训练,或被送往日本学习军事。与此同时,他们吸收革命思想,也吸收被曲解了的爱国主义的真理。因此当两支部队接到命令调往汉口惩处那里的造反士兵时,他们敢于第一次起而抗争,并宣称:'不!我们不打自己的同胞。'或者更确切地说:'我们不打我们的同种同族!'可以说这简直就像个法力无边的魔王,霎时间将悉心经营二百七十年的大清王朝推向绝境,进而将中华帝国碎为齑粉。十多年前,先有普鲁士亨利亲王,后有一名日本军官(我想是福岛)向满族王公们建议:中华帝国的当务之急和首要任务是要拥有一支现代化的、组织得很好的军队;其次,将权力完全集中于皇室中央政府。满族王公们努力照此行事十二年,除此之外无所作为。谁能说这些是错的?但是前面提到的两位先生都不知道他们恰如将一件锋利的武器给小孩玩,或拿一块马钱子碱当补药给婴儿吮吸!政府以其总收入的三分之一用于改编军队,而摄政王完全凭借这支军队作为靠山,以为这样一来他就将壮丽的城堡建筑在磐石之上了。他自封为大元帅,让他一个兄弟统率陆军,让他另一个兄弟统率海军。他认为这样至少不愁没有办法对付那些汉族的叛逆子民了。他做梦也不会想到恰是他所倚仗的东西有朝一日会转而猛烈地反对他。因为他不知道他所倚仗的东西的基础已被数百个新闻记者的革命宣传瓦解了。随后一切都失去控制,甚至北方的军队也杀机毕露。于是便有十月三十日的诏书,皇上发誓要永远忠实服从不久就要召开的国会的请愿。他发誓不让任何皇室成员进入内阁;他同意对所有政治犯甚至那些反对皇上的革命者实行大赦;宪法由议会制订并将无条件被接受。如果一个月前做到这三条之中任何一条的话,会在清帝国发生什么样的效果啊!历史现象往往重演。这和十八世纪路易十六的所作所为如出一辙。所有这些都太迟了,没有明显效果。所谓的宪法的十九项条款在我看来根本不是宪法。它不过将专制政权从皇帝转移到未来的国会或现在的议会。这种事绝不会持久、稳固,因而不是进步的。袁世凯最初被任命为湖北总督,而后在一些请愿书的推荐下当了总理大臣。袁世凯赋闲不久,又面对着完全变化着的政治形势,现在不再胜任他的工作了。而北方和南方的中国人对他怀有不同的感情。他确还为北方人所爱戴,但另一方面,为许多有影响的南方人如张謇、汤寿潜等人所厌恶甚至仇恨。后来发生在上海及其附近地区杭州和苏州的起义,很可能是因为他们对遴选袁世凯为总理大臣不满而引起的。本以为十月三十日及以后的诏书使革命党人得到抚慰,感到满意,可以较容易同他们和解,可是我们大错特错了。十九项条款公布的第二天早晨就收到各省发来的若干抗议电报。电报指出:资政院决不是一个忠实于人民,能同皇室政府作出这种安排的机构;而由于最近汉口发生的屠杀(如果属实,对满人来说是最不幸的事情),人们再也不信任他们了。这样,上海市、江南制造局、杭州、苏州等等,一个紧接一个地造反。被占领的市镇仍保持敌对状态,没有和解的迹象。资政院在开会二周多之后,现在再也无能为力。他们必须辞职。如果辞职不获准,他们将自行解散。这两天我没有得到任何确切的消息,但据说在上海将召开一个真正的人民代表会议。他们没有军队办不成事,因而在武昌或别的地方也会有一个军队的代表会议。有了这两个政治团体,他们将试图解决问题。一旦他们像个样子了,他们将向北京政府发号施令!他们允许目前这个王朝在法律上存在呢,还是干脆将其废除代之以中华共和国呢,还是他们相互战斗直到最后,而以一个中国的波拿巴为最终结果呢?现在没有人敢于预言。但依我愚见有一点可以肯定,即如果他们轻率妄动并且做得过分的话,中国从此将进入一个糟糕的时期,并成为整个世界动乱的起因。直截了当地说,按目前状况,中国是不适宜于有一个像美利坚共和国那样完全不同的、新形式的政府的。中国人民的气质和环境将需要至少三十年的变异和同化,才能使他们适合于建立共和国。共和国曾被几个轻率的革命者如孙逸仙和其他人竭力倡导过,但为任何稍有常识的人所不取。因此,根据文明进化论的规律,最好的情况是建立一个比目前高一等的政府,即保留帝制,但受适当的宪法约束。应尽量使这种机构比过去更灵活,使之能适应环境,发展进步。可以废黜摄政王;如果有利的话,可以迫使幼帝逊位,而遴选一个成年的皇室成员接替他的位置。现在已是列强采取一致行动来询问双方他们要干些什么的时候了。为人道和世界公益起见,他们可提出友好的建议,让双方适可而止,进行和解。如果听任一些革命党人的种族敌对情绪走向极端的话,现在的满族人确实毫无防卫能力了,可是蒙古、准噶尔等地又将以何处为归宿呢?他们会同纯粹的汉人一道组成一个广袤的、难以驾驭的共和国吗?还是他们会从今宣布独立?两者似乎都不像!前者不可能,因为有种族仇视问题及感情、习俗、法律、宗教的完全的差异;后者不可能,因为他们的政治力量不足。于是这些广阔的地域连同它的人民势必要归属附近的某个强国。一旦出现这种情况,'分裂中国'的老问题就来了。愿苍天保佑我们免受浩劫!当最坏的事情发生时,任何自认为文明开化的人都负有责任,因为他们具有防止它发生的能力。对如此重大的事情,你当会原谅我此信写得冗长。你如能对我所写的东西有所赐教,我将不胜欣慰。你也可以按你的心愿将此信给你的任何对中国抱有良好愿望的朋友看。"(《严复合集》5,第104—110页)

叶圣陶是日日记谓全国人心中之第一任总统属望孙中山,我同胞必须毋负先生之苦心。

按:记曰:"我国革命之首倡者,实推孙中山。先生名文,粤人,善医兼精政治、哲学、兵事等,奔走数十年,举事而未成者屡矣,近复于外洋筹划军饷,迭有巨款运进。全国人心中之第一任总统属望此公矣。昨日由美抵沪,沪上人士均喜跃如狂,并无法以致其欢忭。而先生抱如此之慈悲心,今日得遂其宏愿,不知其乐又将何若也。然某报记者曾于昨日往访,而先生云来日大难,吾侪责任未已也。则亦有所难于所谓建设乎?建设,全国大众之责,我同胞必须毋负先生之苦心矣。不负先生之苦心,亦即能尽吾自己之天职。"(《叶圣陶集》第19卷)

27日(宣统三年十一月初八日)

黄兴、宋教仁赴南京出席各省代表会议,提议组织政府采取总统制,并请速举孙中山为临时总统,获通过。

按:是日,黄兴与宋教仁等专车赴宁,驻丁家花园。晚赴江苏咨议局各省代表会,提议三事:一、改用阳历;二、改为中华民国纪元;三、政府组织取总统制。经众讨论,一、二两事并为一案,全体赞成。总统制与内阁制,宋教仁仍主内阁制,经黄兴剀切说明提案理由后,多数赞成总统制。并决定临时政府组织大纲及隔日选举临时大总统(《黄兴年谱长编》)。

14省代表会议通过《临时政府组织大纲》,议决29日选举临时大总统。又议决:通电各省,作战计划仍宜继续进行,并推定谭人凤、马君武、王正廷3人面谒徐绍桢,商议作战计划。

黎元洪就选举临时大总统复南京代表团电。

按:电文曰:"阳电悉。时势变迁,清廷不履行停战条约,于事实上恐生种种阻碍。已决定初十日开选举临时大总统会,仰见荩筹,极为钦佩。盖立国之道,非有总机关以为之本,则外交军事行政各方面,皆无主宰,自应选举大总统。惟现在议和期内,必须出以敏活手段,方可望其和平了局。此举似宜与伍公妥为磋商,但能合我共和宗旨,无论何人为大总统,愚皆欢迎。诸公热心国事,必能委曲求全,以顾惜同胞生命、保全公私财产为惟一之目的也。"(《湖北军政府文献资料汇编》)

《黑河白话醒时日报》在黑龙江黑河创刊。主持人胡润南。

日本"中国问题同志会"主要负责干事平松市藏、工藤铁男、岩佐善太郎等人拜访日本内阁总理大臣及外务大臣,并转达该会的宗旨。

根津一、头山满、杉田定一、河野广中等倡议的日本"善邻同志会"在东京成立,参加者近百人。该会成立后,先后在东京、大阪等地组织过讲演会,呼吁日本各界支援中国革命,反对干涉中国国体问题。

28日(宣统三年十一月初九日)

14省代表会议决:推举临时大总统,用无记名投票法。又议决:推举临时大总统候补者。

清皇太后命召集临时国会,以共和立宪国体付公决。

按:初,袁世凯遣唐绍仪南下,与民军代表伍廷芳讨论大局,以上海为议和地,一再会议,廷芳力持废帝制建共和国,绍仪不能折,以当先奏闻取上裁,遂以入告。世凯奏请召集王公大臣开御前会议,终从其言。至是,乃定期开国民会议于上海,解决国体。

又按:《东方杂志》第八卷第十号《中国大事记》载:清谕开临时国会,公决政体。……自唐绍仪到沪后,十月二十八日,暨十一月初一日,与民军代表开议,凡二次,以民军力主共和,无可磋商,当将情形电达内阁。内阁据以奏闻,遂有是谕。谕曰:朕钦奉隆裕皇太后懿旨,内阁代递唐绍仪电奏,民军代表伍廷芳坚称人民志愿,以改建共和政体为目的等语。此次武昌变起,朝廷俯从资政院之请,颁布宪法信条十九条,告庙宣誓,原冀早息干戈,与国民同享和平之福,徒以大信未孚,政争迭起,予惟我国今日于君主立宪共和立宪二者,以何为宜,此为对内对外实际利害问题,固非一部分人民所得而私,亦非朝廷一方面所能专决,自应召集临时国会,付之公决。兹据国务大臣等奏请召集近支王公会议,面加询问,皆无异词。著内阁即以此意电令唐绍仪转告民军代表,预为宣示。一面由内阁迅将选举法妥拟协定施行,克期召集国会,并妥商伍廷芳,彼此先行罢兵,以奠群生而弭大难。予惟天生民而立之君,使司牧之,原以一人养天下,非以天下奉一人。皇帝缵承大统,甫在冲龄。予更何忍涂炭生灵,贻害全国。但期会议取决,以国利民福为归。天视民视,天听民听,愿我爱国军民,各秉至公,共谋大计。予实有厚望焉。

浙江新军在苏州强行剪辫,商民惊惶无措,纷纷关门闭店。巡警将两名强行剪辫的军人扭送警局,并转解军政府收管。

叶圣陶是日日记载:"前报载二十六日举定黄兴为临时总统,实属不确;当日虽有开选举会之说,其实未开也。明日则确于南京开选举会矣。"(《叶圣陶集》第19卷)

29日(宣统三年十一月初十日)

17省代表和华侨列席代表在南京召开会议,选举临时大总统。与会者有直隶代表谷钟秀,奉天代表吴景濂,山东代表谢鸿焘、雷光宇,河南代表李槃、黄可权,湖北代表马伯援、杨时杰、王正廷、胡瑛、居正,湖南代表谭人凤、廖名搢、邹代藩、刘揆一、欧阳振声,广东代表王宠惠、邓宪甫,广西代表马君武、章勤士,福建代表潘祖彝,山西代表景耀月、李素、刘懋赏,陕西代表张蔚森、马步云、赵世钰,云南代表吕志伊、段宇清、张一鹏,江西代表林森、赵士北、俞应麓、王有兰、汤漪,安徽代表许冠尧、王竹怀、赵斌,四川代表萧湘、周代本,江苏代表袁希洛、陈陶遗、雷奋、马良,浙江代表汤尔和、黄群、陈时夏、陈毅、屈映光等。议长汤尔和任会议主席,监选员为刘之洁。当时计有候选资格者3人:孙中山、黎元洪、黄兴。17省代表依次投票,每省一票,孙中山得16票,黄兴得1票。会议议决:一、各省代表具签名书,交正副议长,到沪欢迎临时大总统来南京;二、通电各省都督府,请每省选派参议员3人来南京组织参议院;参议员未到院以前,由本省代表暂留1人乃至3人,代行参议员职务;三、照临时政府组织大纲,参议员系由各省都督府所派,至各省咨议局所派代表,仍称某省代表,得列席于参议院(刘星楠《辛亥各省代表会日志》,《辛亥革命回忆录》第六集)。

又按:蔡元培《自写年谱》曰:"那时候,有十七省代表十七人齐集南京,将开会公举中华民国总统,这被举的当然是孙先生了。但是浙军的将领,因与光复会有关系,而又自恃是攻南京有功,对于选举问题颇有异议。章君太炎时在黄浦滩某号屋中,挂了一个统一党的招牌,有其弟子十余人左右之,其一即汪君旭东,并邀我寓其中。章君对于浙军将领的主张,甚注意,特属我往南京,与各省代表接洽,劝展缓选举。我到南京后,晤几位代表,除湖南代表谭君石屏外,都主张举孙先生,也不赞成展缓的办法。我归而报告,章君语我:'如孙果被举,组织政府时,我浙人最好不加入。'我那时候空空洞洞的漫应之。后来孙先生果以十六票被举为总统(湖南代表独举黄兴),欲组织临时政府,命薛仙舟先生来招我,将以任教育总长,我力辞之;薛先生说:'此次组阁,除君与王君亮畴外,各部均以名流任总长,而同盟会老同志居次长的地位;但诸名流尚观望不前,君等万不可推却。我今日还须约陈君兰生同去,备任财长,如君不去,陈更无望了。'我不得已而允之,即回寓取行装,章君引浙人不入阁之约以相难我行装,我告以不能不一去,去而面辞,如得当,无问题;否则我当于报纸上宣布我背约之罪以谢君。章君之诸弟子,亦劝其师勿固执,乃容我往。我到南京后,见孙先生,面辞,不见许,乃拟一广告稿,寄章君之弟子,请其呈师订正,备发表。未几,其弟子来一函,说章君不愿发表云。"(《蔡元培先生年谱》上册)

孙中山在上海得知17省代表在南京召开会议选举,自己被推选为临时大总统,立即复电南京,表示接受会议选举结果(刘星楠《辛亥各省代表会日志》,《辛亥革命回忆录》第六集)。

孙中山根据各省代表会议决定,致电袁世凯,表示对总统职务"暂时承乏,虚位以待"。

内务部发布关于选举临时大总统时同伸庆祝的告示。

按:告示曰:"为出示晓谕事:案奉大都督发下准南京各省代表会庚电开:'各省代表决定本月初十日下午九时在宁开会选举临时大总统,实为中国第一盛典,请速电饬各属,届时一律悬挂国旗,同伸庆祝,并奉批仰内务部办理'等因,奉此。查我军起义武昌,各省响应,群情踊跃,立告成功。现在建立共和政体,亟应组织统一机关以孚民望。既各省代表选举大总统为中国第一盛典,凡我国民即应同伸庆祝。除分别电饬各属遵照外,为此仰阖城绅商士庶及诸色人等,届时一律悬挂国旗,用表贺悃。切切,特示。"(《湖北军政府文献资料汇编》)

《明报》登载孙中山致中华民国学生军团两函。

南北议和代表达成召开国民会议公决"国体"协议。

陈炯明将陈敬岳、温生才的遗体移葬于黄花岗上,并举行隆重的改葬礼,参加典礼者逾万人。

叶圣陶是日日记曰:"晴光普照,气象宏崇。选举总统一事,为历史所未有,亦民国之光荣。街头巷角,高竖五色之国旗以庆盛典,而各学校亦停课一日焉。"(《叶圣陶集》第19卷)

30日(宣统三年十一月十一日)

袁世凯拒绝接受南北议和代表商订的国民会议召集办法。

孙中山召开同盟会本部临时会议,旅沪各省分会部分负责人出席。经讨论后,改订同盟会暂行章程,并再次发表宣言。

按: 宣言指出,在同盟会内部"意见不相统属,议论歧为万途",以致被敌人及其走狗乘隙而入,"当临时政府组织之际,其祸乃大著"。号召革命党人"必先自结合,以成坚固不破之群"。还驳斥了"革命军起,革命党消"的论调,指出:"言夫其成功,则元凶未灭,如虎负嵎,成败未可预睹;即日成矣,而吾党之责任,岂遂终此乎?"强调"吾党之责任不卒之于民族主义,而卒之于民权、民生主义","必完全贯彻此三大主义而无遗"(广东省哲学社会科学研究所历史研究室等编《孙中山年谱》)。

黎元洪贺孙中山当选临时大总统致南京临时政府电。

按: 电文曰:"顷接各省代表会蒸电,称临时大总统之任,先生当选,曷胜欣贺!先生识高千古,周užい全球,挽末世之颓风,复唐虞之盛治,使海内重睹汉官威仪,不独四万万同胞之福。即东西各国,亦莫不景仰高风。为中华民国庆,专此电贺。中华民国万岁!中华民国大总统万岁!"(《湖北军政府文献资料汇编》)

王金铭、施从云、冯玉祥联名发出通电,表示赞成共和,反对帝制。

上海张园举行东南光复纪念会演。

杨守敬自撰《邻苏老人年谱》，本日作记于上海虹口旅次。

按：《杨守敬学术年谱》最后写道："盖自到上海，嘱两儿至武昌取物已经三次，每次枉费钱文不赀，而自两儿去后，吾每夜不能成寐，若有差失，吾命休矣，全家何所依赖？今幸日本人知余在此，尚有求余书者，所得润金亦略可补济，若余复死，则全家饿莩矣。吁！世之藏书者，大抵席丰履厚，以不甚爱惜之钱财，或值故家零落，以贱值捆载而入；守敬则自少壮入都，日游市上，节衣啬食而得；其在日本，则以所携古碑、古钱、古印之属交易之，无一幸获者；归国后，复以卖字增其缺，故有一册竭数日之力始能入厨者。天鉴艰难，当不使同绛云一炬，若长此不靖，典籍散佚，则非独吾之不幸，亦天下后世之不幸也。涕零书此，知我者，其勿以不达笑我。辛亥十一月十一日，邻苏老人记于上海虹口旅次。"

31日（宣统三年十一月十二日）

17省全体代表开会，大总统特派黄兴到会，议改用阳历，并以中华民国纪元。滇、湘、鄂代表吕志伊、宋教仁、居正提出临时政府组织大纲修正案。

按：经议决：自阴历十一月十三日起，即阳历元旦，改用阳历，以中华民国纪元，称中华民国元年一月一日。对滇、湘、鄂代表吕志伊、宋教仁、居正提出的临时政府组织大纲修正案，经议决：原文第一章"临时大总统"下加"临时副总统"五字；原文第一条，修正为："临时大总统，副总统，皆由各省代表选举之，代表投票权，每省以一票为限。"原文第五条修正为："临时大总统制定官制官规，并任免文武职员，但任命国务各员，须得参议院之同意。"

同盟会和北方各革命团体策动由东北赴滦州参操的清新军第二十镇(师)第三十九协(旅)第七十九标(团)以及驻秦皇岛海阳镇第八十标革命派官兵起义反清，建立中华民国北方军政府，通电全国，照会列强，宣布"本政府设于北京，暂设滦州"。王金铭任军政府大都督，施从云任革命军总司令，冯玉祥为参谋长，白雅雨代表同盟会授印授旗，文武官员宣誓就职。废止宣统年号，改称"黄帝纪元四千六百零九年"。

按：1911春，清廷为了炫示武力以震慑天下，宣布当年农历秋八月将在直隶永平府所属滦州铁路沿线集中数万新军，举行大规模军事演习，史称"永平秋操"。同盟会遂利用这次机会，策划起义。

驻奉天新军、巡防营统制、统领潘炬楹、聂汝清、张作霖等联名通电吉林等省督抚，奉省现已"编就勤王之师"，决定"以铁血解决政体"，愿联合各省对宣布独立省份进行"痛剿"，希望吉林省一起行动。

中华民国湖北军政府在发布的《内务部关于中华民国改用阳历的通谕》中，明确将年节称为"春节"。

1912年1月

1日（宣统三年十一月十三日）

孙中山由沪莅宁，各省代表至车站欢迎。午后，孙中山在南京总统府宣誓就任中华民国临时大总统，发布《临时大总统就职宣言》和《告全国同胞书》。誓词是："倾覆满洲专制政府，巩固中华民国，图谋民生幸福，取民之公意，文实遵之，以忠于国，为众服务。至专制政府既倒，国内无乱，民国卓立于世界，为列邦公认，斯时文当解临时大总统之职。谨以此誓于国民。"（《东方杂志》第八卷第十号《中国大事记》，1911年）各省代表上印绶，大总统盖印，各省代表致词，海陆军代表致颂词。

按：《临时大总统就职宣言》曰："国家之本，在于人民。合汉、满、蒙、回、藏诸地为一国，即合汉、满、蒙、回、藏诸族为一人。是曰民族之统一。武汉首义，十数行省先后独立。所谓独立，对于清廷为脱离，对于各省为联合，蒙古、西藏意亦同此。行动既一，绝无歧趋，枢机成于中央，斯经纬周于四至。是曰领土之统一。血钟一鸣，义旗四指，拥甲带戈之士遍于十余行省。虽编制或不一，号令或不齐，而目的所在则无不同。由共同之目的，以为共同之行动，整齐画一，夫岂其难？是曰军政之统一。国家幅员辽阔，各省自有其风气所宜。前此清廷强以中央集权之法行之，遂其伪立宪之术。今者各省联合，互谋自治，此后行政期于中央政府与各省之关系，调剂得宜。大纲既挈，条目自举。是曰内治之统一。满清时代藉立宪之名，行敛财之实，杂捐苛细，民不聊生。此后国家经费，必期合于理财学理，而尤在改良社会经济组织，使人民知有生之乐。是曰财政之统一。"（《孙中山全集》第1卷）

又按：《民立报》1912年1月6日报道："孙大总统就任记。中华民国孙大总统前日由沪赴宁,……总统下车即入总统府,命员先缮写誓词及宣言书,十一时在旧大堂行就任式。首由山西代表景君耀月报告民国成立由来及孙君之功绩。次由总统读誓词,音节庄重。在场人均矗立静听,令人生严肃之感。代表继宣读欢迎文,读毕,上玺绶。胡君汉民代总统朗读宣言书,海陆军人代表徐司令官绍桢读祝词,总统致答词后,军乐声作,式典告终。"

又按:钱玄同《三十年来我对于满清的态度底变迁》说:"一九一二年一月一日,中华民国政府成立于南京,临时大总统孙中山先生就职。我那时在故乡吴兴底浙江第三中学校做教员,天天希望义师北伐,直捣燕京,剿灭满廷,以复二百六十八年以来攘窃我政权、残杀我汉人之大仇。而事实上却是由袁世凯耍了一套从王莽到赵匡胤耍厌了的老把戏,请溥仪退位。溥仪退位总是事实,所以当时大家都不再作进一步之解决。我对于满清的怨恨虽然消灭了些,不过优待条件我是很反对的。"(《钱玄同年谱》)

孙中山犒赏军队。

黎元洪为通告阳夏清军违约进攻致南京临时政府并各省都督电。

按:电文曰:"阳夏敌军,不第不遵约退出百里以外,且肆行射击,反图进攻。顷探得确情,彼军谓民军既举有总统,同人生计将绝,并谓此后之战,皆为项城,非为满洲云云。鄙意项城胸怀磊落,名满天下;此次以仕清廷,未克与选,识者惜之。方期和议早成,彼此共享共和之福,人望如项城,何至不能与选?若果如敌军所云,不第为项城盛德之累,且以违约见责于友邦,恐非项城所许。为此通告,并乞伍先生速与唐使严重交涉,请其急电项城,饬军队如约退出百里之外,以昭孚信。否则冠裳之会,变为干戈,涂炭生灵,端自彼开,我可告无罪于天下矣。"(《湖北军政府文献资料汇编》)

北洋军将领冯国璋、段祺瑞、姜桂题、张勋、张怀芝、曹锟、王占元、陈光远、李纯、王怀庆、张作霖等15人发布联名通电,欲誓死拥护君主立宪,反对共和政体,并敦请各亲贵大臣将在外国银行所存款项提回,接济军用,以利大局。

唐绍仪电袁世凯,请允将国会改在上海开会,并再请辞职。

按:《东方杂志》第八卷第十号《中国大事记》载:唐绍仪得清廷召集国会议决政体之旨后,复与民军伍代表(廷芳)会议,议决四条:(一)国民会议,由各处代表组织,每一省为一处,内外蒙古为一处,前后藏为一处;(二)每处各派代表三人，每人一票，若有某处到会代表不及三人者，仍有投三票之权；（三）开会之日，如各处到会之数，有四分之三，即可开议；（四）各处代表，江苏、安徽、湖北、湖南、江西、山西、陕西、浙江、福建、广东、四川、云南、贵州，由中华民国临时政府发电召集，直隶、山东、河南、东三省、甘肃、新疆，由清政府发电召集，并由民国政府电知该省咨议局。内外蒙古、西藏，由两政府分电召集。嗣得袁电，不允承认。唐即发电辞职。本日得袁电允准。

陆费逵、戴克敦、陈协恭、沈知方等在上海创办中华书局。

江苏举庄蕴宽代理都督，程德全因病不能视事。

山东全省红十字会改称中国红十字会山东分会。后又易名为中国红十字会济南分会。

独立各省都督府代表会议所遣特派员王北方（伯芳）视察山西运城。

湘西军政府成立，推周瑞龙为军政长兼管屯政。

浙江省临时省议会成立，当即制定和颁布《浙江军政府临时约法》。

黄世仲等人在上海《申报》刊登倡议，提议为史坚如烈士造铜像、建纪念堂，并封墓树碑。

按：《申报》以《粤人议铸史烈士铜像》为题报道说："粤省现由沈孝则、李孟哲、黄世仲、苏慎之等，以番禺史坚如烈士距今十二年前，早倡革命，轰炸德寿不成而死，大义昭然。特倡议募金为史烈士造像，并请都督拨给旅粤中学堂旧址为史烈士纪念堂，并封墓树碑，以资凭吊，搜讨遗著，以阐幽光云。"

《民国报》发表《北美合众国宣告檄文》。

天津《益世》（周刊）在意租界小马路（今民权路）创刊。创办人雷鸣远。

叶圣陶是日日记曰："今日为吾国改用阳历之第一日，而吾之日记，亦于今日始改用阳历矣。"（《叶圣陶集》第19卷）

2日（宣统三年十一月十四日）

孙中山以临时大总统名义通电全国，改用阳历，以1912年1月1

日为中华民国建元之始。

皖、苏、浙、闽、桂五省都督府代表提出临时政府组织大纲修正案,由原来五个部分增加为九个部分。增设临时副总统。规定《临时政府组织大纲》施行期限,以中华民国宪法成立之日为止。

按:经议决:原文第一条,修正为:"临时大总统、副总统,皆由各省代表选举之,以得票满投票总数三分之二以上为当选,代表投票权每省以一票为限。"原文第五条,修正为:"临时大总统得制定官制官规,兼任免文武职员,但制定官制及任命国务各员及外交专使,须得参议院之同意。"原文第六条后,增加一条为第七条(原第七条改为第八条,余递推),条文为:"临时副总统于大总统因故去职时,得升任之;如大总统有故障,不能视事时,得受大总统之委任,代行其职权。"又议决:一月三日开会,选举临时副总统(刘星楠《辛亥各省代表会日志》、《辛亥革命回忆录》第六集)。

各省都督府代表联合会议决:以代表会代行参议院职权。选举赵士北为临时议长,马君武为临时副议长。

黎元洪推崇孙中山致南京临时政府孙大总统电。

按:电文曰:"蒸日得代表团来电,知先生被举为大总统,当即电致金陵,奉尘左右,为四万万同胞忻贺。昨接陈都督来电,知先生改定正朔,与民更始,并于元旦到宁就任。前电谅邀钧鉴。同人正值开会庆祝,忽奉先生由沪真电。奖借逾恒,莫名惭悚。伏思元洪才识凡庸,素无表见。此次发难,皆赖群策群力,共赴事机。元洪何人,敢叨天之功以为己有?先生首创大义,奔走呼号,二十年如一日。薄海内外,莫不钦仰高风,濡沐仁化。西哲云:'言论者事实之母。'此次实行,岂惟元洪身受其赐,我黄帝在天之灵,实式凭之。乃至德冲虚,益自谦抑,捧读之下,感愧交集。武汉独当敌冲。任大责重,深惧弗胜;惟有夙夜孳孳,万不敢稍恃和议,致懈枕戈。"附:孙文来电:"武昌举义,四海云从,列国舆论,歌诵民军,无微不至,而尤钦佩公之艰苦卓绝。文于中国革命,虽奔走有年,而此次实行,并无寸力,谬蒙各省代表举为总统,且感且愧。惟有勉为其难,以副公之盛意。武汉为全国之枢纽,公之责任维艰。伏维珍重。"(《湖北军政府文献资料汇编》)

袁世凯批准唐绍仪辞职,并电告伍廷芳,以后直接电商南北和谈事宜。

袁世凯电伍廷芳继续停战15天,主山西、陕西、湖北、安徽、江苏两军各后退50里,或清军退出汉阳、汉口百里以外,杨逻司及蔡甸沌口民军退过江南,陕西两军退离潼关50里,江北民军及张勋军均不前进。

河南咨议局致电袁世凯,人民切望共和,倘和议更动,河南人民誓与朝廷断绝关系,宁死不纳租税。

直隶滦州驻军第二十镇统领官苏广川,管带王金铭、施从云、张建功、王名清、郑金声、冯御香、徐廷荣通电赞成共和。滦州宣布独立,成立北方革命军政府,推举王金铭为都督。

姜桂题、张勋、张怀芝、冯国璋等15名北洋军首领发出联衔通电,声称北方将士均主君宪,均主死战。并请旨饬亲贵大臣将银行存款,提充军用。

河东晋军政分府正式成立。

3日(宣统三年十一月十五日)

中华民国南京临时政府正式成立,任命黄兴为陆军总长,蒋作宾为次长;黄钟英为海军总长,汤芗铭为次长;王宠惠为外交总长,魏宸组为次长;程德全为内务总长,居正为次长;伍廷芳为司法总长,吕志伊为次长;陈锦涛为财政总长,王鸿猷为次长;蔡元培为教育总长,景耀月为次长;张謇为实业总长,马君武为次长;汤寿潜为交通总长,于右任为次长。成立临时参议院,举林森、王正廷为正副议长。各省代表会议又选举黎元洪为中华民国临时副总统。临时议长赵士北主持会议,与会者有张蔚森、马步云、赵世钰、袁希洛、许冠尧、王竹怀、林森、王有兰、俞应麓、黄群、潘祖彝、邓宪甫、马君武、章勤士、邹代藩、廖名搢、刘揆一、马伯援、杨时杰、胡瑛、居正、周代本、吴景濂、谷钟秀、李肇甫、谢鸿焘、景耀月、吕志伊、张一鹏、段宇清等(刘星楠《辛亥各省代表会日志》《辛亥革命回忆录》第六集)。

按:胡汉民《胡汉民自传》说:"先生以余为总统府秘书长,各部之组织,则采纳克强意见。……部长只陆军、外交、教育为同盟会党员;余则清末大官,新同情于革命者也。惟次长悉为党员。内务初提钝初,以其尝主内阁制,并欲自为总理,故参议院不予通过(初,由各省代表会行参议院职权,阁员须得其同意,著为约法,其后因之),而改用程德全。程以清江苏巡抚于南京未破时树义旗反正者。克强推荐张謇或熊希龄长财政,先生不可,曰:'财政不能授他人,我知澜生(陈锦涛)不敢有异同,且曾为清廷订币制,借款于国际,有信用。'于是用陈。亮畴(王宠惠)以资格不足,欲辞。先生曰:'吾人正当破除所谓官僚资格,外交问题,吾自决之,勿怯也。'然张、汤仅一度就职,与参列各都会议,即出住上海租界。程因于租界卧病。伍以议和代表不能管部务。陈日经营借款,亦当居租界。故五部悉由次长代理。部长之负责者,黄、王、蔡耳。时战事未已,中央行政不及于各省,各部亦备员而已;独克强兼参谋总长,军事全权集于一身,虽无内阁之名,实各部之领袖也。"(《黄兴年谱长编》引)

又按:南京临时政府是近代中国人民和辛亥革命奋斗成果的集中体现,它存在时间虽然短暂,但却在中国近代史上有不可忽视的地位和历史贡献。它构建了中国现代国家的雏形,展示了中国未来的图景,开辟了中国历史的新纪元。它的最大的特点,是历史的首创性。第一,建立了中国历史上第一个民主共和国。这是破天荒的、前无古人的大事件。它标志着与两千多年历代王朝不同质的新政权的诞生。它使中国跨入了现代社会的新时代。第二,确立了建设现代中国的基本原则。这就是(1)实行民主共和,反对封建专制。(2)"国家之本,在于人民",一切事业均以人民利益为出发点。(3)"民族的统一"。(4)"领土之统一"。第三,制定了共和国的政治体制。第四,颁布了第一部具有宪法性质的《中华民国临时约法》。第五,制定并颁布了具有中国特色和改革性质的各种条例法规。这些条例法规,涉及社会习俗、道德风尚、工矿商业、财政金融、文化教育、婚姻家庭等许多方面。它使民主共和国的建设目标更加具体化,使南京临时政府作为现代国家的形象更加明确。第六,推行选举制度。选举制度是现代民主政治的重要体现,也是区别专制政治和民主政治的重要标志。它是现代国家决策政治大事时充分发扬民主、最大限度反映民意的重要方式。南京临时政府第一次用投票方式选举国家主要领导人,是政治上的重要变革,是走向政治现代化的一个重要标志。第七,大力提倡做人民公仆。(参见张宪文《辛亥革命若干问题的再认识》,《复旦学报》2002年第2期)

章炳麟脱离同盟会,在上海另组中华民国联合会,章炳麟任会长,程德全为副会长。发刊《大共和日报》。

按：《民立报》1912年1月5日报道："联合会成立大会记：十五日午后一时，中华民国联合会成立大会于江苏教育总会。到会者二百余人。首由主席唐文治报告开会。次由章炳麟君演说本会宗旨，次行选举，用投票法。章炳麟君是126票，被选为正会长。程德全君得81票，被选为副会长。次由各省会员互选参议员，其得票最多数者，江苏为唐文治、张謇二君，浙江蔡元培、庆德闿，湖南熊希龄、张通典，湖北黄侃，安徽王德渊、程承泽，四川黄云鹏、贺孝齐，江西刘树堂、邹凌元，广西陈郁常，云南陈荣昌，广东邓实，甘肃牛载坤，贵州符诗镕、王朴诸君当选。复次由唐文治君报告驻会干事由会长指任，但会长以本日仓卒，须详审方能指定宣布。唐君复提议增设特别干事，专取有学识者充之，无定员，由职员会公推。复次蔡元培提议，请愿临时政府组织民选参议院，因现在临时参议院诸员皆由各军政府所派，非公意也。复次由黄云鹏君提议各省设立分会事，均满场一致表决，至六钟散会。"

又按：3月2日中华民国联合会又更名为统一党，推举章炳麟、程德全、张謇、熊希龄、宋教仁为理事，唐文治、赵凤昌、汤化龙、汤寿潜等为参事。

孙中山正式任命蓝天蔚为关外大都督、北伐军总司令。

清廷劝亲贵王公等输财赠军。大理院正卿定成免，以刘若曾代之。

清驻俄公使陆征祥联合驻外各清使，电请清帝逊位。

伍廷芳致电袁世凯，声明唐绍仪所签之约，不因其辞职失效，并要求履行退兵办法。

清内阁通告各路军队，续议停战。

英、美、德、法、日、俄六国有同文通牒，致送清内阁，略谓两军交战以来，各国在清商务颇受影响，此次上海媾和必须双方让步。

湖南国民协会通电斥杨度为汉奸，请拿办正法。

4日(宣统三年十一月十六日)

孙中山电令广东都督陈炯明出师北伐。

黎元洪为当选为副总统致南京临时政府等电。

按：电文曰："连接各省代表会与本省代表来电，知中央政府举元洪为临时副总统。闻命之余，惭悚交并。元洪才识平庸，素无表见。自起义以来，全赖群策群力，互相维持。以武汉一隅，而收十七省益地之图；以前后二月,而雪三百年敷大之愤。诸君子创其苦因,而元洪收其乐果。纵诸君子谬蒙推奖,能勿忿然?现在和议未定,战事方棘。尚望诸君子坚矢初心,共襄盛业,勿争权利而越范围,勿怀意见而分门户,勿轻敌而有骄心,勿畏难而萌退志。岂惟我中国父兄子弟群相托命,环球万国,将于是观听随之。元洪有厚望焉。"(《湖北军政府文献资料汇编》)

袁世凯致电伍廷芳,提出临时国会选举办法,声称须在北京开会。

伍廷芳致电袁世凯,请亲来上海,并再声明唐绍仪所签之约,不能更动。

清督抚赵尔巽、陈夔龙、段祺瑞、锡良、齐耀琳、胡建枢、陈昭常、周树模电奏,请令亲贵大臣立将外国银行存款提出,以充军饷。

杨士琦免署邮传大臣,清廷命梁士诒继任。

汉阳、汉口清军退至孝感、广水一带。

重庆军政府与援川滇军订立合同条款。

5日(宣统三年十一月十七日)

南京临时政府发布《告友邦书》,宣告承认清政府在革命前与各国所缔结的一切条约、所借外债、所认赔款及让与权利继续有效。

孙中山发表告国民书,列举民族统一、领土统一、军政统一、内治统一、财政统一为政务方针,洗去满清时代辱国举措、排外心理,与各友邦益增睦谊。

孙中山颁布军士服制。

袁世凯电请伍廷芳亲来北京。

新疆伊犁宣布独立。

清军按南北和议协定,自汉阳撤退。

《民立报》发表《和议尚可信耶》社论。

按:社论指出:"若借此议和,敷衍时日,是堕彼术中矣。虽苟安一时,而来日之大患正未艾也。"认为和议将捆住革命党人的手脚,造成革命的消极被动。

中国社会党南京分部成立。

章炳麟、程德全等发起的中华民国联合会在上海正式成立。

按:《中华民国联合会章程》如下:

第一章 总纲

第一条 本会为联合全国一致进行起见,定名为中华民国联合会。

第二条 本会以联合全国扶助完全共和政府之成立为宗旨。

第三条 本会会员,凡国民品行端正,具有普通学识者,经本会会员二人介绍,由会长认可后方为合格。但未开成立大会以前,可由创办员一人介绍即为合格。

第二章 机关及权限

第四条 本会设正会长一人,副会长一人,驻会干事每省一人,驻省干事每省四人,参议员每省二人。

第五条 正会长代表本会全体,总理一切会务,并指导各科干事。副会长襄理一切会务,若正会长缺席时,得代理其职权。

第六条 驻会干事常川驻会,由会长提调办理各事。

第七条 驻省干事调查该省独立状况及共和政务,随时报告,并得介绍该省会员入会。

第八条 参议员参议一切紧要事务及重大疑难问题,若关于讨论职员行为者,得独立开特别参议会。

第九条 驻会干事办事分科及其职掌如左:(一)总务科 掌管机要,整理会务,兼办一切不属于他科之事。(二)会计科 分理本会收入支出事务。(三)书记科 经理文牍及记录事务。(四)交际科 办理联络及招待事务。(五)调查科 经理一切调查并征集各驻省干事报告。

第三章 选任及期限

第十条 正副会长由全体大会投票公选。

第十一条 驻会干事由会长于会员中各省指任一人,更为酌量分科。

第十二条 驻省干事由各省会员于驻在该省会员中推选,但须经本会会长承认。

第十三条 参议员由会员中每省互选二人。

第十四条 以上各职员均以完全共和政府成立之日为任期,期内如有缺员得临时选补。

第四章 事务

第十五条　本会对于各独立团体,如有妨害共和之进行者,应联络各团体设法纠正之。

第十六条　本会对于中央政府及各都督府,凡关于充实兵力之事应尽力协助之。

第十七条　本会对于政治外交问题得开会研究,条陈意见于政府。

第十八条　本会设《大共和报》为发表言论机关,章程另订。

第五章　会期

第十九条　本会开会分为全体大会、参议会(职员参议员组成)、职员会、特别参议会(纯由参议员组成)四种,均无定期。全体大会、参议会、职员会均由会长临时招集。但全体大会得职员或参议员半数以上,会员十分之二以上之要求,会长应招集之,并于会期四十日前将会所、时日、事件预告。职员会,参议会各得职员五人以上之请求,会长亦应开会。

特别参议会由参议员内提议者五人以上之联名招集之。

第六章　经费

第二十条　本会经费由会员入会时每人纳入会捐一元,每年纳常年捐六元,分一六两月缴。特别捐无定额,由会员自由捐助。但会员一年以上未缴常年捐并不通告理由者,当即除名。名誉捐由本国热心赞助者捐助,本会公推为名誉赞成员。

第七章　附则

第二十一条　本会俟完全共和政府成立后,即改为政党,唯《大共和报》仍继续为言论机关。

第二十二条　本会章程由发布之日即生效,如有施行不便之处,由多数职员及参议员提议,经参议会议决,得修改之。

第二十三条　本会事务所暂设上海黄浦滩外国花园对过二十九号。所有一切函件及捐款均请径交此处。

创办员　章炳麟、程德全、赵凤昌、张謇、唐文治、陈三立、黄云鹏、应德闳、杜士珍、汪德渊、章驾时、张通典、钟正楸、林长民、邓实、贺孝齐、景耀月、杨若堃。(转引自上海市档案馆《辛亥革命期间上海公共租界工部局警务报告》二,《历史档案》1981年第4期)

汤化龙、孙洪伊、林长民、张嘉森、黄可权、向瑞琨等在上海组织共和建设讨论会。

上海女子参政同志会主持人林宗素专程至南京谒见中华民国临时大总统孙中山,面交该会会章,要求承认女子完全参政权。蒙孙中山面谕:国会成立,女子有完全参政权(《公电·南京电》,《民立报》1912年1月8日)。

章炳麟等对孙中山接见林宗素面谕"国会成立,女子有完全参政"借题发挥、反复辩难,孙中山为了革命内部的团结,被迫让步,表示与林宗素会见"不过是个人闲谈"(《统一党本部·本会复临时大总统书》、《临时大总统再复本会书》、《统一党第一次报告》,京华印书局1913年)。

按:女子参政同志会成立于1911年11月,是民国初年出现的第一个女子参政团体,该会以"普及女子之政治学识、养成女子之政治能力、期待国民完全参政权"为宗旨,并为改善和提高妇女的参政素质采取了许多措施,在当时产生了很大的影响。继林宗素后,唐群英等以中华民国女界代表的名义,上书南京临时参议院,正式提出将女子参政权写入宪法。2月23日,临时参议院将唐群英等请求女子参政权提请审查会审查,但遭到大多数议员的反对。所以,稍后公布的《中华民国临时约法》中没有明确女子参政的条文。

6日(宣统三年十一月十八日)

清廷赠恤署四川总督、督办粤汉川汉铁路大臣、候补侍郎端方及其弟知府端锦。罢盐政院。滦州兵变,抚定之。

湖北军政府开会议决,拟成立湖北临时议会。由各部总稽查部为选举筹备和监督机关,并由该部拟定选举办法。

按:拟定选举办法如下:每县定议员名额一员,由各县旅省人士集会,用单记名投票法互选之,以得票多者当选;各县在省人士不满十人以上,其当选议员,须得同府议员公认,方为有效;被选资格,须年满二十三岁之男子,素无嗜好,得有学校毕业或同等学历有证明文件者。

伍廷芳致电袁世凯,谓南京组织政府与国民会议解决国体,绝不相妨,会议地点仍当在上海。袁世凯致电伍廷芳,谓唐绍仪无决定之权,国体由国会解决,并请切实答复国会选举办法。

清军自汉口撤退。

伊犁新军协统领官杨缵绪军变,将军志锐死之。

山东黄县独立。

江西省南浔铁路公司成立,性质为官商合办。

7日(宣统三年十一月十九日)

陆军部通电各省,着重训练现有军队,不得再招新兵。

清第一军总参官靳云鹏自汉口到北京,谋联合各军,要求共和。

8日(宣统三年十一月二十日)

各省代表会议通过《政府交议军需公债章程案》。

黎元洪召开军事会议,组织北伐军,以战时总司令官吴兆麟为北伐军第一军总司令官,右翼军李烈钧为北伐军第二军总司令官,左翼军赵恒锡为北伐军第三军司令官。

临时政府发行中华民国军需公债一万万元。

新疆伊犁临时都督府成立,推原清伊犁将军广福为临时都督,杨缵绪为总司令,冯特民为外交部长兼民政部长,贺家栋为政治部长,郝可权为参议院院长,冯大树为参事院院长,李辅黄为前敌总司令。杨缵绪等召集地方团体代表、新满营协领、佐领和锡伯、索伦、察哈尔、厄鲁特四营领队大臣与义军各首脑等于官钱局,宣布成立汉、满、蒙、维、藏"五族共进会",共商革命大事。杨缵绪任会长。并创办维吾尔文、汉文《新报》。

靳云鹏奉段祺瑞之命谒袁世凯,谓第一军一致赞成共和,推举袁世凯为大总统。

唐绍仪致电袁世凯,民军拟自行召集国会,蒙古、西藏东北各处均将参加,各国将予承认。

伍廷芳致电袁世凯,请亲自或另派代表前来上海,勿再电商。

岑春煊致电袁世凯,请仍守唐绍仪所定条款,取决国会。

袁世凯同意美国派兵保护京津铁路。

山西民军攻占绛州。

9日(宣统三年十一月二十一日)

江西都督府派代表王有兰、汤漪为参议员。各省代表会议议决:和局已将破裂,公推马君武、陶凤集质问陆军部作战计划如何(刘星楠《辛亥各省代表会日志》,《辛亥革命回忆录》第六集)。

袁世凯致电伍廷芳,劝勿再执唐绍仪所签条款,不允另派代表,并坚持以北京为国会开会地点。

南京临时政府陆军部成立,孙中山委任黄兴为参谋总长,钮永建为副参谋,筹划北伐。

江苏都督移驻苏州。

10日(宣统三年十一月二十二日)

马君武报告,陆军部作战计划已定,拟分五路进兵,如和局破裂,即行宣战。

按:所谓五路进兵,即以鄂湘为第一军,由京汉路前进;宁皖为第二军,向河南前进,与第一军会合于开封、郑州之间;淮扬为第三军,烟台为第四军,向山东前进,会于济南;秦皇岛合关外之兵为第五军,山陕为第六军,向北京前进。第一、二、三、四军既达第一之目的,复与第五、六军会合,共破敌巢(刘星楠《辛亥各省代表会日志》,《辛亥革命回忆录》第六集)。

代行临时参议院职权的各省代表会议议决:"以五色旗为国旗定式",并致函孙中山,"请即饬部颁布各省施行"(《参议院审查案·国旗统案》,《大公报》1912年5月10日),但孙中山未同意。

湖北临时议会成立,刘心源为议长。

伍廷芳致电袁世凯,谓唐绍仪所签之约为不可移动之条件,上海为开会地点,亦万无可易。

清军司令部由汉口迁往孝感。

庄蕴宽在苏州就任代程全德为江苏都督职。

岑春煊发表《致袁世凯电》。

按:电文曰:"今日国民多数,均以共和为目的。朝廷既有召国会决政体之谕,自系采取多数。我皇上之从民所欲,不私全国,以尧舜之心为心,为海内外所共见。民军咸于朝廷礼让,为国罢战息兵,故亦众口一辞,必以尊崇皇室为报,上下相交,各尽其道,为世界历史开一未有之局,诚吾国之光荣也。"(《民立报》1912年1月10日)

中华民国女子同盟会在上海成立,以扶助民国,促进共和,发达女权,参预政事为唯一宗旨,并以普及教育为前提,以整军经武为后盾。吴木兰为会长、林复为副会长。设评议、内务、调查、执行和纠察五部。

中华银行董事会在南京成立。

11日(宣统三年十一月二十三日)

各省代表会议议决:以五色旗为国旗,请大总统颁布各省。

孙中山委任徐绍桢为南京卫戍总督,取消其联军总司令名义。任命李燮和为光复军北伐总司令。

黎元洪以中华民国海陆军大元帅名义下令准备北伐。对第一、第二、第三军下达进军命令。

袁世凯致电伍廷芳,坚持国会地点必在北京。

南京临时政府外交部成立,伍廷芳、温宗尧交卸民军外交代表。

王宠惠致电英国外相葛雷,民国政府成立,继续尊重外人权利。

陆军部在沪设立军械购运处。

浙江各府代表及旅沪学会宋福铣,宁波同乡会虞和德分别推举蒋尊簋代理浙江都督。

章炳麟、蔡元培联名在上海《大共和日报》刊登启事。又联名电请临时大总统孙中山出面保释刘师培。

按:时任安徽都督府秘书长的陈独秀,与邓蓺荪、李光炯等人也联名致电孙中山:"仪征刘光汉,累世传经。髫年岐嶷,热血喷溢,鼓吹文明。早从事于爱国学校、《警钟日报》、《民报》等处,青年学子读其所著书报,多为感动。今之共和事业得已不日观成者,光汉未始无尺寸功,特惜神经过敏,毅力不坚,被诱金任,坠节末路,今闻留系资州,行将议罚。论其终始,实乘大法,衡其功罪,或可相偿,可否恳请赐予矜全,曲为宽宥,当玄黄再造之日,延读书种子之传,俾光汉得以余生,著书赎罪。"(《刘师培年谱长编》引)鉴于各方舆论,刘师培最后被释放。

又按:《大共和日报》1912年1月11日发表蔡元培与章炳麟联名启事寻找刘师培(申叔):"刘申叔学问渊深,通知今古,前为宵人所误,陷入范笼。今者,民国维新,所望国学深湛之士,提倡素风,任持绝学。而申叔消息杳然,死生难测。如身在他方,尚望发一通信于国粹学报馆,以慰同人眷念。章炳麟、蔡元培同白。"

清廷以广州汉军副都统恩泽为兴京副都统,兼充守护永陵大臣。

12日(宣统三年十一月二十四日)

孙中山委任温宗尧为驻沪通商交涉使。午后三时,孙中山巡视海军。又委任蓝天蔚节制北发沪军及军舰。

孙中山就国旗问题咨复各省代表会议。

按:孙中山曰:"一、清国旧例,海军以五色旗为一二品大官之旗。今黜满清之国旗,而用其官旗,未免失体。二、其用意为五大民旗,然其分配代色,取义不确,如以黄代满之类。三、既言五族平等,而上下排列,仍有阶级。夫国旗之颁用,所重有三:一旗之历史,二旗之取义,三旗之美观也。武汉之旗,以之为全国之首义旗矣;苏浙之旗,以之克复南京;而天日之旗,则为汉族共和党人用之南方起义者十余年。自乙未年陆皓东身殉此旗后,如黄冈、防城、镇南关、河口,最近如民国纪元前二年广东新军之反正,倪映典等流血,前一年广东城之起义,七十二人之流血,皆以此旗。南洋、美洲各埠华侨,同情于共和者亦已多年升用,外人总认为民国之旗。至于取义,则武汉多有极正大之主张;而青天白日取象宏美,中国为远东大国,日出东方,为恒星之最者。且青天白日,示光明正照自由平等之义,著于赤帜,亦为三色,其主张之理由尚多,但本总统以为非于此时决定,则可勿详论。因而知武汉所主张,亦有完满之解说。究之革命用兵之际,国旗统一,尚非所急。有如美国,亦几经更改而后定现所行用之旗章。故本总统以为暂勿颁定施行,而俟诸民选国会成立之后。"(《大总统复参议会论国旗函》,《南京临时政府公报》第六号,1912年2月3日,载存萃学社编集,周康燮主编:《中国近代史资料汇编·辛亥革命资料汇编》第五册,第43页,大东图书公司1980年版)

湖南参议员刘彦、彭允彝、欧阳振声到院。

清廷告谕哲布尊丹巴胡图克图,并赍先朝珍物(《清史稿·宣统皇帝本纪》)。

乌里雅苏台组织临时政府,札萨克图汗宣布"独立",押解乌里雅苏台将军奎芳离境。

清王公会议,反对退位,良弼、铁良、载涛、毓朗、载洵、善耆、溥伟等组织宗社党。

按:宗社党的正式名称是"君主立宪维持会",由满清贵族组成。

上海西人商会致电载沣、奕劻、袁世凯,请清廷退位。

日本内阁决定与清廷合营汉冶萍公司。

13日(宣统三年十一月二十五日)

湖北参议员时功玖、刘成禺、张伯烈,福建参议员林森到院。

驻俄公使陆征祥致电北京外务部,俄要求中国不在外蒙古驻兵、殖民,允其自治。

醇亲王载沣访袁世凯、奕劻,商南方所提清帝退位条件。

张勋致电奕劻、载沣、世铎、溥伟、善耆、载洵、载涛、载泽、载振,请凑集银两数千万两,以应军需。

袁树勋、唐文治、丁宝铨、杨文鼎、施肇基致电载沣、溥伟、奕劻、世铎、载洵、载涛、溥伦、载泽等,请早定共和。

中国同盟会总部设立于南京。

刘师培获释后,无颜赴南京,被蜀中名士谢无量邀主四川国学院。是日,在谢无量处与廖平、吴虞等会晤。

按:是年元月,四川军政府都督尹昌衡改枢密院为四川国学院,聘名宿任院事,吴之英为院正,刘师培为院副,又聘楼黎然、曾学传、廖平、曾瀛、李尧勋、谢无量、杨赞襄、圆乘等8人为院员。"本院设立,以研究国学,发扬国粹,沟通今古,切于实用为宗旨。所办事件:一、编辑杂志;二、审定乡土志;三、搜访乡贤遗书;四、续修通志;五、编纂本省光复史;六、校定重要书籍;七、设立国学学校。"刘师培自谓:"民国元年,薄游蜀都,承乏国学院事,兼主国学学校讲习。"(《刘师培年谱长编》)

14日(宣统三年十一月二十六日)

光复会领导人陶成章在上海广慈医院被沪督陈其美所暗杀。

按：这个暗杀事件是由陈其美派遣他的部下蒋介石进行的，蒋介石则买通光复会叛徒王竹卿共同执行。据章太炎先生《自定年谱》说："焕卿之死，咸谓英士等为焕卿争夺都督故杀之，其实，并不在争督，而实忌其练兵，因浙江都督一席，起义将领各欲染指，各有拥戴，如汤蛰仙、蒋伯器之名尚不得安于其位，而况手无寸铁之焕卿？虽有推之者，并不为英士所顾忌，而所以必欲杀之者，实恐其有兵力，难以制之耳。"

张謇致函黄兴，主张同盟会销去党名，并以此为实现全国统一之前提。

直隶河南咨议局电询孙中山总统：一、清廷退位后，能否举袁世凯为总统？二、对北方军队能否一律待遇？三、能否先定优待皇室及旗民生计？孙中山电复直隶河南咨议局，清廷退位后可举袁世凯为大总统。

湖南共和协进会熊希龄、张学济等致电袁世凯，速请明诏退位，勿误大局。

张勋致电资政院，绝不承认民主，即日联合各军南下。

伍廷芳致电蒙古王公，申明各民族一律平等。

法国公使马士理访袁世凯，表示支持。

叶圣陶是日日记载于苏州留园聆听江亢虎演说社会主义，谓其语详括简，条理明晰，不愧为此主义之先觉者，而其演说才亦至可钦佩。

按：记曰："漱餐已，即至校中，同学殊少。校门前一带，同学有试马者，因即作旁观。既而伯祥来，谓'今日下午，中国社会党苏州支部假留园开成立大会，盍往赴会乎？'余曰：'知之已数日，本有此心也。'午膳毕，遂同伯祥、笙亚、颉刚径往。时尚早，既而人渐渐集，有六七百人之多，遂开会。江君亢虎者素抱社会主义，曾周游各国，专为考察此主义，归国后竭力鼓吹。沪上光复后，即创中国社会党本部于沪上，君为其首领焉，今日亦来此演说。述社会主义之起源，则云宗教家之所谓极乐世界，所谓天堂，皆以人生最完美之幸福属之于理想界，而不知实可得之于真实界；社会主义即欲得此最完美之幸福于人世，而且并非臆想，其实实事也。述社会主义之进行方法，则曰破除世袭、遗产之制度：世袭之制去，斯无贵贱之阶级；遗产之制去，斯无贫富之阶级；提倡社会教育，则同胞之程度齐；提倡工商实业，则同胞之经济裕。于是绝对的平等，绝对的自由方达。述各国社会党之状况，则云英国为最发达，其故以英国之国家道德最高，取缔集党等事最少，故各国之党人趋焉；美国亦甚发达，则以美国经济尽握极少数人之手，而极多数人皆贫困无聊，由其反动力而致此；瑞士本为永久局外中立国，其国只有警察而无兵士，有议会而无元首，其人民亦多持社会主义，各国社会主义家方将以其国为模范，欲由此而再加改良也；其余如俄，则以假立宪之下，自人不反动而趋入于社会主义；如法，则本系民主国，奉此主义者亦属多数；如日本，则以去年社会党员幸德秋水被刑后，政府方严于取缔，一般社会亦少信此主义之观念，故此主义尚难鼓吹于东瀛三岛间；大放光明此主义，尚有待于吾中华也。次更述吾国之适合于社会主义等云云。其语详括简要，条理明晰，不愧为此主义之先觉者，而其演说才亦至可钦佩。惜当时未一一记其语，今灯下所记止其大略，遗漏多矣。"(《叶圣陶集》第19卷)

15日(宣统三年十一月二十七日)

孙中山致电南方议和代表伍廷芳，宣告如清帝退位，宣布共和，则将正式辞去临时大总统职，推荐袁世凯为大总统。

孙中山委任日本人犬养毅为法制顾问，阪谷、原田为财政顾问。

大元帅府对武昌各部队进行重新编组：张廷辅为第一支队司令官，邓玉麟为第二支队司令官，熊秉坤为第三支队司令官，高尚志为总预备队司令官，何锡蕃为武昌守备司令官。

上海洋商团致电醇亲王载沣、庆亲王奕劻，劝早日宣布共和。载沣、奕劻即访袁世凯相商。

浙江参议员王正廷，福建参议员陈承泽，安徽代表常恒芳到院。福建代表潘祖彝，经闽都督派为参议员。

廖宇春、靳云鹏访赵秉钧、杨度，请转劝奕劻等赞同共和。

岑春煊奏请迳降明谕，组织共和政府。

清廷赠恤殉难署荆州左翼副都统恒龄。

山东登州独立，刘艺舟为都督。

南北军队停战期续展14日。

16日(宣统三年十一月二十八日)

各省代表在南京开会,通过"临时政府组织大纲修正案"。改总统制为责任内阁制。

13省参议员开会,与会者有吕志伊、段宇清、林森、汤漪、吴景濂、赵世钰、谷钟秀、周代本、李磐、彭允彝、刘彦、潘祖彝、王有兰、常恒芳、陈承泽、王正廷、刘成禺。赵士北主持会议,宣布大总统交议:黎元洪副总统电商,拟向道胜银行借款案,议决办法:一、此项借款,为中央政府借款;二、借款数目,为一百万磅,以磅计不以两计;三、指定武昌四局栈,汉口韦尚文、刘人祥之地皮,为抵押品;四、签约事由中央财政部会同鄂军办理(刘星楠《辛亥各省代表会日志》,《辛亥革命回忆录》第六集)。

袁世凯密奏隆裕太后,力劝实行共和。

袁世凯道遇炸弹,不中。

按:革命党人杨禹昌谋炸袁世凯不中,被捕牺牲。参与此次事件的革命党人尚有张光培、黄之萌等。

蒋尊簋代汤寿潜任浙江都督。

蓝天蔚率以上海学生为主力的北伐军2000余人,乘船到烟台,指挥山东、辽东民军向清军进攻。

黄兴等祭奠徐锡麟烈士,并送挽联:"登百尺楼看大好河山,天若有情,应设四方思猛士;留一抔土以争光日月,人谁不死,独将千古让先生。"(《黄兴年谱长编》)

陈婉衍发表《女子北伐队宣言》。

17日(宣统三年十一月二十九日)

参议院继续开会,与会者有赵士北、马君武、刘成禺、汤漪、段宇清、王正廷、彭允彝、谷钟秀、李磐、欧阳振声、周代本、吕志伊、刘彦、潘祖彝、王有兰、常恒芳、陈承泽、景耀月、马步云、时功玖、吴景濂、章勤士。汤漪、刘成禺提议,参议员不得兼任行政官吏案,全体可决(刘星楠《辛亥各省代表会日志》,《辛亥革命回忆录》第六集)。

南京外交总长王宠惠请英、美、法等国承认民国政府。

南京临时政府财政部、内务部成立。

内务部颁布《各府县暂行行政规则》、《关于地方各属官制的通饬》、《关于地方各属府厅州一律改称县的通饬》。

黄兴致电沪督陈其美,陶成章被刺,请照会法领事根缉严究,以慰死友。并设法保护章炳麟。

张謇致函黄兴,辞去江苏两淮盐政总理。

清廷命张怀芝兼帮办山东防务大臣。

清廷御前会议,袁世凯称疾不至,赵秉钧、梁士诒等主张设立临时政府于天津,与南京开议,恭亲王溥伟及良弼等力持不可。

按：梁士诒(1869—1933),字翼夫,号燕孙,广东三水县凤头乡人。1894年中进士,1895年授翰林院编修。1903年到天津任北洋编书局总办。1905年冬任铁路总文案。1907年出任京汉、沪宁、正汰、汴洛、道清五路提调。1907年任交通银行行长。旋任铁路总局局长。武昌起义后,作为袁世凯的心腹,为袁世凯入京、夺权起到重要作用。李英铨、马翠兰《论辛亥革命中的梁士诒》(《广西梧州师范高等专科学校学报》2006年第2期)说:"梁士诒在辛亥革命时期社会转变过程中以一个幕僚的身份走上政治舞台,干预当时中国政治,其影响可谓举足轻重。袁世凯的东山再起,北方政局的稳定,清帝退位,共和的最后建成,都与他息息相关。武昌首义后,梁士诒在北京为袁世凯部署一切,与各方面进行周旋。作为饱读经书又务实致用的士人,梁士诒能够顺应时代潮流,积极赞成共和,迫使清帝退位,敦促和劝说袁世凯赞成共和使共和最终得以实现,其积极意义是不言而喻的。当袁世凯登上临时大总统宝座后,他又积极谋求袁孙之间的合作,虽事与愿违,但我们不能因此否定他所做的主观努力。为了巩固北京政权和建设中国,梁士诒所提出和采取的政治、经济、思想、文化、外交的种种措施,不仅反映了其远见卓识与聪明才智,而且对于发展中国经济具有积极意义。当然,我们也不能否认其消极的一面,如以封建的道德育人、复辟封建文化、尊孔复古等等,是腐朽的;他极力帮助袁世凯一步步打击革命党人,使南方党人处于不利地位,表现了他政治的实用性和反动性。从另一侧面也反映了处于政治漩涡中的封建士人,其身不由己的一面。我们无须苛求一个封建士大夫一生中完全没有一点瑕疵。辛亥革命时期,梁士诒能以一种开放而变通的心态来顺势而为,影响了中国的政治取向,并取得了一般士人难以企及的成绩,这是值得我们肯定的。"

18日(宣统三年十一月三十日)

参议院开会,与会者有赵士北、潘祖彝、吴景濂、刘彦、王有兰、王正廷、段宇清、陈承泽、赵世钰、刘成禺、谷钟秀、彭允彝、周代本、常恒芳、陈陶遗。主席提议:电催各省参议员迅速到院,俾参议院完全成立。讨论结果,公议电催限一月二十八日以前,各省参议员须一律到院,参议院即于是日正式成立(刘星楠《辛亥各省代表会日志》,《辛亥革命回忆录》第六集)。

孙中山电伍廷芳转告唐绍仪,清帝退位,共和既定,决推袁世凯为总统,惟须以五条件要约:一、清帝退位,不得以政权私授于其臣;二、北京不得设临时政府;三、实行退位后,由民国政府电闻各国,要求承认中华民国,待其回音;四、本人即向参议院辞职;五、公举袁为总统。

按:谢俊美《上海南北和议与辛亥革命》(《学术月刊》2001年第9期)说:上海和议的后果是严重的,它直接造成了辛亥革命"既胜利又失败"这一结局。造成这一结局的原因大致有三:第一,与列强的态度有关。列强"不肯牺牲自国的利益以曲徇我(革命)为事",为了维持他们在华的殖民权益并不希望中国成为一个民主共和国家。在和议期间,列强公开支持袁世凯而反对孙中山等革命党人。英国表示:"任命像孙中山或黎元洪这样的领袖为民国的总统决不能指望会得到列强的承认",认为袁世凯"在中国有信誉,在外国有好名声,是唯一可望从目前的动乱中恢复秩序的一个人"。英国甚至劝说四国银行团"赋予袁世凯同革命党人议和的全权",对袁世凯予以全力支持。日本担心中国的辛亥革命对日本自由民权运动以鼓舞,对天皇制造成冲击,始终持敌视态度。第二,发动和领导各省独立的领导人物,多数是具有"为异族专制"而"进行革命复仇"的民族主义思想的共和知识分子,他们虽拥有近代科学知识、民主主义思想,但不是产业资产阶级分子,多数是学堂毕业的学生、留学生,对中国的复杂国情了解不够,对革命的艰巨性认识不足,他们富于理想、激情、书本知识,但严重缺乏实际政治斗争经验,经不起挫折、失败,他们向袁世凯进行政治妥协是毫不奇怪的。第三,缺乏一个足以同袁世凯官僚政治集团抗衡并决心将反清革命进行到底的强有力的领导核心。武昌起义后,湖北军政府虽具有中央政府的地位,但"黎元洪则在外省毫无地位"。南京临时政府成立后,虽然同盟会在政府中占据优势,但内部却意见分歧,不能形成革命阵营的领导中坚。加上临时政府缺乏财力、兵力,根本无法与袁世凯抗衡,最后只好循着"和议"一路,屈从袁世凯的要求,结束革命。

陆军部颁行《维持地方治安临时军律》。

按：临时军律十二条：一、任意掳掠者枪毙；二、强奸妇女者枪毙；三、焚杀良民者枪毙；四、无长官命令,窃取名义,擅封民屋财产者枪毙；五、硬搬良民箱笼及银钱者枪毙；六、勒索强买者论情抵罪；七、私斗杀伤人者论情抵罪；八、私入良民家宅者罚；九、行窃者罚；十、赌博者罚；十一、纵酒行凶者罚；十二、有类似以上滋扰情形者,均酌量罚办(《黄兴年谱长编》引)。

清廷命所司保护外人生命财产。命舒清阿帮办湖北防务。以乌珍为步军统领,京师戒严。

周作人在《越铎日报》发表《望越篇》,署名独应。

按：文章抨击中国的封建政教"皆以愚民为事,以刑戮慑俊士,以利禄招黠民,益以酷儒莠书,助扶其虐",提出辛亥革命不知能不能彻底改变这种状况的疑问："公仆之政,何所别于诸侯；国土之行,何所异于臣妾？"表现了对辛亥革命前途的忧虑和担心。

蔡元培出席徐锡麟、陈伯平烈士追悼会,并发表激烈演说。

按：《时事新报》1912年1月18日报道曰："徐烈士锡麟及陈烈士伯平灵柩,于14号(即26日)运抵南京后,即停放下关商埠局,定今日发引赴沪,马烈士子畦灵柩,已先由该家属领归。当陈、徐二柩发引之先,于午后2时,在商埠局开追悼会。徐总督固卿代表孙大总统,其他则陆军长黄克强,学务长蔡鹤卿,林女士素皑及政界各重要人物,均莅会演说,尤以蔡鹤卿君演说为最激烈,即分别致奠,旋将灵柩送至沪宁车站。"

19日(宣统三年十二月初一日)

参议院开会,与会者者有赵士北、潘祖彝、陈承泽、段宇清、刘成禺、张伯烈、王正廷、李磐、吴景濂、谷钟秀、赵世钰、王有兰、刘彦。赵士北报告山陕危急情形,关系全局利害,请讨论设法维持。王正廷提议质问政府作战计划如何,请其答复。张伯烈提议,请亟筹统一军队办法,以利进行。议决办法:一、质问政府继续停战十四日事,不特未得参议院同意,且未通知参议院,实为违背临时政府组织大纲。二、继续停战,无论已否实行,仍当立即进兵,救援山陕。山陕属我民国范围,自由进兵,与和议条款并无违背。三、停战期内,江皖所有进行军队,当与武昌援山陕之军,同时并进(刘星楠《辛亥各省代表会日志》,《辛亥革命回忆录》第六集)。

南京临时政府教育部成立。蔡元培任教育总长。

南京临时政府内务部颁行临时政府公文程式。

按:"临时政府公文程式"如下:

第一条 凡自大总统以下各公署职员及人民一切行用公文,俱照以下程式办理。

第二条 行用公文,分为左五种:甲、上级公署职员行用于下级公署职员曰令,公署职员行用于人民者曰令或谕;乙、同级公署职员互相行用者曰咨;丙、下级公署职员行用于上级公署职员及人民行用于公署职员者曰呈;丁、公署职员公告一般人民者曰示。但经参议院议决之法规,应由大总统宣布者曰公布;戊、任用职员及授赏徽章之证书曰状。

第三条 凡公文皆须盖印签名并署年月日,但人民行用于公署职员之呈文,得免其盖印。

第四条 各公署行用于外国之公文,仍照向例办理。

第五条 凡大总统及各部所发之公文有通行性质者,皆须登于公报。各公文除特定有施行期限者外,京城以登载临时政府公报之第五日为施行期,其余各处以公报到达公署之第五日为施行期。(《东方杂志》第八卷第十号《中国大事记》,1911年)

革命党人段右军在开原组织起义,因群众发动不够,众寡悬殊而失败。

张知本主持举行第一次司法官考试,录取18名法官。

奕劻、载沣、溥伟、善耆、载泽、载洵、载涛、溥伦与国务大臣会议,商量退位事宜。

清外务大臣胡维德、民政大臣赵秉钧、邮传大臣梁士诒奏请人心已去,君王专制,恐难保全,恳赞同共和,以维大局。

岑春煊发表《致清贵族公电》,向清廷施加压力。

按:其曰:"现在人心已去,北方虽有军队,恐亦无把握。初九日谕旨既许人民开国会决政体,何忽迁延反复?是必有人以一己之私心,不顾大局之糜烂,皇室之危惨者。今为朝廷计,与其徒延时日,致上下不能径接以诚,何如廓然大公,径降明谕,宣示中外,令国民组织共和政治。"(《岑春煊致清贵族公电》,《民立报》1912年1月19日)

宗社党以"君主立宪维持会"名义发布宣言,强烈要求隆裕太后坚持君主政权,反对共和,推冯国璋为会长,蒙古郡王贡桑诺尔布为副会长。密谋打倒内阁总理大臣袁世凯,以毓朗、载泽出面组阁,铁良出任清军总司令,然后与南方革命军决一死战。袁世凯通过汪精卫授意京津同盟会分会暗杀宗社党首脑。

出使俄国大臣陆征祥奏请明降谕旨,慨允共和。

清廷赏张怀芝巡抚衔。

周树人(鲁迅)、周建人在《越铎日报》发表《维持小学之意见》。

按:这是一封致绍兴县议会议长张琴孙的信。由周作人代拟底稿,后经鲁迅修改。

20日(宣统三年十二月初二日)

张伯烈、孙发绪、谭延闿等政客与湖北革命党人孙武、刘成禺等在上海发起组织民社,拥黎元洪为首领。

按:至2月20日发刊《民声日报》。

南京临时政府向袁世凯正式提出包括废清帝尊号、支付岁用等清帝退位优待条件。

按:甲、关于大清皇帝宣布赞成共和国体,中华民国于大清皇帝辞位之后,优待条件如左:一、大清皇帝辞位之后,尊号仍存不废,中华民国以待各外国君主之礼相待。二、大清皇帝辞位之后,岁用四百万两,俟改铸新币后,改为四百万元。此款由中华民国拨用。三、大清皇帝辞位之后,暂居宫禁,日后移居颐和园。侍卫人等,照常留用。四、大清皇帝辞位之后,其宗庙、陵寝,永远奉祀,由中华民国酌设卫兵,妥慎保护。五、德宗崇陵未完工程,如制妥修,其奉安典礼,仍如旧制,所有实用经费,均由中华民国支出。六、以前宫内所用各项执事人员,可照常留用,惟以后不得再招阉人。七、大清皇帝辞位之后,其原有之私产,由中华民国特别保护。八、原有之禁卫军,归中华民国陆军部编制,额数俸饷,仍如其旧。乙、关于清族待遇之条件:一、清王公世爵,概仍其旧。二、清皇族对于中华民国国家之公权及私权,与国民同等。三、清皇族私产,一体保护。四、清皇族免当兵之义务。设在太和殿的隆裕太后灵堂。丙、关于满、蒙、回、藏各族待遇之条件:今因满、蒙、回、藏各民族赞同共和,中华民国所以待遇者如左:一、与汉人平等。二、保护其原有之私产。三、王公世爵,概仍其旧。四、王公中有生计过艰者,设法代筹生计。五、先筹八旗生计,于未筹定之前,八旗兵弁俸饷,仍旧支放。六、从前营业、居住等限制,一律蠲除,各州县听其自由入籍。七、满、蒙、回、藏原有之宗教,听其自由信仰。(《东方杂志》第八卷第十号《中国大事记》,1911年)

又按:1924年,直系军阀将领冯玉祥在北京发动政变,把民国政府的贿选伪总统曹锟赶下台,同时下达命令,把清朝末代皇帝溥仪驱逐出紫禁城皇宫,取消对皇室的一切优厚待遇。

参议院继续开会,与会者有赵士北、段宇清、王有兰、文群、张伯烈、时功玖、吴景濂、谷钟秀、赵世钰、陈承泽、潘祖彝、刘彦、常恒芳、周代本、陈陶遗(刘星楠《辛亥各省代表会日志》,《辛亥革命回忆录》第六集)。

袁世凯召集内阁会议。

清廷再予前山西巡抚陆锺琦二等轻车都尉世职,追赠同时遇害其子翰林院侍讲陆光熙三品京堂,优恤赐谥,并旌恤锺琦妻唐氏。

按:《清史稿·陆锺琦传》曰:"陆锺琦,字申甫,顺天宛平人,本籍浙江萧山。……宣统改元,晋布政使。三年,擢山西巡抚。到官未逾月,而武昌难作。锺琦语次子敬熙曰:'大事不可为矣!省垣倘不测,吾誓死职。汝曹读书明义,届期毋效妇仁害我!'又曰:'生死之事,父子不相强,任汝曹自为之。但吾孙毋使同尽,以斩宗祀。'敬熙知父意决,入告母。母曰:'汝父殉国,吾惟从之而已。'敬熙以事亟,赴京语其兄光熙,偕还晋。锺琦驭新军严,至是调两营赴南路,时九月七日也。夜发饷,将以翼日行,而迟明变作,新军突入抚署。锺琦出堂皇,仆李庆云从,麾之弗去,且挺身出,先被戕。锺琦叱曰:'尔辈将反邪?'语未竟,遽中枪而殒。光熙奔救,亦被击死。叛军入内室,其妻唐氏抱雏孙起,并遇害。诏褒其忠孝节义萃于一门,予谥文烈。妻唐旌表。"

云南都督蔡锷电请孙中山总统,令北伐军长驱直捣,勿受袁氏之愚,一再停战。

同盟会在南京开会,议推汪兆铭为总理。

《民立报》刊登《民社缘起》。

按:《民社缘起》曰:"昔卢梭有言:国家者,人民同意所约成之社会也。既不能有脱离国家之社会,同时不能有违悖民意之国家。果国家而违悖民意者,其社会即得合全体之力监督而纠正之,或竟取消而改造之,以无伪民意为究竟。武汉起义,二三同志,以人民消极之份子,岂敢犯天下之不韪,而为此芟夷根株、摧廓习惯之举动乎?诚以某等奔走国事,数年于兹。默觇人心,或表同情。所幸民意所指,如矢在括[栝];义声一倡,响应者十余省,景从者逾同胞全额之半。满清之覆,当在不日,成绩固良好矣。虽然,此岂高唱凯歌,文驰祝电,铺张功业,侈意肆志之日乎?行百里者半九十,前途之艰臣,正未可一息自卸也。破坏易,建设难。破坏之事业,得少数热心志士,鼓其百折不挠之气,牺身命,糜汗血,皆优为之。建设之事业,非团结我国民全体中之多数有能力者,护惜萌芽,防范流弊,审慎结构,不能达完全良好之目的。一有不慎,启破坏之端,而流不可收拾之祸,共负罪于天下后世、世界万国者为何如?更毋宁不先发难,而贻此大任于来哲之为苟安旦夕也。以故破坏之事业得少数人民之同意,即可以无敌于天下者;建设之事业非合多数人民之同意,即不能收万弩齐发,趋于一鹄之效果。某等发难于机先,自不能不绸缪于事后。援卢梭人民社会之旨,发起民社。我父老兄弟,其能集思广益,铸造舆论,以国民联合之大多数,造成统一共和之新国家乎?是岂独本社之赐邪?"

又按:《民社规约》如下:

第一章　总纲

第一条　本社对于统一共和政治持进步主义,以谋国利民福。

第二章　社员

第二条　本社社员,须中华国民年满二十岁以上、有公民权、具普通常识者,由社员一人以上之介绍,经评议部审查后,得为本社社员。

第三条　凡社员入社时,须缴入社金二元,常年社费六元,分正、六两月缴纳;有逾一年未缴者,销除社员资格。

第四条　社员有违背本社规约,或败坏本社名誉者,经评议部议决,由社长宣布除名。

第五条　本社本部及各支部社员,其权利义务一切均等,有相互维系之责任。

第三章　职员

第六条　本社设社长一员,总理本社一切事务;副社长一员,协助社长,率同各干事、评议员执行任务。社长不在本社及因事故不能任务时,由副社长代为执行。社长、副社长均二年一任,投票选举,得连任。

第七条　本社干事部设总干事一员、干事若干员,分任书记、会计、庶务、招待各事宜。其办事职任权限,另以细则定之。

第八条　本社评议部设评议员若干员,每社员二十人选举评议员一人,评议员有五人以上即得组织评议会。其议事职任权限,另以细则定之。

第九条　干事部各员由评议会选举任之,干事有缺额及因事故不能任务时,由评议会临时选补,须得社长之队可。

第十条　本社干事及评议员均一年一任,改选时亦得连任,但不得继续连至三任。

第四章　经费

第十一条　本社经费以社员常捐及特别捐充之。

第十二条　本社经费每月收入支出,须于下月第一星期内由会计员选具报告册,交评议部审查决定,由社长公布之。

第五章　会期

第十三条　本社会期计分五种如下:

一、大会　每年秋季开大会一次,其日期须两月以前登报布告,支部社员得一体与会。

一、特别大会　凡重大问题发生,经社员三分之一以上之要求,由社长临时登报召集,开特别大会。

一、职员常会　每月第二星期六日午后二时,合职员全体开常会一次,如临时发生事件,得由总干事通知开职员谈话会。

一、干事会　每星期六午后二时,由干事员开干事会一次,如临时发生事件,得由总干事通知开临时干事会。

一、评议会 每月第一星期六日午后二时,由评议员开评议会一次,其特别事故发生,经评议员三分之一以上之要求,得由总干事通知开评议会。开评议会时,干事员得到会陈述意见,但不加入议决之数。

第六章 附则

第十四条 本社先在上海设立各部,各省地方以次设立支部。各职员未经正式选举时,由发起人先行推定分任职务。

第十五条 本社先就上海组织《民声日报》,为发表言论机关。

第十六条 本社规约有应行修改者,于开大会时经多数社员之同意,得提议修改。

第十七条 本社事务所暂设上海江西路A字五十号四明银行间壁。

发起人:黎元洪、蓝天蔚、谭延闿、王正延、王鸿猷、李登辉、孙武、朱瑞、张振武、吴敬恒、杨曾蔚、刘成禺、项骧、宁调元、孙发绪、周恢、张伯烈、汪彭年、高正中、朱立刚、徐伟、高彤墀、郭健霄、何雯。(《湖北军政府文献资料汇编》)

21日(宣统三年十二月初三日)

南京临时政府召开第一次内阁会议。

临时政府教育部颁布"新定普通教育暂行办法"(十四条)。

按:中华民国教育部普通教育暂行办法通令:"民国既立,清政府之学制,有必要改革者,各省都督府或省议会鉴于学校之急当恢复,发临时学校令,以便推行,具见维持学务之苦心。本部深表同情。惟是省自为令,不免互有异同,将使全国统一之教育界俄焉分裂,至为可虑,本部特拟普通教育暂行办法若干条,为各地方不难通行者,电告贵府,望即宣布施行。至于完全新学制,当征集各地方教育家意见,折衷至当,正式宣布。兹将办法及暂行课程表列下:1.从前各项学堂均改称为学校,监督、堂长应一律通称校长。2.各州县小学应于元年3月5日(即阴历壬子年正月十六日)一律开学;中学校、初级师范学校视地方财力,亦以能开学为主。3.在新制未颁以前,每年仍分二学期,阳历3月开学,至暑假为第一学期;暑假后开学至来年2月底为第二学期。4.初等小学可以男女同校。5.特设之女学校章程暂时照旧。6.凡各种教科书[应]合乎共和民国宗旨,清学部颁行之教科书,一律禁用。7.凡民间通行之教科书,其中如有尊崇满清朝廷及旧时官制军制课并避讳、台头字样,应由各该书局自行修改,呈送样本于本部及本省民政司、教育总会存查。如学校教员遇有教科书中不合共和宗旨者,可临时删改,亦可指出呈请民政司或教育总会通知该书局改正。8.小学读经科一律废止。9.小学手工科应加注重。10.高等小学以上体操科应注重兵式。11.初等小学算术科自第三学期起兼课珠算。12.中学校为普通教育,文实不必分科。13.中学校初级的师范学校,均改为四年毕业,惟现在修正已逾一年以上,骤难照改者,得照旧办理。14.废止旧时奖励出身。高等小学毕业者,称高等小学毕业生;中学校师范学校毕业者,称中学校及师范学校毕业生。"(《民立报》1912年1月25日)

黎元洪关于鄂军政府赞同议和条件复南京临时政府及上海外交部伍总长电。

按:电文曰:"电悉。当集全体职员会议,均以此次战争,原为改造国体,和议条件,既合共和宗旨,一律甚表同情。"附《南京临时政府来电》,其曰:"和议成否,决于数日之内。清帝有意退位,现正商待遇之条件:一、清皇帝之名号,终身不废,以外国君主之礼待之。二、暂居宫禁,日后退居颐和园。三、其年俸若干,由新政府提交国会议决。惟不得少于三百万之数。四、陵寝宗庙,永远奉祀。五、奉安等处工程,照实用数支出。六、满、蒙、回、藏之待遇,与汉人平等。又对于袁内阁之要约:一、清帝退位,一切政权,同时消灭。不得私授其臣民。二、在北京不改设临时政府。三、各国承认中华民国之后,文即辞职,请参议院公举项城为大总统。以上以南北统一、民国巩固为主旨。现虽未列入正式谈判,而进行颇确。若清廷仍不肯就范,则再战有词。请仍照前电准备。现北方已有重兵至宿迁,窥淮扬。闽、鄂、桂之兵,须到南阳。宜一面扰围铁路,一面选派洛阳、山阳之民军以牵制之。"(《湖北军政府文献资料汇编》)

广西提督陆荣廷自南宁到桂林,任广西都督。

22日(宣统三年十二月初四日)

参议院继续开会,与会者有常恒芳、汤漪、文群、王有兰、刘显治、熊范舆、陈承泽、潘祖彝、谷钟秀、刘彦、张一鹏、段宇清、赵世钰、张伯烈、时功玖、赵士北、周代本、李磐、吴景濂、凌文渊大总统派秘书长胡汉民到院,紧急交议和议条件五条:一、清帝退位,由袁世凯同时知照驻京各国公使,电知民国政府;二、袁世凯须宣布政见,绝对赞成共和主义;三、大总统接到外交团通知清帝退位布告后,即行辞职;四、大总统辞职后,由参议院另举袁世凯为临时大总统;五、袁世凯被举为大总统后,须誓守参议院所定之约法,乃能接受事权。经议员全体可决(刘星楠《辛亥各省代表会日志》,《辛亥革命回忆录》第六集)。

张人骏罢,清廷命张勋护两江总督。

胡建枢罢,清廷命张广建署山东巡抚,吴鼎元会办山东防务。

君主立宪维持会向奕劻请愿。

东三省陆防全体军人电袁世凯,反对共和,请内阁表示态度,并声言已组织勤王军队。

招商局董事会议决向英、美、法进行借款。

黄兴致电盛宣怀,"承允助力民国,由汉冶萍公司担借日金五百万元,归民国政府借用",特请三井洋行"商订条约,即日签押交银"(《黄兴年谱长编》引)。

出使日本大臣汪大燮、出使义国大臣吴宗濂奏请宣布共和。

山东都督府在烟台成立,胡瑛为都督,由杜潜代理。

中华民国工党在上海成立。初以朱志尧、徐企文为正副领袖,后改选徐企文为正领袖。

周作人在《越铎日报》上发表《望华国篇》,署名独应。

按:文中批评了由于千年来的封建统治,造成国民性的缺陷:"往者政教为虐,种性日离。千载以来,世为胜民,以利禄为性命,以残贼为功业,利之所在,不问恩仇,虽异族可君,同种可杀也。其次所畏莫若威,故所业二,不受制于人,则为暴于国。"并以五胡、金、元、清、太平天国等历史为证,说明这种"异族可亲"、"同种可杀"的现象,系"覆辙屡践",并指出不久前,光复会首领陶成章也是"不死于异族,而死于同种之手"。文末作者大声疾呼:要改变这种国民性,勿蹈历史覆辙,要"宁保灵明而死,毋徇物欲以生也"。

23日(宣统三年十二月初五日)

参议院继续开会,与会者有赵士北、汤漪、王有兰、张一鹏、潘祖彝、林森、陈承泽、段宇清、刘彦、熊范舆、刘显治、谷钟秀、常恒芳、时功玖、赵世钰、周代本、吴景濂、李磐、凌文渊、王正廷(刘星楠《辛亥各省代表会日志》,《辛亥革命回忆录》第六集)。

蔡锷致电黎元洪,如大局早定,即举袁世凯为总统。

奉天巡防营统领张作霖杀急进会会长张榕。

英、法、俄、日四使赞成清帝退位。

24日(宣统三年十二月初六日)

参议院继续开会,与会者有赵士北、林森、潘祖彝、王有兰、杨廷栋、赵世钰、张伯烈、时功玖、文群、汤漪、刘显治、熊范舆、谷钟秀、刘彦、段宇清、吴景濂、景耀月、常恒芳、凌文渊、彭允彝、周代本。主席报告贵州代表熊范舆、刘显治,前由云南都督蔡锷代给委任状,委派二人到院,刻贵州都督杨荩诚续委平刚、文崇高二人,本院应承认熊、刘二人出席,抑承认平、文二人出席,请公决。公决:承认平刚、文崇高二人出席(刘星楠《辛亥各省代表会日志》,《辛亥革命回忆录》第六集)。

黎元洪委任原总监察刘公为北伐左翼军总司令官,带部队两标,回合季雨霖部,向北进攻。

江西都督马毓宝公布《江西省临时约法》。

清廷以张勋署两江总督。

清廷赠恤殉难伊犁将军志锐。

25日(宣统三年十二月初七日)

参议院机动性开会。与会者有赵士北、段宇清、林森、陈承泽、彭允彝、刘彦、欧阳振声、汤漪、王有兰、文群、赵世钰、谷钟秀、常恒芳、刘成禺、张伯烈、时功玖、平刚、文崇高、吴景濂、陈陶遗、凌文渊。公议:优待满清皇室条件未经公认,应请补交追认(刘星楠《辛亥各省代表会日志》,《辛亥革命回忆录》第六集)。

蔡元培发布《中华民国教育部普通教育暂行办法通令》。

按:这个通令反映了中华民国新政府对教育的新要求,其宣布废除清学部颁行的一切教科书和读经、尊崇清廷的一切旧时的惯用行文,便宣告旧教育制度的结束和中国近代新教育的诞生(参见林家有《辛亥革命与中国教育的近代化》,《中山大学学报》2001年第6期)。

26日(宣统三年十二月初八日)

同盟会员彭家珍在北京炸伤宗社党头目良弼,越二日死。彭家珍当场身殉。

按:《清史稿·良弼传》曰:"良弼,字赉臣,红带子,隶镶黄旗,大学士伊里布孙。……武昌乱起,各省响应,朝论纷呶,王公贵人皆气馁,莫知所为。良弼独与三数才杰朝夕规画,外联群帅,内安当国,思以立宪弭革命,图救大局,上下皆恃以为重。时袁世凯来京,方议国体,人心不安甚矣。一日,良弼议事归,及门,有人遽掷炸弹,三日而卒。事闻,震悼,优恤如例。其后官绅请立祠于北京祀之。"

又按:彭家珍后来被孙中山先生授予"大将军"称号,并将彭家珍和张先培等四烈士合葬在今北京动物园熊猫馆之东北角,立有一座五面碑,每面各镌刻一位烈士的姓名和业绩。

参议院继续开会。与会者有赵士北、王有兰、文群、汤漪、段宇清、文崇高、平刚、殷汝骊、马步云、陈承泽、林森、周代本、李素、刘彦、彭允彝、欧阳振声、谷钟秀、张伯烈、时功玖、刘成禺、陈陶遗、凌文渊、李磐。会议公决:参议院正式成立时间仍以一月二十八日为期。主席宣布议员提议预防奸细、严密检查案,全体可决(刘星楠《辛亥各省代表会日志》,《辛亥革命回忆录》第六集)。

黎元洪关于停战期满议和不成不再展期致孙大总统等电。

按:电文曰:"南京孙大总统、上海伍外交总长鉴:停战期限将满,和议尚未告成。闻满清已简放张勋为南京总督。揆此情形,显系满清不愿共和、徒废时期,以疲我军士。此停战期满,彼方若不决定退位,共同组织共和民国,再议展期决不承认。曲实在彼,即前次所提待遇从优之条件,一律取销。鄂中全体军士均已预备作战,誓不愿与满清共和。再不可听其狡展,致遏我军义勇之气。请大总统、外交总长将种种情形,通告各国是幸。元洪。廿六号。"(《湖北军政府文献资料汇编》)

北洋军将领段祺瑞、姜桂题、张勋、段芝贵、倪嗣冲、曹锟、王占元、李纯、陈光远、孟恩远、靳云鹏、吴光新、曾毓隽、徐树铮、鲍贵卿、卢永祥、李厚基、何丰林、王汝贤、赵倜等人联衔电奏,吁请清帝即日退位,立定共和政体,以现内阁暂时代表政府。袁世凯、徐世昌、冯国璋、王士珍电段祺瑞转劝各将领,切勿轻举妄动。

清皇太后懿旨,以袁世凯公忠体国,封一等侯爵。命额勒浑署伊犁将军,文琦办塔尔巴哈台参赞大臣事。

李家驹辞资政院议长,许鼎霖继任议长。

黄兴与钮永建联名致电陈其美、黄郛,请黄郛出任大本营兵站局长。

外交团决定保护北京至山海关铁路。

女子尚武会在上海台卅成立大会,选举沈佩贞为首任会长,詹寿恒为副会长,张汉英为监学,叶慧哲为书记,钱秀荣为庶务,刘既嘉、李元庆、杨露瀛3人为干事,张振武为名誉总理。

教育部电告四川都督转资州分府,护送刘师培到南京。

俄国政府就新疆政策的确定召开内阁特别会议,会议决定由俄国驻北京公使向中国政府提出,要求该政府承认原中俄改订条约的全部权利。特别会议还决定,若有必要进行武力示威,则应选择伊犁作为示威地点。

27日(宣统三年十二月初九日)

参议院继续开会,与会者有赵士北、王有兰、文群、汤漪、段宇清、文崇高、平刚、殷汝骊、马步云、陈承泽、林森、周代本、李素、刘彦、彭允彝、欧阳振声、谷钟秀、吴景濂、赵世钰、刘成禺、陈陶遗、凌文渊。林森报告参议院筹备正式大会秩序并一切设置。主席宣告大总统因停战期满,咨商解决主战抑主展期事,并派秘书长胡汉民到院陈述意见。讨论结果:全体可决主战(刘星楠《辛亥各省代表会日志》,《辛亥革命回忆录》第六集)。

孙中山致电伍廷芳,不允和局展期,决意开战。另致电各国公使,对袁世凯让步,以早日实现共和。

北方革命协会推举胡鄂公为总司令,白逾桓为津军都督。

革命党人薛成华在天津铁路总站向北洋防务大臣张怀芝投掷炸弹行刺未遂,被捕牺牲。

袁世凯辞侯爵,固让再三乃受。

28日(宣统三年十二月初十日)

南京临时参议院正式成立。

按:《东方杂志》第八卷第十号《中国大事记》载:本日开成立大会,孙总统祝词曰:人有恒言,革命之事,破坏难,建设尤难。夫破坏云者,仁人志士,任侠勇夫,苦心焦虑于隐奥之中,而丧元断脰于危难之际,此其艰难困苦之状,诚有人所不及知者,及一旦时机成熟,倏然而发,若洪波之决危堤,一泻千里,虽欲御之而不可得,然后知其事似难而实易也。若夫建设之事则不然。建一议,赞助者居其前,则反对者居其后矣。立一法,今日见为利,则明日见为弊矣。又况所议者国家无穷之基,所创者亘古未有之制,其得也五族之人受其福,其失也五族之人受其祸。呜呼,破坏之难,各省志士先之矣,建设之难,则自今日以往,诸君子与文所黾勉仔肩,而弗敢推谢者也。矧为北虏未灭,战云方急,立法事业,在在与戎机相待为用。破坏建设之二难,毕萃于兹,诸君子勉哉! 各尽乃智,竭乃力,以固民国之始基,以扬我族之大烈,则不徒文一人之颂祷,其四万万人实嘉赖之。

孙中山令广西都督陆荣廷出师北伐。

清廷以复潼关,赏银一万两犒军。

袁世凯三辞封爵。

山西巡抚张锡銮电请承认共和。

29日(宣统三年十二月十一日)

清御前会议,王公均不反对共和,载沣主张将所有重要问题,委任袁世凯办理。以叙汉阳功,复张彪提督。

孙中山委任吴鼎昌、薛颂瀛为中央银行正副监督。

孙中山致电段祺瑞,盼能一致赞助共和。

林森、陈陶遗当选为临时参议院正副议长。

黎元洪关于派员与段祺瑞代表洽商共和情况致孙大总统电。

按:电文曰:"急。宁孙大总统鉴:接伍总长感电、宥电,即于二十七日派员至孝感,与北军接洽联络,一致进行。段祺瑞派员接待,据称:段对于共和政体,允有同意。此次军队退却,实不愿与民军冲突,损伤元气。至进行方法,现已规定,请民军不必前进,致生误会云云。敝处已通饬各军,驻扎原地,暂不前进,所有一切准备,亦不得稍懈,致受老师费财之害,庶共和政体,得早日告成。下游各军请黄总长通知,相机动作足盼。元洪。"是日,黎元洪又有关于与段军接洽及两军退兵情形复上海伍外交总长电,其曰:"日昨派员前往段军接洽,联络一致进行,段派员至孝感车站接待,据称:目的相同,方法不便一致。段军退至孝感以北。我军驻扎祁家湾一带,相离五十里。此时准备虽不得稍懈,亦不便急进,致起误会。北军仍攻秦省甚急,请速切实阻止,顾全大局是幸。"(《湖北军政府文献资料汇编》)

盛宣怀复电黄兴,谓已派李维格与日本三井洋行直接妥议,即赴东京签押。请即转陈孙总统。

按:《黄兴年谱长编》曰:"南京临时政府虽成立,而府库空虚,财政面临竭源局面,军队日有哗变之虞。整军北伐,在在需款,罗掘俱穷。日本垄断财团乘机以借款为钓饵,诱使民国政府同意汉冶萍公司改为中日合办。盛宣怀时任汉冶萍公司总理,逃亡日本后,即与日方就中日合办事密谋策划,妄想在日本帝国主义的庇护下摆脱自己的困境。目睹民国政府需款孔亟,更想乘机由合办取得借款,向民国政府'输诚投效',保住自己的产业。经过一番紧张的幕后活动,南京临时政府和盛宣怀分别在南京和神户同三井和正金财团,签订了两个性质相同的汉冶萍中日合办草约。草约规定以汉冶萍归中日合办,集股三千万元,中日各半,由公司转借五百万元与民国政府。消息传出,举国哗然。汉冶萍股东亦群起反对,鄂籍参议员反对尤烈。孙中山、黄兴立刻意识到事态的严重性,咨文参议院,毅然废除草约,并正告盛宣怀不得以任何借口继续搞'合办'。"

教育部通电各省筹办社会教育。

革命党人在天津暴动,与清军在金钢桥畔激战,一度攻入督署,后失败。史称"天津起义"。

袁世凯四辞封爵。

江北都督府委任总参谋长孙岳为浦扬镇北伐联军总司令。

日人川岛浪速与蒙古喀剌沁王订立协定,助内蒙古独立。

30日(宣统三年十二月十二日)

清御前会议,隆裕太后召见奕劻、载沣,拟退位。以张怀芝为安徽巡抚。赠恤死事福州将军朴寿。

外交部通电各省保护外人。

章炳麟、张謇、程德全、熊希龄、唐绍仪、汤化龙、庄蕴宽、林长民、温宗尧、蒋尊簋、汤寿潜、唐文治、王印川等在上海组织统一党。

按：统一党由从同盟会中分化出来的中华民国联合会和预备立宪公会联合而成。推举章太炎、程德全、张謇、熊希龄为理事，以唐文治、赵凤昌、汤化龙、温宗尧、唐绍仪、汤寿潜等13人为参事，黄云鹏、林长民、孟森、章驾时等17人为干事。总部迁至北京后，又吸收赵秉钧、陆建章等人为参事。其宗旨是"巩固全国之统一，建设中央政府，促进共和政治"。在政治上拥护袁世凯的统治，同当时控制临时国会的中国同盟会对抗。1912年5月，同民社、国民协进会、民国公会、国民共进会、国民党（由潘鸿鼎等组织的）合并组成共和党。

孙中山将法制局所拟中华民国临时政府组织法咨送参议院。

黄兴致电段祺瑞，请传告各军"撤回抵抗民军之兵力"，"同逼满清退位"；又致电沪督陈其美，转北面招讨使谭人凤，"烟台为北伐军水师根据地，关系重大"，请速统兵前往，以维大局（《黄兴年谱长编》）。

教育部发出通电，要求各省注重社会教育。

按：电曰："各都督公鉴：前拟普通教育暂行办法，业经通电贵府在案，惟社会教育亦为今日急务，入手之方，宜先注重宣讲，即请贵府就本省情形暂定临时宣讲标准，选辑资料，通令各州县实行宣讲，或兼备有益之活动画、影画，以为辅佐。并由各地热心宣讲员，集会研究宣讲办法，以期易收成效。所需宣讲经费，宜令各地方于行政费或公款中酌量开支补助。至宣讲标准，大致应专注此次革新之事实，共和国民之权利义务及尚武、实业诸端，而尤注重于公民之道德。当此改革之初，人心奋发，感受觉易，即希贵府，迅速查照施行。教育部。"（《时事新报》1912年2月2日）

中华民国实业协会在南京成立，李四光为会长。

按：南京临时政府成立以后，曾力图保护工商，发展实业，制定颁布了一系列旨在保护和促进实业发展的章程、则例，促进了各种实业团体的涌现，主要有：中华民国实业协会、中华民国工业建设会、中华实业团、中华民国铁道协会、工商勇进党、民生团、经济协会、西北实业协会、中华女子实业进行会等。

以张昭汉为团长的女子军事团开赴南京,准备北伐。

清外务部与外交团订立国际银行委员会关税管理准据规则。

冯国璋请辞禁卫军总统。

31日(宣统三年十二月十三日)

参议院改临时政府组织法为《中华民国临时约法》,另行起草。

孙中山电嘱黎元洪派人与段祺瑞接洽。

袁世凯奏,俟时局稍定,再行受封。

蔡元培视察南京江南图书馆。

按：蔡元培"到南京后,即时有以江南图书馆事相告者。适马相伯先生代理江宁都督,询之则言此图书馆当属于地方政府权限内,故一切事仍请马先生主持之。驻扎馆中之军队,曾属徐固卿总督下令迁地,亦复无效。马先生因请丹徒茅子贞君入馆任事,因茅君之子在宪兵司令部,有约束军人之权也。元月三十一日,元培曾到馆中一观,王君懋镕并出最精之本相示,一饱眼福。先生之赐也。陈君善余及李君仁圃,均曾来此一谈,陈君并递一节略,详述图书馆情形。将来划定中央与地方政府权限时,如以此馆直隶教育部,则元培等必当加意保护,不负先生当年搜罗之苦心。即目前虽无直接管理之权,然从旁助之,亦不敢不尽心也"(蔡元培1912年2月6日《复缪荃孙函》,《蔡元培先生年谱》上册)。

1912年2月

1日(宣统三年十二月十四日)

黎元洪关于与段军接洽情况致孙大总统等电。

按：电文曰："孙大总统、伍代表、各省都督钧鉴：顷据段军统祺瑞派来全权代表，与敝处接洽一切，并要求敝给与照会，以便回复。其照会文如下：'为照会事：据贵军统派来全权代表吴光新、徐树铮等，本军政府代表孙武、余大鸿、张大昕等接洽。贵代表称：贵军统主张共和，拔师北上，恐敌军前道距离太近，致生冲突，妨碍进行等因。本军政府代表陈述前来，本都督甚表同情。当派本军政府代表等与贵代表共同商酌，旬日之内，必可解决。现约定阴历本年之内，敝军保持现状，其有鄂境以外者，本都督亦设法维持。如阴历年内不能解决，敝军即当前进，以资援助。为此照会贵军统查照可也。须至照会者'云云。特此电闻。再据该代表面述段军统言，凡北军退出地点，即归鄂军管理。合并声叙。元洪。先。印。"(《湖北军政府文献资料汇编》)

四川成渝军政府合并。

按：四川成都、重庆，各设军政府，各立正副都督，以政事权不一，窒碍殊多，特各派员会商，于本日订就合同十一款，双方认可，以成渝两正都督为全省正副都督，改名为中华民国蜀军政府。(《东方杂志》第八卷第十号《中国大事记》，1911年)

章炳麟致电黎元洪，主张以袁世凯为临时总统，仍都北京。

黄兴以陆军部名义复电谭延闿、程潜，促程潜率部来南京。

按：电文曰："现段祺瑞已联合各军将统，要求虏政府速行退位。惟张勋极力反对，意欲抗拒。若能乘此机会，擒斩张贼，则大局可定。宁军力尚单薄，难资战守。盼颂公急来，相机策应，以速成功。"(《黄兴年谱长编》)程潜字颂云,时任湖南新军独立第十二旅旅长。

清廷命张锡銮往奉天会办防务,李盛铎署山西巡抚,卢永祥会办山西军务。赠恤遇害军谘府军谘使良弼。

阿穆尔灵圭亲王偕同那彦图,以蒙古王公联合会内外蒙古"干事人员"的名义电复孙中山、伍廷芳,称尊处如有应商事件,尽可直接通电,无须另举代表南行。

周作人在《越铎日报》上发表《尔越人勿忘先民之训》,署名独应。

按:文中说:"先民有言:会稽乃报仇雪耻之乡,非藏垢纳污之地。盖越自勾践以来,遗风未泯,十尚气节。"但辛亥革命以后,"东南半壁,方脱虏系,而内讧频闻,形同割据。近传台绍诸郡,亦谋分立……"因而文章大声疾呼:"越人勿忘先民之训",不要作"毒于国"、使民怨的事(《周作人年谱》)。

2日(宣统三年十二月十五日)

陆军部重申不准招募令。

姜桂题、段祺瑞、冯国璋电各路统兵官,盼北方军界联合团体,以厚武力。黄兴等旋以南北军人联合会名义致电姜桂题等,否认南北之分。

段祺瑞之代表吴光新、徐树铮与武昌军政府代表孙武等会商退兵办法。

清廷以王赓为军谘府军谘使。

贵阳宪政党和地方保守势力耆老会收买巡防营管带刘显世发动兵变,杀死五路巡防营总统黄泽霖,大汉军政府枢密院院长张百麟逃出贵阳,贵州政权被宪政党人夺取。

吴玉章应邀至孙中山临时大总统府秘书处任职,负责总务。

周作人在《越铎日报》发表《民国之征何在》,署名独。

按:文章略述了辛亥革命以来的情状:"昔秋女士被逮,无定谳,遽遭残贼,天下共愤,今得昭复。而章介眉以种种嫌疑,久经拘讯,亦狱无定谳,而议籍其家。自一面言之,可谓天道还好;又一面言之,亦何解于以暴易暴乎?此矛盾之一例也。更统观全局,则官威如故,民瘼未苏。翠舆朝出,荷戈警跸;高楼夜宴,倚戟卫门;两曹登堂,桎梏加足;雄师捉人,提耳流血。保费计以百金,酒资少亦十角。此皆彰彰在人耳目者,其他更何论耶!"周作人沉痛地指山:"昔为异族,今为同气;昔为专制,今为共和;以今较昔,其异安在?"作者担心辛亥革命不过是"以暴易暴",换汤不换药(《周作人年谱》)。

3日(宣统三年十二月十六日)

清皇太后懿旨,授袁世凯全权,与民军商酌条件奏闻。

按:时岑春煊、袁树勋、陆征祥、段祺瑞等请速定共和国体,以免生灵涂炭,故不俟国会召集,决定自让政权,遂有是命。

内务部通咨保护人民财产。

按:《东方杂志》第八卷第十号《中国大事记》载:内务部拟定保护人民财产五条,咨行各省,一律照办。(一)凡在民国势力范围之人民,所有一切私产,均应归人民享有。(二)前为清政府官产,现入民国势力范围者,应归民国政府享有。(三)前为清政府官吏所得之私产,现无确实反对民国证据,已在民国保护之下者,应归该私人享有。(四)现虽为清政府官吏,其本人确无反对民国之实据,而其财产在民国势力范围下者,应归民国政府保护,俟该本人投归民国时,将其财产交该本人享有。(五)现为清政府官吏,而又为清政府出力,反对民国政府,虐杀民国人民,其财产在民国势力范围内者,应一律查抄归民国政府享有。

黄兴被孙中山任命兼大本营兵站总监。

陈夔龙乞休,清廷以张镇芳署世隶总督、北洋大臣。

4日(宣统三年十二月十七日)

冯国璋、段祺瑞、张勋等60余名将领致电议和代表伍廷芳,请承认优待清室条件原文,和平解决南北纷争。

按:电文曰:"上海伍代表鉴:北方军界不忍生灵涂炭,现多主张共和国体,朝廷亦无成见,无非尊重人道,以国利民福为宗旨。朝廷若以政权公诸国民,为数千年未有之盛德,凡我臣民,自应欢迎感戴,以尽报答之微诚。我军界同人,协同北方各界人士,商议之优待条件,务请贵代表照此承认,庶望从此戢祸息兵,得以和平解决,免致兵连祸结,横生分裂之惨,想贵代表应亦同此心理。"(《冯国璋年谱》引)

黎元洪关于北军各路军统联衔奏请共和复西安张都督电。

按：电文曰："个、祃两电均悉。刻下已与北军联络。由北军第一军统段祺瑞，会同各路军统，联名赞成共和，敦促清帝逊位。兹将诸将姓名，开列于左：署湖广总督、第一军军统段祺瑞，古北口提督、毅军统领姜桂题，护理两江总督、长江提督张勋，察哈台都统、陆军统制官何宗莲，副都统段芝贵，河南布政使、帮办军务倪嗣冲，陆军统制官王占元、陈光远、李纯、曹锟、吴鼎元、潘榘楹、孟恩远，总兵马全纪、谢宝胜、王怀庆，参议官靳云鹏、吴光新、曾毓隽、陶云鹤，参谋徐树铮，炮队协领官蒋廷梓，陆军统领官朱泮藻、王鼎镜、鲍贵卿、卢永祥、陈文运、李厚基、何丰林、张模元、马继增、周符麟、肖广亭、聂求萃、张锡元、施从滨、肖安国，营务处张士钰、袁乃宽，巡防统领王汝贤、洪自成、高文贵、刘全标、赵倜、仇圆、谌启、刘洪顺、柴得贵，帮办天津防务张怀芝，正定镇徐邦杰。四十二人联名出奏，并约以该军退却，我军不得追击，以免自相冲突而坏大局云云。似此各路格帅赞成共和，率兵北向，旧历年内，可望和平解决。贵军只可联络，不可攻击，致开战端，而失诸将帅赞成之心为祷。"（《湖北军政府文献资料汇编》）

孙中山、黄兴联名致电议和代表伍廷芳，痛斥张勋、倪嗣冲等在徐皖一带攻击民军，严正表明临时政府绝不妥协迁就的强硬态度。

孙中山、黄兴联名复电伍廷芳，袁世凯"再请停战一星期"，"应无庸议"。

按：电文曰："现在南北各军同赞共和，原无再起战争之理。惟清帝尚未退位，袁内阁主张共和，为二三顽迷者所箝制，是以民军亟图北上，速定大局。清廷意欲停战，惟有早日退位。否则迁延不决，徒滋祸害，恐惹起种种难题，民军岂能终止进行？顷已通电张勋、倪嗣冲、朱家宝、升允征求意见，如果赞成共和，彼此均系友军，自应联兵北上，共逼清帝退位，早图底定。若迁延顾虑，作无谓之抵抗，无论是否误会民军宗旨，而在民军方面，不能不视为反对共和之蟊贼，将与天下共诛之。质而言之，时局至此，已非停战问题，乃在南北合力一致，联师北上，以实力定大局。……停战一节，应无庸议。"（《民立报》1912年2月7日）

实业部通电各省设立实业司。

按：《东方杂志》第八卷第十号《中国大事记》载：实业部以实业为民国将来生存命脉，不能不切实经营，特通电各省，当将实业司速行成立。其已成立者，将办事重要人姓名报部。

陆军部严禁私募军饷。

唐绍仪访伍廷芳,汪精卫自上海至南京谒孙中山,分商清室优待条件。

清廷命昆源会办热河防务。

清山西巡抚张锡銮等奏请宣布共和。

俄军占领黑龙江胪滨府(呼伦贝尔)。

5日(宣统三年十二月十八日)

教育部在《临时政府公报》发布征集国歌词谱的广告。

按:广告曰:"国歌所以代表国家之性质,发扬人民之精神,其关系至大。今者民国成立,尚未有美善之国歌,以供国民讽咏良用恧焉。本部现拟征集歌谱,俟取材较多,再敦请精于斯学者,共同审订颁行全国。倘蒙海内音乐名家制作曲谱并附歌词邮寄本部,不胜企盼之至。"(《教育部征集国歌广告》,《临时政府公报》第8号,1912年2月5日)

财政部取缔各省私借外债。

按:《东方杂志》第八卷第十号《中国大事记》载:财政部致各省电云,近闻各省以借款事,派人到沪,分头与洋商交涉,以内情而论,似有各自为谋之讥;以外观而论,易启外人纷歧之虑。且同一人而向借者十余宗,同一款而揽借者十余起,势必高抬利息,疑窦滋生。转于各省借款效用,丛生窒碍。现在本部成立,在沪暂设办事处,以便与洋商交涉,如各省有与洋商借款之举,请饬其先到本处报告,晤商办法,庶几一致进行,而事乃获济。

参议院修正清室优待条件。

黎元洪为转达段军代表徐树铮关于鄂境停战议和情形致孙大总统等电。

按:电文曰:"孙大总统、伍外交总长、各总司令、季招讨使、各省都督鉴:据汉口商会转段军代表徐树铮籐【簳】电称:'京电政体已决,现袁内阁、伍代表正在会商条件,不日想发明谕。段军帅今夜已北行,诸事可望圆满。北方军队筹画回京,已有开赴马厂者。既已推诚相信,决不再作战备。贵处命令如能行及各处,固无他虑。即有一二未能体会吾辈意向,至起冲突者,弟等从心束手待毙,决无怨言,请以此意代白诸同人为感。昨晚广水镇有土匪勾结不肖兵士,放火图掠,驯酿鼓噪。洪以此间兵力无多,又军帅启行,故未能力禁,仅于天明时追获数匪,询系熊联七党羽,日前由刘鸿皋君约定布置者,当以体[布]置在情意未密以前,不为无礼,尽数纵去。自以据刘君言,先未解散,故未力防,以致地方受羁。军队之祸贻及无辜,吾辈军人,宁不愧死。刻下吴君北行,弟留此间会同绅耆商社议商,以重民产,断不令有无告之苦物事。兵士退后,即严重查办,不稍姑息。又黄关道处已电饬照礼办事。但全局之外交未定以前,一切仍宜照旧章办理,以免外人借口'等语。特此转达。元洪。"(《湖北军政府文献资料汇编》)

段祺瑞、王占元、何丰林、李纯、鲍贵卿等9名将领自信阳电奏,斥责王公,阻挠共和,败坏大局,即率全军将士入京,与之剖陈利害。

按:电文曰:"共和国体,原以致君于尧舜,拯民于水火。乃因二三王公迭次阻挠,以致恩旨不顾,万民受困。现在全局威迫,四面楚歌;颍州则沦陷于革军,徐州则小胜而大败。革舰由奉天中立地登岸,日人则许之。登州、黄县独立之影响,浸遍于全鲁;而且京津暗杀之党林立,稍疏防范,祸变即生。是陷九庙两宫于危险之地,系皆二三王公之咎也。三年以来,皇族之败坏大局,罪实难数。事至今日,乃并皇太后、皇上欲求一安富尊荣之典,四万万人欲求一生活之路而不见许。祖宗有知,能不恫乎!盖国体一日不决,则百姓之因兵燹冻馁死于非命者日何啻数万。瑞等不忍宇内有此败类也,岂敢坐视乘舆之危而不救!谨率全体将士入京,与王公剖陈利害,祖宗神明实式鉴之。挥泪登车,昧死上达。请代奏。"(《辛亥革命》第8册)

河南巡抚齐耀琳奏,河南咨议局及军界均盼宣布共和。

出使德国、英国大臣梁诚、刘玉麟奏请速颁布诏旨,决定共和。

清廷命宋小濂署黑龙江巡抚。

改大清银行为中国银行,吴鼎昌任监督。

6日(宣统三年十二月十九日)

袁世凯召集王公大臣会议,传阅昨日段祺瑞等电报,决定赞同共和。

黄兴与钮永建联名通电各省都督,中华民国参谋部现已成立,由大总统颁发印信。

蔡锷致电孙中山、黄兴,举荐蒋方震任军职。

孙中山之子孙科自美国抵达南京。

章炳麟到南京,任枢密顾问。

徐世昌免军谘大臣。

出使奥国大臣沈瑞麟奏请速定大计,明诏天下。

清外务部照会英国大使,同意开滦矿物总局联合办理合同。

美国向有关列强提议,为维护在华共同利益,应采取一致行动。

日军一万三千人在奉天大连湾附近的柳树屯登陆。

7日(宣统三年十二月二十日)

袁世凯电唐绍仪,清室优待条件今日已请旨验商,须满大众所望,并告北京及东北危机。

参议院开始修订临时约法。

按:以宋教仁为首的宪法起草班子,经过一个月的紧张工作,三易其稿,终于在3月11日正式公布中国历史上第一部宪法——《中华民国临时约法》。《中华民国临时约法》于1912年3月8日由南京临时参议院通过,3月11日公布实施,取代《中华民国临时政府组织大纲》。

《中华民国临时约法》(民国元年三月十一日公布)如下:

第一章　总纲

第一条　中华民国由中华人民组织之。

第二条　中华民国之主权属于国民全体。

第三条　中华民国领土为二十二行省、内外蒙古、西藏、青海。

第四条　中华民国以参议院、临时大总统、国务员、法院行使其统治权。

第二章　人民

第五条　中华民国人民一律平等,无种族、阶级、宗教之区别。

第六条　人民得享有左列各项之自由权。

一　人民之身体非依法律,不得逮捕、拘禁、审问、处罚。

二　人民之家宅非依法律不得侵入或搜索。

三　人民有保有财产及营业之自由。

四　人民有言论、著作、刊行及集会结社之自由。

五　人民有书信秘密之自由。

六　人民有居住迁徙之自由。

七　人民有信教之自由。

第七条　人民有请愿于议会之权。

第八条　人民有陈诉于行政官署之权。

第九条　人民有诉讼于法院受其审判之权。

第十条　人民对于官吏违法损害权利之行为,有陈诉于平政院之权。

第十一条　人民有应任官考试之权。

第十二条　人民有选举及被选举之权。

第十三条　人民依法律有纳税之义务。

第十四条　人民依法律有服兵之义务。

第十五条　本章所载民之权利,有认为增进公益、维持治安或非常紧急必要时,得依法律限制之。

第三章　参议院

第十六条　中华民国之立法权以参议院行之。

第十七条　参议院以第十八条所定各地方选派之参议员组织之。

第十八条　参议员每行省、内蒙古、外蒙古、西藏各选派五人;青海选派一人。其选派方法由各地方自定之。

参议院会议时每参议员有一表决权。

第十九条　参议院之职权如左:

一　议决一切法律案。

二　议决临时政府之豫算决算。

三　议决全国之税法币制及度量衡之准则。

四　议决公债之募集及国库有负担之契约。

五　承诺第三十四条、三十五条、四十条事件。

六　答复临时政府咨询事件。

七　受理人民之请愿。

八　得以关于法律及其他事件之意见建议于政府。

九　得提出质问书于国务员,并要求其出席答复。

十　得咨请临时政府查办官吏纳贿违法事件。

十一　参议院对于临时大总统认为有谋叛行为时,得以总员五分四以上之出席,出席员四分三以上之可决弹劾之。

十二　参议院对于国务员认为失职或违法时,得以总员四分三以上之出席,出席员三分二以上之可决弹劾之。

第二十条　参议院得自行集会开会闭会。

第二十一条　参议院之会议须公开之。但有国务员之要求或出席参议员过半数之可决者,得秘密之。

第二十二条　参议院议决事件咨由临时大总统公布施行。

第二十三条　临时大总统对于参议院议决事件,如否认时,得于咨达后十日内声明理由,咨院覆议。

但参议院对于覆议事件,如有到会参议员三分二以上仍执前议时,仍照第二十二条办理。

第二十四条　参议院议长由参议员用记名投票法互选之,以得票满投票总数之半者为当选。

第二十五条　参议院参议员于院内之言论及表决,对于院外不负责任。

第二十六条　参议院参议员除现行犯及关于内乱外患之犯罪外,会期中非得本院许可,不得逮捕。

第二十七条　参议院法由参议院自定之。

第二十八条　参议院以国会成立之日解散。其职权由国会行之。

第四章　临时大总统、副总统

第二十九条　临时大总统、副总统由参议院选举之。以总员四分三以上出席得票满投票总数三分二以上者为当选。

第三十条　临时大总统代表临时政府,总揽政务,公布法律。

第三十一条　临时大总统为执行法律或基于法律之委任,得发布命令并得使发布之。

第三十二条　临时大总统统帅全国海陆军队。

第三十三条　临时大总统得制定官制官规,但须提交参议院议决。

第三十四条　临时大总统任免文武职员,但任命国务员及外交大使公使须得参议院之同意。

第三十五条　临时大总统经参议院之同意,得宣战媾和及缔结条约。

第三十六条　临时大总统得依法律宣告戒严。

第三十七条　临时大总统代表全国接受外国之大使、公使。

第三十八条　临时大总统得提出法律案于参议院。

第三十九条　临时大总统得颁给勋章并其他荣典。

第四十条　临时大总统得宣告大赦、特赦、减刑、复权。但大赦须经参议院之同意。

第四十一条　临时大总统受参议院弹劾后，由最高法院全院审判官互选九人组织特别法庭审判之。

第四十二条　临时副总统于临时大总统因故去职，或不能视事时得代行其职权。

第五章　国务员

第四十三条　国务总理及各部总长均称为国务员。

第四十四条　国务员辅佐临时大总统负其责任。

第四十五条　国务员于临时大总统提出法律案公布法律及发布命令时须副署之。

第四十六条　国务员及其委员得于参议院出席及发言。

第四十七条　国务员受参议院弹劾后，临时大总统应免其职。但得交参议院覆议一次。

第六章　法院

第四十八条　法院以临时大总统及司法总长分别任命之法官组织之。法院之编制及法官之资格以法律定之。

第四十九条　法院依法律审判民事诉讼及刑事诉讼。但关于行政诉讼及其他特别诉讼，别以法律定之。

第五十条　法院之审判须公开之。但有认为妨害安宁秩序者得秘密之。

第五十一条　法官独立审判不受上级官厅之干涉。

第五十二条　法官在任中不得减俸或转职。非依法律受刑罚宣告或应免职之惩戒处分，不得解职。惩戒条规以法律定之。

第七章　附则

第五十三条　本约法施行后限十个月内，由临时大总统召集国会。其国会之组织及选举法由参议院定之。

第五十四条　中华民国之宪法由国会制定。宪法未施行以前，本约法之效力与宪法等。

第五十五条　本约法由参议院参议员三分二以上，或临时大总统之提议，经参议员五分四以上之出席，出席员四分三之可决得增修之。

第五十六条　本约法自公布之日施行。

临时政府组织大纲于本约法施行之日废止。

参议院议决统一军政、民政、财政办法案。

南洋华侨联合会在南京成立,明确规定以联合国外华侨,共同一致协助祖国政治、经济、外交之活动为宗旨。汪精卫为会长,吴世荣为副会长。

按：此为中国第一个侨界群众组织,获得孙中山的赞许和支持。翌年,侨联会迁址上海,由吴世荣主持会务。

赵尔巽等旧官僚向袁世凯提出维持东三省大局的七条办法。

按：其七条办法包括：1.东三省臣民对于大清皇帝致其尊敬亲密,永无限制；2.东三省人民得专备大清皇帝选充禁卫官兵；3.大清皇帝于东三省三年巡幸一次；4.南北政府未统一、各国未正式承认以前,不令东三省承认；5.凡有兴革章制,三年内不强东三省以必行；6.三年内在东三省官吏,自总督以下,中央不得任意易人；7.三年内东三省赋税、军队,不调拨他处之用(《清代档案史料丛编》第八辑,第158—159页)。

徐州张勋部兵变。

8日(宣统三年十二月二十一日)

清隆裕太后召见袁世凯,商优待条件,有所修正,袁世凯即致电伍廷芳、唐绍仪。

梁士诒密电唐绍仪,请切商统一办法,政府可多用南人,惟地点决不可移易。优待条件措词须浑括,将来徐图整理。

冯国璋、段祺瑞等60人致电唐绍仪,优待条件仍照原文(大清皇帝尊号相承不替,不用"逊位"二字)。

黎元洪为转达皖北南北两军战和近况致孙大总统等电。

按：电文曰:"急。孙大总统、陆军部长、上海伍外交长、泸州转送张司令、各省都督、各军政分府、各军总司令官、襄阳季招讨使鉴；顷据广水吴光新等电称:'商会转武昌孙、余、张三君鉴。冬电敬悉。张、倪两军前已通告明白,一律保持现状。冲突一节,得其夏电,确系亩军猛攻,不得不且退且御,以期维持安全云云。观其由颖况【上】而退至颍州,由颍州而更迟,可知冲突之起,决非张、倪两军与敝军办法有二致也。兹以一面切电张、倪,极力维持,各派员与南军接洽；一面电唐大臣转伍代表,阻止南军勿再进攻,并各派员与张、倪两军接洽商办,以一通疏意见,两无猜疑。执事如以为然,请亦设法维持。又得京电:事机颇顺,并闻昨承段帅属,深谢黎都督。归途汤君误伤小指,弟等极抱不安,乞代致意。刘鹤皋君已资遣北去矣。吴光新、徐树铮。铣等。特此转达。元洪。"(《湖北军政府文献资料汇编》)

广东都督陈炯明、北面招讨使谭人凤电孙中山总统等,反对优待清室条件。

谭人凤致电孙中山、黄兴,反对保留清帝尊号。

徐州张勋赞成共和,派员与宿州粤军司令姚雨平、浙军司令朱瑞商量联络办法。

江西都督马毓宝为旅长刘世钧所迫而辞职,临时省议会推举李烈钧为都督。

美国以日本有出兵保护关外铁路之议,声明严守中立。

蔡元培在《民立报》8日、9日、10日发表《对于新教育之意见》一文,提出以"军国民教育、实利主义、公民道德、世界观、美育五项"为民国教育方针。

按:蔡元培《自写年谱》曰:"我那时候,发表《对于教育方针之意见》一文,据清季学部忠君、尊孔、尚公、尚武、尚实的五项宗旨而加以修正,改为军国民教育、实利主义、公民道德、世界观、美育五项。前三项与尚武、尚实、尚公相等;而第四、第五两项却完全不同。以忠君与共和政体不合,尊孔与信仰自由相违,所以删去。至提出世界观教育,就是哲学的课程,意在采周秦诸子、印度哲学,以打破二千年来墨守孔学的旧习。提出美育,因为美感是普遍性,可以破人我彼此的偏见;美感是超越性,可以破生死利害的顾忌,在教育上应特别注重。对于公民道德的纲领,揭法国革命时代所标举的自由、平等、友爱三项,以古义证明说:自由者,富贵不能淫,贫贱不能移,威武不能屈是也,古者盖谓之义。平等者,己所不欲,勿施于人,是也,古者盖谓之恕。友爱者,己欲立而立人,己欲达而达人是也,古者盖谓之仁。"(《蔡元培先生年谱》上册)

蔡元培出席第五次内阁会议,讨论教育部内部组织。

按:《民立报》1912年2月14日报道:"2月8日午后1时开第五次阁议,到会者较前为多,除交通、实业、司法等部总长来至外,余部总次长俱至。海军部则派代表到会。秘书长胡汉民、法制院宋教仁亦列席。所议各事如下:(一)议地方官制,(二)议教育与内务部之权限,(三)议决增拓殖部。……法制院所拟官制,大抵全仿日本教育部。现自拟草案,除总长次长下设承政厅外,特分为三司:(一)学校教育司,所属有二科,曰普通教育科,曰专门教育科。实业教育不另分科,而分隶于普通与专门,以示教育需重实质之意。(二)社会教育司,所属有三科,曰宗教科,美术科,编辑科。(三)历象司,所属二科,曰天文科,曰测候科。已呈请总统,转致法制院修改。"

9日(宣统三年十二月二十二日)

段祺瑞电孙中山总统,主张南北政府同时取消,并预行推定临时总统。次日又以同一内容电告黎元洪。

黄兴以陆军部名义通饬各部队,严禁军人冶游聚赌,破坏纪律。

伍廷芳将修正之清室优待条件电告袁世凯,改逊位为辞位。

孙中山聘任赵凤昌为枢密顾问。

孙中山致电陈炯明,劝其留任广东都督。

陆军部取缔购办军火,并拟定办法,通电各省知照。

按:《东方杂志》第八卷第十号《中国大事记》载其办法列下:一、凡未领有本部凭照者,不得迳至驻沪购办处接洽,及自行购办各项军械情事。二、凡已领有本部凭照者,仍须至沪先行会同购办处接洽一切,以免纷歧。三、凡各处派员赴沪购办军械者,必持有该省都督咨文,本部方能给与护照,及分咨沪军都督温交涉使查照办理。四、凡须赴外国购办军械者,必先禀由本省都督,咨准本部,核转沪军都督温交涉使,分别发给护照签字,始可前往。五、凡无本部凭照,暨未会同驻沪购办处,而迳自购办,或无沪军都督护照,暨交涉使签字,而迳赴外国购运者,一经查出,除将原件充公外,仍照私运军火惩办。六、凡地方乡镇民团,一概不准购办枪械,以维治安。

署直隶总督张镇芳、署两江总督张勋、署湖广总督段祺瑞、山东巡抚张广建、河南巡抚齐耀琳、安徽巡抚张怀芝、山西巡抚张锡銮、吉林巡抚陈昭常等奏请速降明谕,宣布共和。

10日(宣统三年十二月二十三日)

湖北临时议会开幕,到会议员60人。发表成立宣言,黎元洪致词,选举刘心源为正议长,郑万瞻、汪恺为副议长。

参议院通过优待清室条件八款,清帝辞位后,尊号仍存,以待外国君王之礼相待,每年与岁用四百万元,暂居宫禁,日后移居颐和园,侍卫等照常留用。又待遇皇族条件四款,待遇满蒙回藏条件七款。以上条款,由南北代表照会各国公使。

黎元洪为转达段祺瑞关于政体解决前应预备善后纲领的主张致孙大总统等电。

按:电文曰:"火急。南京孙大总统、各部长、参议院及上海伍代表鉴:顷接祺瑞由保走发汉口商会转束祃电开:'弟今日方到保定,昨在信续发一奏,催决政体,当已入览。优待条件所争者,只虚名,希执事主持速决,以定大局。但政体解决,善后纲领,亦须预筹,方免紊乱秩序,启外人干涉之阶。顷已电询孙、黄、伍三君,略谓政体解决已有端绪,善后子续自应预筹。鄙见宣布共和之日,两方政府同时取消,临时大总统并须预行推定其临时政府必要人员及临时政府暂设地点,应由两方公司商定,即以退位之时,为共和临时政府成立之日,庶统治机关不致中断,两方不致陷于无政府之危险。诸君如以为然,即请将应推之大总统及临时政府必要之人员与地点迅速电示,俾与北方军界公议,免相猜疑。现在南北军民均联络解决,望将善后纲领迅示,以便催促宣布。瑞才疏身弱,决无希图,俟国利民福之目的达到后,当即解甲归农,籍藏鸠拙。区区微忱,统希鉴原'云云。因事关全局,希速议决复示,以便电转。元洪。"(《湖北军政府文献资料汇编》)

伍廷芳致电袁世凯,如2月11日尚未得清帝退位确报,优待条件即作废。

清隆裕太后谕内阁电段祺瑞静候勿躁。又命恭亲王溥伟、肃亲王善耆等自奉天回京,不可妄生异想,致累和局。

君主立宪维持会宣布取消。

按:1912年1月12日,为对抗辛亥革命,清皇室贵族分子良弼、毓朗、溥伟、载涛、载泽、铁良等秘密召开会议,1月19日以"君主立宪维持会"名义发布宣言,强烈要求隆裕太后坚持君主政权,反对共和。他们密谋打倒内阁总理大臣袁世凯,以毓朗、载泽出面组阁,铁良出任清军总司令,然后与南方革命军决一死战。袁世凯通过汪精卫授意京津同盟会分会暗杀宗社党首脑。1月26日,同盟会杀手彭家珍炸死良弼,在京满族权贵惶恐不安,君主立宪维持会遂告解散。

蒙古王公通电推举袁世凯为临时大总统。

段祺瑞自信阳抵达保定,次日进京。

北伐粤军司令姚雨平与张勋议和不成,即进克徐州。

汉冶萍公司与日本正金银行订立借款三百万日元合同。

11日(宣统三年十二月二十四日)

湖北临时议会再次开会,选定各股审查委员。又选刘成禺、张伯烈、时功玖、汤化龙、郑万瞻等5人为南京临时参议院参议员。

按:计法律股吴兆廷等11人,财政股董昆瀛等11人,军政股彭竹石等7人,教育股田飞凤等7人,实业股王永藩等7人,民政股朱孔扬等7人,陈请股邱国瀚等7人,惩罚股方汝确等4人,资格审查股叶廷瑛等5人。

孙中山委任交通总长汤寿潜充南洋劝募公债总理。

袁世凯致电伍廷芳,清室优待条件以奉旨允准。

袁世凯致电南京临时政府,宣布赞成共和,说明不克南行苦衷,并请协商组织统一办法。

黎元洪致电伍廷芳,主张依段祺瑞之意,请各省代表来鄂,商议政府组织。

按:电文曰:"蒸电敬悉。优待清室条件,于共和主义,毫无妨碍,敝处极表同情。即令各省反对,亦不过外交之后劲,非与公为难也。此次议和,我公煞费苦心,不待智者而知,元洪深为感佩。惟望早日解决,大局幸甚。"附伍廷芳外长来电一:"初四日,得袁内阁正式交来关于清帝退位后之优待条件。查阅大意,与廷前所提交者,无甚出入,惟文句诸多增饰。廷因此事关系重大,特入南京与孙总统面商,并征求参议院之意见。初五日,已得参议院议决,于袁内阁提交条件,有所修正。兹将参议院议决之条件录呈尊览:(甲)关于清帝逊位优待之条件。今因清帝赞成共和国体,中华民国于清帝逊位之后,优待条件如左:第一款、清帝逊位之后,尊号仍存不废,以待外国君主之礼相待。第二款、清帝逊位之后,其岁用四百万元,由中华民国政府付与。第三款、清帝逊位之后,暂居宫禁,日后移居颐和园,侍卫照常留用。第四款、清帝逊位之后,其宗庙、陵寝,永远奉祀,由中华民国酌设卫兵,妥慎保护。第五款、清德宗崇陵未完工程,如制妥修,其奉安典礼,仍如旧制,所有实用经费,仍由中华民国支出。第六款、以前宫内所用各项视事人员,可照常留用,惟以后不得再招阉人。第七款、清帝逊位之后,其原有之私产,由中华民国特别保护。第八款、原有之禁卫军,归中华民国陆军部编制,其额数、体饷,仍如其数。(乙)关于清皇族待遇之条件:一、清王公世爵,概仍其旧。二、清皇族对于中华民国国家之公权及其私权,与国民同等。三、清皇族私产,一体保护。四、清皇族免兵役之义务。(丙)关于满、蒙、回、藏各族待遇之条件。因满、蒙、回、藏各民族,赞成共和,中华民国待遇条件如左:一、与汉人平等。二、保护其原有私产。三、王公世爵,概仍其旧。四、王公有生计过艰者,设法代筹生计。五、先筹八旗生计,于未筹定之前,八旗兵弁俸饷,仍旧支放。六、从前营业别住等限制,一律蠲除,各州县听其自由入籍。七、满、蒙、回、藏原有之宗教,听其自由信仰。以上条件,列于正式公文,由两方代表,照会各国驻北京公使。以上各条件,已于今晨电达袁内阁。而今晨复得北洋诸将段祺瑞等,及蒙古王公阿王郡王等来电,其所开条件,与袁内阁所提交者,无一字之异。廷已分别复电。要之此次优待条件,已极宽容。而所必须坚持者,在清帝实行逊位,盖必如是,而后中华民国之基础始立,不致有类于虚君位之嫌也。特此布闻,以慰廑系。"(《湖北军政府文献资料汇编》)

  黄兴与蒋作宾、钮永建、柏文蔚、姚雨平等联名致电冯国璋、段祺瑞、姜桂题,呼吁联合一致,巩固共和。

  按:在停战议和期间,北洋军将领段祺瑞等向北军务路统兵官发出通电,谓南北军界由分而合,感情未必尽洽;武力之最健全者在北方军队。是日,由黄兴领衔发出通电,严词驳斥之。电云:"同是中国人,有何南北之分?即以南北军论,目今南军中北人极多,南人悉推诚相待,毫无疑忌。刻南北军人现正联合一致,赞同共和,函电交驰,欢言无间,同袍握手,遐迩咸钦。何谓南北军界由分而合,感情未必尽洽耶?……至谓武力之最健全者在北方军队一节,目下南北携手,不忍以同种相残,诚不知谁健谁弱?然兴等愚见,以为能驱除异族,占胜敌国,乃可谓武力之健。若为虎作伥,自残同种,如昔日湘淮诸军之所为,则虽战必胜,攻必取,仍不可称武力之健。欧美伟人评论具在,非兴等一二人之私言也。"(《黄兴年谱长编》)

  黄兴致电伍廷芳,重申和议应注意事项。

  按:电文曰:"一、今南北协议之唯一目的,实欲早定共和大局。然欲定大局,必速下逊位明文。欲迫促清廷逊位,必南北军队连续北上,以武力胁制之。欲南北军队连续北上,则张（勋）,倪（嗣冲）二君应率所部军队离开徐、颍,以为南方军队之先导,业经屡次声明。今二君不但未能出此,且于徐、颍以南地区逐次抗拒,或行攻击,或行进占,实与协议之目的相背。……二、今南北军队既已全体赞成共和,则[双]方已毫无问隙,仍复兄弟之旧。除对于清廷共谋胁迫外,绝不致再有冲突之事,今后即应全体一律休战。若犹有一处仍然继续战斗者,即是与此旨相背。"(《民立报》1912年2月14日)

上海《申报》载"驻京外交团由英使朱尔典领衔照会袁内阁,催请速向民国政府商定一切条件,务于年内和平解决,颁诏施行,以免中外商民皆受损失"。袁世凯随即照复英使。

按：《申报》所载曰："袁世凯接此照会,复与庆醇等会商一次,随即照复英使,声言一切条件,两方逐日磋商,大致均将就绪,但有一二日,南京政府尚有未允承认之处,贵公使既有希望和平之意,即致电劝勉南军迅即应允,以维大局。"

12日(宣统三年十二月二十五日)

袁世凯奏与南方代表伍廷芳议,赞成共和,并进皇室优待条件八,皇族待遇条件四,满、蒙、回、藏待遇条件七,凡十九条。皇太后命袁世凯以全权立临时共和政府,与民军商统一办法。

按：袁世凯遂承皇太后懿旨,宣示中外曰："前因民军起义,各省响应,九夏沸腾,生灵涂炭。特命袁世凯遣员与民军代表讨论大局,议开国会、公决政体。两月以来,尚无确当办法。南北暌隔,彼此相持。商辍於涂,士露于野。国体一日不决,民生一日不安。今全国人民心理,多倾向共和。南中各省,既倡义于前,北方将领,亦主张于后。人心所向,天命可知。予亦何忍因一姓之尊荣,拂兆民之好恶。是用外观大势,内审舆情,特率皇帝将统治权公诸全国,定为立宪共和国体。近慰海内厌乱望治之心,远协古圣天下为公之义。袁世凯前经资政院选为总理大臣,当兹新旧代谢之际,宜为南北统一之方。即由袁世凯以全权组织临时共和政府,与民军协商统一办法。总期人民安堵,海宇乂安,仍合满、蒙、汉、回、藏五族完全领土为一大中华民国。予与皇帝得以退处安闲,优游岁月,受国民之优礼,亲见郅治之告成,岂不懿欤!"又曰："古之君天下者,重在保全民命,不忍以养人者害人。现将新定国体,无非欲先弭大乱,期保乂安。若拂逆多数之民心,重启无穷之战祸,则大局决裂,残杀相寻,必演成种族之惨痛。将至九庙震惊,兆民荼毒,后祸何忍复言。两害相形,取其轻者。此正朝廷审时观变,恫瘝吾民之苦衷。凡尔京、外臣民,务当善体此意,为全局熟权利害,勿得挟虚矫之意气,逞偏激之空言,致国与民两受其害。著民政部、步军统领、姜桂题、冯国璋等严密防范,剀切开导。俾皆晓然于朝廷应天顺人,大公无私之意。至国家设官分职,以为民极。内列阁、府、部、院,外建督、抚、司、道,所以康保群黎,非为一人一家而设。尔京、外大小各官,均宜慨念时艰,慎供职守。应即责成各长官敦切诫劝,勿旷厥官,用副予凤昔爱抚庶民之至意。"又曰:"前以大局阽危,兆民困苦,特饬内阁与民军商酌优待皇室各条件,以期和平解决。兹据覆奏,民军所开优礼条件,于宗庙陵寝永远奉祀,先皇陵制如旧妥修各节,均已一律担承。皇帝但卸政权,不废尊号。并议定优待皇室八条,待遇皇族四条,待遇满、蒙、回、藏七条。览奏尚为周至。特行宣示皇族暨满、蒙、回、藏人等,此后务当化除畛域,共保治安,重睹世界之升平,胥享共和之幸福,予有厚望焉。"遂逊位(《清史稿·宣统皇帝本纪》)。

按:《清史稿·张勋传》曰:"逊位诏下,(袁)世凯遣使劳问,勋答曰:'袁公之知不可负,君臣之义不能忘。袁公不负朝廷,勋安敢负袁公?'世凯历假勋定武上将军、江北镇抚使、长江巡阅使、江苏都督、安徽督军。及建号,勋首起抗阻,并请优待皇室,保卫宫廷。"

清隆裕太后偕同宣统皇帝溥仪在乾清宫颁布退位诏书,胡惟德代表袁世凯率领民政大臣赵秉钧、度支大臣绍英、陆军大臣王士珍、海军大臣谭学衡、学部大臣唐景崇、司法大臣沈家本、邮传大臣梁士诒、工农商大臣熙彦、理藩大臣达寿,以及侍卫官唐在礼、姚宝来、刘恩源、蔡成勋等14人出席。

按:中国最后一个封建王朝被推翻。

陆军部通电改北伐军为讨虏军。

按:《东方杂志》第八卷第十号《中国大事记》载:陆军部奉总统令,以北军既已赞同共和,断无自相攻击之理,如有执迷反抗者,是为南北之公敌。当同心戮力,大张挞伐,所有北伐军悉改名为讨虏军,以符名实等因,当即通电各省知照。

黎元洪关于议和与备战意义复襄阳季招讨使电。

按：电文曰："佳电悉。远虑深谋，援古证今，统筹全局，曷胜钦佩！但南宋人心已去，因不能战而请和。民国轸念同胞，并非恃和而忘战。且清廷之势力，迥异金元；民国之共和，贵持人道。倘自相残杀，恐蹈鹬蚌相持之覆辙。广水、保定各处，早已往复电商中央政府地点及各部以下重要人员。一面清帝退位，即一面宣布民国政府成立，意见一致，本无南北分立之虞。段军北退，我军由汉口进驻孝感；上则奋勇军与刘公所率军队开向南阳，下则麻城迤北俱屯重兵，以及川、滇、黔、湘之兵，多驰秦、晋；宁、芜之兵，厚集徐、淮；南洋舰队，开赴登莱，本非偷安。惟人民程度不齐，将士意见分歧，则和亦占便宜，本非自蹈危机。共和问题解决，清帝逊退，中华民国政府成立，土地财产，皆属民国，从前王公世爵，徒拥虚名，何能有所抵押借款、暗增兵力？我军向南阳进发，不过和不忘战，以备不虞，也援秦、晋，可图鄂疆。倘使秦、晋各方，对于北军能妥为接洽，与楚、豫、徐、淮无异，即我军开向南阳，亦当静镇以待，不必轻启衅端，贻误大局。此次清帝逊位发表，北直旗军，尚近二镇，其于项城，恐滋误会。彼时我各路军队，当为后劲。倘能和平解决，即民国之福，同胞之幸。可进可退，可战可守，细心筹画，实资群力。务望相机策应，顾全大局。盼切祷切。"（《湖北军政府文献资料汇编》）

宗社党宣告解散。

13日（宣统三年十二月二十六日）

孙中山向临时参议院提出辞职咨文，在所附三项条件中，强调临时政府设在南京、新总统到南京受任和遵守临时参议院所颁布的一切法制章程，同时推荐袁世凯继任临时大总统。

按：《东方杂志》第八卷第十号《中国大事记》载：孙中山本日向参议院提出辞职书，略谓当被选之初，曾宣言以倾覆专制，巩固民国，图谋民生幸福为任誓。至专制政府既倒，国内无变乱，民国卓立于世界，为列邦公认，本总统即行解职。现在清帝退位，专制已除，南北一心，更无变乱，民国为各国承认，旦夕可期，本总统当践前言辞职引退。

袁世凯布告，膺命组织临时政府，在过渡期间所有旧日政务目下仍当继续进行，自称临时政府首领，改各部大臣名为首领，出使大臣名为临时外交代表，并通告公使团。

袁世凯及各部大臣联合致电北方各省督抚，说明朝廷苦衷及辞位原委。

　　黄兴致电各省都督、各军政分府及各军司令,勉以保持统一政权,服从命令,维持秩序。

　　外交团会议,决定在中国统一政府未成立前,仅以私函与临时政府交涉,不轻予承认。

　　同盟会员李怀霜、戴天仇(季陶)等联合部分立宪派组成中华民国自由党。发行机关刊物《民权报》。本部先设在上海。

　　按:本部后移北京。江苏、广东、浙江、福建、云南等地设有支部。1913年8月,因袁世凯镇压,被迫停止活动。

　　章炳麟发表《致南京参议会论建都书》。

　　按:章炳麟认为无论从地理位置、文化发展、反清斗争,还是从外交上看,北京最宜作为都城。若建都南京,则有五害:"中国幅员既广,以本部计,燕京虽偏在北方,以全邦计,燕京则适居中点,东控辽、沈,北制蒙、回,其力足以相及。若徙处金陵,威力必不能及于长城以外,其害一也。北方文化已衰,幸有首都,为衣冠所辐凑,足令瘝瘝丕变。若徙处金陵,安于燠地,苦寒之域,必无南土足音,是将北民化为蒙古,其害二也。逊位以后,组织新政府者,当为袁氏。若迫令南来,则北方失所观望。日、露已侵及东三省,而中原又失重镇,必有土崩瓦解之忧,其害三也。清帝尚处颐和园,不逞之徒,思拥旧君以倡乱者,非止一宗社党也。政府在彼,则威灵不远,足以镇制;若徙处南方,是纵虎兕于无人之地,则独乱人利用其名,蒙古诸王,亦或阴相拥戴,是使南北分离,神州幅裂,其害四也。东交民巷诸使馆,物力精研,所费巨万,若迫令迁徙,必以重资备偿,民穷财尽之时,而复靡此巨帑,其害五也。"(《时报》1912年2月13日)

14日(宣统三年十二月二十七日)

　　临时参议院接受孙中山辞职,以新总统接事为解职期。通过临时政府改设北京的提案,孙中山等极力反对,要求复议。次日复议,决定临时政府仍设南京。

　　按:先日,孙中山向临时参议院辞临时大总统职,荐袁世凯为临时大总统。辞职咨文所附三条件之一为"临时政府地点设于南京,为各省代表所议定,不能更改"。因章炳麟、宋教仁等均反对建都南京,参议员多受其影响。

是日,参议院讨论临时政府设置地点问题,同盟会员中如李肇甫亦强调迁都北京之必要。经过激烈辩论,竟以多数票通过临时政府设于北京。孙中山、黄兴闻讯震怒,急召参议员中同盟会员李肇甫、黄复生等严责不应为袁氏张目。黄兴尤怒不可遏,两手插入军服口袋中,踱来踱去。李、黄等以交回复议为请,黄兴遽曰:"政府决不为此委屈之手续,议院自动翻案,尽于今日,否则吾将派宪兵入院,缚所有同盟会员去!"(邓家彦《由同盟会说到南京政府》)次日复议时,卒以十九票对八票之多数,决定临时政府仍设南京。章炳麟自述:"袁世凯被选为临时大总统,南京政府将解,以袁氏难制,欲令迁都江宁以困之。余谓江宁僻不足以控制外藩,清命虽黜,其遗孽尚在,北军未必无思旧主者;重以蒙古东三省之援,死灰将复燃,赖袁氏镇制使不起耳!一旦南迁,复辟之祸作矣。克强闻之愤甚,与予辩难。"(《自定年谱》)吴玉章在《辛亥革命》中回忆说:"本来在参议院中,革命党人占据多数,是完全可以根据孙中山先生的意见通过建都南京,反对迁都北京的。但十四日开会的时候,革命党人李肇甫,却到台上去大放厥词,说了一通迁都北京的必要,参议员中原来就有不少人对袁的不愿南下表示同情,而李又善辞令,他这么一说,赞成迁都北京的人便成了多数。孙中山先生和黄兴知道这件事情以后,非常生气,当天晚上把李肇甫叫来大骂了一顿,并限次日中午十二时以前必须复议改正过来。十五日晨,秘书处把总统提请复议的咨文作好后,需要总统盖印,而总统已动身祭明孝陵去了。我急着去找黄兴,他也正在穿军装,准备起身到明孝陵去。我请他延缓时间,他说:'过了十二点如果还没有把决议改正过来,我就派兵来!'说完就走了。这怎么办呢?只好找胡汉民去。好容易才把他找到,拿来了钥匙,开了总统的抽屉,取出他的图章盖了印,把咨文发了出去。同时,并通知所有的革命党人,必须按照孙中山先生的意见投票。经过我们一天紧张的努力,当日召开的参议院会议终于把十四日的决议纠正过来了。"(《黄兴年谱长编》引)

孙中山致电唐绍仪,不以清廷退位诏内由袁世凯全权组织临时政府一语为然。

黎元洪电请袁世凯派定北方各处代表前来汉口,会同推定总统,并确定政府所在地。又致电南京临时政府,反对以招商局向外抵押借款一千万元。

按:电文曰:"真电敬悉。民国成立,万众欢呼。去帝制而进共和,化干戈而讲揖让,大功所在,国人皆称道我公不置。电示不能南来情形,仰见老谋硕画,无日不为民国前途计安全,钦佩曷已。惟人心所属,众望所归,亦须别筹办法,以顺舆情。现在组织中央政府为刻不容缓之秋,而汇集之区,似以汉口为适中之地。前电段军统祈转达此意,倘以为然,敬请速派北方各处代表,会同推定大总统,及中央政府各重要人员,与确定政府所在地点。俟得复电后,即由敝处电告南京临时政府,派定南方各省代表,以便会商。国利民福,关系匪轻,区区愚忱,诸惟鉴察。元洪。"附1:袁世凯来电:"共和为最良国体,世界所公认。今由帝政一跃而跻及之,实诸公累年之心血,亦民国无穷之幸福。大清皇帝,即明诏辞位,业经世凯署名,则宣布之日,为帝政之终局,即民国之始基。从此努力进行,务令达到圆满地位,永不使君主政体,再行于中国。现在统一组织,至重且繁。世凯极愿南行,畅聆大教,共谋进行之法。只因北方秩序,不易维持。军旅如林,须加部署。而东北人心,未尽一致。稍有动摇,牵涉各国。诸君洞审时局,必能谅此苦衷。至共和建设重要问题,诸君研究有素,成算在胸。应如何协商统一组织之法,尚希迅即见教。"附2:袁世凯来电:"寒电悉。伟论深佩。现在国体已定,我辈既幸得为共和国民,自当服从舆论。然凯所注目者,急在外交。旧政府业经消灭,新政府尚未得承认,交际大局,日益危险。尊论在汉口会议办法,窃虑缓不济急。昨孙、黄二公及同盟会员电约鄙人赴宁,惟北方情形复杂,递引互牵,若因凯一去,变端立见,殊非爱国救民之素志。反复思维,与其孙大总统辞职,不如世凯释权。盖就已成之局面谋统一,其事较便。总之,共和既定之后,当以爱国为前提,万不愿以个人地位致坏全局。已请唐君绍怡代表此意,赴宁协商。兹先将鄙意电达,尊见如何,仍祈随时电示。袁世凯。咸。印。"(《湖北军政府文献资料汇编》)

黎元洪关于防止内讧致孙大总统电。

按:电文曰:"孙大总统鉴:项城真电,谅已入览。此后组织中央、统一向北及一切建设方法,在在皆重要问题,稍一失著,即足以启内讧而招外侮。阁下学识最精,内政外交,早深研究,当必胸有成算,解决进行。但刻下各省人心,尤必须协同一致,共襄大业,始易弥隐患而促成功。元洪于鄂属各军及各部处,业经本此意通饬,期相勉励。其他省各机关处,应请由尊处通知,以便拔除意见,各秉大公,群趋于至当不易致办法。毋使民国前途稍有阻滞,实所欣祷。区区微忱,即希亮察施行。元洪。"(《湖北军政府文献资料

汇编》）

黎元洪关于举袁世凯任临时大总统复蒙古王公联合会电。

按：电文曰："养电敬悉。推举袁项城任新政府大总统，为救时之要着。鸿才卓识，钦佩曷胜！敝处同人，亦早筹商及此。曾电段军统、袁项城及南京临时政府，意欲请南北各派代表会商于汉上，其事件即以推定大总统为最先之务，而以项城为最合资格之人。惟必出于投票公决，一以符共和之政体，一以保项城之声价。用人行政，至公无私，彼一切争意见、便私图诸陋习，必扫除净尽。洪虽不敏，窃愿竭我驽钝，陈说于南北代表之前，以冀大局早日安全，国势渐臻上理，洪得归耕田里，享一分和平之福，于愿足矣。敢布区区，诸惟鉴察。附：蒙古王公联合会来电："天佑吾国，确定共和。惟时局之艰，已臻极点。补救建设，势须同时并进。南北合一政府，非得外交、军事声威著之人，难资统理。项城于大局时事，始终苦心孤诣，竭力维持，名实兼施，恩威并洽，卒收转旋之效，厥功至伟；且政治经验至富，军队尤极推崇。同人佥谓统一政府，临时大总统一席，必须项城力任其难，方能维系众心，保全大局，本会亦藉手筹助绥驭蒙疆事务。现已公同议决，由本会代表全体，推项城任统一新政府临时大总统，以冀收建设之功，兼保和平之局。公等热心国事，谅必荷予赞成。除向项城陈请外，为此通电诸公，即希察照备案，见复为盼。"（《湖北军政府文献资料汇编》）

广东都督陈炯明通电反对政府设于北京。

内务部致电各省整顿警察。

俄国向日本提议，承认中国共和政府，应采取一致行动。

15日（宣统三年十二月二十八日）

临时政府参议院议决，临时政府仍设南京。选举袁世凯为第二任临时大总统，并致电袁世凯前来受职，在未受任前，政务仍由孙中山继续执行。

按：黄兴在2月中旬复电江苏都督庄蕴宽及李书城，认为临时政府地点宜设在南京。电云："此次民国成立，合南北军民一致而成，袁公之功，自不可没。惟清帝退位尚在北京，南方各军多数反对优待条件。袁公虽与清廷脱离关系，尚与清帝共处一城。民国政府移就北京，有民军受降之嫌，军队必大鼓噪。且临时政府既立，万不能瞬息取消。清帝既退其统治权，统一政府未成立以前,当仍在南京,临时政府自应受之于政府所在地,更无移政府而送其接受之理。自和局既定,袁公心迹已大著,万众倾心,移节南来,感情易惬,于袁与清帝关系断绝,尤足见白于军民各界,而杜悠悠之口……种种研究,临时政府地点,必以南京为适宜。""鄙意所以决北京必须迁徙者,实逆计民国前途外交、军事两大问题而生。外交上之收国权,可由迁都而发生,前已言之。若以军事论,则北京今日万非建都之地。盖今日之所谓军事,为与世界各国争衡之军事。则军事之布置,当为御外之计。首都在北京,根本动摇,一有他虞,迁移亦难为计。此非可一一明言,谋国者不可不为全国计久远也。"黄兴于复电中并谓:"章太炎先生之函,与《民立报》上所论略同,所云谋政治之统一,谋经济之发展,谋兵权之统一等条,多非纯粹之建都问题",而章氏却发出《驳黄兴主张南都电》,说:"袁公已被选为大总统,大总统之所在,而百僚连袂归之,此自事理宜然,何投降之可能。""袁公既被举为临时大总统,则名实自归之矣,何必移统一政府于金陵,然后为接收耶?""袁公已被举为民国大总统,徒以与清帝同城,谓之关系未断,是断绝不断绝之分,不在名位权实,而在地点。然则临时政府所遣使人往迎袁公者,一入蓟门,亦即与清帝复生关系耶?"章炳麟在建都问题上,支持了袁世凯建都北京的主张(《黄兴年谱长编》)。2月20日,孙中山复函章炳麟,为黄兴辩诬。函云:"临时政府地点,鄙见亦与克兄同。谓军人本无执见,而克诬人以言,殊非事实,近者已为共见。而粤东争电,至今未已,其强横之辞,文已一概裁抑之。……文与克兄交处固久,先生亦素知其为人。此次执持过坚,然迥非出于私意。以先生之明,犹谓克欲谋总理,冤枉如此,谁与为辩?则不知清帝未宣布退位之前,季新、少川以曾私约,克仍掌陆军或参谋,而克拒之曰,奈何仍以是污我。文屡与言,亦期期不可。展堂等自爱其乡,欲求克归粤,一镇民军,亦不允,其厌事如此,乌有为总理之心事,更安有为求总理而变乱大计,强无为有如来书所云者。文于国事,只知有役务,不知有权位,故于进退之际,行其当然,不假勉强。以此自信,亦信克兄,盖是非不久自见。愿先生毋过操刻酷之论,尔时当题文为不谬,与非强为克辩护也。"(《辛亥革命七十周年——文史资料纪念专辑》,第68—69页)

孙中山在南京举行民国统一大典,亲率民国政府各部部长及右都尉以上将校参谒明孝陵,隆重祭祀明太祖朱元璋。

按:祭文有曰:"从此中华民国完全统一,邦人诸友,享自由之幸福,永永无已,实维我高皇帝光复大义,有以牖启后人,成兹鸿业。文与全国同胞,至于今日,始敢告无罪于我高皇帝。"(《孙中山全集》第二卷,中华书局1982年版)

孙中山电北方将领冯国璋、张勋等,贺南北统一,盼同力巩固共和。

孙中山致电袁世凯,严禁私卖奉天行宫器物。

袁世凯通电,北方军队及全蒙代表均推为临时总统,清帝委任,无足再论,北方危机隐伏,舍北就南,变端立见,已请唐绍仪赴南京协商。

黎元洪为辞去副总统及大元帅职等事致孙大总统电。

按:电文曰:"孙大总统鉴:咸电备悉。现在政体解决。元洪副总统及大元帅之职,已向参议院电辞,侯重新举定后,即行解职。尊处推荐袁公一节,此间同人均颇赞成。赴袁代表,顷已委任,不日即附轮赴沪,以便偕唐君少川等同行。特复。元洪。"(《湖北军政府文献资料汇编》)

江苏都督庄蕴宽通电主张建都北京,浙江蒋尊簋、湖南谭延闿、云南蔡锷、山西阎锡山等和之。

按:庄蕴宽(1866—1932),字思缄,号抱闳,晚年称无碍居士,江苏常州人。历任浔阳书院主讲、百色厅同知、梧州府知府、太平思顺兵备道兼广西龙州边防督办等职。并先后在平南设武城学堂,广州设武备学堂、创梧州中学堂,龙州设女学和图书社等,并邀钮永建、蔡锷赴桂林协办陆军干部学堂。辛亥革命后,曾出任江苏都督,后上京任审计院院长,期间又是故宫博物院早期领导人之一。北伐后,回里任《江苏通志》总编纂直至病逝。

革命党人铁岭县前任知县徐麟瑞与族弟徐剑秋、开原赵希孟、同江口戴秀山等组织500人于是夜起义,自称"革命招讨军"。

文学社的机关报《民心报》发刊,蒋翊武自任社长,杨王鹏任经理,赵光弼、毕勤武、蔡寄鸥、方觉慧、吴月波、高仲和等任编撰。

16日(宣统三年十二月二十九日)

袁世凯致电孙中山及参议院,说明南下为难,俟南京专使到后再行商议。

按：《民立报》1912年2月21日报道2月16日参议院选举袁世凯为临时政府大总统。"南京参议院选举临时大总统，两省合投一票选举，被选举人袁世凯得五票，黎元洪得两票。票箱由马相伯、陈懋修监视。开票后行正式选举，每省三议员共投一票，共十七省，袁世凯得十七票，满场一致。当即由参议院致电袁世凯君云，袁慰庭先生鉴：孙大总统辞职，参议院行正式选举，公得全场一致。"2月21日，蔡元培被推为迎接袁世凯到南京就任大总统专使，当日启行北上。《民立报》1912年2月22日报道："南京专使北上记。南京临时政府欢迎新总统专使蔡子民、魏注东、钮惕生、汪精卫、宋渔父、刘冠雄、黄中凯、曾绍文，武昌黎副总统代表王正廷诸先生偕同民国外交全权代表唐少川君，于昨天乘招商局新铭轮船北上。黄克强、武祠庸、陈英士诸君均至轮欢送，下午三时启碇。"蔡元培《自写年谱》曰："孙先生将被举为总统的时候，诸名流的观察，袁世凯实有推翻满洲政府的力量，然即使赞同共和政体，亦非自任总统不可。若南京举孙先生为总统，袁成失望，以武力压迫革军，革军或不免失败，故要求孙先生表示'与人为善'之乐，于被举后声明，若袁氏果推翻清廷，我即让位，而推袁氏为总统之唯一候补者。孙先生赞同而施行之，故清廷退位后，孙先生辞临时总统，而推袁世凯，袁世凯遂被举为总统。但孙先生及同盟会同志认为，袁世凯既被举为总统，应来南京就职，表示接受革命政府之系统，而避免清帝禅位之嫌，叠电催促，殊无来意，于是有派员之举，而所派者是我。我的朋友说：这是一种'倒霉的差使，以辞去为是。'我以为我不去，总须有人去，畏难推诿，殊不成话，乃决意北行。此行同去者，有汪精卫、宋渔父、钮惕生、唐少川及其余诸君，凡三十余人，包定招商局'新裕'轮船。船中尽是同志，而且对时局都是乐观派，指天画地，无所不谈。我还能记得的是迁都问题，这是在南京各报已辩得甚嚣尘上的了。大约同盟会同志主张南迁的多，但在船中谈到这个问题，宋君渔父独主张不迁，最大的理由是南迁以后，恐不能控制蒙古。他的不苟同的精神，我也觉得可佩服。船驶至天津左近，忽遇雾，停泊数日，在船中更多余暇，组织了两个会：一是六不会，一是社会改良会。"（《蔡元培先生年谱》）

黎元洪电贺袁世凯当选临时大总统。

按：电文曰："顷接南京来电，昨日参议院开临时大总统选举会，我公当选，不胜欣贺！我公望重中外，才贯天人，去专制而进共和，化干戈而为揖让，此不独五族颂胞与之功，即万国亦莫不乐和平之福。专此电贺，伏维亮察。"附1：南京参议院通电："民国统一，共和目的完全达到。孙大总统坚请辞职，经本院承认，昨已电达贵处。本日开临时大总统选举会，满场一致，选定袁世凯为临时大总统。已电请袁君来宁就职，袁君未就职前，孙大总统暂不解职。谨此布闻。"附2：袁世凯来电："昨承电商汉口会议办法，当复一电，拟请南京政府勿遽改选，即就已成之局，早谋统一。顷接南京来电，知参议院业于昨日投票举定。凯自顾衰庸，恐难胜任，而公义所迫，未敢固辞，只得暂时承乏。惟俟基础稍固，仍即归田。现孙大总统派专使来京，俟晤商后，再定行止。"(《湖北军政府文献资料汇编》)

参议院议决接收北方各省统治权办法。

伍廷芳辞退议和全权代表。

按：议和全权代表伍廷芳、参赞温宗尧、汪兆铭等，以清帝退位，南北统一，电请辞退，总统准之(《东方杂志》第八卷第十号《中国大事记》，1911年)。孙中山在批准伍廷芳辞去议和总代表时，对其作了高度的评价。他说："公等为民国议和事，鞠躬尽瘁，不避嫌怨，卒能于樽俎之间，使清帝退位，南北统一，不流血而贯彻共和之目的，厥功甚懋！所请辞退议和代表事，应即照准。谨代表国民申谢。"(《临时政府公报》第19号，1912年2月22日)

同盟会会员梁廷栋、梁廷樾率领革命军攻打黑龙江的滨江城，占领电报局、邮政所，并设立临时机构—机关部。滨江道李家熬、统带么佩珍投降"革命军"，誓师攻打吉林。

上海工商勇进党宣布成立。

按：上海工商勇进党自称"纯全之民党"。发表宣言简章，以"振兴工业、扩张商务、扶持工商业之建设"为宗旨。"联合全国工业商业两大团体，互通声气，互换知识，互相保卫，互为维持，以成一巩固广大纯全之民党"。此后，中华民国工业建设会和各省实业协会等实业团体相继建立。

17日(宣统三年十二月三十日)

孙中山致电袁世凯，已托唐绍仪等北上面陈，仍盼其南来任职。
广西都督陆荣廷通电主张建都南京。
袁世凯改以段祺瑞署陆军总长，王士珍辞职。
黎元洪致电南京，反对以汉冶萍矿向日本抵押借款。
俄兵攻占黑龙江胪滨府。

按：今天,是宣统三年的最后一天,本书的编纂,也就此打住。袁世凯究竟有没有来南京任职,他就任临时大总统以后,中国社会又发生了什么变化,如此种种,都已经不是本书编写的任务,读者诸君欲知后事如何,请参看其他相关历史资料。

参考文献

著作

中国史学会《辛亥革命》第 8 册,上海人民出版社 1957 年版

中国近代史资料丛刊编《辛亥革命》(1),上海书店出版社 1957 年版

湖北省政协《辛亥革命首义回忆录》,湖北人民出版社 1957 年版

《大清宣统政纪实录》,台北华联出版社 1964 年版

郭廷以编著《中华民国史事日志》(第一册),台北中央研究院近代史研究所 1979 年版

魏宏运编《孙中山年谱》,天津人民出版社 1979 年版

汤志钧编《章太炎年谱长编》,中华书局 1979 年版

毛注青编《黄兴年谱》,湖南人民出版社 1980 年版

广东省哲学社会科学研究所历史研究室等编《孙中山年谱》,中华书局 1980 年版

中山大学学报编委会编《孙中山年谱》,香港大东图书公司 1980 年版

刘望龄编著《辛亥革命大事录》,知识出版社 1981 年版

中国人民政治协商会议全国委员会文史资料研究委员会编《辛亥革命回忆录》(第六集),文史资料出版社 1981 年版

丁文江、赵丰田编《梁启超年谱长编》,上海人民出版社 1983 年版

贺觉非、冯天瑜著《辛亥武昌首义史》,湖北人民出版社 1985 年版

辛亥革命武昌起义纪念馆等编《湖北军政府文献资料汇编》,武汉大学出版社 1986 年版

傅德华编《于右任辛亥文集》,复旦大学出版社 1986 年版

曹述敬著《钱玄同年谱》,齐鲁书社 1986 年版

周勇著《辛亥革命重庆纪事》,重庆出版社 1986 年版

《宣统政纪》(即《清实录》第六十册),中华书局 1987 年影印版

公孙訇编《冯国璋年谱》,河北人民出版社 1989 年版

林增平、郭汉民、饶怀民主编《辛亥革命史研究备要》,湖南出版社 1991 年版

陈锡祺著《孙中山年谱长编》,中华书局 1991 年版

杜永镇著《辛亥革命时期的华侨》,中国华侨出版社 1991 年版

朱英著《辛亥革命时期新式商人社团研究》,1991 年版

毛注青编著《黄兴年谱长编》,中华书局 1991 年版

金冲及、胡绳武著《辛亥革命史稿》第三卷《1911 年的大起义》,上海人民出版社 1991 年版

张树年主编《张元济年谱》,商务印书馆 1991 年版

袁英光、刘寅生《王国维年谱长编》,天津人民出版社 1996 年版

高叔平著《蔡元培年谱长编》,人民教育出版社 1998 年版

王世儒编著《蔡元培先生年谱》,北京大学出版社 1998 年版

俞辛焞著《辛亥革命时期中日外交史》,天津人民出版社 2000 年版

张菊香、张铁荣著《周作人年谱》,天津人民出版社 2000 年版

全国政协文史资料委员会编《辛亥革命亲历记》,中国文史出版社 2001 年版

季宇著《共和,1911——辛亥革命百年祭》,江苏文艺出版社 2001 年版

张学继著《陈其美与辛亥革命》,黑龙江人民出版社 2002 年版

胡国枢著《光复会与浙江辛亥革命》,杭州出版社 2002 年版

郭天祥著《黄世仲年谱长编》,中国社会科学出版社 2002 年版

蒋铁生编著《冯玉祥年谱》,齐鲁书社 2003 年版

罗耀九主编《严复年谱新编》,鹭江出版社 2004 年版

叶圣陶著《叶圣陶集》第 19 卷,江苏教育出版社 2004 年版

杨世灿等纂《杨守敬学术年谱》,湖北人民出版社 2004 年版

傅国涌《近代中国大转型的台前幕后:主角与配角》,长江文艺出版社 2005 年版

萧致治、石彦陶等著《黄兴与辛亥革命》,岳麓书社 2005 年版

司马朝军、王文晖著《黄侃年谱》,湖北人民出版社 2005 年版

陈国安著《1911—1912:辛亥首义阳夏之战》,湖北人民出版社 2006 年版

王先明著《清王朝的崩溃:公元 1911 年中国实录》,天津人民出版社 2006

年版

张朋园著《立宪派与辛亥革命》,吉林出版集团有限责任公司2007年版
陈奇著《刘师培年谱长编》,贵州人民出版社2007年版
胡晓编著《段祺瑞年谱》,安徽大学出版社2007年版
傅宏星编撰《钱基博年谱》,华中师范大学出版社2007年版
潘益民、潘蕤著《陈方恪年谱》,江西人民出版社2007年版
王佩良著《江苏辛亥革命研究》,国防科技大学出版社2008年版
霍修勇著《两湖地区辛亥革命新论》,国防科技大学出版社2008年版
诵清堂主人《辛亥四川路事纪略》,收入《清末实录》,北京古籍出版社2011年版

论文

毛泽东《纪念孙中山先生》,《光明日报》1956年11月12日
周恩来《在孙中山先生诞辰九十周年纪念大会上的开会词》,《光明日报》1956年11月12日
董必武《在辛亥革命五十周年纪念大会上的讲话》,《光明日报》1961年10月10日
胡耀邦《在首都各界纪念辛亥革命七十周年大会上的讲话》,《人民日报》1981年10月10日
哈经雄、胡传章《辛亥革命前后的潘怡如》,《华中师范大学学报》(人文社会科学版)1981年第1期
吴文衔、李桂芹《辛亥革命时期的黑龙江》,《北方文物》1981年第1期
郭惠青、李慧琴《中国留日学生与辛亥革命时期的云南》,《云南师范大学学报》(哲学社会科学版)1981年第2期
管明见《鲁迅论辛亥革命》,《固原师专学报》1981年第2期
张晋藩《〈约法〉,毁法,护法(纪念辛亥革命七十周年)》,《法学杂志》1981年第2期
徐重庆《辛亥革命吴兴人物简介》,《湖州师范学院学报》1981年第2期
赵展《辛亥革命时期满族革命志士血染山河》,《中央民族大学学报》(哲学社会科学版)1981年第3期
何长凤《辛亥革命时期钟昌祚在贵州的活动》,《贵州师范大学学报》(社

会科学版)1981年第3期

林茂高《辛亥革命时期桂林独立前后》,《广西师范大学学报》(哲学社会科学版)1981年第3期

张持平《辛亥革命与华侨》,《历史教学问题》1981年 第3期

马洪林《辛亥革命与学界》,《上海师范大学学报》(哲学社会科学版)1981年第3期

赵相璧《辛亥革命时期蒙古族人民的革命斗争》,《内蒙古师范大学学报》(哲学社会科学版)1981年第3期

郭豫明《辛亥革命期间的上海群众运动》,《上海师范大学学报》(哲学社会科学版)1981年第3期

赵争《辛亥革命时期常州的报刊》,《扬州大学学报》(人文社会科学版)1981年第3期

魏泽焕《列宁论辛亥革命》,《社会主义研究》1981年第3期

孔繁浩《辛亥革命时期的立宪派》,《上海师范大学学报》(哲学社会科学版)1981年第3期

魏建猷《辛亥革命时期会党运动的新发展》,《上海师范大学学报》(哲学社会科学版)1981年第3期

严平、方深保《关于贵州辛亥革命的两份史料》,《贵州文史丛刊》1981年第3期

周春元《辛亥革命时期的贵州哥老会》,《贵州师范大学学报》(社会科学版)1981年第3期

李侃《从江苏、湖北两省若干州县的光复看辛亥革命的胜利和失败——兼论资产阶级革命党人》,《社会科学战线》1981年第4期

王铁藩《辛亥革命福建光复史话》,《福建论坛》(社科教育版)1981年第4期

陈辉《论辛亥革命中会党的性质和作用》,《华中师范大学学报》(人文社会科学版)1981年第4期

邓亦兵《清末的巡防队与辛亥革命》,《社会科学战线》1981年第4期

戴学稷《清末留日热潮与辛亥革命——纪念辛亥革命七十周年》,《暨南学报》(哲学社会科学版)1981年第4期

苏贵民《辛亥革命前中国留日学生人数考正》,《社会科学战线》1981年第4期

徐友仁《光复会在辛亥革命中的作用》,《浙江学刊》1981年第4期

陶永铭《怀念祖父陶成章——纪念辛亥革命七十周年》,《绍兴文理学院学报》(社科版)1981年第4期

宋佩华《辛亥革命时期的安徽》,《安徽师范大学学报》(人文社会科学版)1981年第4期

马启成《甘肃辛亥革命概略》,《中央民族大学学报》(哲学社会科学版)1981年第4期

赵颂尧《甘肃咨议局及其演变——为纪念辛亥革命七十周年而作》,《西北师大学报》(社会科学版)1981年第4期

许海泉《辛亥革命在江西》,《江西师范大学学报》(哲学社会科学版)1981年第4期

卢明辉《辛亥革命与蒙古地区的"民族运动"》,《社会科学战线》1981年第4期

张本政、马国晏、李立新《辛亥革命在东北》,《社会科学战线》1981年第4期

刘玉岐、张凤兰、赵云鹏《辛亥革命在奉天》,《历史档案》1981年第4期

邵宏谟、韩敏《辛亥革命在陕西》,《陕西师范大学学报》(哲学社会科学版)1981年第4期

徐泰来、周磊、吴加章《辛亥革命在湘潭》,《湘潭大学学报》(哲学社会科学版)1981年第4期

孙代兴《辛亥革命在云南》,《云南师范大学学报》(哲学社会科学版)1981年第4期

徐友仁《辛亥革命中的光复会》,《社会科学》1981年第4期

王连昌《辛亥革命中的河东军政分府》,《山西师范大学学报》(社会科学版)1981年第4期

霍子江、洋深《辛亥革命中的河东总司令——李岐山》,《山西师范大学学报》(社会科学版)1981年第4期

孙石月《辛亥革命中的山西总司令——姚以价》,《山西师范大学学报》(社会科学版)1981年第4期

高振农《论章太炎佛学思想在辛亥革命中的作用》,《社会科学》1981年第5期

肖泉《缅甸华侨与辛亥革命》,《世界历史》1981年第5期

姚薇元、萧致治《孙中山先生对辛亥革命的伟大贡献》,《武汉大学学报》(人文科学版)1981年第5期

李国俊《梁启超与辛亥革命》,《史学月刊》1981年第5期

李希泌、白吉庵《辛亥革命的两种起义方式——武装起义与和平光复》,《晋阳学刊》1981年第5期

张绛《辛亥革命河南十一烈士考辨》,《河南师范大学学报》(哲学社会科学版)1981年第5期

邸富生《辛亥革命在辽宁》,《辽宁师范大学学报》(社会科学版)1981年第5期

马寿千《辛亥革命时期回族人民的革命斗争》,《民族研究》1981年第5期

刘桂五《辛亥革命与云贵讨袁斗争》,《晋阳学刊》1981年第5期

沈云荪、杜恂诚《辛亥革命时期的中国国民会》,《社会科学》1981年第5期

马东玉《孙眉与辛亥革命》,《辽宁师范大学学报》(社会科学版)1981年第5期

孙克复《"狐狸方去穴,桃偶已登场"——辛亥革命在辽宁的失败》,《辽宁大学学报》(哲学社会科学版)1981年第6期

陆印全《辛亥老人周斌谈辛亥革命》,《今日中国》1981年第8期

史轩《辛亥革命前后的教育改革》,《天津教育》1981年第10期

郝庆元《蔡元培——辛亥革命时期的教育改革家》,《天津教育》1981年第10期

藤井升三、金德泉《列宁对辛亥革命和孙中山的评价》,《国外社会科学》1981年第10期

刘希敏、袁峰、边哲《少数民族对辛亥革命的贡献(资料)》,《中国民族》1981年第10期

张海珊《记张相文、白雅雨的革命活动——中国地学会与辛亥革命》,《天津师范大学学报》(社会科学版)1982年第1期

王魁喜《日本人民对辛亥革命的声援》,《东北师范大学学报》(哲学社会科学版)1982年第1期

于醒民《日本友人与辛亥革命》,《南昌大学学报》(人文社会科学版)1982年第1期

陈慧生《杨增新在辛亥革命时期的政治态度》,《新疆社会科学》1982年

第 1 期

张良俊《辛亥革命时期的李烈钧》,《南昌大学学报》(人文社会科学版)1982 年第 1 期

罗耀九《辛亥革命时期章太炎思想的阶级属性的再认识》,《学术月刊》1982 年第 1 期

邢焕林《浅论辛亥革命时期吴禄贞的活动性质》,《河北大学学报》(哲学社会科学版)1983 年第 1 期

郑川水《辛亥革命与八旗制度的崩溃——略论辛亥革命对满族的影响》,《辽宁大学学报》(哲学社会科学版)1982 年 第 1 期

田士道《试论辛亥革命中的民主问题》,《浙江师范大学学报》(社会科学版)1982 年第 2 期

李耀仙《试论章炳麟在辛亥革命时期的政治思想》,《西南师范大学学报》(人文社会科学版)1982 年第 2 期

李锷、林启彦《辛亥革命时期的共和宪法》,《近代史研究》1982 年第 2 期

郭汉民《辛亥革命时期湖南会党的性质与作用》,《湖南师范大学社会科学学报》1982 年第 2 期

王来棣《立宪派的"和平独立"与辛亥革命》,《近代史研究》1982 年第 2 期

陆联甫《辛亥革命在嘉湖地区》,《湖州师范学院学报》1982 年第 2 期

杨定名、何玉畴《评杨增新在辛亥革命时期的对俄政策》,《兰州大学学报》(社会科学版)1983 年第 2 期

陈树发《从辛亥革命看东南亚华侨的爱国精神》,《暨南学报》(哲学社会科学版)1982 年第 3 期

杜耀云、洪胜评《清末立宪派与辛亥革命》,《山东师范大学学报)》(人文社会科学版)1982 年第 3 期

卢仲维《试探广西辛亥革命失败的主观原因》,《广西师范学院学报》(哲学社会科学版)1982 年第 3 期

邱捷《辛亥革命时期的粤商自治会》,《近代史研究》1982 年第 3 期

陈锡祺《关于戊戌维新与辛亥革命》,《中山大学学报》(社会科学版)1983 年第 4 期

杜文铎《哥老会与贵州辛亥革命》,《贵州社会科学》1983 年第 4 期

林民《辛亥革命活动家吴禄贞》,《河北学刊》1982 年第 4 期

亓长发《论辛亥革命后的黄兴》,《齐鲁学刊》1982 年第 4 期

丁身尊《论辛亥革命时期的广东民军》,《近代史研究》1982年第4期

陈汉楚《清末会党和辛亥革命》,《史学月刊》1982年第4期

余雨、彭兴《辛亥革命前夕上海郊县农民的斗争》,《社会科学》1982年第4期

田志和《1911年12月我国外蒙古"独立"有什么政治背景?经过怎样?》,《历史教学》1982年第4期

姜钟彝《贵州少数民族对辛亥革命的贡献》,《贵州民族研究》1982年第4期

刘恩格《辛亥革命与盛宣怀》,《齐齐哈尔大学学报》(哲学社会科学版)1982年第4期

陈辉《关于辛亥革命时期长江会党的几个问题》,《华中师范大学学报》(人文社会科学版)1982年第5期

(美)麦致远著,陶宏开译《近代军阀与辛亥革命》《华中师范大学学报》(人文社会科学版)1982年第6期

侯雅云《辛亥革命时梧州没有商团》,《学术论坛》1982年 第6期

曾广谦《略论辛亥革命中的吴禄贞——兼与董方奎同志商榷》,《学术月刊》1982年第11期

吴忠礼《西北顽固派在辛亥革命中的反动》,《宁夏社会科学》1983年第1期

吴书锦、王权夫、胡家荣《辛亥革命时期的徐州》,《徐州革命史话》1983年第1期

后云《辛亥革命时的四川哥老会》,《四川师范大学学报》(社会科学版)1983年第1期

颜清湟、林金枝《华侨在辛亥革命中的作用》,《南洋资料译丛》1983年第1期

乐史《辛亥革命时期华侨捐款及其作用》,《史学月刊》1983年第1期

颜清湟、林金枝《华侨在辛亥革命中的作用》,《南洋资料译丛》1983年第2期

姜钟彝《贵州少数民族为捍卫辛亥革命成果所作的斗争》,《贵州民族研究》1983年第2期

郭世佑《辛亥革命志士姚宏业和他的〈遗书〉》,《湖南城市学院学报》1983年第3期

郑其栋、韦世明《辛亥革命中少数民族的斗争事迹》,《历史教学》1983年第5期

韦善仕《辛亥革命时期的广西立宪派》,《学术论坛》1983年第6期

敬知本《辛亥革命时期张作霖其人》,《历史教学》1983年第6期

李子林《从学界、军界到社会——辛亥革命时期湖北革命党人的宣传活动》,《华中师范大学学报》(人文社会科学版)1984年第6期

陈玉亭《辛亥革命和中国留日学生》,《开封教育学院学报》1984年第1期

沈奕巨《清末广西会党起义和辛亥革命的关系》,《广西民族学院学报》(哲学社会科学版)1984年第1期

洪涛《辛亥革命时期的伊犁临时政府》,《中央民族大学学报》(哲学社会科学版)1984年第1期

王启勇《辛亥革命时期广西的"南风报"》,《广西民族学院学报》(哲学社会科学版)1984年第1期

顾大全《辛亥革命前后资产阶级革命派与改良派的分裂与联合》,《贵州社会科学》1984年第2期

王公望《辛亥革命时期留日学生的刊物——〈夏声〉》,《兰州学刊》1984年第3期

周彦《日本与辛亥革命时期的"南北议和"》,《北方论丛》1984年第3期

张恩和《郁达夫辛亥革命前后的行止》,《齐鲁学刊》1984年第4期

石田米子、钱明《光复会与浙江辛亥革命综述》,《浙江学刊》1984年第6期

黄绮文《辛亥革命与南洋华侨资产阶级》,《侨历史学会通讯》1985年第1期

晨朵《辛亥革命前的白话报运动简介》,《浙江师范大学学报》(社会科学版)1985年第1期

隗瀛涛《孙中山与四川辛亥革命》,《文史杂志》1985年第1期

郭孝义《辛亥革命时期的李竟成》,《历史档案》1985年第1期

林金树《辛亥革命中四川独立迟缓的原因何在》,《社会科学研究》1985年第1期

唐由庆《辛亥革命前期资产阶级革命派在江西的活动及其影响》,《南昌大学学报》(人文社会科学版)1985年第2期

王启勇《广西新军与辛亥革命》,《广西民族学院学报》(哲学社会科学版)

1985年第2期

黄荣辉《辛亥革命时期香港的知识分子》,《广东社会科学》1985年第2期

杨鹏程《试析辛亥革命时期的谭延闿政权》,《近代史研究》1985年第2期

彭继良《辛亥革命时期广西主要报纸的评论》,《广西大学学报》(哲学社会科学版)1985年第2期

吴湛《辛亥革命首义将领徐万年》,《中原文物》1985年第3期

柏盛湘《辛亥革命时期湖北地区农民斗争初探》,《长江论坛》1985年第3期

王晓秋《辛亥革命对日本的影响》,《中州学刊》1985年第3期

乔志强《论清末立宪运动与"预备立宪"——辛亥革命前十年史札记之八》,《山西大学学报》(哲学社会科学版)1985年第4期

刘民山《汪精卫在辛亥革命前后的叛变活动》,《历史教学》1985年第4期

刘宝书《辛亥革命时期的爱国献身精神——为纪念辛亥革命七十四周年而作》,《北华大学学报》(社会科学版)1985年第3—4期

苗普生《新伊大都督府的民族政策初探——兼论辛亥革命时期新疆的各民族关系》,《新疆大学学报》(哲学人文社会科学版)1985年第4期

韦少波《辛亥革命前上海近代报刊的产生和发展》,《上海师范大学学报》(哲学社会科学版)1985年第4期

沈立新《辛亥革命时期华侨的爱国主义》,《思想战线》1985年第4期

罗澍伟《辛亥革命时期优待清室条件的产生及其评价》,《天津社会科学》1985年第4期

谢葆凝、张唐生《华侨知识分子对辛亥革命的杰出贡献》,《开放时代》1985年第4期

冷华民《辛亥革命时期的主要资产阶级革命报刊》,《史学月刊》1985年第6期

杜耀云《辛亥革命在山东特点试探》,《山东师范大学学报》(人文社会科学版)1985年第6期

廖志豪、李茂高《辛亥革命时期的苏州"千人会"起义》,《社会科学》1985年第7期

章开沅《国魂与国民精神试析——纪念辛亥革命七十五周年》,《湖北民族学院学报》(哲学社会科学版)1986年第1期

饶怀民《民主革命的宣传家——评辛亥革命时期的章士钊》,《求索》1986

年第1期

章开沅《辛亥革命前后的张謇》,《社会科学战线》1986年第1期

陈世华《革命先驱黄花晚节——辛亥革命志士刘春海》,《福建党史月刊》1986年第1期

姚辉《评辛亥革命时期的陈其美》,《浙江学刊》1986年第1期

朱秀武《辛亥革命在鄂西》,《中南民族大学学报》(人文社会科学版)1986年第1期

刘桂生《辛亥革命时期李大钊政论试析》,《清华大学学报》(哲学社会科学版)1986年第1期

胡济民《鄂西清代留学生在辛亥革命中的作用》,《湖北民族学院学报》(哲学社会科学版)1987年第1、2期合刊

魏长洪《冯特民与辛亥革命》,《喀什师范学院学报》1986年第2期

蒋琦亚《辛亥革命烈士陈英士》,《历史教学问题》1986年第2期

谭力《论立宪派和革命派在辛亥革命时期的关系》,《探索》1986年第2期

冯正宝《论辛亥革命时期的宗方小太郎》,《近代史研究》1986年第2期

孔路原《辛亥革命时期之四川会党初探》,《天府新论》1986年第2期

耿易《陈独秀与辛亥革命》,《杭州师范学院学报》(社会科学版)1987年第2期

苏小东、吕明军《辛亥革命时期庄复地区的革命斗争》,《辽宁大学学报》(哲学社会科学版)1986年第3期

赵矢元、田毅鹏《辛亥革命时期的孙中山和汪精卫》,《社会科学战线》1986年第4期

陈华新《辛亥革命时期的孙中山与香港》,《广东社会科学》1986年第4期

刘丽楣《赵尔巽与东三省辛亥革命活动》,《历史档案》1986年第4期

周健钟《辛亥革命前后贵州天主教会活动见闻》,《贵州文史丛刊》1986年第4期

樊明方《辛亥革命前后中俄关于修订〈伊犁条约〉的交涉》,《近代史研究》1986年第4期

王善中《关于袁世凯在辛亥革命中的三个问题》,《江西师范大学学报》(哲学社会科学版)1986年第4期

廖光凤、张新旭《安徽淮上起义与辛亥革命》,《理论建设》1986年第4期

陈潮《辛亥革命期间中日合办汉冶萍事件初探》,《历史教学问题》1986

年第4期

江边《辛亥革命时期上海之役与督军之选》，《上海档案》1986年第4期

易慧清《辛亥革命时期章太炎的教育活动述评》，《浙江学刊》1986年第4期

周锡银《辛亥革命时期四川松茂各族人民的反清起义》，《思想战线》1986年第4期

李侃、陈东林《孙中山对辛亥革命失败原因和教训的认识过程》，《社会科学战线》1986年第4期

萧致治、聂文明《黄兴与辛亥革命》，《武汉大学学报》（人文科学版）1986年第5期

朱英《辛亥革命时期的苏州商团》，《近代史研究》1986年第5期

景占魁《应当肯定阎锡山在辛亥革命中的作用》，《晋阳学刊》1986年第6期

李宏生、冷家煊《山东辛亥革命志士徐镜心》，《山东师范大学学报》（人文社会科学版）1986年第6期

周聿峨《辛亥革命时期的胡汉民》，《开放时代》1986年第11期

余炎光《戊戌·辛亥·国民革命》，《暨南学报》（哲学社会科学版）1987年第1期

汤本国穗、张真《从社会史角度剖析贵州辛亥革命》，《贵州文史丛刊》1987年第1期

高路《论湖北辛亥革命党人的局限》，《华中师范大学学报》（人文社会科学版）1987年第1期

刘宝书《论辛亥革命时期孙中山的反帝救亡思想》，《北华大学学报》（社会科学版）1987年第2期

赵培成《辛亥革命时期五台同盟会员的革命活动》，《五台山研究》1987年第2期

黎明《论辛亥革命党人的反帝爱国思想》，《盐城师范学院学报》（人文社会科学版）1987年第3期

古竹《辛亥革命前后的满族》，《满族研究》1987年第3期

朱英《辛亥革命时期的孙中山与资产阶级》，《近代史研究》1987年第3期

陈士聪、孙淳夫《打响东北地区辛亥革命第一枪的人——顾人宜》，《辽宁师范大学学报》（社会科学版）1988年第3期

王继平《略论少数民族在辛亥革命时期的革命斗争》,《贵州民族研究》1987年第4期

魏长洪《辛亥时期喀什革命论述》,《喀什师范学院学报》1987年第4期

沈渭滨《论辛亥革命时期的会党》,《复旦学报》(社会科学版)1987年第5期

许毅明《辛亥革命志士林资铿》,《革命人物》1987年第5期

梅兴无《辛亥革命时期鄂川边区的反清起义》,《中央民族大学学报》(哲学社会科学版)1987年第5期

徐辉琪《辛亥革命时期著名的爱国女医生张竹君》,《开放时代》1987年第6期

赵梦涵、李天安、郭德宏《辛亥革命前资产阶级革命派与改良派论战的再评价》,《山东大学学报》(哲学社会科学版)1988年第1期

钟兴永《袁世凯与辛亥革命》,《娄底师专学报》1988年第1期

王凡《论辛亥革命时期的张謇与孙中山关系》,《学术界》1988年第1期

李兰萍《略论辛亥革命时期的妇女参政斗争》,《广东社会科学》1988年第2期

牛济《于右任在辛亥革命时期办报活动述评》,《人文杂志》1988年第2期

萧永坚《徐赞周与辛亥革命》,《华侨华人历史研究》1988年第2期

桑兵《辛亥时期的学生与国民会——兼论学生与革命党人的关系》,《中山大学学报论丛》1988年第3期

马善贵《华侨与辛亥革命》,《延安大学学报》(社会科学版)1988年第3期

唐汝瑾《试述辛亥革命时期的妇女运动》,《上海师范大学学报》(哲学社会科学版)1988年第3期

夏保成《美国对辛亥革命的反应》,《史学集刊》1988年第4期

林平汉《辛亥革命前后民主思想在福建的传播》,《福建论坛》1988年第4期

陈善学《辛亥革命时期的陈独秀》,《文史哲》1988年第4期

张鸿奎《试论美洲洪门致公堂华侨在辛亥革命时期的作用》,《史林》1988年第4期

朱英《清末商会与辛亥革命》,《华中师范大学学报》(人文社会科学版)1988年第5期

冯静、万华《再评辛亥革命中的赵尔丰》,《四川师范大学学报》(社会科学

版)1988年第5期

史革新《论辛亥革命时期的西学传播》,《北京师范大学学报》(社会科学版)1988年第6期

潘祖升《辛亥革命后孙中山反帝思想的新发展》,《黄冈师范学院学报》1989年第1期

刘毅政《辛亥革命前孙中山在日本的活动》,《内蒙古师范大学学报》(哲学社会科学版)1989年第1期

庄建平《辛亥革命资料概说(上)》,《历史教学》1989年第1期

陶季邑《胡汉民对辛亥革命的贡献》,《贵州师范大学学报》(自然科学版)1989年 第1期

朱榕《论辛亥革命的实质——从清末官制改革、立宪运动谈起》,《江汉论坛》1989年第2期

A·苏古敦、郦玉明《辛亥革命在汉口》,《民国档案》1989年第2期

李泽彧、苏鑫鸿《辛亥革命前的外债与中国海关》,《长沙理工大学学报》(社会科学版)1989年第2期

姚玉明《辛亥革命前后绍兴名人的涌现及其背景》,《长沙理工大学学报》(社会科学版)1989年第2期

庄建平《辛亥革命资料概说(下)》,《历史教学》1989年第2期

赵书《辛亥革命前后的北京满族人》,《满族研究》1989年第3期

胡迅雷《列宁论辛亥革命》,《宁夏大学学报》(人文社会科学版)1989年第3期

徐启恒《泰国华侨与辛亥革命》,《华侨华人历史研究》1989年第3期

王先明《吴禄贞与辛亥革命》,《晋阳学刊》1989年第3期

林平汉《辛亥革命对福建封建习俗变革的促进作用》,《福建师范大学学报》(哲学社会科学版)1989年第3期

代鲁《关于辛亥革命后盛宣怀阶级性的转化问题》,《近代史研究》1989年第4期

季云飞《论袁世凯在辛亥革命中的作用》,《学术月刊》1989年第4期

庄夫《辛亥革命前湖南述略》,《湖南城市学院学报》1989年第4期

徐升、刁良举《论辛亥革命时期反满思潮的作用》,《南都学坛》1990年第1期

郑少军、尧秋根《试论辛亥革命前夕山东"莱海民变"的影响》,《胜利油田

党校学报》1990年第1期

庄夫《辛亥革命前湖南述略(续完)》,《湖南城市学院学报》1990年第1期

沈继成《黄兴在辛亥革命时期对武装起义的贡献》,《华中师范大学学报》(人文社会科学版)1990年第1期

饶怀民、周新国《辛亥革命时期会党运动的特征和作用》,《求索》1990年第3期

陈民《辛亥革命中的陈楚楠与张永福》,《华侨华人历史研究》1990年第3期

陶季邑《浅论辛亥革命前后黄兴和胡汉民的关系》,《贵阳师范高等专科学校学报》(社会科学版)1990年第3期

宏轩《辛亥革命联合战线的建立初探》,《临沂师范学院学报》1990年第3期

樊明方《1911年春天之俄牒风波》,《历史档案》1990年第3期

张小路《美国与辛亥革命》,《历史档案》1990年第4期

赵宗颇《论辛亥革命期间的妇女爱国活动》,《上海师范大学学报》(哲学社会科学版)1990年第4期

乔益洁《陕西辛亥革命较早宣布独立之原因》,《青海师范大学学报》(哲学社会科学版)1990年第4期

江晓玲《辛亥革命时期妇女解放运动发展轨迹初考》,《成都大学学报》(社会科学版)1990年第4期

饶怀民《辛亥革命时期会党研究综述》,《湖南师范大学社会科学学报》1990年第6期

刘章霖《辛亥革命前夕四川人民的反帝反封建斗争》,《内江师范学院学报》1991年第1期

莫家仁《壮族与辛亥革命》,《广西民族研究》1991年第1期

尹全海《评辛亥革命时美国的"中立"政策》,《信阳师范学院学报》(哲学社会科学版)1991年第2期

吴廷俊《试论辛亥革命时期革命报刊宣传工作的缺憾》,《华中科技大学学报》(社会科学版)1991年第2期

郭汉民《宋教仁与辛亥革命研究述评》,《湖南师范大学社会科学学报》1991年第2期

谷谦《辛亥革命在土家族地区》,《中央民族大学学报》(哲学社会科学版)

1991年第2期

饶怀民《辛亥革命时期的刘揆一》,《湖南科技大学学报》(社会科学版)1991年第2期

邱荣洲《辛亥革命福建省军政府都督孙道仁评介》,《龙岩师专学报》1991年第2期

山作启、鹿谓慧《辛亥革命后的山东政局》,《民国档案》1991年第2期

识小《散论辛亥革命镇江光复时的几位首义人员》,《江苏大学学报》(高教研究版)1991年第3期

邵雍《哥老会与辛亥革命》,《上海师范大学学报》(哲学社会科学版)1991年第3期

赵和曼《广西华侨与辛亥革命》,《八桂侨史》1991年第3期

向大有《广西籍华侨参与辛亥革命活动之特征——纪念辛亥革命八十周年》,《八桂侨史》1991年第3期

张应超《黄兴与陕西辛亥革命英豪》,《西北大学学报》(哲学社会科学版)1991年第3期

王连昌《河东在辛亥革命中的历史地位》,《运城高专学报》1991年第3期

谭天星《华侨对辛亥革命贡献的再认识》,《八桂侨史》1991年第3期

吴达德《吴玉章与四川辛亥革命》,《自贡师专学报》1991年第3期

陈友益《辛亥革命与湖州资产阶级》,《湖州师范学院学报》1991年第3期

苏贵庆《程德全在辛亥革命时期的历史地位》,《苏州大学学报》(哲学社会科学版)1991年第3期

方裕谨《辛亥革命在河南——外务部电报档选刊》,《历史档案》1991年第3期

谭用中《谭　与贵州辛亥革命》,《贵州文史丛刊》1991年第3期

王心喜《辛亥革命在杭州》,《杭州师范学院学报》(自然科学版)1991年第3期

欧阳跃峰《安徽志士对辛亥革命的贡献》,《安徽师范大学学报》(人文社会科学版)1991年第4期

杨奋泽《程璧光率海军南下护法略论——纪念辛亥革命80周年》,《内蒙古大学学报》(人文社会科学版)l991年第4期

赵宗颇《简论上海在辛亥革命中的历史地位》,《上海师范大学学报》(哲学社会科学版)1991年4期

汪之瀚《略论安徽辛亥革命的特点》,《安徽史学》1991年第4期

凯成文《略论辛亥革命在川滇甘青藏区的反响》,《西藏民族学院学报》(哲学社会科学版)1991年第4期

彭先国《论辛亥革命中资产阶级革命党与会党的联合》,《广西师范大学学报》(哲学社会科学版)1991年第4期

袁锋《剖析满族人民参加辛亥革命的原因——纪念辛亥革命八十周年》,《中央民族大学学报》(哲学社会科学版)1991年第4期

郑少军《浅谈山东辛亥革命的几个特点》,《胜利油田党校学报》1991年第4期

杨祖长《论〈民报〉对辛亥革命的贡献——纪念辛亥革命八十周年》,《江汉大学学报》(社会科学版)1991年第4期

贺陆才、杨美珍《论辛亥革命前的民族主义思潮》,《河南大学学报》(社会科学版)1991年第4期

林增平《简述辛亥革命期间的湖南》,《湖南城市学院学报》1991年第4期

于桂英《山东华侨与辛亥革命》,《山东大学学报》(哲学社会科学版)1991年第4期

李传信《宋嘉树与辛亥革命》,《江汉大学学报》(社会科学版)1991年第4期

经盛鸿《孙中山与陈其美关系发展史论——纪念辛亥革命八十周年》,《南京师大学报》(社会科学版)1991年第4期

李强《辛亥革命前后的章士钊》,《西南师范大学学报》(人文社会科学版)1991年第4期

殷俊玲《辛亥革命前后山西报到刊述论》,《山西师范大学学报》(社会科学版)1991年4期

何一民《辛亥革命时期的四川报刊》,《四川文物》1991年第4期

隗瀛涛《论四川辛亥革命的社会历史背景(上)》,《文史杂志》1991年第4期

王劲《于右任与辛亥革命——纪念辛亥革命80周年》,《兰州大学学报》(社会科学版)1991年第4期

何汝璧《辛亥革命时期孙中山与法国》,《陕西师范大学学报》(哲学社会科学版)1991年第4期

张正宁《从两通碑刻看辛亥革命在凉山彝区的影响》,《四川文物》1991

年第 4 期

傅渊希《扼守老关口掩护重庆独立——辛亥革命亲历记》,《文史杂志》1991 年第 4 期

王铁藩《福建华侨对辛亥革命的贡献》,《福建论坛》(人文社会科学版)1991 年第 4 期

沈立新、崔志鹰《海外华侨支持辛亥革命刍议》,《史林》1991 年第 4 期

周武《辛亥革命与皇朝体制的终结》,《史林》1991 年 第 4 期

耿德铭《辛亥革命云南腾越起义诸英烈墓葬考察》,《四川文物》1991 年第 4 期

范启龙《福建华侨与辛亥革命》,《福建师范大学学报》(哲学社会科学版)1991 年第 4 期

李时岳《从〈秋夜草疏图〉说起——辛亥革命回忆录琐谈》,《广东社会科学》1991 年第 5 期

杨天石《1911 年的拒英、拒法、拒俄运动》,《中国社会科学院研究生院学报》1991 年第 5 期

侯宜杰《关于立宪派在辛亥革命中的三个问题》,《社会科学研究》1991 年第 5 期

黄宗炎《广西与辛亥革命》,《社会科学探索》1991 年第 5 期

辛培林、任伶《黑龙江地区辛亥革命概论》,《学习与探索》1991 年第 5 期

佘丽芬《近代女知识分子与辛亥革命》,《浙江社会科学》1991 年第 5 期

饶怀民《刘揆一与辛亥革命》,《西南民族大学学报》(人文社科版)1991 年第 5 期

罗华庆《论辛亥革命时期章太炎的国家政体思想》,《浙江学刊》1991 年第 5 期

谢健、黄水华《辛亥革命在军事上的成功与不足》,《军事历史》1991 年第 5 期

陈梅龙《辛亥革命在宁波》,《浙江学刊》(双月刊)1991 第 5 期

苏中立《试论辛亥革命时期严复的启蒙思想》,《中南民族大学学报》(人文社会科学版)1991 年第 5 期

涂鸣皋《吴玉章与辛亥革命》,《四川社联通讯》1991 年第 5 期

何一民《四川近代知识分子与辛亥革命》,《西南民族大学学报》(人文社科版)1991 年第 5 期

吴晓迪《辛亥革命前后的唐绍仪》,《上海大学学报》(社会科学版)1991年第5期

萧致治《论辛亥革命领导群体的集体作用》,《武汉大学学报》(人文科学版)1991年第5期

于廷明《辛亥革命时期的甘肃军票》,《社科纵横》1991年第5期

胡国枢《辛亥革命在浙江的兴起》,《浙江学(双月刊)》1991年第5期

杨岭多吉《辛亥革命中藏族人民的革命斗争》,《四川社联通讯》1991年第5期

钟卓安《辛亥革命与反满思潮》,《广东社会科学》1991年第5期

李长林《辛亥革命时期的警句格言》,《道德与文明》1991年第5期

王天奖《辛亥革命与河南》,《中州学刊》1991年第5期

张国福《辛亥革命时期各省府约法初探》,《中外法学》1991年第5期

冯天喻《辛亥革命对原典精神的发扬》,《湖北大学学报》(哲学社会科学版)1991年第6期

郭世佑《禹之谟与辛亥革命志士阶级属性新论》,《求索》1991年第6期

俞旦初《辛亥革命时期的民族英雄人物史鉴初考》,《近代史研究》1991年第6期

宋国英《辛亥革命时期的资州起义》,《四川文物》1991年第6期

张应超、党阳俊《辛亥革命在陕西》,《理论导刊》1991年第10期

何玉菲《辛亥革命中的云南》,《中国档案》1991年第10期

李赣骝《先父李烈钧与辛亥革命》,《现代中国》1991年第12期

王向立《朱德和辛亥革命》,《瞭望》1991年第40期

郎佩芬《毛泽东评辛亥革命》,《广西大学学报》(哲学社会科学版)1992年第1期

黄中岩、贾巨川《从辛亥革命志士到新中国的部长——记著名爱国民主人士张奚若》,《渭南师专学报》1992年第1期

迟云飞《清政府衰败是辛亥革命成功的重要条件》,《湖南师范大学社会科学学报》1992年第1期

关捷《赵尔巽在辛亥革命时期的政治行为》,《满族研究》1992年第1期

黄建华《新疆辛亥革命的特点》,《新疆社科论坛》1992年第1期

智效民《阎锡山与辛亥革命的几个问题》,《晋阳学刊》1992年第1期

杨渭生《辛亥革命时期的浙江会党》,《浙江社会科学》1992年第1期

董守义《日本对辛亥革命的影响》,《日本研究》1992年第2期

陈晓东、孙增举《山西起义在辛亥革命中的作用》,《苏州科技学院学报》(社会科学版)1992年第2期

尹全海、张景梅《黄兴与辛亥革命的几个问题》,《信阳师范学院学报》(哲学社会科学版)1992年第2期

仓心言《南洋洪门会党与辛亥革命——兼论南洋洪门会党与美洲洪门的异同》,《温州师院学报》1992年第2期

潘洪钢《辛亥革命与荆州驻防八旗》,《满族研究》1992年 第2期

陈铮《革命图书出版与辛亥革命运动》,《历史档案》1992年第3期

林增平《孙黄交谊与辛亥革命》,《湖南师范大学社会科学学报》1992年第3期

何一立《蒲殿俊与四川辛亥革命》,《四川师范大学学报》(社会科学版)1992年第4期

巫妙云《"岭南三杰"与辛亥革命》,《岭南文史》1992年第4期

李光正《辛亥革命时期的广西新军述评》,《河池师专学报》1992年第4期

李本义《清末留日学生运动对辛亥革命的推动》,《湖北大学学报》(哲学社会科学版)1992年第4期

陈孝华《林森与辛亥革命》,《福建学刊》1992年第6期

冯治、刘孟信《辛亥革命时期的于右任》,《贵州社会科学》1992年第9期

饶怀民《论辛亥革命时期刘揆一的近代化思想》,《求索》1993年第1期

汪林茂《江浙士绅与辛亥革命》,《近代史研究》1993年第1期

彭大雍《广西会党与辛亥革命》,《广西民族学院学报》(哲学社会科学版)1993年第1期

黄永金、李光溪《李鸿祥与云南辛亥革命》,《玉溪师专学报》1993年第1期

徐立亭《辛亥革命与"多党政治"》,《史学集刊》1993年第2期

符和积《略论辛亥革命在海南》,《海南师范学院学报》(社会科学版)1993年第2期

何扬鸣《浙江留日学生与辛亥革命》,《杭州大学学报》(哲学社会科学版)1993年第2期

关晓红《一个影响辛亥革命进程的偶然性因素——关于武昌起义后孙中山推迟回国的决定》,《近代史研究》1993年第3期

张应超《陕甘回民对辛亥革命的贡献》,《回族研究》1993年第3期

孙绍宗《黄兴是辛亥革命的实干家》,《东疆学刊》1993年第3期

马庚存《辛亥革命在山东的胜利与失败述论》,《山东医科大学》1993年第3期

李立新《辛亥革命英烈吴禄贞》,《社会科学战线》1993年第4期

饶怀民《论辛亥革命时期湖南会党的特征》,《湖南师大社会科学学报》1993年第4期

胡岳《湘鄂西少数民族地区的辛亥革命》,《中南民族大学学报》(人文社会科学版)1993年第4期

王熙远《辛亥革命前广西会党活跃探因》,《广西大学学报》(哲学社会科学版)1993年第4期

周新会《辛亥革命与民国初期的青海》,《青海社会科学》1993年第5期

富兵《华侨支援辛亥革命》,《教育学报》1993年第5期

尹全海《辛亥革命与"反满联盟"》,《齐鲁学刊》1993年第6期

李细珠《辛亥革命起因新论》,《湖南师大社会科学学报》1993年第6期

巫忠《浅析辛亥革命前后谭平山的思想和活动》,《佛山科学技术学院学报》(社会科学版)1993年第11期

王力平《南洋华侨对辛亥革命的巨大贡献》,《内蒙古师范大学学报》(教育科学版)1993年第12期

陈梅龙《蒋介石与辛亥革命》,《宁波大学学报》(教育科学版)1994年第1期

刘华明赤真《1911—921年的外蒙古问题》,《民国档案》1994年第1期

荆德新《孙中山与云南辛亥革命》,《中山大学学报论丛》1994年第1期

曾永玲《辛亥革命时期的"反满"宣传》,《松辽学刊》1994年第2期

汤明珠《辛亥革命前后的朱德》,《云南民族大学学报》(哲学社会科学版)1994年第2期

何扬鸣《浙江留日学生辛亥革命时期报刊活动述评》,《杭州大学学报》(哲学社会科学版)1994年第2期

丁进军《有关辛亥革命的几件电报》,《历史档案》1994年第2期

丁孝智、张根福《对辛亥革命时期会党二重作用的历史考察》,《西北师范大学学报》(社会科学版)1994年第3期

郭桂兰《简论辛亥革命在东北》,《黑龙江史志》1994年第4期

韦国友《辛亥革命中爱国教徒的作用和贡献》,《右江民族师专学报》1994年第4期

李立华《辛亥"革命三策"之由来与演化》,《军事历史研究》1994年第4期

李存朴《黎元洪与辛亥革命》,《烟台师范学院学报》(哲学社会科学版)1994年第4期

君山《辛亥革命时期豫中黄道会》,《民国春秋》1994年第6期

周茶仙《试论辛亥革命在江西》,《上饶师专学报》1995年第1期

林野《辛亥革命连江籍九烈士事迹述略》,《福建财会管理干部学院学报》1995年第1期

乔方《华侨对辛亥革命的卓著贡献》,《侨园》1995年第1期

丘菊贤、罗英祥《客家人在辛亥革命中的贡献》,《中南民族大学学报》(人文社会科学版)1995年第2期

冯瑛、曹孝福《陈其美在辛亥革命和反袁斗争中的作用》,《历史教学问题》1995年第2期

贾孔会《辛亥革命与宜昌光复》,《三峡大学学报》(人文社会科学版)1995年第4期

王中茂、王振国《1894—1911年孙中山的筹款活动》,《郑州大学学报》(哲学社会科学版)1995年第4期

林吉玲《论立宪运动中的权力之争与辛亥革命》,《山东师范大学学报》(人文社会科学版)1995年第4期

郑香《试论辛亥革命前后的林森》,《福州大学学报》(社会科学版)1995年第4期

张晓《辛亥革命前的近代图书馆事业》,《中国典籍与文化》1995年第4期

乐正《近代广州大众传播业的发展(1827—1911年)》,《开放时代》1995年第5期

葛仁钧《论同盟会在辛亥革命中的得失》,《辽宁大学学报》(哲学社会科学版)1995年第5期

张海林《论辛亥革命前的江苏咨议局》,《江海学刊》1995年第6期

刘宗让《关于辛亥革命前后章太炎几个问题之管见》,《安康师专学报》1996年第1期

王艳玲《论谭延闿首次督湘业绩及其对辛亥革命的贡献》,《长沙电力学院学报》(社会科学版)1996年第1期

喻枝英《湖北辛亥革命文献资料述略》,《湖北文史资料》1996年第1期

徐方平《论荆沙辛亥革命的特点和意义》,《湖北大学学报》(哲学社会科学版)1996年第3期

李寿华《浅谈陆荣廷在辛亥革命中的复杂性》,《玉林师专学报》1996年第4期

周月思《辛亥革命期间张謇为何支持袁世凯》,《南通师专学报》1996年第4期

丁三青《辛亥与中国现代》,《史学月刊》1996年第5期

袁国兴《论辛亥革命时期的话剧文学理论建设》,《戏剧文学》1996年第6期

吉平安《辛亥革命与会党》,《中学历史教学参考》1996年第6期

宏达、南晖《"苟利国家生死以,岂因祸福避趋之"——辛亥革命时期的浙籍志士仁人》,《文史知识》1996年第10期

曹顺霞《试论黄兴在辛亥革命中的地位和作用》,《西江大学学报》1997年第1期

王显成《陶成章的民族主义与江浙辛亥革命》,《湛江师范学院学报》(社会科学版)1997年第1期

赤真《辛亥革命后政权更迭的启示》,《内蒙古师范大学学报》(教育科学版)1997年第1期

汪毓和《辛亥革命前后的军歌》,《音乐研究》1997年第1期

杨新明、谭少兵《试论辛亥革命时期谭延闿与革命派的关系》,《湘潭师范学院学报》1997年第1期

王昭全《英雄与坐骥共长眠——记辛亥革命雨花台之役》,《紫金岁月》1997年第1期

沈潜《辛亥革命前后的黄宗仰》,《华中师范大学学报》(人文社会科学版)1997年第2期

骆顺森《辛亥革命前后梁启超的政治主张与思想探述》,《杭州师范学院学报》(社会科学版)1997年第2期

唐向荣《李大钊辛亥革命业绩的新发现》,《党史博采》1997年第2期

胡再德《"宋教仁案"是辛亥革命失败的标志》,《上海师范大学学报》(哲学社会科学版)1997年第3期

李益杰《潮汕华侨对辛亥革命的贡献》,《华侨华人历史研究》1997年第

3 期

马晶《辛亥革命时期出版的报刊及其反帝爱国思想的宣传》,《德州师专学报》1997 年第 3 期

郭梅枝《辛亥革命中阳夏战役失败原因新探》,《河南师范大学学报》(哲学社会科学版)1997 年第 3 期

洪钢《辛亥革命时期的安徽淮上军》,《江淮文史》1997 年第 3 期

严昌洪《20 世纪辛亥革命研究鸟瞰》,《华中师范大学学报》(人文社会科学版)1998 年第 4 期

毕跃明《辛亥革命在南阳》,《南都学坛》(哲学社会科学版)1997 年第 4 期

任贵祥《辛亥革命时期的华侨报刊》,《华侨华人历史研究》1997 年第 4 期

李灿珍《辛亥革命时期的妇女斗争与中国近代化事业》,《求索》1997 年第 5 期

席萍安《试析辛亥革命中的四川新军》,《文史杂志》1997 年第 6 期

骆宝善《辛亥革命初期的新闻传媒与孙中山》,《广东社会科学》1998 年第 1 期

任贵祥《辛亥革命时期的华侨报刊》(续完)》,《华侨华人历史研究》1998 年第 1 期

吴蓓《论辛亥革命时期的无政府主义思潮》,《北华大学学报》(社会科学版)1998 年第 2 期

苏德善《伊犁辛亥革命中的锡伯族》,《伊犁师范学院学报》1998 年第 2 期

经盛鸿《辛亥革命后的女子参政运动》,《文史杂志》1998 年第 2 期

赵立彬《严复的三民思想与辛亥革命观》,《中山大学研究生学刊》1998 年第 3 期

李学智《辛亥革命中的伍廷芳》,《天津师范大学学报》(社会科学版)1998 年第 3 期

许增《辛亥革命时期的革命宣传家——于右任》,《西南师范大学学报》(人文社会科学版)1998 年第 3 期

王小孚《辛亥革命铁血旗》,《南京史志》1998 年第 3 期

李景恩《辛亥革命前后的江西会党》,《江西师范大学学报》(哲学社会科学版)1998 年第 4 期

饶怀民《辛亥革命时期发生在上海的都督风波——李燮和与陈其美争都督辨》,《湖南师范大学社会科学学报》1998 年第 4 期

尹美英《辛亥革命时期的兴女学运动》,《济宁师专学报》1998年第5期

魏立安《会党与辛亥革命》,《历史教学》1998年第5期

李兰萍《晚清女生留日与辛亥革命》,《学术研究》1998年第6期

李本义《辛亥革命与五四时期妇女解放运动比较研究》,《湖北大学学报》(哲学社会科学版)1998年第6期

蒋美华《略论辛亥革命时期知识妇女群的解放心态》,《江海学刊》1998年第6期

何大进《辛亥革命时期西方传教士对袁世凯的选择》,《江西社会科学》1998年第8期

霍小平《论辛亥革命时期资产阶级革命派的革命教育》,《昌吉师专学报》1999年第1期

唐上意《辛亥革命时期关于民族问题的论战》,《广东职业技术师范学院学报》1999年第1期

李含章《应该怎样看待辛亥革命时期的"西藏独立"?》,《中国西藏》(中文版)1999年第2期

曾光光《再论辛亥革命时期资产阶级革命派未提反帝口号》,《贵州文史丛刊》1999年第2期

张笃勤《孙中山辛亥革命前两度组建中华革命党考论》,《求索》1999年第2期

郭树权《柳亚子与辛亥革命》,《南京理工大学学报》(社会科学版)1999年第3期

宿丰林、包汉《辛亥革命后盛宣怀的政治倾向——兼谈盛宣怀与孙中山、袁世凯的关系》,《黑龙江社会科学》1999年3期

周俊华《辛亥革命失败原因新探》,《人文杂志》2000年第2期

吴金平、雷炳炎《加拿大华侨与辛亥革命》,《南华大学学报》(社会科学版)2000年第2期

李茂盛《阎锡山在山西辛亥革命中的历史作用》,《山西广播电视大学学报》2000年第2期

吴毅、刘宗让《章太炎与辛亥革命刍论》,《宝鸡文理学院学报》(社会科学版)2000年第2期

马玉山《结束中国封建帝制的革命壮举——辛亥年间的武装起义》,《党史文汇》2000年第2期

胡国枢《辛亥革命上海都督究应谁属？——简论陈英士的历史地位与作用》，《浙江学刊》2000年第3期

赵荣霞、崔英杰《辛亥革命在驻马店》，《天中学刊》2000年第3期

肖阳《1911年—1914年 辛亥革命发生和南京临时政府成立》，《四川统一战线》2000年第3期

朱培民《辛亥革命在新疆的胜利和失败》，《乌鲁木齐职业大学学报》2000年第4期

安贵臣、杜才平《1911年国际防疫会议背景分析》，《台州师专学报》2000年第4期

周润东《论华侨对辛亥革命的贡献》，《合肥工业大学学报》（社会科学版）2000年第4期

尹洁《浅析同盟会革命活动对陕西辛亥革命的影响》，《西安电子科技大学学报》（社会科学版）2000年第4期

李静萍、师维孝《阎锡山与山西辛亥革命》，《沧桑》2000年第5期

郭戈《李廉方与辛亥革命》，《文史知识》2000年第10期

张海林《论辛亥革命前张謇的政治思想及其实践》，《南京大学学报》（哲学·人文科学·社会科学版）2001年第1期

石荣慧《浅析辛亥革命时期日本与袁世凯的关系》，《河池师专学报》2001年第1期

徐晓军《无公则无民国 有史必有斯人——辛亥革命的重要军事领导者黄兴》，《环球军事》2001年第1期

林平汉《辛亥革命前后福建商界实业建国思想探略》，《福建师范大学学报》（哲学社会科学版）2001年第1期

吴麦黄《姚以价与山西辛亥革命》，《沧桑》2001年第1期

高燕宁《辛亥革命与中国政治现代化——兼论"告别革命"论的理论缺陷》，《内蒙古社会科学》（汉文版）2001年第2期

汤志钧《戊戌的思想启蒙和辛亥的革命风暴》，《史林》2001年第2期

岳川《辛亥革命中的会党探析》，《集宁师专学报》2001年第2期

吴麦黄《姚以价与山西辛亥革命》（二），《沧桑》2001年第2期

杨国强《辛亥革命与蜕变中的知识人》，《史林》2001年第2期

苏智良《辛亥革命与东南社会的变革》，《史林》2001年 第2期

刘学照《上海舆论与辛亥革命漫议》，《史林》2001年第2期

何振东《辛亥革命的史碑——改朝换制》,《徐州师范大学学报》(哲学社会科学版)2001年第3期

张宏轩、王庆东《辛亥革命时期反清联合战线的兴衰考略》,《理论学刊》2001年第3期

白纯《辛亥革命时期革命党人的政治暗杀活动探析》,《学海》2001年第3期

王敬平《辛亥革命时期基督教会在中国的发展与孙中山的宗教政策》,《焦作工学院学报》(社会科学版)2001年第3期

肖喜雨《辛亥革命时期科技期刊概论》,《求索》2001年第3期

刘雄《辛亥革命对台湾的影响》,《福州党校学报》2001年第3期

辜达岸《辛亥革命前后的陈宦》,《湖北文史资料》2001年第3期

刘涛《论辛亥革命时期女性报刊的舆论宣传作用》,《湖南社会科学》2001年第3期

王秉默《民革前辈在辛亥革命中》,《团结》2001年第3期

贺觉菲《湖北辛亥革命前后的回顾》,《湖北文史资料》2001年第3期

石雪峰《黄梅辛亥革命斗士录》,《湖北文史资料》2001年第3期

吴麦黄《姚以价与山西辛亥革命(三)》,《沧桑》2001年第3期

王遂今《浙江辛亥革命先人中的"三不朽"》,《文化交流》2001年第3期

黄顺力《孙中山与章太炎民族主义思想之比较——以辛亥革命时期为例》,《厦门大学学报》(哲学社会科学版)2001年第3期

刘雄《论孙中山的国家统一思想——纪念辛亥革命九十周年》,《中共宁波市委党校学报》2001年第3期

王赓唐《辛亥革命前无锡社会的变迁——纪念辛亥革命九十周年》,《江南学院学报》2001年第3期

霍修勇《辛亥革命前两湖志士活动属论》,《聊城师范学院学报》(哲学社会科学版)2001年第4期

王战英《辛亥革命风云人物——胡汉民》,《彭城职业大学学报》2001年第4期

李秀茹《辛亥革命前孙中山联络洪门原因浅析》,《天中学刊》2001年第4期

高强《辛亥革命时期"黄帝子孙"称谓的错位》,《贵州文史丛刊》2001年第4期

张铭玉《张难先辛亥革命前在狱中》,《团结》2001年第4期

陈昌福《辛亥革命与中国民主党派的历史发展》,《江苏省社会主义学院学报》2001年第4期

邱格屏《辛亥革命中东南亚华人秘密会党之功能》,《广西右江民族师专学报》2001年第4期

胡伯衡《辛亥革命军歌》,《世纪》2001年第4期

经盛鸿《辛亥革命中一位风云文人的浮沉——刘师培三次思想剧变述论》,《民国档案》2001年第4期

朱崇演《帮会是贵州辛亥革命的主力》,《贵阳文史》2001年第4期

杨近文《参加贵州辛亥革命起义的主要历史人物》,《贵阳文史》2001年第4期

李永久《参加武昌起义的贵州英豪——为纪念辛亥革命九十周年而作》,《贵阳文史》2001年第4期

范前锋《从政治文化论辛亥革命时期中国妇女政治意识的觉醒——为纪念辛亥革命90周年而写》,《云南社会主义学院学报》2001年第4期

张秀云《革命派内部的分化是辛亥革命失败的重要原因》,《贵州文史丛刊》2001年第4期

谢俊美《辛亥革命时期的军政府述论》,《历史教学问题》2001年第4期

蒋述东、涂洪清《近代知识分子与辛亥革命》,《重庆教育学院学报》2001年第4期

张艳华、章慕荣《近二十年来辛亥革命研究综述》,《史学月刊》2001年第4期

卢伯炜《立宪派与辛亥革命》,《苏州大学学报》(哲学社会科学版)2001年第4期

梁严冰《论同盟会、会党、新军与陕西辛亥革命》,《延安大学学报》(社会科学版)2001年第4期

何世昆《从〈中华民国临时约法〉看辛亥革命的历史地位》,《合肥教育学院学报》2001年第4期

竺午《安徽辛亥革命的前前后后》,《江淮文史》2001年第4期

邓乐群《〈黄书〉与辛亥革命》,《南通师范学院学报》(哲学社会科学版)2001年第4期

朱英《论辛亥革命前资产阶级拟订商法的活动》,《郧阳师范高等专科学

校学报》2001年第4期

杨大春《论辛亥革命时期中国刑事审判制度的革新——以姚荣泽案为例》，《苏州大学学报》(哲学社会科学版)2001年第4期

陈国安《试论土家族人民对辛亥革命的贡献》，《贵州民族研究》2001年第4期

汤奇学《安徽辛亥革命的特点》，《安徽大学学报》(哲学社会科学版)2001年第5期

管仕福《国民民主意识的淡薄与辛亥革命的失败》，《衡阳师范学院学报》2001年第5期

饶怀民《辛亥革命时期湘籍志士的舆论宣传》，《湖南师范大学社会科学学报》2001年第5期

张磊《孙中山与辛亥革命——纪念辛亥革命90周年》，《广东社会科学》2001年第5期

刘玉遵、成露西《台山县的辛亥革命运动与华侨》，《传记文学》2001年第5期

扈小敏、马庚存《论辛亥革命时期的进步青年运动》，《东岳论丛》2001年第5期

王国宇《辛亥革命与国民党军政要员》，《纪念辛亥革命九十周年》2001年第5期

高鸿志《辛亥革命时期英国分裂中国西藏的阴谋》，《安徽大学学报》(哲学社会科学版)2001年第5期

石岩、康家良、冯志红《辛亥革命在黑龙江》，《世纪桥》2001年第5期

霍修勇《辛亥革命时期湖北志士对新军的改造》，《济宁师专学报》2001年第5期

万建清《辛亥革命在江苏》，《钟山风雨》2001年第5期

陈金源《辛亥革命在梧州》，《广西地方志》2001年第5期

盛巽昌《参加辛亥革命的共产党人》，《世纪》2001年第5期

严吾《热血浇开自由花——记辛亥革命安庆起义军总司令熊成基》，《钟山风雨》2001年第5期

金冲及、章开沅《史家论浙江辛亥革命》，《浙江学刊》2001年第5期

郭绪印《辛亥革命与东南地区的清帮》，《档案与史学》2001年第5期

胡国枢《浙江在辛亥革命中的地位与作用》，《浙江学刊》2001年第5期

段云章《陈炯明与辛亥革命》,《中山大学学报》(社会科学版)2001年第6期

刘平、高小燕《湖南农村民变与辛亥革命》,《江苏教育学院学报》(社会科学版)2001第6期

黄权《钦州辛亥革命运动的几点思考》,《桂海论丛》2001年第6期

武晓华《山西大学堂与辛亥革命》,《山西大学学报》(哲学社会科学版)2001年第6期

林文彪《论绍兴辛亥革命的历史功绩和精神遗产》,《绍兴文理学院学报》2001年第6期

李喜所《"辫子问题"与辛亥革命》,《社会科学研究》2001年第6期

傅绍昌《辛亥革命促进了社会主义和马克思学说在上海的传介》,《上海大学学报》(社会科学版)2001年第6期

龚书铎、宋小庆《辛亥革命时期文化四题》,《北京师范大学学报》(人文社会科学版)2001年第6期

霍修勇《辛亥革命时期湘籍志士对会党的发动》,《云梦学刊》2001年第6期

包黎《云南"重九起义"在辛亥革命中的地位》,《云南师范大学学报》(哲学社会科学版)2001年第6期

赵立彬《辛亥革命前后的欧化思潮》,《中山大学学报》(社会科学版)2001年第6期

张丹红、张苏萌《辛亥革命前的中国学校卫生》,《中国学校卫生》2001年第6期

江泽民《在纪念辛亥革命90周年大会上的讲话(2001年10月9日)》,《黄埔》2001年第6期

郭长海《辛亥光复南京之役与文学——纪念辛亥革命90周年》,《长春师范学院学报》(人文社会科学版)2001年第6期

章开沅《论汤寿潜现象——对辛亥革命的反思之一》,《浙江社会科学》2001年第6期

郭华《试论清末改良与革命——纪念辛亥革命90周年》,《福州师专学报》2001年第6期

王力平《试论孙中山的民族主义——从19世纪末到辛亥革命爆发》,《内蒙古师范大学学报》(哲学社会科学版)2001年第6期

周雷鸣《论陶成章在辛亥革命宣传中的贡献》,《绍兴文理学院学报》2001年第6期

任贵祥《辛亥革命与海外华侨的民族觉醒》,《八桂侨刊》2001年第8期

罗志田《从文化视角看辛亥革命前夕的派别分野》,《文史知识》2001年第9期

谢俊美《辛亥革命与上海(笔谈)——上海南北和议与辛亥革命》,《学术月刊》2001年第9期

章开沅《辛亥革命研究的回顾与前瞻》,《文史知识》2001年第9期

李淑兰、宗妍《辛亥革命——中国新民主主义革命的先导》,《江西社会科学》2001年第9期

俞筱尧《辛亥革命时期诞生的中华书局》,《文史知识》2001年第9期

张剑《辛亥革命与中国近代史的开端——沈渭滨教授访谈录》,《探索与争鸣》2001第9期孙燕京《辛亥革命时期的服饰变化》,《文史知识》2001年第9期

韦力《辛亥革命大事迹》,《文史知识》2001年第9期

姚忠红《黄兴在中国历史发展中的地位——纪念辛亥革命90周年》,《江西社会科学》2001年第10期

余子明《论辛亥革命的城市起义战略》,《学术研究》2001年第10期

钱听涛《"民国的产婆":辛亥革命的幕后人物赵凤昌》,《纵横》2001年第10期

范毓虎、胡臣友《范鸿仙对辛亥及二次革命的贡献》,《南京社会科学》2001年第10期

董德华《他打响了辛亥革命在东北的第一枪》,《党史纵横》2001年第10期

经盛鸿、张瑞娟《为辛亥革命献身的华侨志士——温生才》,《华人时刊》2001年第10期

李友唐《辛亥革命史实回眸》,《育人经纬》2001年第10期

周大春《辛亥革命上海光复记》,《世纪行》2001年第10期

刘作忠《辛亥革命珍闻拾遗》,《文史精华》2001年第10期

汪林茂《辛亥革命中浙江各地的光复活动》,《浙江档案》2001年第10期

刘存善《山西起义在辛亥革命中的重要地位》,《文史月刊》2001年第10期

张德庚《书生志士 怀念我的祖父——辛亥革命志士张肖鹄》,《楚天主人》2001年第11期

刘琢钟《辛亥革命逸事》,《武汉文史资料》2001年 第11期

许亚洲《辛亥革命南京一战》,《文史精华》2001年第11期

毛翼虎《辛亥革命宁波光复记》,《宁波通讯》2001年第11期

贾广增、林彬《辛亥革命与甘肃的反清起义》,《党的建设》2001年 第11期

王腊成《吴禄贞与辛亥革命团体"武昌花园山聚会"》,《武汉文史资料》2001年第12期

鲁兵、裘真、赵一夫、婺人、姚辉《杰出的浙籍辛亥革命斗士》,《今日浙江》2001年第19期

李璟《〈大汉报〉与辛亥革命》,《文史精华》2001年第137期

萧云岭《论会党与辛亥革命的失败》,《江西师范大学学报》(哲学社会科学版)2002年第1期

张礼恒《论辛亥革命期间伍廷芳与革命党人的关系》,《近代史研究》2002年第1期

贾建飞《马继业与辛亥革命前后英国在新疆势力的发展》,《中国边疆史地研究》2002年第1期

赵国材《清末新军的革命倾向与辛亥革命》,《集宁师专学报》2002年第1期

郭卫东《视角转换:清朝覆亡原因再研究——为纪念辛亥革命90周年而作》,《史学月刊》2002年第1期

王伏平《西北回族对辛亥革命的贡献——纪念辛亥革命九十周年》,《青海民族研究》2002年第1期

郭天祥《辛亥革命的卓越宣传家黄世仲》,《西安教育学院学报》2002年第1期

张闻玉《辛亥革命后的黄帝纪元》,《贵州社会科学》2002年第1期

刘红文、徐文永《辛亥革命时期报刊对马恩著作的引介》,《安顺师范高等专科学校学报》2002年第1期

王庆松《新军为何取代会党成为辛亥革命的主力?》,《中学历史教学》2002年第1期

白应华《早期中国共产党人对辛亥革命失败原因的分析和经验教训的总

结》,《思茅师范高专科学校学报》2002年第1期

章开沅《张汤交谊与辛亥革命》,《历史研究》2002年第1期

黄群、尹瑞华《辛亥革命与近代妇女运动》,《遵义师范学院学报》2002年第1期

茅家琦《辛亥革命的历史功绩与局限》,《江海学刊》2002年第2期

李良玉《启蒙、救亡与革命时代的终结——再论辛亥革命的评价问题》,《南通师范学院学报》(哲学社会科学版)2002年第2期

吴善中、黄蓉《浅论辛亥革命前夕狂飙突起的剪辫运动》,《扬州大学学报》(人文社会科学版)2002年第2期

刘小云《辛亥革命与国共两党关系》,《玉林师范学陇学报》2002年第2期

石建国《亥革命与中国外交机构的近代化》,《复旦学报》(社会科学版)2002年第2期

廖大伟《辛亥革命与上海政治地位的提升》,《史林》2002年第2期

高明、高燕军《辛亥革命中的反满问题》,《湖南省政法管理干部学院学报》2002年第2期

耿云志《辛亥革命前夕的各省咨议局联合会》,《福建论坛》2002年第2期

张宪文《辛亥革命若干问题的再认识》,《复旦学报》(社会科学版)2002年第2期

张永《从"十八星旗"到"五色旗"——辛亥革命时期从汉族国家到五族共和国家的建国模式转变》,《北京大学学报》(哲学社会科学版)2002年第2期

张海林《论辛亥革命时期的"革命崇拜"》,《南京大学学报》(哲学·人文科学·社会科学版)2002年第3期

李晓英、石慧玺《试论辛亥革命前后的甘肃社会》,《兰州教育学院学报》2002年第3期

丁三青《辛亥革命:"不流血的革命"》,《中国矿业大学学报》(社会科学版)2002年第3期

陈辽《辛亥革命与张睿》,《徐州师范大学学报》(哲学社会科学版)2002年第3期

韦杰廷、王国宇《辛亥前华侨对孙中山革命事业的支持和贡献》,《湖南师范大学社会科学学报》2002年第3期

饶怀民《杨毓麟与辛亥革命》,《船山学刊》2002年第3期

邵雍《辛亥革命时期的上海帮会》,《上海师范大学学报》(哲学社会科学

版)2002年第3期

杨燕华《中国共产党对辛亥革命的评价及其意义》,《上海党史与党建》2002年第4期

谢俊美《信息传递与辛亥革命》,《华东师范大学学报》(哲学社会科学版)2002年第4期

饶怀民《杨毓麟与辛亥革命》,《湖南师范大学社会科学学报》2002年第5期

刘冰清《论辛亥革命时期的女子参政运动》,《湘潭师范学院学报》(社会科学版)2002年第5期

金黎《从王金发的人生悲剧看辛亥革命党人的阶级局限性和历史局限性》,《三峡大学学报》(人文社会科学版)2002年第5期

乌尼日《辛亥革命时期中国妇女运动探索》,《广西民族学院学报》(哲学社会科学版)2002年第5期

董爱玲《山东咨议局与辛亥革命》,《山东师范大学学报》(人文社会科学版)2002年第5期

经盛鸿《詹天佑与辛亥革命》,《江苏社会科学》2002年第6期

朱延惠《论辛亥革命嚆矢武昌起义》,《理论月刊》2002年第6期

徐昌义《清末新军积极参加辛亥革命的原因探析》,《中共成都市委党校学报》2002年第6期

郭世佑《辛亥革命与清末"新政"的内在联系及其他》,《学术研究》2002年第9期

张惠民《张之洞与辛亥革命》,《历史学习》2002年12期

张志勇《辛亥革命与禁烟运动》,《史学月刊》2002年第12期

洪邵波《浅谈辛亥革命对新加坡与马来西亚华侨社会的影响》,《井冈山师范学院学报》2002年第23卷

李霞《〈民立报〉在辛亥革命中的作用初探》,《顺德职业技术学院学报》2003年第1期

李红《清末山东留日学生与山东辛亥革命》,《鲁行经院学报》2003年第1期

李喜所《辛亥革命时期学术文化的变迁》,《史学集刊》2003年第1期

龚春英、朱云平《辛亥革命时期英国"中立"政策探微》,《六盘水师范高等专科学校学报》2003年第2期

张蓬生《辛亥革命上海光复实录》,《报告文学》2003年第2期

刘启强《海外华侨对辛亥革命的贡献》,《广西社会主义学院学报》2003年第2期

刘启强、史琳燕《苦难与觉醒:海外华侨与辛亥革命》,《哈尔滨学院学报》2003年第3期

焦新顺《论辛亥革命前后孙洪伊思想的转变》,《平原大学学报》2003年第3期

刘焕峰、张波、刘凤稳《辛亥革命时期的汪精卫和袁世凯的关系》,《张家口师专学报》2003年第4期

魏静《论辛亥革命前后甘肃知识界政治思潮的演变》,《甘肃社会科学》2003年第4期

孙永继《辛亥革命前夕的资产阶级立宪运动》,《历史学习》2003年第4期

孙胜文、崔玉华《辛亥革命在烟台之成因探析》,《烟台教育学院学报》2003年第4期

李英铨《汪精卫与辛亥革命》,《安徽史学》2003年第5期

谭秋霞《辛亥革命时期吴稚晖民主革命思想形成初探》,《昭通师范高等专科学校学报》2003年第6期

戴学稷《孙中山新马华侨与辛亥革命》,《团结》2003年第6期

陈晓华《中国近代报刊史上的一座里程碑——论辛亥革命时期的妇女报刊》,《社会科学研究》2003年第6期

马铭德《辛亥革命与赵凤昌》,《历史教学》2003年第7期

丁石孙《辛亥革命与中国近代留学生》,《留学生》2003年第11期

林联勇、陈泳超《永春华侨参加辛亥革命的旌义状碑》,《福建党史月刊》2003年第12期

董丛林《辛亥革命党人舆论宣传的策略手段简论》,《历史教学》2003年第12期

董增刚《论辛亥革命前后国人对〈民约论〉的不同评价》,《首都师范大学学报》(社会科学版)2003年增刊

张皓《武昌军政府内部矛盾演变与湖北辛亥革命的失败》,《历史档案》2004年第1期

张华腾《辛亥革命前后的北洋集团》,《民国档案》2004年第2期

林志友《论清末新政与辛亥革命的爆发》,《信阳师范学院学报》(哲学社

会科学版)2004年第2期

朱心民《辛亥革命中的上海女军》,《文史杂志》2004年第2期

蒋梅《辛亥革命时期的江苏教育总会》,《民国档案》2004年第2期

汤黎《〈民立报〉与辛亥革命》,《鄂州大学学报》2004年第3期

陈橹《宪政与革命——试析辛亥革命前后湖北咨议局的政治趋向》,《东方论坛》2004年第3期

郭绪印《辛亥革命与上海革命派报业》,《上海师范大学学报》(哲学社会科学版)2004年第3期

蔡晓荣《传统士绅与社会剧变——以辛亥革命前后的江西士绅为考察中心》,《江西教育学院学报》2004年第4期

李颖《论福建华侨对辛亥革命的主要贡献》,《黔东南民族师范高等专科学校学报》2004年第4期

陈晓东、卢凯峰《武昌起义后张謇政治立场转变的原因及对辛亥革命胜利的积极作用》,《苏州科技学院学报》(社会科学版)2004年第4期

吴正明《辛亥革命时期南社社友手中的两大法宝——"报刊"与"诗文"》,《南京理工大学学报》(社会科学版)2004年第4期

简姿亚《论辛亥革命时期知识女性的办报活动及其特点》,《湖南工程学院学报》(社会科学版)2004年第4期

李玉勤《辛亥革命前张謇立宪的政治思想和活动述评》,《郑州航空工业管理学院学报》(社会科学版)2004年第6期

刘丰祥《性格与命运——辛亥革命前后黎元洪政治命运的性格因素》,《贵州社会科学》2004年第6期

陈永祥《粤剧"志士班"与辛亥革命》,《广州大学学报》(社会科学版)2004年第6期

赵春晨、孙颖《论辛亥革命时期的三次广州起义》,《学术研究》2004年第8期

李映涛《精英群体与辛亥革命—以武昌起义后各独立省区之都督群为例》,《西南民族大学学报》(人文社科版)2004年第12期

向元芬《湖北辛亥革命的先驱者余诚》,《湖北档案》2004年第12期

赵入坤《德国对辛亥革命的反应》,《广西师范大学学报》(哲学社会科学版)2005年第1期

杜娟《辛亥革命时期新疆的戡官运动》,《和田师范专科学校学报》2005

年第1期

张静《辛亥革命先驱——徐镜心》,《山东档案》2005年第1期

陶水木《辛亥革命时期汤寿潜几个问题的探讨》,《民国档案》2005年第1期

邱海燕《简论辛亥革命结束前陈楚楠的思想演变及其原因》,《八桂侨刊》2005年第2期

任重《〈大江报〉被封与辛亥革命的爆发》,《历史档案》2005年第2期

贺亚先《辛亥革命中的鄂东留学生群》,《黄冈师范学院学报》2005年第2期

刘滴《试析孙中山1911年的筹款活动》,《中山大学学报论丛》2005年第2期

康志杰、王威《辛亥革命前日知会革命活动评述——兼论基督徒在近代社会变迁中的作用》,《湖北大学学报》(哲学社会科学版)2005年第2期

天裕《先革命后礼佛的辛亥老人陈裕时》,《湖北文史》2005年第2期

樊明方《海山与1911年外蒙古"独立"》,《中国边疆史地研究》2005年第4期

张茜《论新化志士与辛亥革命》,《邵阳学院学报》(社会科学版)2005年第4期

周星林《试论蒋翊武在辛亥革命前后的报刊传媒活动》,《湖南文理学院学报》(社会科学版)2005年第4期

石瑾《试述辛亥革命前期革命派在宣传革命纲领时出现的分歧及原因》,《延安教育学院学报》2005年第4期

王志、王瑞芳《辛亥革命前后张謇与袁世凯的交往》,《信阳农业高等专科学校学报》2005年第4期

朱格、马恢弘《柏文蔚与安徽早期辛亥革命》,《湖南农业大学学报》(社会科学版)2005年第5期

简姿亚《从辛亥革命时期女性报刊看女性的觉醒》,《湘潭大学学报》(哲学社会科学版)2005年第5期

谢俊美《中国同盟会的三个月执政与辛亥革命失败》,《历史教学》2005年第6期

黄峻岭《谣言与革命——关于1911年武昌起义的政治传播学分析》,《华中师范大学学报》(人文社会科学版)2005年第6期

徐伟民《"惜阴堂"与辛亥革命》,《安庆师范学院学报》(社会科学版)2005年第6期

简明《日本政府与辛亥革命》,《长白学刊》2005年第6期

潘正才《辛亥革命时期的王宪章将军——纪念辛亥革命九十四周年》,《文史天地》2005年第7期

戴佩娟《辛亥革命前夕的浙西青帮》,《档案春秋》2005年第9期

肖英《辛亥革命在铁岭》,《兰台世界》2005第10期

曹盟、杜娟《哥老会与新疆辛亥革命》,《石河子大学学报》(哲学社会科学版)2006年第1期

赵立彬、李瑾《辛亥革命时期上海女子军事团体源流考》,《史林》2006年第1期

赵红峰《宁波商帮与上海辛亥革命》,《宁波职业技术学院学报》2006年第1期

李平亮《辛亥革命时期的民团与社会权势转移——以〈江西民报〉为中心的研究》,《史学月刊》2006年第1期

肖泳《女性刊物与女性意识的自觉——辛亥革命时期女性生存状态考论》,《哈尔滨工业大学学报》(社会科学版)2006年第1期

魏丹、汪季石《试论鄂东人对辛亥革命的杰出贡献》,《湖北社会科学》2006年第1期

刘沙《辛亥革命前后立宪派与革命党的合流》,《河南科技大学学报》(社会科学版)2006年第1期

卞修全、尹彦品《辛亥革命时期资产阶级革命派的政体设计反思》,《天津师范大学学报》(哲学社会科学版)2006年第2期

侯楠《辛亥革命前资产阶级革命派举行的主要武装起义》,《中学政史地》(高中历史)2006年第2期

李英铨、马翠兰《论辛亥革命中的梁士诒》,《广西梧州师范高等专科学校学报》2006年第2期

刘儒、孟书敏《辛亥革命——中国现代化进程中的第一次制度创新》,《四川行政学院学报》2006年第3期

杨轶《论辛亥革命的历史功绩》,《牡丹江师范学院学报》(哲学科学版)2006年第3期

焦润明《1910—1911年的东北大鼠疫及朝野应对措施》,《近代史研究》

2006年第3期

李静《吴玉章对辛亥革命的贡献》,《湖南农业大学学报》(社会科学版)2006年第3期

刘继英《辛亥革命时期女性知识分子的政治参与研究》,《宁波党校学报》2006年第3期

李绍先《辛亥革命对中国社会形态的改变》,《史坛论纵》2006年第4期

蒋美华《辛亥革命时期女性角色变迁的特点》,《山西师大学报》(社会科学版)2006年第4期

饶怀民《湖南人与辛亥革命时期的武装斗争》,《湖湘论坛》2006年第5期

王丽云、杨永平《试论留日学生在云南辛亥革命中的贡献》,《徐州师范大学学报》(哲学社会科学版)2006年第5期

肖建东《为民主共和事业而顽强协作——记辛亥革命时期的黄兴与李烈钧》,《华中农业大学学报》(社会科学版)2006年第6期

任保国、翁有为《辛亥革命前后的北洋军集团嬗变研究》,《河南大学学报》(社会科学版)2006年第6期

廖声武《辛亥革命前武汉地区舆论宣传对武昌首义的作用》,《湖北大学学报》(哲学社会科学版)2006年第6期

邓怡舟、蒋理《论辛亥革命对民国初年妇女解放的促进作用》,《湖南科技学院学报》2006年第7期

廖大伟《辛亥革命爆发后中国民主政治的创试——以孙中山与各省都督府代表联合会的关系为线索》,《湖北社会科学》2006年第10期

刘威《1911—1919年外蒙的"独立"与"撤治"述论》,《科教文汇》2006年10月下半月刊

赵燕、郭洁《浅论辛亥革命时期女权观念的转变》,《南方论刊》2006年第11期

正点《辛亥革命连江九烈士》,《政协天地》2006年第11期

朱朝敏《1911年的林觉民》,《大学时代》2006年第7期

曲辰《1911年的长沙光复》,《档案时空》2006年第9期

陈廷湘《1911年清政府处理铁路国有事件的失误与失败——以四川为中心的保路运动历史再思》,《四川大学学报》(哲学社会科学版)2007年第1期

魏明枢《清末新政与辛亥革命历史地位的比较思考》,《龙岩学院学报》

陈桃、孙佳《辛亥革命前后(1901—1922)学制探析》,《长春教育学院学报》2007年第1期

蔡永明《论清末的刑讯制度改革——以1905—1911年〈申报〉、〈大公报〉为中心的考察》,《河南师范大学学报》(哲学社会科学版)2007年第2期

盛刚《浅析辛亥革命时期的民族观——排满思潮》,《长春理工大学学报》(高教版)2007年第2期

杨鹏程《辛亥两湖志士革命精神的共性》,《湖南文理学院学报》(社会科学版)2007年第2期

李长玲《从女子参政看辛亥革命之成败》,《中华女子学院山东分院学报》2007年第2期

黄敏《东江人与辛亥革命》,《经济与社会发展》2007年第2期

马洪亮《辛亥革命后盛宣怀倒向袁世凯原因浅析》,《科教文汇》2007年第2期

欧阳跃峰《利用会党:辛亥革命的一个误区》,《史学月刊》2007年第2期

向军、高伟浓《陈楚楠对辛亥革命的贡献》,《东南亚纵横》2007年第3期

冯建勇《新疆辛亥革命刍议》,《乌鲁木齐职业大学学报》(人文社会科学版)2007年第3期

冯建勇《辛亥革命时期俄、英两国对新疆政策的调整分析》,《新疆师范大学学报》(哲学社会科学版)2007年第3期

吴波《辛亥革命时期陈其美与沪、苏、浙的光复》,《湖南工业职业技术学院学报》2007年第4期

杨鹏程《辛亥革命时期两湖志士的相互支持与策应》,《湖南城市学院学报》2007年第4期

蒋美华《辛亥革命时期女性政治角色的生成》,《郑州轻工业学院学报》(社会科学版)2007年第5期

肖建东《为反击帝制复辟而顽强协作——记辛亥革命后的黄兴与李烈钧》,《华中农业大学学报》(社会科学版)2007年第5期

潘健《陈其美和辛亥革命》,《兰州学刊》2007年第6期

伍小涛《论辛亥革命时期知识分子阶层的分化》,《贵州社会科学》2007年第6期

李益彬、李瑾《女子学堂与辛亥革命——以上海宗孟女学堂为例》,《史

林》2007年第6期

尹书强《辛亥革命时期蒙古地区危机的原因初探》,《内蒙古师范大学学报》(哲学社会科学版)2007年第6期

杨志勇《评辛亥革命中的段祺瑞》,《玉溪师范学院学报》2007年第9期

苏全有、董洁《1909—1911年:袁世凯的洹上三年》,《兰台世界》2007年9月上半月刊

孙寅生《也谈〈新民丛报〉与辛亥革命的关系》,《历史学习》2007年第11期

丁守伟《"革命情结"与"烈士精神"——辛亥暗杀志士的心态探析》,《历史教学问题》2008年第1期

于沛《〈独立宣言〉与辛亥革命》,《北方论丛》2008年第1期

田中阳《论辛亥革命至1927年报刊话语的政治思想启蒙诉求》,《湖南师范大学社会科学学报》2008年第1期

李敏《辛亥革命时期会党与资产阶级革命派的联合》,《中共山西省委党校学报》2008年第1期

江百炼《辛亥革命时期女性自主意识的觉醒及其原因》,《湖南工业大学学报》(社会科学版)2008年第1期

厉声、冯建勇《辛亥革命期间列强对东北的政策分析》,《北华大学学报》(社会科学版)2008年第1期

王茂林《短暂的人生 光辉的历程——忆辛亥革命河南11烈士》,《协商论坛》2008年第2期

汤海清《简论辛亥革命以来我国少数民族的法律地位》,《黑龙江民族丛刊》2008年第2期

陈静、胡杰《浅析辛亥革命初期资产阶级革命派对会党的策略》,《沧桑》2008年第2期

林亲刚《谭人凤在辛亥革命期间的联络与协调工作述论》,《邵阳学院学报》(社会科学版)2008年第2期

姜华民《辛亥革命爆发原因新探》,《淮北职业技术学院学报》2008年第2期

陶永铭《辛亥革命与陶成章之死——祖父诞辰130周年祭》,《绍兴文理学院学报》(哲学社会科学版)2008年第2期

陈大康《晚清〈新闻报〉与小说相关编年(1908—1911)》,《明清小说研究》

2008年第3期

邓寿明《打开辛亥革命闸门的四川人民》,《四川党的建设·城市版》2008年第3期

瞿骏《革命与生意——以辛亥革命时期的上海为例》,《史林》2008年第3期

薛玉琴《马相伯与辛亥革命述论》,《民国档案》2008年第3期

陈光裕《多些具体分析,少点"概念"与"程式"——从清末新政、预备立宪与辛亥革命爆发的关系说起》,《历史教学》2008年第3期

王兆辉《试论鲁迅对辛亥革命的反思》,《云南电大学报》2008年第3期

郑炳凯《辛亥革命与中国政治参与变化的实证研究》,《河南大学学报》(社会科学版)2008年第3期

夏斯云《辛亥革命时期革命党人拥袁反清策略新论》,《上海师范大学学报》(哲学社会科学版)2008年第5期

詹凑娥《辛亥革命时期的陈其美》,《学术探讨》2008年第6期

王兰波《略论辛亥革命前的上海商会》,《湖南医科大学学报》(社会科学版)2008年第6期

白金艳《论改良与革命的关系——以清末新政和辛亥革命为例》,《消费导刊》2008年第6期

李国环《清末士绅阶层与辛亥革命》,《安徽史学》2008年第6期

简婷《辛亥革命时期武装斗争研究述论》,《湖北广播电视大学学报》2008年第7期

黎重光《父亲黎元洪在辛亥革命前后》,《武汉文史资料》2008年第10期

夏俊锋、苏诚《论晚清留日学生与辛亥革命》,《哈尔滨学院学报》2008年第10期

滕妍、曹大伟《辛亥革命时期于右任民本思想初探》,《大家》2008年第10期

陶耘《浅论赵声对辛亥革命时期镇江籍革命党人的影响》,《文教资料》2008年11月号下旬刊

张加华《苏籍留日学生与辛亥革命》,《广西社会科学》2008年第11期

赵源《吴禄贞:牺牲在石家庄的辛亥革命志士》,《当代人》2008年第12期

杨阳《评析立宪派在辛亥革命时期的双重作用》,《经济研究导刊》2008年第17期

梁慧《简述辛亥革命与国民政治观念的转变》,《华商》2008年第20期

罗萍《宜昌商会与辛亥革命在宜昌的"有序失败"》,《兰州学刊》2009年第1期

罗萍《宜昌商会的"柔性社会权力"与辛亥宜昌"有序革命"》,《社会科学辑刊》2009年第2期

丁健《辛亥革命中的清袁孙妥协》,《宜宾学院学报》2009年第2期

王兰波、王淼《上海商务总会对辛亥革命的贡献》,《重庆文理学院学报》(社会科学版)2009年第2期

苏继红《辛亥革命对黑龙江的影响》,《黑龙江社会科学》2009年第2期

潘锦全、冯素芹《辛亥革命前后江苏立宪派的政治活动及其历史影响》,《广西社会科学》2009年第3期

丁峰山《1907—1911年"时事报"系列报纸与近代小说》,《宁夏社会科学》2008年第3期

黄顺力《〈民报〉宣传与辛亥革命》,《深圳大学学报》(人文社会科学版)2009年第3期

刘定《从辛亥革命之成败来看中国女性的觉醒》,《长沙铁道学院学报》(社会科学版)2009年第3期

龚春英《论辛亥革命前新军第九镇统制徐绍桢》,《五邑大学学报》(社会科学版)2009年第3期

黄顺力《〈民报〉宣传与辛亥革命》,《深圳大学学报》2009年第3期

刘忠全、黄运动《辛亥革命先驱者动人事迹》,《世纪桥》2009年第3期

邱捷《民军问题与辛亥革命时期的广东社会》,《学术研究》2009年第3期

管书合《1910—1911年东三省鼠疫之疫源问题》,《历史档案》2009年第3期

江百炼《女性角色意识的张扬——辛亥革命时期女性角色的定位》,《湖南师范大学社会科学学报》2009年第4期

丁健《再论辛亥革命中清、袁、孙妥协的原因》,《江汉大学学报》(人文科学版)2009年第4期

谭秋霞《辛亥革命时期吴稚晖的国民性思想浅析》,《内江师范学院学报》2009年第5期

陈秋月《辛亥革命的发动与吴玉章的作用》,《世纪桥》2009年第5期

谢国平《1911年,李平书的巅峰时刻》,《史话》2009年第6期

李成波、朱华《论川籍留日学生与辛亥革命》,《重庆交通大学学报》(社会科学版)2009年第6期

李英铨《论辛亥革命中的巡防队》,《安徽史学》2009年第6期

雷建军《长沙明德学堂对辛亥革命的贡献》,《书屋》2009年第7期

郭卫东《臣属向公民的转变——以辛亥革命时期的岑春煊为案例》,《史学月刊》2009年 第7期

张涛、孔繁凡《辛亥革命时期甘肃军事政治格局》,《青年文学家》2009年第8期

苏全有《论辛亥革命中的省界观念》,《福建论坛》2009年第9期

简婷《试析湖南成为辛亥革命"首应"之区的原因》,《湖北社会科学》2009年第11期

刘一曙《辛亥革命烈士彭楚藩就义前后——访烈士女儿彭小藩口述》,《纵横》2009年第12期

张波《论辛亥革命爆发的非偶然性》,《湘潮》2010年第1期

图书在版编目(CIP)数据

辛亥日志/梅新林,俞樟华编著.
——上海:华东师范大学出版社,2014.8
ISBN 978-7-5675-0991-7

I. ①辛… II. ①梅… ②俞… III. ①辛亥革命—史料 IV. ①K257.06

中国版本图书馆 CIP 数据核字(2013)第 161083 号

华东师范大学出版社六点分社
企划人　倪为国

本书著作权、版式和装帧设计受世界版权公约和中华人民共和国著作权法保护

辛亥日志

编　　著	梅新林　俞樟华
责任编辑	彭文曼
封面设计	卢晓红
出版发行	华东师范大学出版社
社　　址	上海市中山北路 3663 号　邮编　200062
网　　址	www.ecnupress.com.cn
电　　话	021－60821666　　行政传真　021－62572105
客服电话	021－62865537
门市(邮购)电话	021－62869887
地　　址	上海市中山北路 3663 号华东师范大学校内先锋路口
网　　店	http://hdsdcbs.tmall.com
印　刷　者	上海市印刷十厂有限公司
开　　本	890×1240　1/32
印　　张	14
字　　数	350 千字
版　　次	2014 年 8 月第 1 版
印　　次	2014 年 8 月第 1 次
书　　号	ISBN 978-7-5675-0991-7/K・390
定　　价	58.00 元
出 版 人	王　焰

(如发现本版图书有印订质量问题,请寄回本社客服中心调换或电话 021-62865537 联系)

定价：58.00元